山区一级公路升级改造技术指南

主　审　杨　海　吴亚德

主　编　吴　羡　吴明先　晁德志
吴雄飞　赵永国　台电仓

人民交通出版社
China Communicatons Press

内 容 提 要

本书依托广东清连一级公路升级改造项目，研究形成了“公路改扩建（升级）工程项目公路路线安全性评价指南”等13项指南，系统总结了山区一级公路升级改造技术。

本书可供公路工程建设、管理、科研等人员使用，也可供高等院校相关专业师生参考。

图书在版编目（CIP）数据

山区一级公路升级改造技术指南 / 吴羡等主编. —北京：人民交通出版社，2011.7

ISBN 978-7-114-08936-7

Ⅰ.①山… Ⅱ.①吴… Ⅲ.①山区道路：一级公路－旧路改造 Ⅳ.①U412.36

中国版本图书馆CIP数据核字（2011）第034497号

书　　名：山区一级公路升级改造技术指南
著 作 者：吴　羡　等
责任编辑：郑蕉林　丁润铎　贾秀珍
出版发行：人民交通出版社
地　　址：（100011）北京市朝阳区安定门外外馆斜街3号
网　　址：http://www.ccpress.com.cn
销售电话：（010）59757969，59757973
总 经 销：人民交通出版社发行部
经　　销：各地新华书店
印　　刷：北京市密东印刷有限公司
开　　本：787×1092　1/16
印　　张：25.25
字　　数：626千
版　　次：2011年7月　第1版
印　　次：2011年7月　第1次印刷
书　　号：ISBN 978-7-114-08936-7
印　　数：0001－3000册
定　　价：68.00元

前　言

广东清（远）连（州）高速公路由原一级公路升级改造而成。清连一级公路位于粤北山区，全长215.25km。该公路工程地质条件复杂，路线里程长，工程规模大，安全隐患多，建设环境恶劣，交通组织困难，加之此前将山区复杂地形的一级公路升级改造为高速公路在我国尚无先例，缺乏针对升级改造的标准和规范，亦无类似的工程经验可供借鉴，工程建设难度较大。为破解建设管理和施工技术方面的各种难题，给清连公路升级改造提供强有力的技术支撑，确保工程质量，广东省交通运输厅批准立项并组织实施了“山区一级公路升级改造成套技术研究”这一攻关课题。课题紧紧围绕清连一级公路升级改造建设中的技术难点开展了一系列专题技术研究，提出了基于运营安全的山区一级公路升级改造的设计方法；研究开发了既有路基路面检测、评价与处治技术，混凝土路面再生改造与加铺结构耐久性技术，工程边坡稳定性评价与综合处治技术，混凝土桥梁维修加固技术，隧道病害检测评估与改造加固技术等，并通过研究成果的实践应用，取得了显著的经济和社会效益。为了更好地推广应用山区一级公路升级改造成套技术研究成果，我们组织编写了《山区一级公路升级改造技术指南》一书。

本书共收录了13项技术指南（每项指南各编为一篇），其中设计指南6项，分别是：公路改扩建（升级）工程项目路线安全性评价指南、既有路基检测评价及处治技术指南、工程边坡健康诊断与处治技术指南、水泥混凝土路面改造加铺技术指南、公路混凝土桥梁维修加固技术指南、公路隧道病害检测评价和处治技术指南；施工（控制）指南7项，分别是：旧水泥混凝土板多锤头碎石化施工质量控制指南、旧水泥混凝土板冲压稳固施工质量控制指南、高陡边坡防护加固施工质量控制指南、碾压式贫混凝土基层施工质量控制指南、水泥稳定碎石基层（底基层）施工质量控制指南、蜡制养护隔离剂施工质量控制指南、滑模摊铺水泥混凝土路面施工质量控制指南。

参加本书编写的单位主要有广东清连公路发展有限公司、中交第一公路勘察设计研究院有限公司、长沙理工大学、长安大学、西安瑞通路桥科技有限责任公司、中交通力公路勘察设计工程有限公司、同济大学、华南理工大学、西安鸿儒岩土科技开发有限公司等。书中引用了一些专家、学者的研究成果，也包括设计及现场施工技术人员辛勤工作的一些成果。赵永国、丁明超为本书编撰出版工作的具体统筹及实施付出了艰辛劳动，在此一并表示衷心感谢！

书中不妥之处在所难免，敬请广大读者批评指正。

本书编委会

2011年5月

目　　录

第 1 篇　公路改扩建（升级）工程项目路线安全性评价指南

主 编 单 位：中交第一公路勘察设计研究院有限公司
广东清连公路发展有限公司
主要编制人员：吴明先　刘建蓓　郭腾峰　李　红
林宣财　高宣德　吴　美　晁德志
吴雄飞　赵永国　高晋生　刘向阳
周　淼　彭　浩　吴善根　梁一涛

1 总　　则

1.1 目　　的

本项指南以运行速度为核心，从路用者的驾驶行为、心理生理需求和车辆的运行特性角度出发，提出基于运行速度的公路改扩建项目路线安全性优化设计流程和综合安全评价技术，建立和完善改扩建公路项目路线设计与评价体系，为改扩建公路项目路线设计和安全性检验与评价提供了具体的方法和流程。

1.2 适 用 范 围

本项指南适用于高速公路、一级公路的改扩建（升级改造）工程。

1.3 设 计 原 则

（1）应从交通量、公路功能、原有公路路线、路基及路面情况、设计速度、安全角度综合考虑，选择合适的升级改造方案。

（2）平面、纵断面设计指标参数总体均衡，连续过渡。

（3）平面布线中宜多用曲线，提高曲线占路线总里程的比例。

（4）设计时充分利用运行速度在平曲线路段和纵坡路段变化较大，在弯坡组合路段变化较小的特点。

（5）横断面组成及宽度应满足规范规定的基本要求。

（6）桥隧路段设计不宜强调速度差值小于 20km/h 的要求，应主要考虑视距检测和限速提示等标志标牌的设置要求。

（7）超高宜根据不同车型的运行速度计算确定，在严格分车道行驶路段中可考虑分车道设置超高。

（8）注重路侧设计，体现按宽容设计的核心。

2 术　　语

2.1 运行速度(operating speed)

运行速度是指在特定路段上，在干净、潮湿条件下，85%的驾驶员行车不会超过的行驶速度，简称 v_{85}。运行速度是一个统计数据，通常用自由交通流状态下代表车型的车速累计分布曲线上第 85 位百分点的车辆行驶速度作为判定路段运行速度的依据。

2.2 设计速度(design speed)

设计速度是指在气象条件良好，车辆行驶只受公路本身条件影响时，具有中等驾驶技术的人员能够安全、顺适驾驶车辆的速度。该车速用于公路设计，是公路线形设计中主要的设计控制参数。

2.3 路侧净空区(roadside clear zone)

路侧净空区也称路侧（安全）净区，是指由行车道外边缘向外，一直到障碍物之间的区域范围。

2.4 线形指标适应度(adaptability for alignment index)

采用基于层次分析法的模糊数学评价法对公路线形指标的适应度进行评价，给定一个设计速度，即可获得此设计速度下现行标准中线形指标的规范值。利用这些规范值与既有公路采用的线形指标对比，分析各种指标在评价体系中的权重后，即可得到既有公路在给定设计速度下线形指标的适应度。

3　改扩建项目的适应度评价

建立既有公路的平、纵、横主要技术指标的影响评价要素集合，根据既有公路线形指标适应度评价中各个要素或子要素的评价等级，提出升级改造的建议。

3.1　既有公路线形指标适应度评价

线形指标适应度分为好、较好、一般、差。这些要素评价等级由其评分的分数确定。适应度好的路段，可以直接采用原指标；适应度较好的路段，可根据相邻路段和路线的整体要求确定实际采用的设计指标；适应度一般的路段，不适合提高到该设计速度，可采用与该路段相适应的较低预定设计速度；适应度差的路段，以此设计速度为标准，已建公路 30%以上线形需要改造，改造工程量非常大，推荐降低改造标准。

线形指标适应度计算方法详见本项指南附录 A.1。

3.2　适应度适用范围

该指标适用于既有公路（已建公路），为既有公路能否进行提高设计速度改造提供参考依据。

4 改扩建公路路线安全性评价与检验

4.1 改扩建公路路线安全性评价指标与标准

（1）规范符合性评价标准

基于运行速度进行高速公路、一级公路安全性设计首先应满足标准、规范的要求。

（2）线形连续一致性评价标准

评价指标一：相邻路段速度差 Δv_{85}/速度梯度 $I_{\Delta v}$。

相邻路段速度差 $\Delta v_{85}<10$km/h 且速度梯度 $I_{\Delta v}\leqslant 10$km/（h·100m）时，设计指标连续性好，维持原有设计。

相邻路段速度差 10km/h$\leqslant\Delta v_{85}\leqslant$20km/h 且速度梯度 $I_{\Delta v}\leqslant$10km/（h·100m）时，相邻路段设计指标连续性较好，可优化原有设计。

相邻路段速度差 $\Delta v_{85}>$20km/h 或 $I_{\Delta v}>$10km/（h·100m）时，速度协调性不良，相邻路段设计指标过渡不连续协调，需调整设计。

评价路段的运行速度预测方法可参考本项指南附录 A. 2。

（3）设计一致性评价标准

评价指标：同一路段的设计速度 $v_{设计}$ 和运行速度 v_{85} 的差值。

$|v_{设计}-v_{85}|\leqslant$10km/h：速度协调性好，维持原有设计。

10km/h$<|v_{设计}-v_{85}|\leqslant$20km/h：速度协调性较好，可适当优化设计。

20km/h$<|v_{设计}-v_{85}|$：速度协调性不良，需对各项技术指标进行安全性检验与验算。

4.2 改扩建公路路线安全性检验

4.2.1 平面设计检验

检验的内容包括：平面线形中的圆曲线半径、平曲线最小长度、缓和曲线参数、直线段长度、曲线间最小直线长度等指标。

（1）圆曲线

① 圆曲线半径应依据标准规范进行取值。

平曲线半径采用式（1.4.1）进行计算。

$$R=\frac{v^2}{127(\mu+i)} \tag{1.4.1}$$

式中：R——路段行车速度要求的平曲线半径（m）；

v——行车速度（km/h）；

μ——横向力系数；

i——路拱横坡度（%）。

我国《规范》[1] 给出的“极限值”与“一般值”的区别在于曲线行车舒适性的差异。极限最小半径是在车速确定的情况下，根据平稳状态的最大横向力系数和最大超高（8%）计算得到的；一般最小半径是采用横向力系数值为 0.05～0.06，超高取积雪冰冻（雨雾天）最大 $i=6\%$，得到不同车速的一般最小半径，经计算并取整数得到的。计算圆曲线半径的“极限值”与“一般值”采用的横向力系数 μ 值见表 1.4.1。

车速与横向力系数关系一览表　　表 1.4.1

运行速度 v_{85}（km/h）	120	110	100	90	80	70	60	50	40	30
横向力系数 μ（平稳状态）	0.09	0.10	0.11	0.11	0.12	0.12	0.13	0.13	0.13	0.14
横向力系数 μ（建议采用值）	0.05	0.05	0.05	0.05	0.05	0.05	0.05	0.05	0.05	0.05

② 高速公路由于中央分隔带对驾驶员视线造成一定影响，内侧车道在弯道上要满足停车视距要求，往往需要较大的平曲线半径，表 1.4.2 列出了不同速度要求平曲线半径一般最小值和极限最小值内侧车道的几何视距值，以及满足停车视距要求的最小平曲线半径值。

高速公路视距要求下左偏曲线半径取值　　表 1.4.2

设计速度、运行速度	80（km/h）	100（km/h）	120（km/h）
中央分隔带宽度（m）	2.00	2.00	3.00
左侧路缘带宽度（m）	0.50	0.75	0.75
左侧行车道宽度（m）	3.75	3.75	3.75
极限最小半径 R_i（m）	250	400	650
能提供最大视距 L_i（m）	69.22	91.92	117.09
一般最小半径 R_m（m）	400	700	1 000
设计速度、运行速度	80（km/h）	100（km/h）	120（km/h）

[1] 《规范》为《公路路线设计规范》（JTG D20—2006）的简称，余同。

续上表

能提供最大视距 L_m（m）	87.42	121.44	145.12
视距改善要求			
满足规范视距要求（m）	110	160	210
对于极限最小半径 R_i（m）	250	400	650
向内移除护栏的距离 h（m）	3.67	5.38	5.86
满足规范视距要求（m）	110	160	210
对于一般最小半径 R_m（m）	400	700	1 000
向内移除护栏的距离 h（m）	1.39	1.94	2.88

内侧车道在弯道上要满足停车视距要求，表 1.4.3 给出了满足停车视距的最小平曲线半径值。

高速公路视距要求下左偏曲线半径取值 表 1.4.3

运行速度（km/h）	120	100	80
满足规范视距要求（m）	210	160	110
最小半径（m）	2 094.56	1 214.11	632.28

（2）回旋线

① 回旋线的最小长度，即从满足乘车者感觉舒适、超高渐变率适中和行驶时间不过短（满足至少 3s 的行程）考虑这些影响回旋线长度的各项因素，《标准》[1] 制定了各级公路回旋线最小长度，见表 1.4.4。

回旋线最小长度 表 1.4.4

运行速度（km/h）	120	100	80	60	40	30
回旋线最小长度（m）	100	85	70	50	35	25

② 回旋线的最大长度一般设计原则如下：

S 形曲线的两回旋线参数 A_1 与 A_2 宜相等。当采用不同的回旋线参数时，A_1 与 A_2 之比应小于 2.0，有条件时以小于 1.5 为宜。当 $A_2 \leqslant 200$m 时，A_1 与 A_2 之比应小于 1.5。

卵形曲线的回旋线参数宜选 $R_2/2 \leqslant A \leqslant R_2$（$R_2$ 为小圆曲线半径）。

复合曲线的两个回旋线参数之比以小于 1.5 为宜。

当 R 小于 100m 时，A 宜大于或等于 R。

当 R 接近于 100m 时，A 宜等于 R。

当 R 较大或接近于 3 000m 时，A 宜等于 $R/3$。

[1] 《标准》为《公路工程技术标准》（JTG B01—2003）的简称，余同。

当 R 大于 3 000m 时，A 宜小于 $R/3$。

（3）直线

直线的长度不宜过长。受地形条件或其他特殊情况限制而采用长直线时，应结合沿线具体情况采取相应的技术措施，一般不大于 20 倍的车速。平曲线间以直线径相连接时，直线的长度不宜过短。

当车速大于或等于 60km/h 时，同向圆曲线间最小直线长度（以 m 计）以不小于设计速度（以 km/h 计）的 6 倍为宜；反向圆曲线间的最小直线长度（以 m 计）以不小于设计速度（以 km/h 计）的 2 倍为宜。

双车道公路为超车所提供的路段宜采用直线线形，长度根据不同路段运行速度的分布所需要的超车视距计算结果而定。

（4）平曲线长度

《规范》规定了平曲线（包括圆曲线及其两端的缓和曲线）最小长度如表 1.4.5 所示。

平曲线最小长度　　表 1.4.5

运行速度（km/h）		120	100	80	60
平曲线最小长度（m）	一般值	600	500	400	300
	最小值	200	170	140	100

注：“一般值”为正常情况下的采用值，“最小值”为条件受限制时可采用的值。

缓和曲线的长度不能小于该运行速度对应最小长度的规定，同时中间圆曲线的长度宜有大于 3s 的行程。

（5）路线最小转角

一般认为，路线转角 θ 小于或等于 7°应属小转角弯道。对于小转角弯道应设置较长的平曲线。小转角弯道的平曲线长度根据表 1.4.6 取值。

公路转角小于或等于 7°时的平曲线长度　　表 1.4.6

运行速度（km/h）	120	100	80	60	40	30
平曲线长度（m）	1 400/θ	1 200/θ	1 000/θ	700/θ	500/θ	350/θ

注：表中 θ 为路线转角值（°）；当 θ<2°时，按 θ=2°计算。

4.2.2　纵断面设计检验

检验的内容包括：一般路段纵坡坡度、坡长、竖曲线半径、曲线长度等指标，重点验算最大坡度、连续上坡和连续下坡及最大平均纵坡等。

（1）最大纵坡和最大坡长控制

公路纵坡的大小和坡长对车辆正常行驶影响很大。纵坡越陡，坡长越长，对行车影响也越大，主要表现在：使行车速度显著下降，甚至要换较低挡克服坡度阻力；易使水箱“开锅”，导致汽车爬坡无力，甚至熄火；下坡行驶制动次数频繁，易使制动器发热而失效，甚至造成车祸。因此，设计时应严格遵守坡长限制，保证车行安全。

① 最大纵坡是指在纵坡设计时各级道路允许采用的最大坡度值。不同行车速度下的最大纵坡取值如表 1.4.7 所示。

不同行车速度下的最大纵坡取值 表 1.4.7

运行速度（km/h）	120	100	80	60
最大纵坡（%）	3	4	5	6

② 最大坡长限制是指控制汽车在坡道上行驶，当车速下降到最低容许速度时所行驶的距离。《规范》要求的不同坡度的坡长限制如表 1.4.8 所示。

不同纵坡最大坡长（m） 表 1.4.8

运行速度（km/h）		120	100	80	60
纵坡坡度（%）	3	900	1 000	1 100	1 200
	4	700	800	900	1 000
	5	—	600	700	800
	6	—	—	500	600
	7	—	—	—	—
	8	—	—	—	—
	9	—	—	—	—
	10	—	—	—	—

（2）竖曲线长度

纵断面上两个坡段的转折处，为了便于行车，用一段曲线来缓和过渡，这段曲线称为竖曲线。竖曲线的设计要受众多因素的限制，其中有三个限制因素决定着竖曲线的最小半径或最小长度。

① 缓和冲击。汽车行驶在竖曲线上时，将产生径向离心力。这个力在凹形竖曲线上是增重，在凸形竖曲线上是减重。这种增重与减重达到某种程度时，旅客就有不舒适的感觉，同时对汽车的悬架系统也有不利影响。所以，确定竖曲线半径时，对离心加速度要加以控制。

② 保证时间行程不要过短。因汽车从直坡道行驶到竖曲线上，尽管竖曲线半径较大，如其长度过短，汽车疾忽而过旅客会感到不舒适。竖曲线最小长度相当于各级公路计算行车速度的 3s 行程。

③ 满足视距的要求。汽车行驶在凸形竖曲线上，如果半径太小，会阻挡驾驶员的视线。为了行车安全，对凸形竖曲线的最小半径或最小长度应加以限制。当汽车行驶在凹形竖曲线上时，对地形起伏较大地区的道路，在夜间行车时，若竖曲线半径过小，前照灯照射距离近，影响行车速度和安全；在高速公路上有许多跨线桥、门式交通标志及广告宣传牌等，如果它们正好处在凹形竖曲线上方，也会影响驾驶员的视线。

根据缓和冲击、时间行程及视距要求三个限制因素，可计算运行速度时的凸形竖曲线最小半径和最小长度，如表 1.4.9 所示。《标准》规定的一般最小半径为极限最小半径的 1.5～2.0 倍。在条件许可时，应尽量采用大于一般最小半径的竖曲线为宜。

凸形竖曲线最小半径和最小长度　　表 1.4.9

运行速度	停车视距	缓和冲击	视距要求	采用值	《标准》规定值		
	S	$L_{min}=\frac{v^2\omega}{3.6}$	$L_{min}=\frac{S^2\omega}{4}$	L_{min}	极限最小半径 $R_{min}=\frac{L_{min}}{\omega}$	一般最小半径	竖曲线最小长度
(km/h)	(m)	(m)	(m)	(m)	(m)	(m)	(m)
120	210	4 000ω	11 025ω	11 000ω	11 000	17 000	100
100	160	2 778ω	6 400ω	6 500ω	6 500	10 000	85
80	110	1 778ω	3 025ω	3 000ω	3 000	4 500	70
60	75	1 000ω	1 406ω	1 400ω	1 400	2 000	50
40	40	444ω	400ω	450ω	450	700	35
30	30	250ω	225ω	250ω	250	400	25
20	20	111ω	100ω	100ω	100	100	20

注：L_{min}为竖曲线最小长度；ω 为相邻路段坡差（%），即“后坡－前坡”。

对于凹形竖曲线的最小长度，应满足两种视距要求：一是保证夜间行车安全，前照灯照明应有足够的距离；二是保证跨线桥下行车有足够的视距。根据影响竖曲线最小半径的限制因素，可计算出凹形竖曲线最小半径如表 1.4.10 所示。表中显示凹形竖曲线最不利的情况是径向离心力冲击的影响。《标准》规定的一般最小半径为极限最小半径的 1.5～2.0 倍，竖曲线的最小长度同凸形竖曲线。

（3）纵坡对运行速度的修正

在基于运行速度的设计技术流程中，纵断面设计时要按照《规范》满足线形指标和设计要点要求，同时根据表 1.4.11 和图 1.4.1，实时估算对应的运行速度变化，要尽量保持相邻纵坡路段的运行速度变化均匀、连续。

凹形竖曲线最小半径　　表 1.4.10

运行速度 (km/h)	停车视距 S (m)	缓和冲击 $L_{\min}=\frac{v^2\omega}{3.6}$ (m)	夜间行车照明 $\frac{v^2\omega}{1.5+0.0524S}$ (m)	桥下视距 $\frac{S\omega}{26.92}$ (m)	采用值 $L_{\min}$ (m)	《标准》规定值	
						极限最小半径 $R_{\min}$ (m)	一般最小半径 (m)
120	210	4 000ω	3 527ω	1 638ω	4 000	4 000	6 000
100	160	2 778ω	2 590ω	951ω	3 000	3 000	4 500
80	110	1 778ω	1 666ω	449ω	2 000	2 000	3 000
60	75	1 000ω	1 036ω	209ω	1 000	1 000	1 500
40	40	444ω	445ω	59ω	450	450	700
30	30	250ω	293ω	33ω	250	250	400
20	20	111ω	157ω	15ω	100	100	200

纵坡路段各车型的运行速度修正　　表 1.4.11

纵坡坡度		速度调整值（km/h）	
		小型车	大型车
上坡	坡度≤4%	降低 5km/(h·1 000m)	按图 1.4.1 速度折减量与坡长关系曲线进行调整
	坡度>4%	降低 8km/(h·1 000m)	
下坡	坡度≤4%	增加 10km/(h·500m) 至期望运行速度	增加 10km/(h·500m) 增加 15km/(h·1 000m) 增加至期望运行速度
	坡度>4%	增加 15 (10注) km/(h·500m) 至期望运行速度	

注：括号内数字是高速公路和一级公路折减速度值，括号外是双车道公路应折减的速度值。

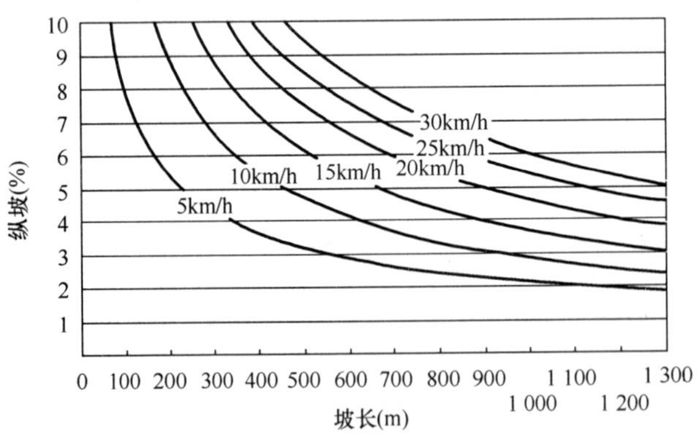

图 1.4.1　速度折减量与坡长关系曲线图

4.2.3　横断面设计检验

横断面类型的选取主要依照公路的等级、功能、地形地质特征、交通量和混合交通及土地征用等因素。

检验的主要内容包括：路基宽度、车道宽度、路肩宽度及超高、紧急停车带、长大纵坡路段紧急避险车道和爬坡车道、路侧安全净空区、视距、超高与加宽等检验。

（1）路基横断面宽度

路基横断面宽度及组成，按照设计速度标准进行设计，但需要按该路段的运行速度检验。

路基宽度发生变化时，应根据运行速度的变化设置宽度渐变段。

（2）紧急停车带

① 高速公路、一级公路的右侧硬路肩宽度小于 2.50m 时，应设紧急停车带。紧急停车带的间距不宜大于 2km，宽度一般为 5.00m，有效长度一般为 50m，并设置 100m 和 150m 左右的过渡段。

② 高速公路、一级公路的特长桥梁、隧道，根据需要可设置紧急停车带，其间距不宜大于 750m。

紧急停车带的间距，必须考虑故障车辆可能行驶的距离和人力可能推动的距离。结合国内经验，出现故障较多的是轮胎，另一类是发动机问题。车辆滑行距离与行车速度的平方成正比，车速越高，滑行距离越长，一般考虑 200～300m 的滑行距离。故障车辆用人力推动时，小型车在水平路段上，1 人可以连续推动 200m，尽力推动可达到 500m 左右。大型车辆至少需要 3～4 人方可推动，其可能推行的距离也没有小型车长。

4.2.4　爬坡车道

长上坡路段对大型车、载货汽车的行驶很不利，上坡会使车速减慢，动力损失严重，妨碍后续车辆，使超车需求增多，“强超硬会”的可能性增大，安全性降低。当符合下列情况之一者，宜在上坡方向行车道右侧设置爬坡车道：

① 沿连续上坡方向载货汽车的运行速度降低到表 1.4.12 的容许最低速度以下时。

上坡方向容许最低速度　　表 1.4.12

运行速度（km/h）	120	100	80	60	40
容许最低速度（km/h）	60	55	50	40	25

② 上坡路段的设计通行能力小于设计小时交通量时。

③ 经对设置爬坡车道与改善主线纵坡不设爬坡车道两种方案的技术经济比较论证，设置爬坡车道的效益费用比、行车安全性较优。

根据上述条件①，在路段上运行速度小于表 1.4.12 中设计速度对应的最低容许速度时，考虑设置爬坡车道；同时，根据上坡路段的坡度和坡长计算其实际通行能力，结合路段的交通量资料测算出该路段应满足服务水平下的车道数量，从而计算出应设置爬坡车道的条数。

对于四车道高速公路、一级公路的连续上坡路段，速度差较大的车辆混合行驶时宜在上坡方向行车道右侧设置爬坡车道。

六车道以上的高速公路，一般情况下可不设置爬坡车道，主要考虑其外侧车道可以行驶因上坡减速后的载货汽车，而内侧车道仍可供小型车正常行驶。

（1）设置位置

爬坡车道的起点，应设于陡坡路段上载货汽车运行速度降低至“容许最低速度”处。

爬坡车道的终点，应设于载货汽车爬经陡坡路段后恢复至“容许最低速度”处。

（2）设置方式

① 爬坡车道起终点应分别设置分流渐变段和汇流渐变段。分流、汇流渐变段长度规定如表 1.4.13 所示。

爬坡车道分流、汇流渐变段长度 表 1.4.13

公路等级	分流渐变段长度（m）	汇流渐变段长度（m）
高速公路、一级公路	100	150～200

② 爬坡车道的总长度由分流渐变段长度、爬坡车道长度（含附加长度）和汇流渐变段长度组成，如图 1.4.2 所示。相邻两爬坡车道相距较近时，可以将两爬坡车道直接相接。

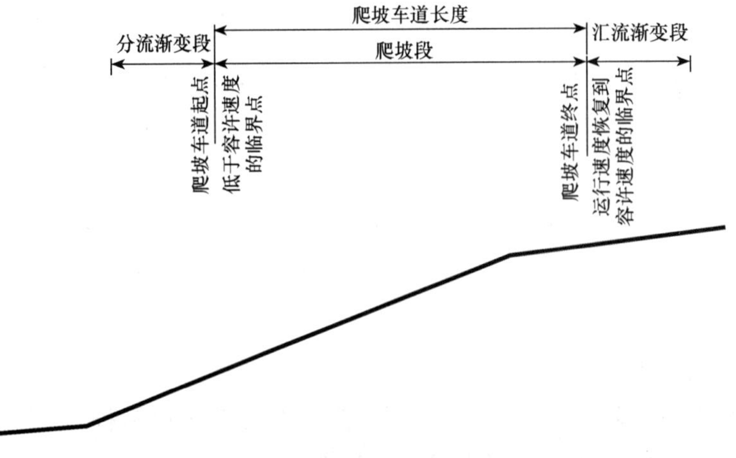

图 1.4.2 爬坡车道组成示意图

4.2.5 紧急避险车道

长大下坡路段运行速度通常较高，甚至达到高速公路一般期望速度，并持续较长。小型车因其具有动力性好、荷载质量小的特点，行驶特性良好，其行驶特性受长陡纵坡路段的影响较小；而大型车、载货汽车则受长陡坡路段影响较大，主要是对减速制动带来行车安全危险。

（1）长大下坡路段的界定标准

高速公路连续下坡路段平均纵坡的路线长度大于表1.4.14中的值时视为连续长陡下坡路段。

山区高速公路连续长陡下坡路段的界定标准 表1.4.14

分　类	平 均 纵 坡 度（%）						
	2.0	2.5	3.0	3.5	4.0	4.5	5.0
路线长度（km）	15	7.5	3.5	3.0	2.5	2.0	2.0

（2）设置条件

设置紧急避险车道、强制休息区（包括服务区、停车区等）时需满足下列条件：

① 在连续长陡下坡路段，交通组成中大、中型载货车比例较高时（一般大、中型载货车占50%以上）。

② 路段运行速度测算接近最大期望速度。

③ 在连续下坡长度大于表1.4.15中平均纵坡度的路线长度后，开始设置第一处为失控车辆专用的避险车道，并按表中规定的路线增加长度增设避险车道。

④ 根据相关课题研究成果，采用下坡段大型载货汽车减速制动时，温控器温度经计算超过200℃时所处位置，来控制设置避险车道的准确位置。

（3）设置位置与间距

在连续长陡下坡路段，根据路段交通组成、运行速度以及大型载货汽车减速制动时温控器温度，综合考虑设置避险车道的位置及间距，如表1.4.15所示。

避险车道的设置位置及间距 表1.4.15

平均纵坡度（%）	设置第一处避险车道的位置（陡坡路段连续下坡长度）（km）	增设避险车道的长度（km）	
		一般值	最大值
>4	2.0	0.5	0.50
4	2.5	0.5	0.75
3.5	3.0	0.6	1.0
3	3.5	0.7	1.3

（4）一般设置要求

避险车道入口在较小半径的曲线上时，应尽量以切线方式从主线切出。在直线或大半径曲线上时，进入避险车道的驶入角不应过大。禁止在右转弯曲线上设置避险车道。

避险车道设置示意如图 1.4.3 所示。

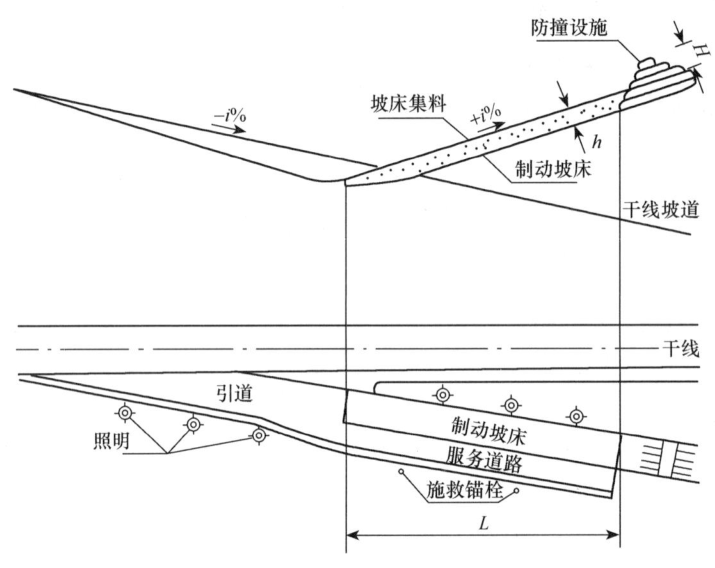

图 1.4.3　避险车道设置示意图

避险车道纵坡坡度应根据避险车道的长度和坡床材料综合确定，保证车辆不发生纵向倾覆和纵向滑动，其值宜控制在 8%～20%。

避险车道的长度应根据失控车辆驶出速度、避险车道纵坡及坡床材料综合确定。

避险车道宽度一般为 4～6m，服务车道的宽度一般为 3.2m。若需要满足两辆车先后进入避险车道，则车道宽度宜为 8～10m。

4.2.6　路面横坡和超高

（1）最大超高

根据公路项目所处自然条件、交通组成和全段的设计标准，根据规范确定最大超高的取值。

高速公路、一级公路最大超高值为 8%和 10%，正常情况下采用 8%；对设计速度高，或经验算运行速度高的路段宜采用 10%。但对于积雪冰冻地区，考虑我国以大型车为主的特点，限定最大超高为 6%比较安全。

需要强调的是，在曲线路段，大型车的运行速度远小于小型车的运行速度。

大型车由于在曲线上行驶而产生的水平向外横向力远小于货车自重产生的向内的横向力，大型车可能会在自重的作用下倾覆。所以在交通流中大型车比例较高，特别是大型车所占比例较高的路段上，最大超高取值应谨慎，有时还应低于规范规定的最大值要求。

（2）一般路段超高

为抵消车辆在曲线半径上行驶所产生的离心力，使汽车、驾驶员和乘客在曲线上行进时稳定且感到舒适，需合理设置超高。

横向力系数与行车速度密切相关，超高、横向力系数和曲线半径按一定的曲线关系来进行分配，可以通过曲线上运行速度及对应平曲线半径、横向力系数反算一般路段超高。横向力系数在 0.05～0.09 之间取值，汽车在坡道上行驶时，不会感到或稍感到曲线的存在，乘客感到舒适、平稳。

在平曲线半径不变的前提下，根据汽车在曲线上行驶受力的平衡方程，用式（1.4.2）计算超高横坡度与横向力系数。

$$i=\frac{v^2}{127R}-f \tag{1.4.2}$$

式中：R——计算平曲线半径（m）；

v——运行速度（km/h）；

f——横向力系数，由路面与轮胎之间的摩阻力、旅行舒适度决定；

i——超高横坡度，当车辆在曲线内侧车道行驶时取正号，当车辆在曲线外侧车道行驶时取负号。

（3）大纵坡路段上的超高

当下坡坡度大于 3%时，超高值宜增加，按式（1.4.3）计算。

$$E_{min}=E+\frac{i_{纵}+E}{6} \tag{1.4.3}$$

式中：E_{min}——大纵坡路段的最小超高值（%）；

$i_{纵}$——纵向坡度（%）；

E——《规范》规定的超高值（%）。

4.2.7　行车安全视距

为了行车安全，驾驶员需要及时看到前方相当长的一段距离，以便发现前方障碍物或来车，及时采取措施，保证交通安全。我们把这一距离称为行车视距。行车视距是道路使用质量的重要指标之一，行车视距是否充分将直接关系到行车是否安全和迅速。

根据驾驶员所采取的措施不同，行车视距分为以下几种：停车视距、会车视距、错车视距、超车视距。

高速公路、一级公路采用停车视距作为设计控制指标。

(1) 停车视距

停车视距包括驾驶者的反应距离和制动距离两部分。反应距离是当驾驶人员发现前方的阻碍物，经过判断决定采取制动措施的那一瞬间到制动器真正开始起作用的那一瞬间汽车所行驶的距离。制动距离是指汽车从制动生效到汽车完全停住这段时间内所走的距离。

我国《规范》中计算视距时采用设计速度的85%～90%比例速度进行折减，但在公路设计指标安全性评价中，根据路段运行速度要对沿线的停车视距进行计算和检验。在数值上，对于小型车要求的视距往往高于同等级设计速度的要求的视距，大型车因最大期望速度为75km/h，所以运行速度要求视距要低于同等级设计速度所要求的视距。

无纵坡条件下路面处于潮湿状态的小型车停车视距，即我国《规范》要求的停车视距见表1.4.16。

潮湿状态下各级公路的停车视距 表1.4.16

设计速度 (km/h)	行驶速度 (km/h)	f	计算值 (m)	规定值 (m)
120	102	0.29	212.0	210
100	85	0.30	153.70	160
80	68	0.31	105.90	110
60	54	0.33	73.2	75

(2) 纵坡段的视距修正

因载货汽车存在空载时制动性能差、轴间荷载难以保证均匀分布、一条轴侧滑会引发其他车轴失稳、半挂车铰接制动不灵等现象，尽管大型车驾驶者因眼睛位置高（眼高规定为2.00m），比小型车驾驶者看得更远，但仍需要比小型车更长的停车视距。在下列相关路段要按照载货汽车进行视距检验：

① 减速车道及出口端部；

② 主线下坡路段且纵面竖曲线半径小于一般值的路段；

③ 主线分、汇流处，车道数减少，且该处纵面竖曲线半径小于一般值的路段；

④ 要求保证视距的圆曲线内侧，当圆曲线半径小于2倍“一般值”或路堑边坡陡于1∶1.5的路段；

⑤ 公路与公路、公路与铁路平面交叉处附近。

高速公路、一级公路以及大型车比例高的下坡路段，应采用下坡段大型车停车视距对相关路段运行速度下的各项技术指标进行检验。

下坡段大型车的停车视距规定如表 1.4.17 所示。

下坡段大型车停车视距（m）　　表 1.4.17

运行速度（km/h）		120	100	80	60	40	30
纵坡坡度（%）	0	245	180	125	85	50	35
	3	265	190	130	89	50	35
	4	273	195	132	91	50	35
	5	—	200	136	93	50	35
	6	—	—	139	95	50	35
	7	—	—	—	97	50	35
	8	—	—	—	—	—	35
	9	—	—	—	—	—	—

（3）立交区识别视距

为使驾驶者及时发现互通式立体交叉的出口，按规定行迹驶离主线，从而防止误行，避免撞及分流鼻，保证行驶安全，互通式立体交叉的引道上应保证对出口位置的判断视距（其物高为0）。这一视距即为“识别视距”。

识别视距应大于表 1.4.18 的规定，且只有在条件受限时方能采用 1.25 倍的停车视距。入口处保证汇流鼻前的通视三角区范围的视距无阻挡。

识　别　视　距　　表 1.4.18

运行速度（km/h）	120	100	80	60
识别视距（m）	350～460	290～380	230～300	170～240

4.2.8　路侧设计——路侧净空区

（1）路侧净空区的定义

路侧净空区也称路侧（安全）净区，是指由行车道外边缘向外直到障碍物之间的区域范围。此处，障碍物指沟、渠、陡边坡、建筑物等车辆无法越过的构筑物。路侧净空区的存在一般是基于安全性考虑而设置的，在这个区域内，失控车辆可以重新返回正常行驶路线，如图 1.4.4 所示。

（2）路侧净空区的宽度

路侧净空区的宽度应根据预测交通量、运行速度以及几何指标而定，见图 1.4.5 和图 1.4.6。

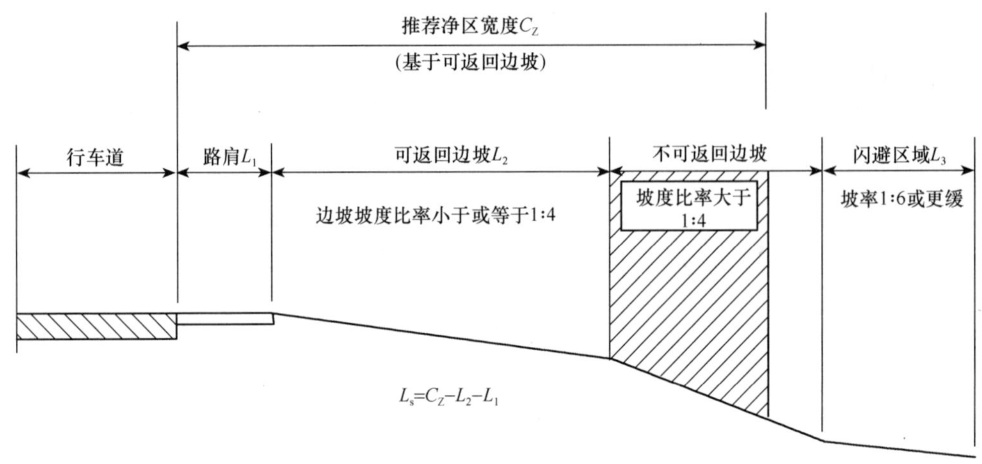

图 1.4.4 路侧净区示意图

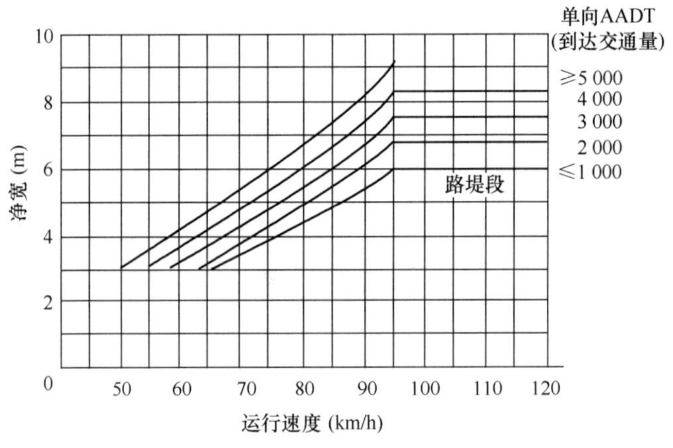

图 1.4.5 填方路基安全净宽

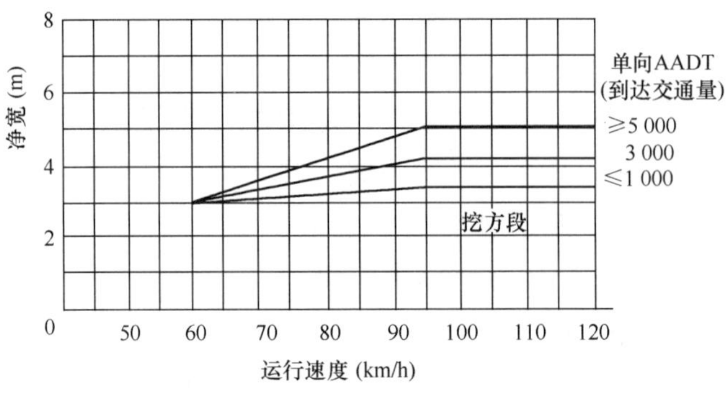

图 1.4.6 挖方路基安全净宽

对于曲线外的安全净空区宽度采用安全净空宽度乘以曲线系数 F_c 求得。F_c 按图 1.4.7 即可求得。

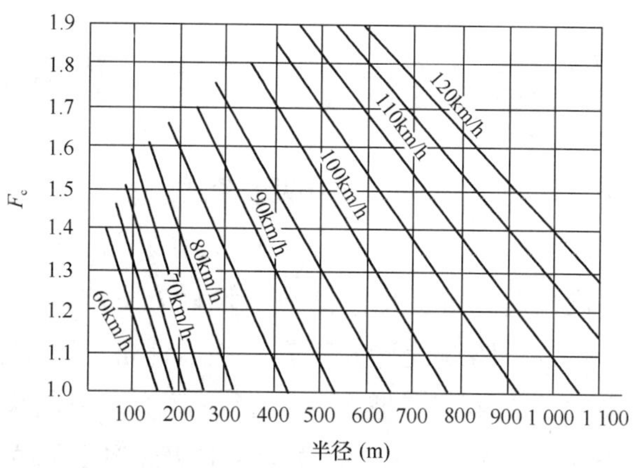

图 1.4.7 曲线系数 F_c

4.2.9 互通式立交区设计

互通式立交区设计应利用运行速度的测算结果对互通区的主线、匝道线形指标的协调性进行安全性评价和分析。

互通式立体交叉范围内的安全评价包括如下内容。

（1）主线、分流点、汇入点的运行速度变化的协调性评价

即变速车道的平纵线形及其与主线的衔接，以及匝道关键段落的平纵线形的均衡性评价。

评价标准：

① 互通区主线与相邻路线段的运行速度差小于 20km/h；

② 变速道起点（驶出）或终点（驶入）运行速度与相邻主线运行速度小于 10 km/h。

（2）出入口视距的检验

根据 4.2.7 的内容对相应的技术指标进行安全性检验。

（3）匝道设计长度检验

匝道设计长度应满足对应设计速度要求的指标。

匝道到出入口处的长度应满足运行速度间的加速或制动器减速的要求，同时检验匝道指标对应的超高及其过渡段长度等指标。

5　改扩建项目的安全性评价流程

一级公路改造项目的安全性评价分为两个阶段。

第一阶段：既有公路初始安全性评价。就既有公路平纵面设计参数、横断面组成、视距、路桥隧构造物等提出公路改造设计方案。

第二阶段：改扩建公路路线设计方案安全性后评价。对项目平面、纵断面、横断面的技术指标采用，视距、爬坡车道、紧急避险车道的设置，路侧安全净空区、重大工点（桥梁、隧道、立交）、交通工程及沿线设施的设计，进行安全性评价并提出建设性的完善措施和补充手段。

改扩建公路安全性评价流程见图 1.5.1。

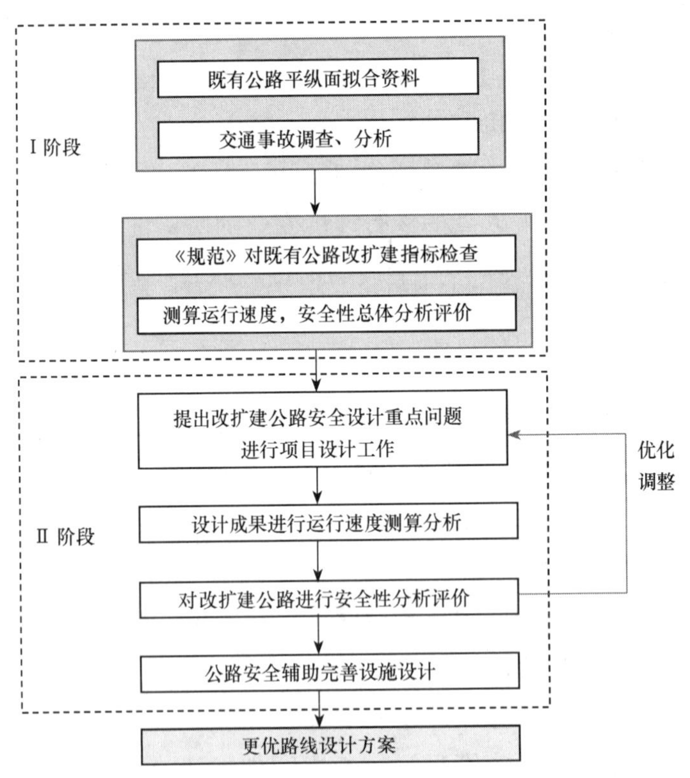

图 1.5.1　改扩建公路安全性评价流程

附录 A　公路线形适应度的计算方法

A. 1　线形指标适应度评价要素集及评价集

据图 1. A. 1 设线形指标适应度评价要素集为：

$$\boldsymbol{U}^{\mathrm{T}} = \{u_1, u_2, u_3, u_4\} \tag{1. A. 1}$$

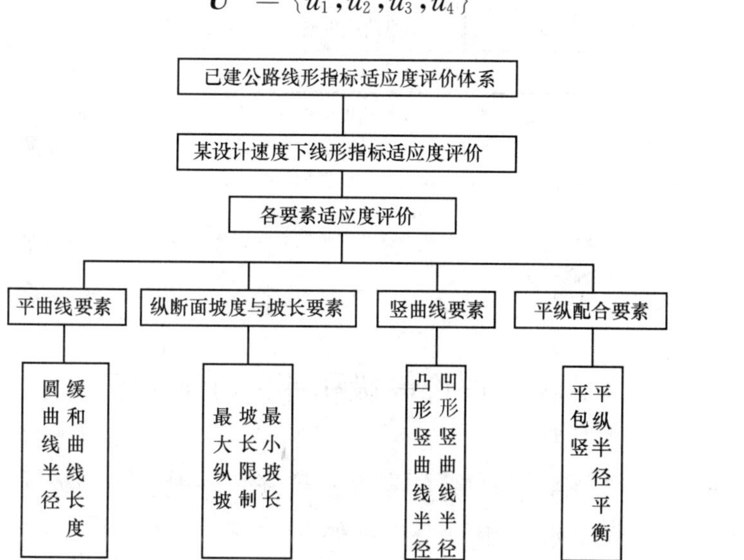

图 1. A. 1　既有公路线形指标适应度评价体系

式中：u_i——第 i 个要素（i=1，2，3，4）。

各要素再分若干子要素，设各要素的子集为：

$$u_i = \{u_{i1}, u_{i2}, \cdots, u_{it}\} \tag{1. A. 2}$$

式中：u_{ij}——第 i 个要素的第 j 个子要素集（j=1，2，…，t）。

既有公路线形指标适应度评价中各个要素或子要素的评价，按要素的性质和程度一般分为 4 个等级，设评价集为：

$$\mathbf{V} = \{v_1, v_2, v_3, v_4\} \tag{1. A. 3}$$

式中：v_j——第 j 个等级的分数，评选时采用各等级分级分数的上限值。

根据公路线形指标要素分析分类，评价等级分为好、较好、一般、差，建立线形指标适应度评价要素及评价等级，见表 1. A. 1。

线形指标适应度评价要素集及评价等级表 表 1.A.1

<table>
<tr><th rowspan="2">要　素</th><th rowspan="2">要素集</th><th rowspan="2">子要素集</th><th rowspan="2">影响要素</th><th colspan="4">评　价　等　级</th></tr>
<tr><th>1</th><th>2</th><th>3</th><th>4</th></tr>
<tr><td rowspan="9">已建公路线形指标适应度评价体系 U</td><td rowspan="2">u_1</td><td>u_{11}</td><td>圆曲线半径</td><td>好</td><td>较好</td><td>一般</td><td>差</td></tr>
<tr><td>u_{12}</td><td>缓和曲线长度</td><td>好</td><td>较好</td><td>一般</td><td>差</td></tr>
<tr><td rowspan="2">u_2</td><td>u_{21}</td><td>凸形竖曲线半径</td><td>好</td><td>较好</td><td>一般</td><td>差</td></tr>
<tr><td>u_{22}</td><td>凹形竖曲线半径</td><td>好</td><td>较好</td><td>一般</td><td>差</td></tr>
<tr><td rowspan="3">u_3</td><td>u_{31}</td><td>最大纵坡</td><td>好</td><td>较好</td><td>一般</td><td>差</td></tr>
<tr><td>u_{32}</td><td>坡长限制</td><td>好</td><td>较好</td><td>一般</td><td>差</td></tr>
<tr><td>u_{33}</td><td>最小坡长</td><td>好</td><td>较好</td><td>一般</td><td>差</td></tr>
<tr><td rowspan="2">u_4</td><td>u_{41}</td><td>平包竖</td><td>好</td><td>较好</td><td>一般</td><td>差</td></tr>
<tr><td>u_{42}</td><td>平纵曲线平衡</td><td>好</td><td>较好</td><td>一般</td><td>差</td></tr>
<tr><td colspan="4">分数</td><td>100～90</td><td>90～80</td><td>80～70</td><td><70</td></tr>
</table>

注：1. 与某设计速度标准适应度好时，以此设计速度为标准已建公路不需要线形改造。
2. 与某设计速度标准适应度较好时，以此设计速度为标准已建公路 10％以下线形需要改造。
3. 与某设计速度标准适应度一般时，以此设计速度为标准已建公路 10％～30％线形需要改造，改造工程量很大。
4. 与某设计速度标准适应度差时，以此设计速度为标准已建公路 30％以上线形需要改造，改造工程量非常大，推荐降低改造标准。

A.2 评价等级和评分标准划分

对单一的影响要素评价等级分为好、较好、一般、差。确定这些要素评价等级由其评分的分数确定，其评分标准如下。

（1）好

在一定设计速度下，采用《标准》评价已建公路线形，全线影响要素采用值满足规范值；对于平、竖曲线线形指标存在极限值和一般值时，全线影响要素应满足极限值，低于一般值的路段总长不超过路线总长度的 5％，则已建公路线形与此设计速度适应度好，评分为 90～100。

（2）较好

在一定设计速度下，采用《标准》评价已建公路线形，存在影响要素不满足规范值的个别路段，其满足规范值路线长度与路线总长度的比例为 90％～100％；平、竖曲线线形指标存在极限值和一般值时，全线影响因素满足极限值，全线影响因素 90％以上满足一般值，且满足一般值路线长度与路线总长度的比例为 85％～95％，则已建公路线形与此设计速度适应度较好，评分为 80～90。

（3）一般

在一定设计速度下，采用《标准》评价已建公路线形，存在多处路段的影响因素不满足规范值的要求，其满足规范值路线长度与路线总长度比例处于70％～90％；平、竖曲线线形指标存在极限值和一般值时，全线影响因素 80％以上满足极限值，且满足采用一般值路线长度与路线总长度的比例为 75％～85％，则已建公路线形与此设计速度适应度一般，评分为 70～80。

（4）差

在一定设计速度下，采用《标准》评价已建公路线形，存在多处路段的影响因素不满足规范值的要求，其满足规范值路线长度与路线总长度比例不大于70％；平、竖曲线线形指标存在极限值和一般值时，全线影响因素 70％以上满足极限值，且满足一般值路线长度与路线总长度的比例不大于 75％，则已建公路线形与此设计速度适应度差，评分小于 70。

A. 3　适应度数学模型

线形适应度评价要素集为 $\boldsymbol{X}=\boldsymbol{U}^{\mathrm{T}}=\{u_1, u_2, u_3, u_4\}$，评价等级集为 $\boldsymbol{Y}=\boldsymbol{V}=\{v_1, v_2, v_3, v_4\}$，称矩阵 $\boldsymbol{R}$ 为 XOY 上的模糊隶属关系矩阵，亦称评价矩阵。

$$\boldsymbol{R}=\begin{bmatrix} r_{11} & r_{12} & r_{13} & r_{14} \\ r_{21} & r_{22} & r_{23} & r_{24} \\ r_{31} & r_{32} & r_{33} & r_{34} \\ r_{41} & r_{42} & r_{43} & r_{44} \end{bmatrix} \tag{1. A. 4}$$

其中，R 中的元素 r_{ij} 为第 i 个要素相对于第 j 个评价的隶属度。

设 X 集合上的权分配模糊向量 $\boldsymbol{A}$ 为：

$$\boldsymbol{A}=(\alpha_1, \alpha_2, \alpha_3, \alpha_4) \tag{1. A. 5}$$

其中，a_{i} 为 $\boldsymbol{U}^{\mathrm{T}}$ 中 u_{i} 因素的权重，且：

$$\sum_{\mathrm{i}=1}^{4} \alpha_{\mathrm{i}}=1 \tag{1. A. 6}$$

作 $\boldsymbol{A}$ 与 $\boldsymbol{R}$ 的矩阵乘积得评价的数学模型为：

$$\boldsymbol{B}=\boldsymbol{AR} \tag{1. A. 7}$$

已建公路线形指标适应度评价体系中至少有两级要素指标。一般按上述原则与方法，选作Ⅰ级评价，即先求第 k 个要素的各个子要素权分配模糊向量 $\boldsymbol{A}_{\mathrm{k}}$ 及其模糊隶属关系矩阵 $\boldsymbol{R}^{\mathrm{n}}$（$k=1, 2, \cdots, m$），得第 k 个要素评价的模糊向量 $\boldsymbol{B}_{\mathrm{k}}$ 为：

$$\boldsymbol{B}_{\mathrm{k}}=\boldsymbol{A}_{\mathrm{k}}\boldsymbol{R}_{\mathrm{k}} \tag{1. A. 8}$$

根据Ⅰ级评价结果进行Ⅱ级评价，设每一方案各要素的权分配模糊向量为 $\boldsymbol{A}$，评价要素的模糊隶属关系阵按下式构成：

$$\boldsymbol{R}=(B_1,B_2,\cdots,B_m)^T \quad (1.A.9)$$

导入式（1.A.7)，从而得到某一设计速度下评价的模糊向量，再以某一设计速度为标准进行已建公路线形适应度评价后，用所得分来表示此设计速度下线形适应度，则此设计速度下的总体得分 $\boldsymbol{P}_n$ 为：

$$\boldsymbol{P}_n=\boldsymbol{V}\boldsymbol{B}_n \quad (1.A.10)$$

为了对升级改造标准选择有借鉴作用，一般会对既有设计速度线形指标适应度、设计速度提高一个等级后其线形指标适应度进行评价。

A.4 权分配模糊向量的确定

在既有公路线形指标适应度评价中，评价要素及其子要素权分配向量的确定一般由相关专家组成的专家组根据路线的等级和路线的特殊用途等共同商定。各要素对公路线形指标适应度影响不同，一般平曲线要素最重要，其次为竖曲线要素、坡度和坡长要素，影响最小的是平纵配合要素。它们的影响权重大小可以由专家组以问卷统计形式获得。

附录 B　高速公路运行速度计算

B.1　典型路段的划分

结合运行速度模型、心理及生理变化等研究成果，针对小型车及大型车对高速公路运行速度测算路段单元进行分段，如表 1.B.1 所示。

设计车型分段技术临界值　　表 1.B.1

车　型	纵 断 面	平　面		注意的问题
		半径>1 000m	半径≤1 000m	
小型车	坡度<3%	直线段		<200m 视为短直线段
	坡度≥3%	纵坡段		
	坡度<3%		平曲线段	
	坡度≥3%		弯坡组合段	
大型车	坡度<2%	直线段	平曲线段	< 200m 视为短直线段
	坡度≥2%	纵坡段	弯坡组合段	

（1）对于分段后的直线段，当长度小于 200m 时，视为短直线段。该段运行速度保持不变。其余纵坡段、平曲线段、弯坡段测算时没有长度的限制。

（2）判断弯坡段时，将平曲线从曲线中点分开，分别将两端曲线对应的纵坡加权平均值作为对应纵坡分段。

B.2　初 始 速 度

初始速度一般可通过对需分析路段的实际现场相邻公路，或周边公路环境相似路段的观测得到；也可根据表 1.B.2 查得。确定路段的初始速度后，采用不同路段的速度测算模型计算设计路段各特征单元结点的运行速度 v_{85}。

设计速度与全路段内运行速度 v_{85} 间的对应关系　　表 1.B.2

设计速度（km/h）		80	100	120
运行速度 v_{85}（km/h）	小型车	80～95	100～110	120
	大型车	65～80	75	75

B. 3　平直路段速度预测模型

平直路段上车辆的加速过程近似匀加速运动，按式（1. B. 1）可测算直线上的运行速度 v。加速度取值范围可参照表 1. B. 3 规定。

$$v=\sqrt{v_0+2aS} \qquad (v_0<v<v_e) \tag{1. B. 1}$$

式中：v_0——驶入直线段的初始速度（m/s）；

S——直线段的距离；

a——加速度（m/s^2）；

v_e——期望速度（m/s）。

平直路段上期望运行速度和加速度推荐值　　表 1. B. 3

车　型	小　型　车	大　型　车
期望运行车速（km/h）	120	75
推荐加速度值 a（m/s^2）	0. 15～0. 50	0. 20～0. 25

图 1. B. 1 和图 1. B. 2 为小型车和大型车在不同的初始速度下，采用不同的加速度 $a(t)$ 通过一定长度的平直路段 S 的运行速度分布图，测算速度时可在图中查出。

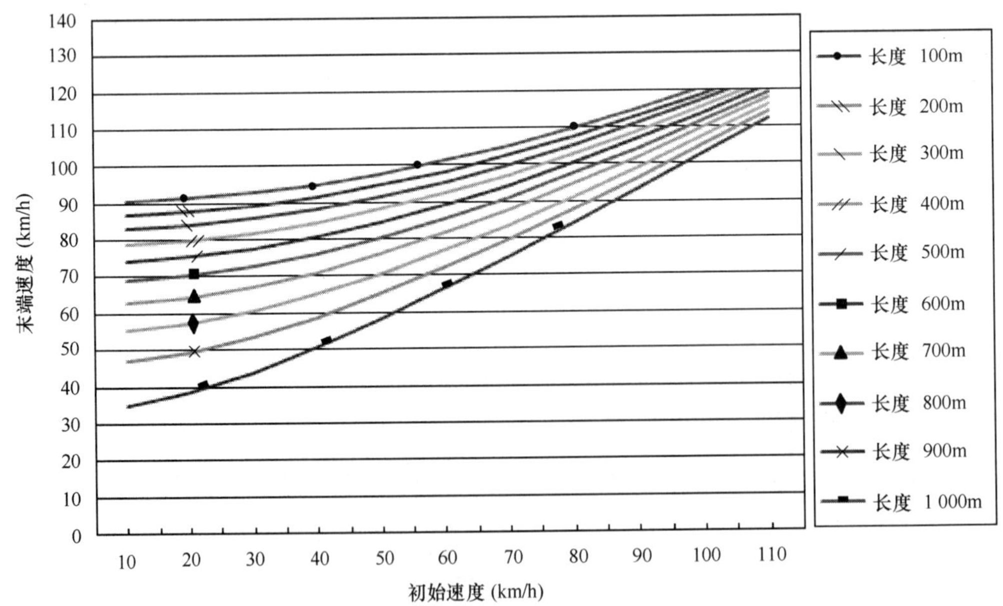

图 1. B. 1　直线段上小型车在不同初速度下车辆加速过程曲线

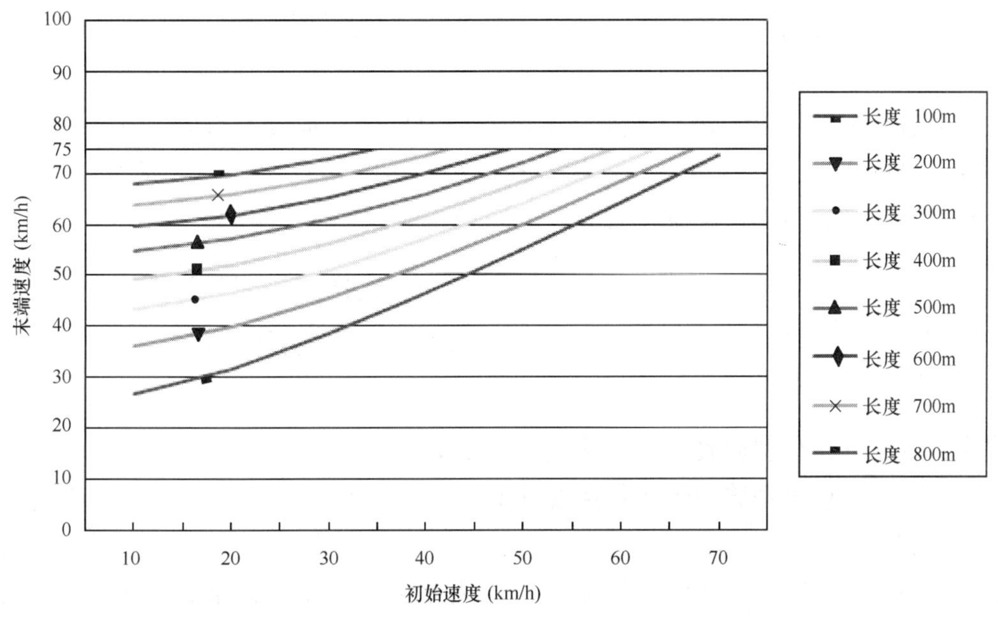

图 1.B.2　直线段上大型车在不同初速度下车辆加速过程曲线

B.4　平曲线路段速度预测模型

平曲线路段根据曲线半径和曲线前入口速度与曲线衔接形式，按表 1.B.4 中的平曲线速度预测模型，可精确计算曲线中点和曲线出口速度。

平曲线上速度预测模型　　表 1.B.4

曲线连接形式	平曲线速度预测模型
入口 直线—曲线	小汽车：$v_{middle}=-24.212+0.834v_{in}+5.729\ln R_{now}$ 货车：$v_{middle}=-9.432+0.963v_{in}+1.522\ln R_{now}$
入口 曲线—曲线	小汽车：$v_{middle}=1.277+0.942v_{in}+6.19\ln R_{now}-5.959\ln R_{back}$ 货车：$v_{middle}=-24.472+0.990v_{in}+3.629\ln R_{now}$
出口 曲线—直线	小汽车：$v_{out}=11.946+0.908v_{middle}$ 货车：$v_{out}=5.217+0.926v_{middle}$
出口 曲线—曲线	小汽车：$v_{out}=-11.299+0.936v_{middle}-2.060\ln R_{now}+5.203\ln R_{front}$ 货车：$v_{out}=5.899+0.925v_{middle}-1.005\ln R_{now}+0.329\ln R_{front}$

注：v_{middle}为曲中点的运行速度；v_{out}为驶出曲线的运行速度；R_{front}为曲线前方的曲线半径；R_{now}为当前曲线半径；R_{back}为曲线后方的曲线半径。

B.5　纵坡路段速度预测模型

（1）拟合修正法

在纵坡路段，车辆基本表现为上坡减速、下坡加速。利用运行速度纵坡模型测算表 1.4.11、图 1.4.1 对小型车和大型车驶入纵坡段时的运行速度 v_{85} 进行增加或折减。该测算方法属粗略计算，简单易行，作为推荐测算方法。

（2）理论公式法

通过研究纵坡上的运行车速、车辆的动力性能与坡度和坡长的关系，建立功率质量比 P 与运行速度（坡顶速度 v_2、坡底速度 v_1）、坡长 S、坡度 i 的函数关系，来描述运行速度随坡度坡长而变化的特性和规律，见式（1.B.2）。

$$g\left(\frac{v_2+v_1}{2}\right)\left[\left(\frac{1+\delta}{g}\right)\left(\frac{v_2^2-v_1^2}{2S}\right)+f\pm\frac{i}{100}+\frac{13KF\left(\frac{v_2+v_1}{2}\right)^2}{G}\right]-P=0 \tag{1.B.2}$$

式中：v_1——各车型坡底的行车速度（m/s）；

v_2——各车型坡顶的运行速度（m/s）；

S——坡长（m）；

K、F、δ——分别为车辆的风阻系数、挡风面积、惯性阻力系数，小型车 $K=0.0025$，大型车 $K=0.0035$；小型车 $F=2.0\text{m}^2$，大型车 $F=6.2\text{m}^2$；$\delta=0.01$；

f、i——分别为摩擦阻力、纵坡坡度；

g——重力加速度，取 9.8m/s^2；

G——车辆空载质量加实际载质量（kg），小型车取 $G=1\,500$kg，大型车取 $G=15\,000$kg；

P——车辆的功率质量比（W/kg）。

在纵坡模型预测中，P 值的选用可参照表 1.B.5 规定算得。但应注意表中提供的功率质量比 P 是标准车辆载质时得到的数值，对于我国当前交通现状，超载严重的路况对其适用性是有影响的。

车辆的功率质量比 P 值参数表 表 1.B.5

小　型　车	大　型　车
$P=-0.1633i^2+2.6188i+8.2163$ $i\in[-6\%,-3\%)\cup(3\%,6\%]$	$P=1.579i+0.102v-4.874$ $i\in[-6\%,-2\%)\cup(2\%,6\%]$

公式法测算速度是通过建立一元三次方程求解坡顶或坡底速度的，其测算结果更加准确、合理。但因为其为数学求解的方法（一元三次方程，有 3 个解），在同向坡差比较小时，可能会出现极值、无解情况。

B.6　弯坡路段速度预测模型

车辆在弯坡组合线形上行驶，受平曲线和纵坡的综合作用，运行速度容易发生突变。对于平纵组合路段，根据划分路段的曲线前入口速度、曲线半径和纵坡坡度，按表 1. B. 6 推算小型车和大型车在组合线形中点的运行速度。该模型是基于线形与速度关系统计分析的结果，模型测算精度较高。

弯坡组合线形下的运行速度预测模型　　表 1. B. 6

曲线连接形式	弯坡组合运行速度预测模型
入口 直线—曲线	小汽车：$v_{middle}=-31.669+0.547v_{in}+11.714\ln R_{now}+0.176i_{now1}$ 货车：$v_{middle}=1.782+0.859v_{in}-0.51i_{now1}+1.196\ln R_{now}$
入口 曲线—曲线	小汽车：$v_{middle}=0.750+0.802v_{in}+2.717\ln R_{now}+0.281i_{now1}$ 货车：$v_{middle}=-1.798+0.248\ln R_{now}+0.977v_{in}-0.133i_{now1}+0.23\ln R_{back}$
出口 曲线—直线	小汽车：$v_{out}=27.294+0.720v_{middle}-1.444i_{now2}$ 货车：$v_{out}=13.490+0.797v_{middle}-0.627i_{now2}$
出口 曲线—曲线	小汽车：$v_{out}=1.819+0.839v_{middle}+1.427\ln R_{now}+0.782\ln R_{front}-0.48i_{now2}$ 货车：$v_{out}=26.837+0.109\ln R_{front}-3.039\ln R_{now}-0.594i_{now2}+0.830v_{middle}$

注：$R\in[120,1\,000]$，$i\in[-6\%,-2\%)\cup(2\%,6\%]$；

v_{in}、v_{middle}、v_{out}——分别为驶入曲线的速度，曲中或变坡点的速度，驶出曲线的速度；

R_{back}、R_{now}、R_{front}——分别为曲线后方、当前曲线、曲线前方的曲线半径；

i_{now1}、i_{now2}——分别为曲线前后两段的不同坡度。

B. 7　高速公路运行速度分析测算流程

高速公路运行速度测算分析流程见图 1. B. 3。

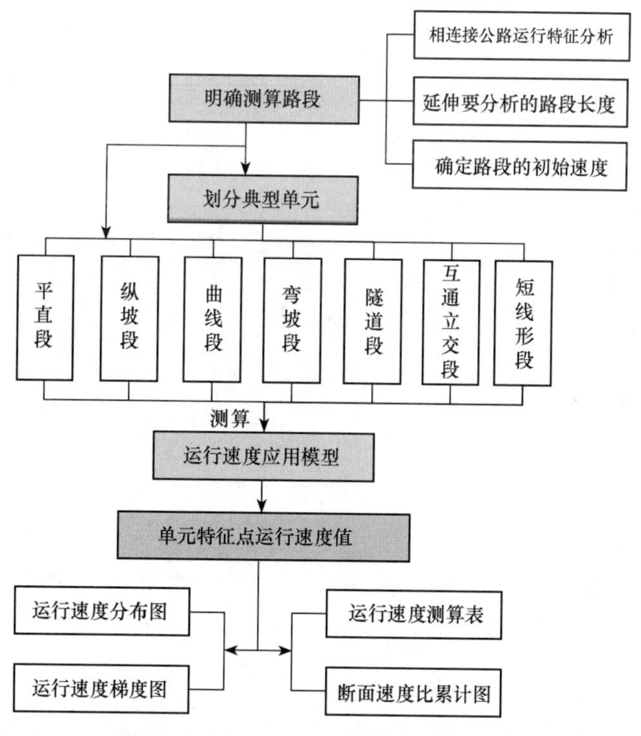

图 1. B. 3　高速公路运行速度测算分析流程图

第 2 篇　既有路基检测评价及处治技术指南

主 编 单 位：中交第一公路勘察设计研究院有限公司
广东清连公路发展有限公司

参 编 单 位：长安大学
长沙理工大学

主要编制人员：吴明先　台电仓　张　娟　赵永国
王选仓　蒋宗岑　吴　美　晁德志
饶　中　吴雄飞　姚佳良　晋枫春

1　路基病害调查检测

1.1　路基病害调查

1.1.1　路基病害调查的内容

路基病害调查的主要内容包括：路基裂缝调查、路基一般路段及桥头段沉陷调查、路基填料情况调查。

1.1.2　路基病害调查方法

(1) 路基裂缝

路基裂缝一般易出现在高填方路基路段、半填半挖路基填方一侧较高的路段、路基跨越深沟的路段、填挖交界路段、鱼塘或水塘路基路段、超高路段、桥头路段。路基裂缝附近常常伴随有路基局部沉陷，路面板（水泥路面）裂缝、破碎、错台等现象。

裂缝调查方法：用钢卷尺量测裂缝所在的部位和长度，用游标卡尺量测裂缝宽度并记录裂缝的形态，对病害部位进行素描和拍照。

(2) 路基沉陷

旧路路基沉陷主要集中在半填半挖路基的高填深挖方段落，高挡墙路堤路段，桥头高填路段，纵向填挖交界路段，路基跨越 V 形山沟路段，路堤临河、鱼塘、水塘路段，部分路基经过水稻田、河滩等软湿土路段。

路基沉陷的主要表现有：中央分隔带护栏高度明显低于邻近路段，路面上可见路基沿路线纵向形成一个盆状的沉降区域；桥头填土较高的台后路基明显下沉，在桥头路面板（水泥路面）出现错台、严重破碎或断裂，桥台锥坡有明显下沉的痕迹；局部路段路面出现纵向裂缝，裂缝一侧路基明显下沉，路面板块（水泥路面）纵裂、错台、局部破碎；路基局部范围凹陷，水泥路面板块严重破碎，出现翻浆、唧泥等。

路基沉陷调查方法：用调查专用的米格纸记录沉陷路段的位置、区域面积、形态、程度，并记录沉陷伴随的一些病害现象（如板块破碎、断裂、翻浆、唧泥等)。

(3) 路基填料调查

路基填料调查主要是通过对旧路沿线地表岩土体的岩性调查以及对边坡上路基填料外露处的观察，结合路基钻探取样、现场坑探、土工试验资料，查明路基填料的基本状况。

1.1.3 调查成果整理

(1) 绘制病害情况示意图

根据病害调查结果，归纳路基病害的主要类型、分布、数量、病害程度，并绘制路基病害综合分布情况示意图。

(2) 进行病害统计分析

对路基病害调查的结果按类型进行统计分析，并提交路基病害统计汇总图。

1.2 路基病害检测

1.2.1 探地雷达检测

探地雷达以宽带高频电磁波信号进行探测，它利用了电磁波信号在物体内部传播时电磁波的运动学原理，也就是根据雷达信号在介质中传播的路径变化对地下介质进行探测。

使用探地雷达对旧路进行检测，是目前旧路路基病害检测的一种新方法。它可根据雷达的检测波形图，直观定性地分析旧路水泥混凝土路面的脱空情况和路基浅层病害情况；同时结合其他检测手段，对检测结果进行综合分析验证。

1.2.2 路基填料物理指标检测

路基填料物理指标的检测内容主要包括：路基含水率、稠度、压实度及填料的密度、干密度、液塑限等。检测主要分为现场取样和室内试验两个阶段。现场取样的方法主要采用钻机钻芯取样和试坑取样两种，如图 2.1.1、图 2.1.2 所示。

1.2.3 路基强度检测

主要从两个方面对旧路路基强度状况进行检测和评价。一是旧路基体自身物理和力学指标方面的测试情况，二是借助测试仪器对路基的检测情况。主要检测手段有：钻探取芯检测路基主要的物理和强度指标、雷达测试、动力触探测试、标贯测试、路基现场 CBR 测试、路基现场回弹模量测试、路基现场 DCP 测试等。运用以上检测手段，基本达到了全面、准确掌握旧路强度及稳定状况的目的。综合分析各种检测手段在旧路检测中的运用，并归纳其特点及适用性如下。

图 2.1.1　路基钻孔取芯检测

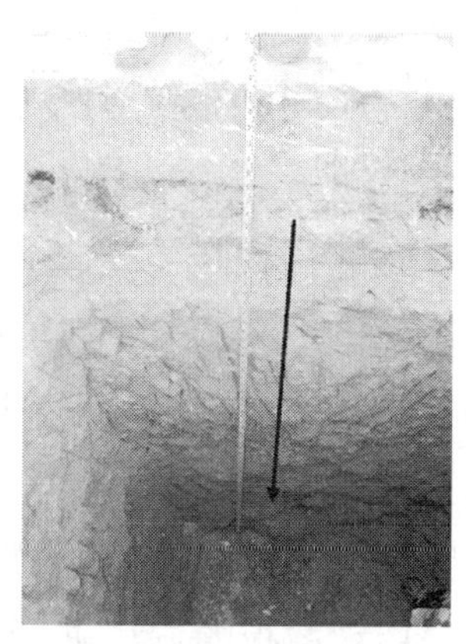

图 2.1.2　路基现场挖坑取样检测

（1）路基钻探取芯检测

路基钻探取芯检测主要通过钻机钻孔抽取路基不同层位的土样进行含水率、密度、干密度、液塑限等试验检测，得出路基土的密实程度、稠度状况、土性状况，并通过经验判断或相关关系式推算路基的强度指标。采用钻探抽芯检测方法进行路基强度及稳定评价，简单直接，获得的是路基最基础的物理检测数据，每项数据都能直观、定量地反映路基某方面的性质特征。这种评价方法直观、准确、可靠性好，但钻芯取样及后期试验过程由于设备和人为的因素，往往容易出现土样扰动、试验操作误差、设备精度不够等问题，使试验数据的准确性有所降低。

（2）探地雷达检测

雷达测试能快速普查路基路面病害的深度、位置、范围，但对路基路面病害的准确定论、物理强度状况的判定及指标的定量分析仍存不足，必须结合其他检测手段做进一步检测并验证。

（3）动力触探和标贯测试

动力触探测试是通过重锤捶击触探杆使触探仪的探头贯入土体达到规定进尺时，利用需要的标准击数换算出相应的承载力，或是通过触探和 CBR 或回弹模量的相关关系式，换算出相应的 CBR 或模量值，最终进行路基强度及稳定性评价。动力触探又分两种，一种是重型动力触探，另一种是轻型重力触探。重型重力触探采用 63.5kg 的重锤捶击，捶击动能大，如土体中遇到局部夹有坚硬的岩块时，受到阻力的影响程度较小一些。而轻型重力触探采用 10kg 的重锤捶击，轻探锤击动能小，容易受土体局部坚硬填料的影响。因此，轻型重力触探在非土质路基中测试数据的离散性比重型动力触探大。重型动力触探相对轻型动探评价非土质路基强度更为准确、合理。在实际的工程测试中，轻型动力触探多用于细粒土的测试，而重型动力触探则多用于粗粒土的测试。标贯测试和重力触探测试原理相似，一般适用于砂性土的测试。

（4）现场 CBR 检测及回弹模量检测

路基现场 CBR 检测，是通过现场挖坑至特定层位，将基坑表面整平，然后在其表面进行现场 CBR 测试。测试步骤按照《公路路基路面现场测试规程》（JTG E60—2008）中规定的土基现场 CBR 值测试方法进行。通过检测可获得路基不同层位土体的现场 CBR 测试指标，并可作为判定路基强度的最直接且直观的指标。

路基现场回弹模量检测，也是通过现场挖坑至特定层位，将基坑表面整平，然后采用承载板的方法进行回弹模量检测。测试步骤按照《公路路基路面现场测试规程》（JTG E60—2008）中规定的承载板测定土基回弹模量试验方法进行。通过检测可获得路基不同层位土体的顶面回弹模量测试指标，并可作为判定路基强度的最直接且直观的指标。

现场 CBR 及回弹模量检测获得的测试指标均为路基强度指标。采用这两种方法检测路基强度直接准确，但测试的过程较为复杂，完成单点测试的时间长，且费用较高，一般不宜大量采用。

（5）现场 DCP 检测

采用 DCP 测试旧路路基强度，是目前国际上普遍采用的一种方法。

DCP 是为迅速检测不同层位的路基及路面结构层强度和分层厚度而设计的一种仪器，它的原理类似于轻型动力触探，检测方法主要是通过一个 8kg 的重锤在固定落锤高度下锤击贯入仪，记录每一击的标杆贯入量，通过评价单位击数锥头的贯入量，确定路基不同层位的强度和分层情况。把 DCP 每一击确定的进尺代入经验换算式，可得到每一结构层的 CBR 值。

1.2.4 路基强度检测过程

在进行一系列强度测试之前，首先应结合被检测旧路的病害调查状况、填料情况及物理指标检测情况，采取按不同岩性类型的填料、不同的填土高度和不同的路基、路面病害程度进行检测点的布设，然后再进行各个项目的测试。

首先应在布点处切开路面［平面尺寸为 1m（横向）×2m（纵向）］，然后分别开挖至路面下深度 0.3m、0.8m、1.5m、2.4m 和 3.0m（分别代表路基的路床顶、上路床、下路床、上路堤和下路堤）位置，大致整平工作面（要求不扰动表面土层），测试路基的动探指标、DCP、回弹模量和 CBR 值及相应的土体含水率、稠度、压实度等指标。模量测试采用承载板试验法。

路基强度检测的测试过程如下：

（1）在布好的测点位置用锯缝机将路面切开，用刨机将路面破碎并挖除。

（2）下挖至路面顶以下 0.6m，将基坑表面整平，并进行模量和 CBR 的检测。测试步骤与《公路路基路面现场测试规程》（JTG E60—2008）中土基现场 CBR 值测试方法及承载板测定土基回弹模量试验方法完全相同。

（3）在测试层位表面取样，进行土体物理状态指标的检测（含水率、稠度、压实度等）。

（4）轻型动力触探测试（N_{10}）、重型动力触探测试（$N_{63.5}$）及 DCP 测试。

（5）按照与上面同样的步骤依次进行 0.9m、1.4m、2.1m 和 3.0m 层位各项指标的检测。

1.3　检测新技术、新方法

1.3.1　探地雷达测试原理

探地雷达（Ground Penetrating Radar，简称 GPR）是依据电磁波脉冲在地下传播的运动原理进行工作。发射天线将高频（10^6～10^9 Hz 或更高）电磁波以宽带短脉冲形式送入地下，当地下介质间存在电性差异时，这种电性差异将形成一阻抗界面。电磁波信号遇到这一阻抗界面时就会产生较强的反射信号，接收天线将这些信号输入到专用计算机并按照设定的信息进行储存，再通过专用软件对雷达接收到的反射信号进行处理，排除那些无用的杂波信号和干扰信号，通过对目标体真实反射信号的分析达到对地下介质（或埋藏物）探测的目的。

探地雷达还可以通过分析根据上下介质电磁特性的不同而产生折射和反射，来确定各不同介质之间的分层面；通过对雷达反射信号的追踪，可以计算出反射物的深度及形态。

1.3.2　雷达检测方法

（1）天线选型

天线选型应根据道路的具体情况，主要从分辨率、穿透力和稳定性三个方面综合衡量。

(2) 测试参数设置

① 雷达探测车行驶速度一般控制在 10km/h 左右。

② 采用测距轮控制方式，每米采集 20 个点。

③ 时间窗口：一般 1GHz 天线为 20ns，400MHz 天线为 50ns。

(3) 检测方法

四车道道路半幅路基探地雷达测线一般为 2 条，根据每条路的具体情况选择布设在路基病害较严重的车道位置。首先使用地面耦合式天线对 2 条测线进行全面普查，初步确定出病害的位置，再使用空气耦合天线和地面耦合式天线分别进行加密检测。使用雷达检测时，天线沿测线方向移动，由车载式测距轮发射距离信号控制雷达主机发射雷达脉冲，每米测线采集 20 个测点。测线严格按照检测规范指定位置布置。

1.3.3 检测结果处理

数据处理采用相应雷达设备配备的探地雷达处理解释软件，对数据文件进行预处理、增益调整、滤波和成图等，对路面内部质量及路基浅层进行探测，并通过定性分析得出病害探测结果。

2　路基评价

2.1　路基湿度变化规律

（1）温度的变化是影响路基上部含水率的主要因素。降水和蒸发因素造成的地基土湿度及地下水位的变化，是影响路基下部含水率的主要因素。研究表明：上部 0.8m 深度范围填料含水率随季节性的温度变化而有规律地上下波动。土体含水率发生季节变化的过程中，0.8m 层位的含水率是相对稳定的。0.8m 深度以上及 0.8m 深度以下 2m 以上的两部分路基土，在不同季节的温度、降雨量、蒸发量等气候因素共同影响下，土体中水分上下相互转移，呈现规律相反的周期性变化。

（2）土体含水率随温度变化呈线性关系，温度升高，含水率减小；温度降低，含水率增大。路基上部同一层位高温季节与低温季节的平均含水率相差 2%～3%。

（3）路基体内部的水分由于受多种外界条件（如温度、降水、蒸发等因素）周期性变化的影响，始终处在一种运动的状态，这就决定了路基体内部水分在空间上的不均匀分布。含水率的变化是一个复杂的变化过程。温度、地下水、降水、蒸发耦合作用，使路基上下部含水率在高温、降水季节差别较大，而低温季节，路基上、下部含水率差别甚小。

（4）由于土质类型和土壤吸力等的不同，以及大气降水、地下水、地表水、蒸发力和温度等自然因素的季节性变化，路基内部水分不断发生着季节性的周期迁移。水在土中不论呈气态还是呈液态迁移，均是由高压处向低压处、由高温处向低温处、由高含水量处向低含水量处移动。微观上，路基每个部分的含水率发生着周期性的季节性变化，但是宏观上，路基与外界自然条件和气候环境相适应，并且达到相对平衡之后，路基的整体含水率是相对稳定的。

（5）旧路基填料稳定含水率与建成初期相比有着较大幅度的增长，其增长幅度与填料本身的液限及塑性指数有较大关系。填料液限越高，塑性指数越大，填料的稳定含水率一般也就越高，与最初时相比，变化幅度也越大。高液限、高塑性指数填料区稳定含水率一般可达 25%以上。

(6) 路床作为直接承受路面传递荷载的部分，其通车多年后绝大部分路段的路基稠度仍处于中湿以上状态，且液限及塑性指数仍然是影响路基稳定稠度状态的关键指标。填料液限越高，塑性指数越大，填料的稳定稠度也就越低。

2.2 路基强度及相关关系

在路基回弹模量 E、CBR、轻型动力触探 N_{10}、重型动力触探 $N_{63.5}$ 几种强度测试指标中：

(1) 回弹模量 E 与 CBR 值的相关性较好，回归得到的线性关系式，可作为两种强度对应的推导关系。

(2) 重型动力触探 $N_{63.5}$ 与回弹模量 E 和 CBR 值的相关性要好于轻型动力触探 N_{10} 与回弹模量 E 和 CBR 值的相关性。这主要是因为两种动力触探都是对路基土上某一点的强度测试，当遇到土体中局部夹有坚硬的岩块时，重型动力触探 $N_{63.5}$ 锤击动能较大，受到影响的阻力程度较小一些。而轻探锤击动能小，容易受土体局部坚硬填料的影响。因此重型动力触探相对轻型动探评价非土质路基强度更为准确合理。在实际的工程测试中，轻型动力触探多用于细粒土的测试，而重型动力触探则多用于粗粒土的测试。

各种强度指标之间的相关关系见表 2.2.1。

填土路基 CBR、E、$N_{63.5}$、N_{10} 之间的相关关系 表 2.2.1

项　目	关 系 式	相关系数 R^2
E 与 CBR	$E=0.0408\ CBR^2+0.4818\ CBR+37.629$	0.823 6
CBR 与 N_{10}	$CBR=0.0887\ N_{10}+1.6813$	0.450 4
E 与 N_{10}	$E=0.0071\ N_{10}^2-0.2644\ N_{10}+38.914$	0.484 3
CBR 与 $N_{63.5}$	$CBR=0.1162N_{63.5}^2+0.5537\ N_{63.5}+4.3972$	0.662 6
E 与 $N_{63.5}$	$E=1.4383\ N_{63.5}^2-6.5387\ N_{63.5}+72.069$	0.712

注：在以上 N_{10} 与 CBR 和 E 的关系式及 $N_{63.5}$ 与 CBR 和 E 的关系式中，当 $N_{10}<10$，$N_{63.5}<3$ 时，由于缺少测试数据，动力触探与 CBR 和 E 之间的换算并不适用。

2.3 路基强度与物理指标相关关系

由于土的强度受土质类型、结构形式、矿物成分、胶结状态、含水状况等多种因素影响，不同土性相同条件下强度差异很大。在进行土体物理指标与强度指标关系研究时，将土按不同的土质类型进行分类归纳较为合理。

本项指南主要归纳红砂岩区域和花岗岩区域两种岩性区范围内的路基土强度与物理指标间的相关关系。

2.3.1　红砂岩填料路基强度与物理指标之间的关系

(1) 含水率 w 和稠度 ω 两项物理指标与 CBR 和回弹模量 E 两项强度指标的相关性较强。当路基土含水率较大时，对应的 CBR 及 E 值较小。路基土强度随含水率降低而降低，在含水率较低时下降趋势较快，在达到一定程度后下降的趋势就相对平缓。这种趋势的拐点基本发生在含水率处于 23%～25%之间，当含水率再大时，强度呈平缓下降的趋势。因此在含水率小于 23%～25%时，路基强度的变化对含水率的敏感性还是较强的。路基强度随含水率的增加，呈降低的趋势。

(2) 稠度是反映路基干湿程度的一个状态指标。路基稠度值低时，对应的 CBR 及 E 值较小。稠度较大时，对应的 CBR 及 E 值较大。路基 CBR 及 E 值随路基稠度的增大而增大，且这种增长也同样呈前缓后陡的趋势。在稠度小于 0.8 时，路基稠度与 CBR 及 E 的关系曲线呈平缓降低的趋势；当稠度大于 0.8 时，路基稠度与 CBR 及 E 的关系曲线呈加速上升的趋势；稠度为 0.8 时，路基基本处于中湿和潮湿的分界状态。

(3) 压实度与回弹模量 E 和 CBR 相关关系很差，实测压实度为 70%～90%。

总结各物理指标与强度指标之间的关系如表 2.2.2 所示。

红砂岩路基物理指标与强度指标之间的关系式　　表 2.2.2

项　目	关　系　式	相关系数 R^2
E 与 CBR	$E=0.0293\,\text{CBR}^2+1.9183\,\text{CBR}+8.2551$	0.975 2
E 与 w	$E=0.4048w^2-24.233w+381.13$	0.904
CBR 与 w	$\text{CBR}=0.1935w^2-10.789w+155.11$	0.867 7
E 与 ω	$E=148.73\omega^3-221.87\omega^2+108.06\omega+1.0914$	0.980 5
CBR 与 ω	$\text{CBR}=48.194\omega^3-65.988\omega^2+25.407\omega+2.681$	0.941 3

2.3.2　花岗岩填料路基强度与物理指标间的关系

(1) 含水率和稠度两项物理指标与 CBR 和回弹模量 E 两项强度指标的相关性较强。当路基土含水率较大时，对应的 CBR 及 E 值较小。路基强度随含水率的增加而降低，且强度降低的趋势仍然是先快后慢。这种趋势的拐点出现在含水率处于 20%～24%之间，当含水率再大时，强度呈平缓下降的趋势。在含水率小于拐点时，路基强度的变化对含水率的敏感性还是较强的。

(2) 稠度与 CBR 和回弹模量 E 的关系为：当路基稠度值低时，对应的 CBR 及 E 值较小；当稠度较大时，对应的 CBR 及 E 值较大。路基 CBR 及 E 值随路基稠度的增大而增大，且这种增长也同样呈前缓后陡的趋势；但相对红砂岩而言，增长的曲线相对平缓，后期强度急剧增高的现象不如红砂岩显著。从变化趋势图上看，在路基稠度达到 0.8 以上时，路基强度从 CBR 及 E 值上反映都是显著增加的。这同前面红砂岩路基的规律基本一致。

总结各物理指标与强度指标之间的关系如表 2.2.3 所示。

花岗岩路基物理指标与强度指标之间的关系式 表 2.2.3

项　目	关　系　式	相关系数 (R^2)
E 与 CBR	$E=0.0405\ CBR^2+0.6154\ CBR+33.666$	0.879 4
E 与 w	$E=1980.4\ w^{-1.174}$	0.784 2
CBR 与 w	$CBR=128733\ w^{-3.0377}$	0.817 8
E 与 ω	$E=18.336e^{0.9142\omega}$	0.730 1
CBR 与 ω	$CBR=0.723e^{2.3282\omega}$	0.711 2

2.4 路基强度评价指标

含水率、稠度和压实度等几项指标中，含水率和稠度两项物理指标与路基的 CBR 和回弹模量 E 两项强度指标的相关性较强。含水率和稠度的大小都是评价路基强度较为直观和准确的物理指标。含水率是描述填土性质的单一指标，而稠度尚可表述填土的一项综合指标，反映路基湿度状态。它同路基强度指标之间关系的规律性强于含水率指标。在评价路基强度和稳定性时，将路基稠度值作为一项重要的物理指标，并结合稠度与强度之间的关系进行分析判断，是合理可靠的。通过分析土在不同稠度状态下的强度状况，可以确定强度与稠度的关系，找出评价不同土性、不同填料区域路基强度的评价指标，从而定性评价旧路的强度状况。

压实度与 CBR 及回弹模量 E 之间的相关性较差。含水率检测路基方法简单直接。压实度无论是利用灌砂法还是环刀取样等其他方法检测，相对含水率检测复杂，且在确定不同土性土的最大干密度时，可能存在误差，相对来说影响数据的因素更多，因此只可作为路基土密实状态的一个量化指标。

3　路基病害处治

3.1　一般规定和处治对策

目前，旧路路基病害的主要类型有：半填半挖或高填方段路基沉陷、裂缝变形，及少数局部地段软弱土地基沉降，部分路段填料均匀性差、密实度低、含水率大。这些路基病害问题都是导致路面发生早期破坏的直接因素。旧路经过多年运营，路基强度基本稳定，变形基本完成，路基病害处治的问题主要还在于对高含水率、低密实度填料路基的处治。

旧路路基的处治应根据各路段的不同病害状况，拟订合理的路基处治措施。目前针对旧路路基病害采用的主要处治措施有：冲击碾压加固路基、干拌水泥碎石桩复合路基、路基换填处治、路基综合处治等。

路基上部含水率略大，下部含水率较小，路面破坏状况轻微或一般的路段可采用冲击碾压加固路基。路基平均含水率大于 25%，填料均匀性较差，路面破坏状况较严重的路段采用路基换填处治。路基平均含水率大于 30%，密实度很低，病害层位较深，且路基路面破坏特别严重的路段可采用干拌水泥碎石桩复合路基或路基综合处治。

路基病害处治标准应以强度为主要指标，即以路基加固后或路面破碎后（如为水泥路面）的顶面弯沉作为路基整体强度的设计和验收标准。

3.2　冲击碾压

路基土上部较浅的填土范围内若含水率高、压实度低，可挖除路面后，采用冲击式压路机冲压路基，可对路基起到较好的补强作用。经过冲击碾压后，旧路路基上部 3m 深度内的压实度平均提高 1%～8.6%，路基含水率平均降低 1.6%～4.4%。路基 CBR 及模量均有较大幅度的提高。但路基冲压补强处治对降低路基含水率，提高路基密实度的幅度有限，且冲击能过大容易引起路基土出现“弹簧”现象。

3.2.1 施工流程及要求

（1）冲击补强工艺主要施工内容及流程如下：

现场核对构造物→挖除旧路路面→大致整平地面→冲击碾压→清理表层松散、破碎的碎渣。

（2）施工技术要求

① 行驶速度及冲击能：压实机行驶时速度一般为 9～15km/h，冲击能≥25kJ。

② 避免对沿线设施的影响。为了避免冲击波对沿线桥涵、挡墙的影响，必须采取相关避让措施，相应的控制距离如下，并随时观察冲击对构造物的影响。

桥梁：距离桥梁台背不小于 5m。

管涵：涵顶填土厚度小于 2m，涵顶不能直接冲压，冲压边界距涵边缘不小于 2m。

板涵、通道：涵顶填土高度小于 3m，涵顶不能直接冲压，冲压边界应至涵边不小于 3m。

挡墙路段：冲压时逐渐接近挡墙，并观察、检测冲压对挡墙的影响，设置基准点、观测点，并及时检测。

冲压前必须对沿线民房等设施进行调查，对有可能造成损坏的必须采取加固或避让措施。冲压完成后需用压路机对作业面进行压实，然后再进行路面施工。

3.2.2 控制指标

冲压遍数一般为 10～25 遍，每 5 遍为一冲压单元。最后两个单元的平均沉降量小于 5mm，认为冲压稳定，且土基顶面的回弹模量不低于 35MPa。

3.3 干拌水泥碎石桩复合路基

干拌水泥碎石桩是在碎石桩基础上加进一些砂及水泥混合拌制而成的一种吸水后具有一定黏结强度的低强度桩。干拌水泥碎石桩具有挤密路基，提高密实度，吸收土体水分降低含水率并形成桩土复合地基等作用。成桩后路基含水率平均降低 1%～6%，路基压实度平均提高 4.5%～6.2%，动力触探测试平均提高 1～3 击。处理后的路基得到较好的挤密，压实度及强度有一定程度的提高。干拌水泥碎石桩对处理含水率特别高、密实度很低且路基病害层位较深的路基具有较好的处治效果。

3.3.1　一般规定

干拌水泥碎石桩设计桩径为 20cm，桩间距为 80～120cm，一般按梅花形布置，桩深一般为 2～3m 或至原地面（填高较低时）。水泥碎石桩混合料的配合比例应根据计算确定的单桩承载力及桩体的强度要求试验确定。

3.3.2　材料

（1）水泥

水泥要求用 32.5 级普通硅酸盐水泥，并应经过试验符合《通用硅酸盐水泥》（GB 175—2007）要求，严禁使用过期、受潮、结块、变质的劣质水泥。

（2）碎石

碎石由岩石或砾石轧制而成，应洁净干燥，并具有足够的强度。其颗粒形状应具有棱角，不得掺有软质和其他杂质，粒径宜为 10～30mm，含泥量不应大于 10％。

（3）砂

采用中、粗砂，砂粒纯净，含泥量不应大于 3％。

3.3.3　施工要求

（1）施工设备及工艺

干拌水泥碎石桩成桩采用振动沉管法，施工主要设备为振动沉管机。

其施工工艺同沉管灌注桩的施工工艺：首先将原有路面挖除，然后进行桩位放样；再用振动沉管法把钢桩打入路基土至预定深度，拔出钢桩，分批往孔中灌注拌和好的水泥碎石混合料，并插入振动棒振捣密实；每次下料长度不超过 1m，插入振动棒后一边振动密实，一边上拔，每拔 50cm 停拔继续振动，停拔时间 10～20s，直至路基顶面。

（2）施工程序

干拌水泥碎石桩施工前应做好施工准备工作，具备“三通一平”条件，根据施工条件、场地工程地质条件、设计要求以及场地周围环境等情况制订施工方案，结合工程桩进行施工前的工艺试验以确定施打顺序。施工程序为：桩位放样→开孔→振动沉管桩机就位→下料并分段振密→封桩头。

干拌水泥碎石桩施工前，先挖除旧路路面并继续下挖路床顶设计高程，然后按设计要求确定孔位，进行水泥碎石桩施工。干拌水泥碎石桩施工以单打法成桩。施打顺序采用纵向隔排跳打的次序，尽量避免新打桩对已打桩的影响。碎石桩施工完成后，应对路基顶面进行整平并冲击碾压，然后进行路面施工。

3.3.4 质量检验

干拌水泥碎石桩检查项目见表 2.3.1。

干拌水泥碎石桩检查项目　　表 2.3.1

项　　次	检 查 项 目	规定值或允许偏差	检查方法（每幅车道）
1	桩距（mm）	±100	抽查 2%
2	桩径（mm）	不小于设计值	抽查 2%
3	桩长（m）	不小于设计值	查施工记录
4	竖直度（%）	1.5	查施工记录
5	动探 $N_{63.5}$	不小于 5 击	每 50m 一个点

3.4 换　　填

换填处治是针对含水率高、压实度低且强度不足、均匀性差的路基，将路基上部一定深度内的路基填土挖除并换填，然后对换填路基进行分层碾压的路基处理方案。路基换填处治是一种直接、有效且经济的病害路基处理方案。通过对路基上部一定深度的路基填料进行挖除换填，达到提高路基承载力的目的。但换填处治对处理路基病害层位较深、较厚，填料性质较差的情况具有一定的局限。

3.4.1 换填材料

路基换填材料主要采用有良好级配的碎石或砂砾（表 2.3.2）。

级配碎石或级配砂砾颗粒组成范围　　表 2.3.2

筛孔尺寸（mm）	53	37.5	31.5	19.0	9.5	4.75	2.36	0.6	0.075
通过质量百分率（%）	100	85～100	69～88	40～65	19～43	10～30	8～25	6～18	0～10

注：液限应小于 28%，塑性指数应小于 6。

3.4.2 施工过程及注意事项

换填处治的施工过程为：先将旧路路床翻挖至设计深度，对土基顶面进行平整碾压后，按现行规范要求的压实度标准分层回填碾压，直至路床顶面设计高程位置。

施工注意事项：

（1）翻挖时为保证安全应放坡开挖，坡率取 1∶1。

（2）翻挖至设计深度后，需对基底面进行平整并碾压。碾压后的基底以强度进行控制，其模量不小于 25MPa。

（3）基底碾压完成后，分层回填级配碎石或砂砾并碾压密实，直至路床顶面设计高程，压实度不低于 96%。

（4）换填部分路基边坡应及时进行防护工程施工，避免冲刷。

（5）路基补压施工时应注意对构造物的影响，并采取相关措施避让。

3.4.3　换填方案的确定

（1）当旧路路床顶面的代表弯沉值小于强度为 35MPa 换算的弯沉值时，认为路床的强度符合设计要求。

（2）当路床顶面的代表弯沉值大于强度为 35MPa 换算的弯沉值，但路床顶面的平均弯沉值小于强度为 30MPa 换算的弯沉值时，采用换填 30cm 的透水性材料方案，并进行分层碾压。

（3）路床顶面的平均弯沉值介于 25～30MPa 换算的弯沉值时，采用换填 60cm 透水性材料方案，并进行分层碾压。

（4）路床顶面的平均弯沉值大于强度为 25MPa 换算的弯沉值时，采用换填 80cm 透水性材料方案，并进行分层碾压。

3.5　综合处治

路基采用碎石、砂砾等材料进行换填后，强度大幅提高，但均匀性受拌和碾压施工的影响较大，在前期检测换填后的顶面弯沉时，发现部分路段弯沉值变异系数大，均匀性差。如在换填完成后用冲击压路机进行冲压补强处理，路基顶面强度的均匀性可得到较好的提高。

进行冲压补强处理的冲击压路机一般采用三边形冲击压路机，行驶时速度一般为 9～15km/h，冲击能≥25kJ。冲击遍数一般为 10～25 遍，每 5 遍为一冲压单元。最后两个单元的平均沉降量小于 5mm，认为冲压稳定。最后进行整平补压。

第 3 篇　工程边坡健康诊断与处治技术指南

主 编 单 位： 中交第一公路勘察设计研究院有限公司
广东清连公路发展有限公司
参 编 单 位： 西安鸿儒岩土科技开发有限公司
主要编制人员： 吴明先　田剑锋　林宣财　马　超
赵永国　饶　中　韩许恒　丁明超
陈培聪　史跟有　赵勇刚　周晓玲
王旺来　赵　甫　宋　磊　晋枫春

1　总　　则

（1）为正确诊断既有工程边坡的健康状况，对边坡实施治理提供依据，并提出合理的治理方法，以确保工程边坡安全，特制订本项指南。

（2）当遇到下列情况之一时，应对既有工程边坡（以下简称为工程边坡）的健康状况进行综合诊断。

① 根据运行期间的定期检查和特别检查结果，提出需要进行全面健康诊断时；

② 公路改建、扩建时；

③ 边坡达到设计使用年限要继续使用时；

④ 受到灾害、环境侵蚀等重大影响时；

⑤ 对既有边坡的工程质量有怀疑或争议时。

（3）工程边坡健康诊断应委托具有相应资质的专业机构实施。

（4）工程边坡健康诊断人员应对有关资料、档案以及定期检查和特别检查的结果进行详细查阅和分析，并对边坡的地质及地貌环境等展开实地调查，综合考虑工程地质、水文地质、各种作用、边坡高度、邻近建（构）筑物、环境条件、施工条件等因素，充分掌握相关信息，寻找各种病害产生的原因，以便采取相应治理措施。

（5）对于经过健康诊断必须进行治理的工程边坡，当其规模大、地质条件和岩土性质复杂，或水文地质条件复杂、冲刷严重时，宜首先考虑采取避绕方案。

（6）一般边坡治理应因地制宜，采取既有效又经济、简便的工程措施，提高其防御自然灾害的能力。设计所需的物理力学参数，应利用原位测试、室内试验资料，或经验参数，结合大气降水、地下水等自然因素的不利影响，综合分析确定。

（7）边坡治理应重视环境保护、水土保持和文物保护，减少对天然植被和山体的破坏，防止诱发地质灾害。

（8）工程边坡健康诊断和治理的勘察、分析计算和治理，除应遵守本项指南的规定外，还应符合国家现行有关规范和标准。

2　工程边坡健康诊断及确定治理方法的工作顺序

对公路工程边坡的健康诊断及确定治理方法宜按下列顺序进行。

（1）受理委托：根据委托人要求，确定公路既有边坡健康诊断与处治的内容和范围。

（2）收集资料：收集和分析工程边坡原始资料（包括设计资料、地质资料、有关规范等），制订勘察工作计划，确定技术要求等。

（3）工程地质调绘与勘探：对既有边坡现状进行现场调绘和勘探。

（4）工程边坡的支挡、加固、防护及排水工程的工作现状调查。

（5）稳定性验算：对工程边坡，根据现场调查结果及勘查数据资料，进行边坡稳定性验算，并对工程边坡既有支护结构进行验算，综合评判，确定其健康程度。

（6）治理建议：对已诊断的边坡，提出合理的治理建议。

3　既有边坡的工程地质勘察工作

3.1　工程地质勘察前的准备工作

工程地质勘察前应收集以下资料：

（1）地形图、工程场地平面图、工程地质图、截排水系统平面布置图及隐蔽管线工程布置图等。

（2）工程边坡的工程设计计算资料、施工验收资料等。

3.2　既有工程边坡的工程地质勘察工作

对既有工程边坡的勘察，主要分为两个部分：

（1）现场调查测绘；

（2）场地勘探。

关于工程边坡的场地工程地质勘察，要求应取得工程地质勘察资料，见表 3.3.1。

工程地质勘察表　　表 3.3.1

风险类别	边坡坡率	边坡坡率	边坡坡率
	0°～20°	20°～40°	＞40°
微	B_1 D E_1 G_1	B_1 C_1 D E_1 G_1 G_3	A B_1 C_1 D E_1 F_1 G_1 C_2 E_2 G_3
低	A B_1 C_1 D E_1 F_1 G_1 C_2 E_2 G_2 G_3	A B_1 C_1 D E_1 F_1 G_1 B_2 C_2 E_2 F_2 G_2 G_3	A B_1 C_1 D E_1 F_1 G_1 B_2 C_2 E_2 F_2 G_2 E_3 G_3
高	A B_1 C_1 D E_1 F_1 G_1 C_2 E_2 G_2 E_3 G_3	A B_1 C_1 D E_1 F_1 G_1 B_2 C_2 E_2 F_2 G_2 E_3 G_3	A B_1 C_1 D E_1 F_1 G_1 B_2 C_2 E_2 F_2 G_2 E_3 G_3

A：

考察有关地面摄影照片、航空摄影照片、地质图等。

B：

1. 地形、地质、地面排水特征测量；
2. 水文特征测量。

续上表

<table>
<tr><td rowspan="2">风险类别</td><td>边坡坡率</td><td>边坡坡率</td><td>边坡坡率</td></tr>
<tr><td>0°～20°</td><td>20°～40°</td><td>＞40°</td></tr>
<tr><td colspan="4">C：
1. 测绘地表特征；
2. 测绘地质结构。
D：
布置适当的勘探孔，如探井或土层、岩层钻孔等。
E：
1. 采集用于重塑土室内试验，土层划分的试样；
2. 采集用于确定含水率、重塑土特征和组织结构的试样；
3. 采集用于确定总强度参数、有效强度参数、压缩性、密度及孔隙率、含水率、组织结构和重塑土特征的试样。
F：
1. 测量地下水位；
2. 测量岩土渗透性。
G：
1. 岩土分类；
2. 填土密度；
3. 岩土节理强度</td></tr>
</table>

注：此表仅作参考之用。

3.3 现场调绘和勘探

3.3.1 现场调绘

宜在搜集已有地质资料的基础上进行工程地质测绘。测绘工作宜查明边坡的形态、坡角、结构面产状和性质等。测绘范围应包括可能对边坡稳定有影响的所有地段。

对于工程边坡，除了应记录岩性外，更应详细地将出露岩土体分布位置标示于地形图上。

通过识别岩质边坡坡面岩体的新鲜程度、坡面植被的发育程度和坡脚碎落台崩落的岩块密集程度，可以很容易地确定该边坡是否稳定。

对于土质边坡，应注意坡面植被的长势，依据边坡是否存在马刀树及其大概树龄，可初步估计该边坡是否曾经发生过滑坡及其发生大致时间。

曾经建于坡面的墙体，有可能是护面墙，也有可能是挡土墙，不过可从其倾斜度及厚度，显示其所属类型。对所有的旧墙，都应注意其状况。对于护面墙应注意其是否开裂，及其裂缝的分布位置；对于挡土墙，应注意其变形情况，墙顶是否外翻及墙脚排水沟是否变窄，这些都可用于说明挡土墙是否已发生较大变形，边坡是否具有滑坡的可能。

对于抗滑桩、锚索加固工程同样要进行调查、分析。

与此同时，应详细填写边坡稳定性调查表（表 3.3.2、表 3.3.3），并通过对边坡地层结构的认识，估计边坡的破坏形式。

边坡稳定性调查表（一） 表 3.3.2

<table>
<tr><td>统一编号★</td><td colspan="2"></td><td>灾害危害程度★</td><td colspan="2"></td><td>灾害规模等级★</td><td colspan="2"></td><td>照片或录像名称</td><td colspan="2"></td></tr>
<tr><td>名称★</td><td colspan="3"></td><td rowspan="4">地理位置★</td><td colspan="7">省 县（市） 乡 村 社</td></tr>
<tr><td rowspan="2">野外编号★</td><td rowspan="2"></td><td rowspan="3">斜坡类型★</td><td rowspan="3">□自然
□人工
□岩质
□土质</td><td rowspan="2">坐标（m）★</td><td colspan="2" rowspan="2">X：
Y：</td><td rowspan="2">海拔（m）★</td><td>坡顶</td><td colspan="2"></td></tr>
<tr><td>坡脚</td><td colspan="2"></td></tr>
<tr><td>室内编号★</td><td></td><td colspan="7">经度： ° ′ ″ 纬度： ° ′ ″★</td></tr>
<tr><td rowspan="8">斜坡类型</td><td rowspan="3">地质环境</td><td colspan="3">地层岩性★</td><td colspan="2">地质构造</td><td colspan="2">微地貌★</td><td colspan="3">地下水</td></tr>
<tr><td>时代★</td><td>岩性★</td><td>产状★</td><td>构造部位</td><td>地震烈度★</td><td colspan="2" rowspan="2">□陡崖 □陡坡
□缓坡 □平台</td><td colspan="3" rowspan="2">□孔隙水
□裂隙水
□岩溶水</td></tr>
<tr><td></td><td></td><td></td><td></td><td></td></tr>
<tr><td rowspan="5">地理环境</td><td colspan="3">降雨量（mm）</td><td colspan="3">水文</td><td colspan="4">土地利用★</td></tr>
<tr><td rowspan="2">年均</td><td colspan="2">最大降雨量</td><td rowspan="2">丰水位（m）</td><td rowspan="2">枯水位（m）</td><td rowspan="2">斜坡与河流位置</td><td colspan="4" rowspan="4">□耕地 □草地
□灌木 □森林
□裸露 □建筑</td></tr>
<tr><td>日</td><td>时</td></tr>
<tr><td rowspan="2"></td><td rowspan="2"></td><td rowspan="2"></td><td rowspan="2"></td><td rowspan="2"></td><td rowspan="2">□左岸 □右岸
□凹岸 □凸岸</td></tr>
<tr></tr>
</table>

<table>
<tr><td rowspan="20">斜坡基本特征</td><td colspan="2">地层倾向★</td><td colspan="3"></td><td colspan="2">地层倾角★</td><td colspan="3"></td></tr>
<tr><td colspan="2" rowspan="2">外形特征</td><td>坡高（m）★</td><td>坡长（m）★</td><td>坡宽（m）★</td><td>坡度（°）★</td><td>坡向（°）★</td><td colspan="3">坡面形态★</td></tr>
<tr><td></td><td></td><td></td><td></td><td></td><td colspan="3">□凸 □凹 □直 □阶</td></tr>
<tr><td rowspan="12">结构特征</td><td rowspan="9">岩质</td><td colspan="6">岩体结构</td><td colspan="2"></td></tr>
<tr><td>结构类型★</td><td>厚度</td><td>裂隙组数</td><td colspan="3">块度［长×宽×高（m）］</td><td colspan="2">斜坡结构类型★</td></tr>
<tr><td></td><td></td><td></td><td colspan="3"></td><td colspan="2"></td></tr>
<tr><td colspan="5">控制面结构</td><td colspan="2">全风化带</td><td>卸荷裂缝</td></tr>
<tr><td>类型</td><td>产状</td><td colspan="2">长度（m）</td><td>间距（m）</td><td colspan="2">深度（m）</td><td>深度（m）</td></tr>
<tr><td></td><td></td><td colspan="2"></td><td></td><td colspan="2"></td><td></td></tr>
<tr><td></td><td></td><td colspan="2"></td><td></td><td colspan="2"></td><td></td></tr>
<tr><td></td><td></td><td colspan="2"></td><td></td><td colspan="2"></td><td></td></tr>
<tr><td></td><td></td><td colspan="2"></td><td></td><td colspan="2"></td><td></td></tr>
<tr><td rowspan="3">土质</td><td colspan="4">土的名称及特征</td><td colspan="4">下伏基岩特征</td></tr>
<tr><td>名称</td><td colspan="2">密实度</td><td>稠度</td><td>时代岩性</td><td colspan="2">产状</td><td>埋深（m）</td></tr>
<tr><td></td><td colspan="2">□密 □中 □稍 □松</td><td></td><td></td><td colspan="2"></td><td></td></tr>
<tr><td colspan="2" rowspan="2">地下水</td><td>埋深（m）</td><td colspan="3">露头</td><td colspan="4">补给类型</td></tr>
<tr><td></td><td colspan="3">□上升泉 □下降泉 □湿地</td><td colspan="4">□降雨 □地表水 □融雪 □人工</td></tr>
<tr><td colspan="2" rowspan="2">现今变形破坏迹象★</td><td>名称</td><td>部位</td><td colspan="3">特征</td><td colspan="3">初现时间</td></tr>
<tr><td>□拉张裂缝
□剪切裂缝
□地面隆起
□地面沉降
□剥、坠落
□树木歪斜
□建筑变形
□冒渗混水</td><td></td><td colspan="3"></td><td colspan="3"></td></tr>
</table>

注：★为必填项。

边坡稳定性调查表（二） 表 3.3.3

<table>
<tr><td>可能失稳因素★</td><td colspan="6">□降雨 □地震 □人工加载 □开挖坡脚 □坡脚冲刷 □坡脚浸润 □坡体切割
□风化 □卸荷 □动水压力 □爆破振动</td></tr>
<tr><td>目前稳定程度★</td><td colspan="2">□稳定 □基本稳定 □不稳定</td><td colspan="2">今后变化趋势★</td><td colspan="2">□稳定 □基本稳定 □不稳定</td></tr>
<tr><td rowspan="2">已造成危害</td><td>损坏房屋★</td><td>毁路（m）★</td><td>毁渠（m）★</td><td colspan="2">其他危害</td><td>直接损失（万元）★</td></tr>
<tr><td>户间★</td><td></td><td></td><td colspan="2"></td><td></td></tr>
<tr><td>潜在危害</td><td>威胁人口（人）★</td><td></td><td colspan="2">威胁资产（万元）★</td><td colspan="2"></td></tr>
<tr><td>监测建议★</td><td colspan="6">□定期目视检查 □安装简易监测设施 □地面位移监测 □深部位移监测</td></tr>
<tr><td>防治建议★</td><td colspan="6">□避让 □裂缝填埋 □加强监测 □地表排水 □削方减载 □坡面防护 □反压坡脚
□支挡 □锚固 □灌浆 □植树种草 □坡改梯 □水改旱 □减少振动</td></tr>
<tr><td>监测人</td><td colspan="2"></td><td>村长</td><td></td><td>电话</td><td></td></tr>
<tr><td rowspan="2">示意图</td><td colspan="6">平面图</td></tr>
<tr><td colspan="6">剖面图</td></tr>
</table>

调查负责人：★ 填表人：★ 审核人： 填表日期：★ 年 月 日

调查单位：★

注：★为必填项。

3.3.2 岩土描述

岩土描述一般包括两类，一类是对钻孔岩样进行描述，一类是对现场既有边坡的岩土体进行描述。二者在成分上可能会有很大程度的差异，故应分别详细描述。

良好的钻孔岩样描述应包括以下内容：

（1）颜色；

（2）粒径及其组织结构；

（3）风化程度；

（4）裂隙发育程度；

（5）强度；

（6）岩、土名称；

（7）其他特征，如水解性。

现场既有边坡岩土体描述应包括：

（1）硬块体的尺寸、棱角、百分比及其分布；

（2）不连续面的间距及特征；

（3）地质构造。

具体各类指标试验操作，见相关规范。

3.3.3　不连续结构面的量测

对于岩质边坡，不连续面常常影响着岩体的工程特性。若有岩石露头，就应进行不连续面量测，以便评估由节理引发的不稳定性。而由于既有边坡一般都已揭露边坡岩体，故进行不连续面量测即是必要的，也是较为简便的。

不连续结构面量测，应由有经验的岩土工程师负责，除了量测外，还应在分析完毕后，于现场详尽考察被确定为关键性的不连续面的特征。

进行不连续面量测，可采用表 3.3.4 进行数据记录。除了量测倾向和倾角外，还应记录现场岩体强度估计值、节理间距、粒径等。

岩体结构面的分类原则和具体方案甚多，既可按其成因分类，也可按其规模、表面特征分类。由于不连续结构面的空间性状和界面特征与其成因和演变历史密切相关，因此按成因分类是最基本的分类方法，可将其分为原生结构面、构造结构面和次生结构面三大类。其主要特征见表 3.3.5。

针对结构面在边坡岩体大量出现而不可能逐条实测的特点，可采用对既有边坡的主结构面进行测量，然后进行带偏差分析统计。

对既有边坡结构面的优势方位和平均方向进行统计分析，通过做结构面玫瑰花节理图、极点密度图和频率密度直方图，从而获得岩体结构面的优势方位和平均方向。

优势方向可采用编制岩组图的方格（即施密特法）确定，也可采用中国水电科学研究院研究开发的“边坡结构面统计及失稳模式判断程序”YCW 确定。该程序有三项基本功能：

（1）结构面几何参数统计分析；

（2）绘制结构面大圆，计算结构面交线的产状；

（3）边坡失稳模式判断。

为了确定优势方向，也可以采用加拿大多伦多大学土木工程系岩石工程研究室 M. S. Diederichs 和 E. Hoek 开发的“赤平投影结构数据分析软件包”计算每组结构面的条数，然后再做结构面的玫瑰花节理图、极点密度图和频率密度直方图统计。

不连续结构面测量记录表

表 3.3.4

序号	场地	日期	测量人	定位方法	坐标或里程桩号	北纬或桩号	东经	高程
				1. 坐标定位 2. 里程桩号 3. 由地图或照片				
场地类型	场地面积	不连续面数据测绘表页数	草图	照片	边坡倾角	备注	（边坡高度，是否稳定等）	
1. 天然露头 2. 施工开挖	1. ＞10m²； 2. 5～10m²； 3. 1～5m²； 4. ＜1m²； 5. 现场测量		1. 有 2. 无	1. 有 2. 无	边坡倾向			

岩石资料	颜色			粒径	抗压强度	岩石类型		
	1. 浅 2. 深	1. 粉红色 2. 红色 3. 黄色 4. 褐色 5. 橄榄色 6. 绿色 7. 蓝色 8. 灰色	1. 粉红色 2. 红色 3. 黄色 4. 褐色 5. 橄榄色 6. 绿色 7. 蓝色 8. 白色 9. 灰色 10. 黑色	1. 极粗（＞60mm）； 2. 粗（2～60mm）； 3. 中粗（60μm～2mm）； 4. 细（2～60μm）； 5. 极细（＜2μm）	1. 极低，可用手捏断； 2. 低，用镐在重击下可碎裂； 3. 较高，用镐可刻痕； 4. 高，锤击一下可碎裂； 5. 极高，需多次锤击才可碎裂	描述岩石	风化程度	节理面风化程度

岩体资料	结构	块体尺寸	风化情况	主要不连续面个数	确定不连续面间距的测线测量						
	1. 块状 2. 片状 3. 柱状	1. 极大（＞8m³） 2. 大（0.2～8m³） 3. 中（0.008～0.2m³） 4. 小（0.000 2～0.008m³） 5. 极小（＜0.000 2m³）	1. 新鲜 2. 微风化 3. 中风化 4. 强风化 5. 全风化 6. 残积土		测线	测线内插	测线倾向	测线长	裂隙数	间距	备注
					测线 1 测线 2 测线 3						
					不连续面间距						
					1. 超宽（＜2m）；2. 极宽（600mm～2m）；3. 宽（200～600mm）；4. 中宽（60～200mm）；5. 中窄（20～60mm）；6. 窄（6～20mm）；7. 极窄（＜6mm）						

岩体结构面成因类型及其特征表　　表3.3.5

成因类型		含　义	地质类型	主要特征
原生结构面	沉积结构面	沉积岩在成岩作用过程中形成的地质界面	层面、层理、沉积间断面（不整合面、假整合面）、原生软弱夹层	1. 产状与岩层一致，为层间结构面； 2. 一般为层状分布，延续性强，海相沉积中分布稳定，陆相及滨海相沉积易尖灭，形成透镜体； 3. 结构面一般平整，如不受后期构造运动与风化的影响，结构面较完整，在构造和风化作用下很易分开，在沉积间断面中常有古风化残积物； 4. 层间软弱物质在构造及地下水作用下，易软化、泥化，强度降低，影响岩体稳定
	火成结构面	岩浆侵入及冷凝过程中形成的原生结构面	侵入体与围岩接触面，蚀变带、挤压破碎带、原生节理、流层、流线	1. 产状受岩体与围岩接触面控制，随侵入岩体或岩脉的形态而异； 2. 冷凝原生节理常常平行或垂直接触面，为平缓或高倾角张裂面，较不完整、粗糙； 3. 接触面延伸较远，原生节理延续性不强，但往往密集； 4. 原生节理一般为张裂面，可视为泥质充填，不利于稳定； 5. 接触面可以呈混熔接触或破碎接触，所有混熔面是较好的，而破碎接触面于岩体稳定不利
	变质结构面	岩体在变质作用过程中所形成的结构面	片理、板理、软弱夹层	1. 产状与岩层一致或受其控制，非沉积变质岩片理只反映区域构造应力场特点； 2. 片理结构面光滑，但形态是波浪起伏的，连接紧密，片麻理常呈凹凸不平状，面粗糙； 3. 软弱夹层中主要是片状矿物，如黑云母、绿泥石、滑石等富集带，强度低，是岩体中的薄弱部位
构造结构面		岩体在构造运动作用下形成的各种结构面	节理、断层、劈理层间错动	1. 结构面受区域构造控制，张性结构面的粗糙不平整，常具次生充填，剪切破裂面光滑、平整，多闭合，压性或压扭性破裂面呈波状起伏，规模较大； 2. 劈理一般短小密集，影响局部地段岩体完整性及强度； 3. 节理延展范围有限，张节理延续性差，剪节理延伸较长，张节理产状陡倾、面粗糙，其走向垂直岩层走向，剪节理斜交岩层走向，面平直光滑，常有泥质薄膜，其倾角随岩层倾角变陡而变缓； 4. 断层延续性较强，断层带内多存在有构造岩，一般认为压性断层，以断层泥、糜棱岩、泥状岩为主，呈带状分布；扭性断层宽度较稳定，以糜棱岩、角砾岩为主，两侧羽状节理发育；张性断裂以破碎岩、角砾岩为主，破碎程度参差不齐，常有物质充填

续上表

成因类型	含　义	地质类型	主要特征
次生结构面	岩体在外力作用下形成的结构面	风化裂隙、风化夹层、卸荷裂隙、爆破裂隙、泥化夹层	1. 次生结构面主要在地表风化带内发育； 2. 风化裂隙无一定产状，一般沿原有结构面发育，短小密集，延续性差，填充物质松散、破碎，含泥质物，风化夹层产状与岩层一致，延展性强； 3. 卸荷裂隙产状与临空面有关，多为曲折不连续状态，延续性差，结构面粗糙不平，常张开，常填充有黏土及泥质碎屑； 4. 爆破裂隙延展范围视爆破力的大小而异，多为张开型，松散、破碎，一般多呈弧状分布； 5. 泥化夹层产状与岩层一致，延展性强，各段泥化程度可能不一，泥质物多呈塑性状态，甚至流态，强度低

若由于天然露头较小或限于人工开挖面的限制，边坡难以获得充足的岩体结构面几何参数用于进行系统而确定性的测量，可采用结构面网络的 Monte-carlo 模拟，来拟合出结构面产状、迹长、间距、断距的概率密度函数分布形式及其特征参数，然后利用计算机成图原理形成结构面网络。

3.3.4　地面排水

地面勘察的同时，对于所有的河流、渠道、明渠、积水井、涵洞等，其大小尺寸等具体情况均应详注于工程场地平面图上。对于既有边坡，应着重调查边坡现有排水系统，如边坡坡顶截水沟、平台排水沟和坡脚排水沟是否开裂、是否被杂草或泥沙堵塞，并应留意坡体上是否存在冲沟或落水洞。这些位置一般为边坡汇水所在，在强降雨下，极易造成局部滑塌。

3.4　勘探技术

3.4.1　要求

（1）查明构成及影响场地的岩土范围；

（2）查明岩土的类型、成因、性状、覆盖层厚度、基岩面的形态、岩石风化程度等和岩土体的物理力学性能；

（3）查明场地的气象、水文和水文地质条件。

3.4.2　边坡工程勘探方法

边坡工程地下勘察宜采用钻探、坑（井）探和槽探等方法，必要时可辅以洞探和物探。

具体勘探方法的操作流程及要求，见相关勘查规范。

3.5　划分边坡地层结构及岩体风化带

3.5.1　常用的划分方法

常用的划分方法有两大类。

(1) 地质划分法：根据岩石在风化营力的作用下，抗风化能力不同的矿物依次风化，使原来的坚硬岩石逐步软化，直至变成土状物。划分时根据其中矿物成分改变的数量，反映出其坚硬程度的改变状况，而将其分为各种风化带。

(2) 工程划分法：按岩石风化后的物理力学性质的改变程度来划分。为了达到定量划分和统一划分标准的目的，常以某些测试指标为依据，例如标准贯入击数、波速值、岩块的单轴抗压强度等。

3.5.2　风化层的划分

(1) 残积土（全风化带）：岩石中除极难风化的矿物外，均已风化并形成新的矿物，在强度和结构方面已降到了土的程度，具有土的物理力学性质。其特点是具有母岩的残余构造，如母岩的裂隙、层理、未风化颗粒的相对位置、片状矿物的定向排列等，肉眼观察很像岩石，但颜色完全改变。

在残积土层上部常形成一层坡积物，有的搬运距离很小，其物质来源多为残积土，故与残积土很难区分。残积土上部常有红土化形成的土壤，应归并为全风化带内残积土。

(2) 强风化岩（强风化带）：强风化岩的基本特点是其中的矿物成分有很大程度的变化，因而颗粒间的联结力大为减弱，岩块用手易折断。由于矿物成分变化大以及铁锰质浸染，其颜色与母岩的颜色差别较大。

(3) 中风化岩（中风化带）：中风化岩的特点是其中部分易风化的矿物受到部分风化，岩石强度减弱，颜色发生变化，标准贯入器很难击入。

(4) 微风化岩（微风化带）：微风化岩石已接近新鲜岩石，只是在岩石的裂隙、节理面上略带风化痕迹，岩石断口新鲜，没有颜色变化。

3.5.3 目前常用方法

目前用于确定风化带和划分土层结构的方法有波速法（压缩波和剪切波速）、点荷载试验法、回弹仪试验法、风化系数法以及标贯法等。具体方法介绍见相关规范。

3.6 岩土物理力学参数研究

岩土工程参数分析是岩土工程勘察内业工作的重要组成部分，通过对原位测试和室内试验的数据进行处理，定出符合规范要求的代表性设计、施工参数，是岩土工程勘察分析评价的重要依据。

公路工程是一长线状工程，边坡工点众多，地质条件复杂多变。要想对每一个边坡工点都进行相应的大规模现场直剪试验是不现实、不经济的，同时也是没有必要的。

各类参数的具体测定方法和手段，可参阅相关的专门资料和规程。例如压缩固结试验、三轴剪切试验等可参阅《土工试验规程》（地质矿产部编，1984 年由地质出版社出版）、《土工试验室测定技术》（窦宜、盛树馨、马梅英编，1987 年由水利水电出版社出版），涉及现场试验和原位测试技术时可参考《岩土工程测试技术》（王钟琦等编，1986 年由中国建筑工业出版社出版）。文献《土的工程性质》（黄文熙主编，1983 年由水利水电出版社出版）综合论述了土的工程性质及其测试技术。本项指南引用其中的一些参数，以便参考表 3.3.6～表 3.3.10）。

岩石力学性质指标经验数据（《铁路工程地质手册》中表 3.2.25）　　表 3.3.6

岩类	岩石名称	重度（kN/m³）	抗压强度（MPa）	抗拉强度（MPa）	静弹性模量（×10⁴MPa）	动弹性模量（×10⁴MPa）	泊松比	似内摩擦角
岩浆岩	花岗岩	26.3～27.3 28.0～31.0 31.0～33.0	75～110 120～180 180～200	2.1～3.3 3.4～5.1 5.1～5.7	1.4～5.6 5.43～6.9	5.0～7.0 7.1～9.1 9.1～9.4	0.36～0.16 0.16～0.10 0.10～0.02	70°～82° 75°～87° 87°
	正长岩	25.0 27.0～28.0 28.0～33.0	80～100 120～180 180～250	2.3～2.8 3.4～5.1 5.1～5.7	1.5～11.4	5.4～7.0 7.1～9.1 9.1～11.4	0.36～0.16 0.16～0.10 0.10～0.02	82°30′～85° 82°30′～85° 87°
	闪长岩	25.0～29.0 29.0～33.0	120～200 200～250	3.4～5.7 5.7～7.1	2.2～11.4	7.1～9.4 9.4～11.4	0.25～0.10 0.10～0.02	75°～87° 87°
	斑岩	28.0	160	5.4	6.6～7.0	8.6	0.16	85°
	安山岩 玄武岩	25.0～27.0 27.0～33.0	120～160 160～250	3.4～4.5 4.5～7.1	4.3～10.6	7.1～8.6 8.6～11.4	0.20～0.16 0.16～0.02	75°～85° 87°
	辉绿岩	27.0 29.0	160～180 200～250	4.5～5.1 5.1～7.1	6.9～7.9	8.6～9.1 9.4～11.4	0.16～0.10 0.10～0.02	85° 87°
	流纹岩	25.0～33.0	120～250	3.4～7.1	2.2～11.4	7.1～11.4	0.16～0.02	75°～87°

续上表

岩类	岩石名称	重度(kN/m³)	抗压强度(MPa)	抗拉强度(MPa)	静弹性模量(×10⁴MPa)	动弹性模量(×10⁴MPa)	泊松比	似内摩擦角
变质岩	花岗片麻岩	27.0～29.0	180～200	5.1～5.7	7.3～9.4	9.1～9.4	0.20～0.05	87°
	片麻岩	25.0 26.0～28.0	80～100 140～180	2.2～2.8 4.0～5.1	1.5～7.0	5.0～7.0 7.8～9.1	0.30～0.20 0.20～0.05	70°～82°30′ 80°～87°
	石英岩	26.1 28.0～30.0	87 200～360	2.5 5.7～10.2	4.5～14.2	5.6 9.4～14.2	0.20～0.16 0.15～0.10	80° 87°
	大理石	25.0～33.0	70～140	2.0～4.0	1.0～3.4	5.0～8.2	0.36～0.16	70°～82°30′
	千枚岩板岩	25.0～33.0	120～140	3.4～4.0	2.2～3.4	7.1～7.8	0.16	75°～87°
沉积岩	凝灰岩	25.0～33.0	120～250	3.4～7.1	2.2～11.4	7.1～11.4	0.16～0.02	75°～87°
	火山角砾岩 火山集块岩	25.0～33.0	120～250	3.4～7.1	1.0～11.4	7.1～11.4	0.16～0.05	80°～87°
	砾岩	22.0～25.0 28.0～29.0 29.0～33.0	40～100 120～160 160～250	1.1～2.8 3.4～4.5 4.5～7.1	1.0～11.4	3.3～7.0 7.1～8.6 8.6～11.4	0.36～0.20 0.20～0.16 0.16～0.05	70°～82°30′ 75°～85° 80°～87°
	石英砂岩	26.0～27.1	68～102.5	1.9～3.0	0.39～1.25	5.0～6.4	0.25～0.05	75° 80°30′
	砂岩	12.0～15.0 22.0～30.0	4.5～10 47～180	0.2～0.3 1.4～5.2	2.78～5.4	0.5～1.0 3.7～9.1	0.30～0.25 0.20～0.05	27°～45° 70°～85°
沉积岩	片状砂岩 碳质砂岩 碳质页岩 黑页岩 带状页岩	27.6 22.0～30.0 20.0～26.0 27.1 15.5～16.5	80～130 50～140 25～80 66～130 6～8	2.3～3.8 1.5～4.1 1.8～5.6 4.7～9.1 0.4～0.6	6.1 0.6～2.2 2.6～5.5 2.6～.5	5.0～8.0 4.0～7.8 2.8～5.4 5.0～7.5 0.7～0.9	0.25～0.05 0.25～0.08 0.20～0.16 0.20～0.16 0.30～0.25	72°30′ 65°～85° 65°～75° 75° 30°～40°
	砂质页岩 云母页岩	23.0～26.0	60～120	4.3～8.6	2.0～3.6	4.4～7.1	0.30～0.16	70°～80°30′
	软页岩	18.0～20.0	20	1.4	1.3～2.1	1.9	0.30～0.25	45°～76°
	页岩	20.0～27.0	20～40	1.4～2.8	1.3～2.1	1.9～3.3	0.25～0.16	45°76′
	泥灰岩	23.0～23.5 25.0	3.5～20 40～60	0.3～1.4 2.8～4.2	0.38～2.1	0.5～1.9 3.3～4.4	0.40～0.30 0.30～0.20	9°～65° 65°～85°
	黑泥灰岩	22.0～23.0	2.5～30	1.8～2.1	1.3～2.1	2.8～3.6	0.30～0.25	65°～70°
	石灰岩	17.0～22.0 22.0～25.0 25.0～27.5 31.0	10～17 25～55 70～128 180～200	0.6～1.0 1.5～3.3 4.3～7.6 10.7～11.8	2.1～8.4	1.0～1.6 2.8～4.1 5.0～8.0 2.1～9.4	0.50～0.31 0.31～0.25 0.25～0.16 0.16～0.04	27°～60° 60°～73° 70°～85° 85°
	白云岩	22.0～27.0 27.0～30.0	40～120 120～140	1.1～3.4 3.4～4.0	1.3～3.4	3.3～7.1 7.1～7.8	0.36～0.16 0.16	65°～83° 87°

注：似内摩擦角是考虑岩石黏聚力在内的等效摩擦角。

岩石力学强度经验数据　　表 3.3.7

岩 石 名 称	地 质 时 代	饱和抗压强度(MPa)	摩擦系数 f	黏聚力 c(MPa)
花岗岩	燕山期	160.0	0.70	0.031
角闪花岗岩	白垩纪	106.5	0.57	
花岗闪长岩	三叠纪	116.1	0.64	0.005
辉绿岩		170.0	0.45	
云母石英片岩	前震旦纪	113.0	0.55	0.028
千枚岩	前震旦纪	8.9	0.78	0.025

续上表

岩 石 名 称	地 质 时 代	饱和抗压强度（MPa）	摩擦系数 f	黏聚力 c（MPa）
大理岩	前震旦纪	63.7	0.60	0.061
石英砾岩	泥盆纪	126.2	0.69	0.010
石英砂岩	震旦纪	165.8	0.49	0.054
白云质泥灰岩	奥陶纪	87.2	0.67	0.005
薄层灰岩	奥陶纪	106.3	0.75	0.022
鲕状灰岩	奥陶纪	87.8	0.70	0.023
泥灰岩	石炭纪	128.3	0.60	0.021
石英砂岩	寒武纪	68.1	0.54	0.013
砂岩	寒武纪	108.9	0.82	0.002
中粒砂岩	寒武纪	39.9	0.75	0.003
砂质页岩	侏罗纪	104.4	0.69	0.039
页岩	侏罗纪	43.8	0.79	0.047

各种土的变形模量 E_0 平均参考值 表 3.3.8

土的种类和状态	E_0（MPa）		土的种类和状态	E_0（MPa）	
	密实	中密		密实	中密
砾石	65～45		砂质粉土：稍湿	16	12.5
砾砂、粗砂	48	31	很湿	12.5	9
中砂	42	31	饱和	9	5
细砂：稍湿	36	25	粉质黏土：坚硬状态	39～16	
很湿、饱和	31	19	塑性状态	16～4	
粉砂：稍湿	21	17.5	黏土：坚硬状态	59～16	
很湿	17.5	14	塑性状态	16～4	
饱和	14	9			

各种土的泊松比取值 表 3.3.9

土 的 种 类	泊 松 比 μ	泊松比常用值
碎石土	0.15～0.27	0.27
砂土和粉质砂土	0.20～0.30	0.30
粉质黏土	0.25～0.35	0.35
黏土	0.25～0.42	0.42
饱和黏土与淤泥	0.40～0.50	
黄土	0.10～0.30	

3.6.1 岩体结构面力学属性

结构面的抗剪强度受结构面的连续性、起伏度、粗糙度、张开闭合的状态、填充胶结情况以及填充物的物质组成的影响，地下水的赋存等往往促使结构面填充物质的软化和泥化，直接降低了结构面的抗剪强度。一般来说，张性结构面多粗糙、起伏，抗剪强度较高；扭性结构面多光滑、平直，抗剪强度低。从

结构面抗剪强度数值表　　表 3.3.10

岩性	描述	峰值强度		残余强度	
		摩擦角 φ (°)	c (MPa)	摩擦角 φ (°)	c (MPa)
夹层物质	泥化夹层和加泥层 碎屑加泥层 碎屑夹层 含铁锰质角砾破碎夹层			8.5～14.0 16.7～21.8 26.6～31.9 33.0～40.4	0.005～0.02 0.02～0.04 0～0.1 0.03～0.15
玄武岩	黏土质玄武岩碎屑岩，从黏土到玄武岩含量变化较大	42	0.24		
斑脱石	石垩中的斑脱石薄层 薄层 三轴试验	7.5 12～17 9～13	0.015 0.09～0.12 0.06～0.1		
斑脱石类页岩	三轴试验 直剪试验	8.5～29	0～0.27	8.5	0.03
黏土	超固结滑带土，节理和小型剪切带	12～18.5	0～0.18	10.5～16	0～0.003
黏土页岩	三轴试验 层面	32	0.06	19～25	0
煤质岩石	黏土糜棱岩夹层	16	0.012	11～11.5	0
白云岩	蚀变页岩层，±150mm 厚	14.5	0.04	17	0.02
闪长岩、花岗闪长岩和斑岩	黏土角砾（2%黏土，PI =17%）	26.5	0		
花岗岩	黏土充填的断层 砂质壤土的断层物 构造剪切带，片岩和破碎花岗岩，破碎岩石和断层泥	24～45 40 42	0～0.1 0.05 0.24		
杂砂岩	层面之间充填 1～2mm 厚黏土			21	0
石灰岩	6mm 厚的黏土夹层 10～20mm 厚的黏土充填物 小于 1mm 厚的黏土充填	13～14 17～21	0.1 0.05～0.2	13	0
石灰岩、泥灰岩和泥炭层	层间泥炭层 泥炭层、黏土接触面	38 10	0.08 0.1		
石灰岩	泥灰质结构面，20mm 厚	25	0	15～24	0
褐煤	褐煤和黏土之间的夹层	15～17.5	0.014～0.3		
蒙脱石、斑脱土黏土	白垩层中的 80mm 厚的斑脱土（蒙脱石）黏土层	14 7.5～17.5	0.36 0.016～0.02		
片岩、石英岩和硅质页岩	100～150mm 厚的黏土充填物 具有薄层黏土的层 具有厚层黏土的层	32 41 31	0.03～0.08 0.61～0.74 0.38		
板岩	薄层状的或蚀变的	33	0.05		
石英、高岭土、软锰石	重塑三轴试验	36～38	0.042～0.09		

粗糙度在结构面上的力学效应来看，镜面的抗剪强度最低，糙面的抗剪强度较高，且与结构面上起伏状况有关。具体结构面抗剪强度数值见表 3.3.11。

岩质边坡稳定性计算常用极限平衡分析方法 表 3.3.11

方法	滑裂面	假定	优点	局限	建议
平面崩塌	单一滑裂面，有张性裂隙	滑裂面和张性裂隙走向均与边坡坡面平行，具松脱面，以致侧向边界无阻力	分析方法简单，可加进张性裂隙内及滑裂面的水压力	力矩在分析中未被考虑，对于可能发生倾倒的较陡边坡，会计算出过大的安全系数	对于可假设为平面崩塌时是可以采用的
楔形崩塌	两组节理面构成一个三维楔体	节理面的相交线倾角比岩石面平缓，仍在岩面中出露，两个节理面在滑动时接触保持良好	分析中可加进张性裂隙和水压力，有现成的仅考虑摩擦力图表	未考虑力矩	计算方便
倾倒崩塌	梯级状交错节理	分析中假定一些块体会滑动，一些会倾倒，不考虑水压力		局限于合适的几何形状的几种简单情况	除偶尔可采用外，还未能作为岩质边坡的常规设计工具

3.6.2 确定边坡岩体综合抗剪强度指标的 GSI 法

对于节理组数不少于 4 组的碎裂岩体，可采用 Hoek 和 Brown 提出的在岩体质量评价的基础上，应用经验公式来确定岩体综合抗剪强度的 GSI 法。

GSI 为地质强度指标法（Geological Strength Index）的简称。这一体系适用于风化岩体及非均质岩体。GSI 法中的 GSI 指标主要决定于岩体的岩性、结构面的条件等，是通过对钻孔岩芯、路堑开挖或暴露的岩体进行肉眼观察来评价确定的，见表 3.3.11 和表 3.3.12（《岩质边坡稳定分析》，陈祖煜等编著，2005 年由中国水利水电出版社出版）。

岩石边坡的常用处治措施 表 3.3.12

崩塌类型		处治措施																			
		削坡			结构支护								排水				岩崩控制				
名称	图示	减缓坡度	开挖台阶	局部挖掘	挂网喷混	透水（砌石）面层	补隙	土钉墙	锚杆	锚索	挡墙	扶壁（支顶）	排水沟	铺砌面层	短排水孔	长排水孔	改线、迁移建筑物	拦石墙	落石沟	钢丝网	清除危石
平面崩塌		√	√					√	√	√		√	√	√	√		√	√	√		

续上表

崩塌类型		处治措施																			
		削坡			结构支护								排水				岩崩控制				
名称	图示	减缓坡度	开挖台阶	局部挖掘	挂网喷混	透水(砌石)面层	补隙	土钉墙	锚杆	锚索	挡墙	扶壁(支顶)	排水沟	铺砌面层	短排水孔	长排水孔	改线、迁移建筑物	拦石墙	落石沟	钢丝网	清除危石
楔体崩塌		√						√	√	√		√	√	√		√	√				
倾倒崩塌		√							√	√			√	√		√			√		
岩石或岩屑崩落及一般性剥落		√	√	√	√	√	√	√	√	√	√	√		√	√	√		√	√	√	√

在研究节理岩体的抗剪强度时，应首先了解岩体的控制性结构面，判断在这些控制性结构面影响下可能发生平面滑动和楔体破坏的可能性。只有在确认上述的可能性都不存在，且岩体存在 4 组或更多的节理组数时，才能使用 GSI 法。

4 既有边坡稳定性分析验算

4.1 既有边坡稳定性评价

边坡稳定性分析评价是边坡健康诊断技术研究的关键之一。

边坡稳定性评价，首先应通过地质测绘、勘探、现场观测等手段，取得研究区基础地质资料，对边坡的稳定性进行初步评价，并对边坡可能的失稳模式或者破坏模式做出判断。同时结合勘探试验，对坡体的岩土物理、力学特性进行系统的分析，提出各种分析方法所需的计算参数；然后针对不同的破坏机制，采用相应的边坡稳定分析方法，对各种工况下的边坡稳定性做出评价，根据分析结果，对可能失稳的边坡采取切实可行的工程处理措施。边坡稳定性评价研究的流程框图见图 3.4.1。土质边坡稳定性计算常用极限平衡分析方法见表 3.4.1。

土质边坡稳定性计算常用极限平衡分析方法 表 3.4.1

方法	破坏面	假定	优点	局限性	建议
无限斜坡法	直线	用任意的垂直条块替代整个边坡	简单手算法	破坏面假定通常是近似的，该法仅适用于长高比大的滑面且可略去端部效应	适用于长边坡，尤其是岩层上覆薄层风化土的边坡
滑块法	2条或2条以上的直线	滑体可分为两块或多块，每块的平衡以块间力独立处理	滑体分为2～3块时，手算适用	没有考虑条块的变形，其结果敏感于块间力与水平面的夹角，及块间界面的倾斜角度	可用于边坡内、或边坡下有软弱夹层，及边坡处于坚硬层上的情况
Bishop 法	圆弧	对每一条块取力和力矩平衡。精确法是于每一条块两侧的竖向力假设其大小，直至满足所有平衡方程为止；而简化法假设作用在每一条块两侧的竖向合力为零	简化法与有限单元变形法的结合有较好的吻合，有现成的计算程序	完全的圆弧滑动面一般很难发生，但大半经的圆弧有时却可采用	可用于假定为圆滑的破坏面

续上表

方法	破坏面	假定	优点	局限性	建议
Bishop 和 Morgenstern 图解法	圆弧	用简化的 Bishop 法，取平均 r_u 值	使用简便，比 Hoek 图解法精确	仅适用于均质土及坡度小于 27°的边坡	有限的适用性
Hoek 图解法	圆弧	整体地处理滑动体，取下限解，假设正应力集中在一点	有坡脚在 10°～90°之间的图解，使用非常简单	仅适用于均质土及 5 种特定的地下水条件	适于初步计算及细小低风险边坡
Janbu 法	非圆弧	综合法处理在每一条块的力和力矩平衡。必须对块间力的作用线作出假定。常规法不处理条块间的竖向力，F 计算值需加以修正，以处理竖向力	可用正确的剪切面进行计算。常规法可通过编制计算程序或手算进行	已发表的 f_0 系数值只适用于均质岩土，对于由多种岩土组成的边坡，常规法会导致较大的误差，通常低估了安全系数，综合法无上述局限	对大多土质边坡都较为有用，须注意常规法的局限性
Morgenstern 和 Price 法	非圆弧	处理每一条块的力与力矩平衡，类似 Janbu 综合法	比 Janbu 法更精确，有现成的计算程序	无简化方法，需使用电脑计算，通常耗时很多	适用于滑坡反演分析
Sarma 法	非圆弧	为 Morgenstern 和 Price 法的改进，以地震力减少迭代次数	运算时间大大减少而无损精确度	并未有现成的电脑程序，但可用计算机计算	可作为 Morgenstern 和 Price 法的替代方法

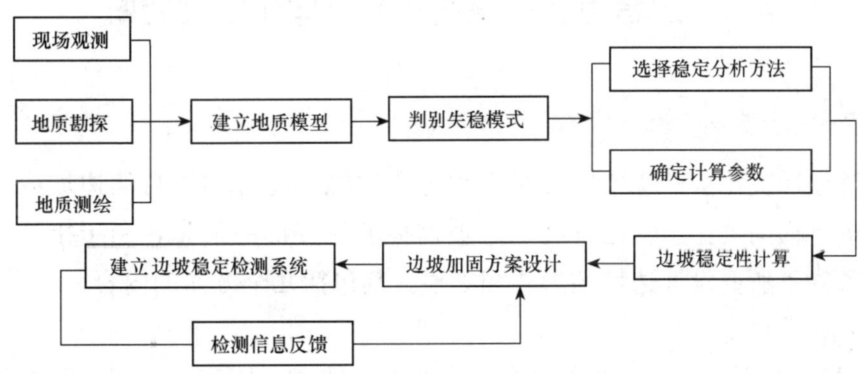

图 3.4.1 边坡稳定性评价研究流程图

边坡稳定性评价方法可分为定性评价方法与定量评价方法两大类。定性评价方法主要有工程地质类比评价法、极射赤平投影法、CSMR 总体稳定性评价法等。定量评价方法即力学计算分析法，又可分为刚体极限平衡法与有限单元法等方法。对于岩质边坡宜用极射赤平投影法、CSMR 总体稳定性评价法等进行总体稳定性评价。

对既有边坡设置的支挡结构的安全性，要按结构类型根据现场获得的物理力学参数进行复算，确定其结构的构件安全性及其整体稳定性。

4.2 既有工程边坡的安全系数

在分析既有工程边坡的稳定性时，该边坡历来的工作状态对计算边坡的稳定性有很大帮助。例如，与未开发的场地相比，既有工程边坡可提供较为详细检查地质情况的资料，如更为准确的地下水资料。因此，对既有工程边坡健康诊断和治理，只要有详细的地质和岩土勘探，并且荷载条件、改造的基本形式、地下水文等与既有改造边坡相符，设计人员即可采用比新建边坡略低的安全系数。但在大多情况下，为偏于安全，往往采用新建边坡的安全系数标准，见表3.4.2，也可依相关规范取用，如《建筑边坡工程技术规范》（GB 50330—2002）、《公路路基设计规范》（JTG D30—2004）。

路堑边坡稳定安全系数 表3.4.2

公路等级	路堑边坡稳定安全系数		公路等级	路堑边坡稳定安全系数	
高速公路、一级公路	正常工况	1.20～1.30	二级及二级以下公路	正常工况	1.15～1.25
	非正常工况Ⅰ	1.10～1.20		非正常工况Ⅰ	1.05～1.15
	非正常工况Ⅱ	1.05～1.10		非正常工况Ⅱ	1.02～1.05

4.3 工程边坡失稳模式和总体稳定性判断

4.3.1 工程地质类比法

工程地质类比法的基本原理是工程地质比拟，充分利用自然边坡或人工坡体信息进行横向类比。从已存在的边坡捕捉坡体变形的信息，用于指导类似地形地质条件下所要设计边坡的形式和规模。其包括几个方面的内容。

（1）地质调查

① 查明边坡的位置、走向、坡向、坡形、坡高、坡率，加固工程的设计及实施情况。

② 查明边坡的地层岩性、产状、分布，小构造（断层、节理、片理、错动等）的产状、性质、分布位置及影响范围，岩体结构、坡体结构、风化程度，地下水的出露情况。

③ 查明已发生边坡变形的部位、类型、规模、变形历史过程和动态，及其和人类工程活动的关系。

（2）地质力学调查

① 了解在边坡形成过程中，不同时期、不同方向和不同性质的构造应力场

所留下的构造形迹的性质、规模及相互切割关系，以及构造面和岩性在边坡形成及变形中的作用。

② 从当地相似自然斜坡的调查中，找出极限边坡的坡形、坡度和坡高，采用比拟法初步确定稳定的最大边坡高度和坡度，以此判断现有边坡的稳定性。

③ 依据边坡岩体的实测强度参数和比拟参数，分析边坡的整体和局部稳定性。

地质调查、地质力学调查两种方法相结合，综合定性评价人工边坡的稳定性。

(3) 评价标准

根据边坡实际状况，结合以往边坡工作经验，建立边坡稳定性分级表。可将表 3.4.3 作为既有边坡稳定性评价的标准。

边坡稳定性分级表　　表 3.4.3

稳定性分级	特征描述	稳定系数
稳定	边坡的坡形、坡率符合岩土体的强度条件，无倾向临空面的不利结构面，无或少有地下水，整体或局部稳定系数均符合要求	>1.2
基本稳定	边坡的坡形、坡率符合岩土体的强度条件，无倾向临空面的不利结构面，少有地下水，整体和局部均稳定，但坡面有冲沟、剥落、落石等	1.1～1.2
欠稳定	边坡整体稳定，但局部坡陡于岩土稳定角，或受地下水影响岩土强度降低，或有不利结构面倾向临空面，有局部崩坍、滑移变形	1.0～1.1
不稳定	边坡坡形、坡率偏陡，不符合岩土强度条件，或在古老滑体上开挖、堆载引起古老滑坡复活，或有发育的不利结构面倾向临空面，岩体破碎，地下水发育，开挖后会产生整体失稳	<1.0

4.3.2　极射赤平投影边坡失稳模式判别法

极射赤平投影法可用于初步判别岩质边坡失稳的模式。除碎裂结构与散体结构的岩体外，岩体的失稳与破坏主要受岩体内结构面的控制。赤平投影法可以把岩石边坡坡面倾向和倾角、结构面的倾向和倾角两套参数合理地表示在一个平面上，同时可以确定两个交线的产状，直观地反映出坡面、结构面空间位置，对边坡的失稳模式作出判断。边坡失稳的三种常见类型与相应的结构面赤平投影图的相对关系见图 3.4.2。

在平面破坏和楔体破坏两种类型中，其失稳或滑动的判别可简单归纳为 $\beta_p \geqslant \beta \geqslant \varphi$，其中，$\beta$ 为结构面（或某两组结构面交线）在坡面倾向上的视倾角，β_p 为边坡坡面的倾角，φ 为结构面的摩擦角。如有黏聚力存在，按照等效内摩擦角的概念综合考虑黏聚力的影响。

根据国内外有关文献资料及已有的工程经验，倾倒破坏一般来说要满足以下条件（中国水利水电科学研究院，1995 年）：

（1）边坡面的倾角大于或等于 30°；

（2）边坡面的倾向与结构面的倾向相反，且两者的夹角应大于或等于 120°；

（3）倾倒区的范围一般为：（120°－坡面倾角）～90°。

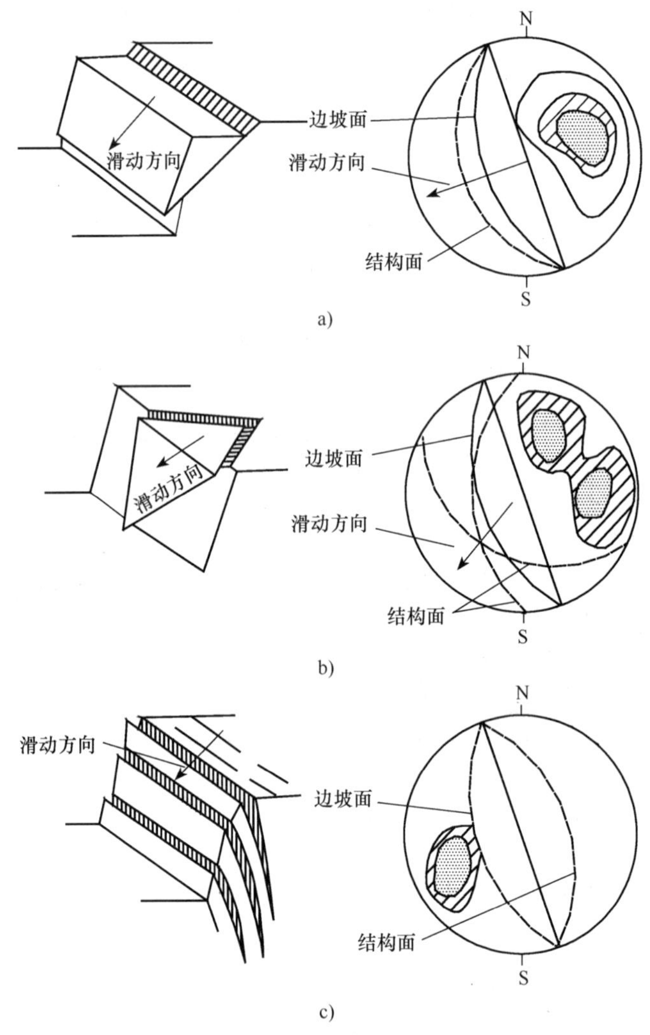

图 3.4.2　边坡岩体结构类型及其失稳破坏形式

a）平面破坏；b）楔体破坏；c）倾倒破坏

4.3.3　CSMR 边坡总体稳定性评价法

岩质边坡总体稳定性评价是结合多种影响因素对边坡的总体稳定作出宏观判断，并进行定性或半定量的评价。该方法是考虑工程地质和岩石力学背景的一种边坡整体稳定性评价方法。根据边坡岩体的强度、坡面与节理走向平行度、节理面倾角、边坡倾角与结构面倾角关系和开挖方法、边坡高度、控制结构面对稳定的影响等特征，对边坡进行评分，以分值多少来评定边坡岩体稳定性。该方法属于宏观定性评定边坡稳定性的范畴。

4.4　工程边坡稳定计算

经过工程地质类比法和极射赤平投影法的定性判断，应对可能失稳的工程边坡进行边坡稳定计算。计算的步骤是先判断工程边坡的可能破坏模式，再选择合适的计算方法。

4.4.1　边坡的变形破坏模式

在进行边坡稳定性计算时，先按照边坡地质条件，依下述标准判断边坡的破坏模式。

（1）圆弧面滑动破坏：散体结构、碎裂结构的岩质边坡或土质边坡沿圆弧面滑动。

（2）平面滑动破坏：边坡岩体沿某一结构面滑动。

（3）折面滑动破坏：边坡岩体沿两组及两组以上结构面组成的滑面滑动。

（4）楔形体破坏边：结构面组成楔形体沿结构面交线方向滑动。

（5）倾倒破坏：反倾向或抖倾层状岩体边坡，岩层逐渐外倾倒塌。

既有边坡稳定性计算步骤：

（1）对于土质、类土质边坡，根据坡体的物理力学参数采用圆弧滑动法和有限单元法分别对边坡稳定性进行评价，并把稳定性评价结论与边坡现状相比较。

（2）对于岩质边坡，同样根据地质调查资料对边坡进行初步稳定性评价，然后根据地质资料和赤平投影法结果判断边坡失稳模式，再采用 CSMR 方法对边坡稳定性进行初步评价，最后根据边坡的破坏类型和物理力学参数选择相应的稳定性评价方法，进行稳定性分析计算。

（3）在边坡稳定性验算时，其稳定系数应不小于规范所规定的安全系数要求，否则应对边坡进行处理。

4.4.2　边坡稳定计算的二维极限平衡评价方法

边坡稳定计算可分为两大类：一类是多年来常用的极限平衡法，另一类为近年来发展起来的有限元法。本节介绍几种计算精度较高的二维极限平衡法。二维极限平衡法从瑞典工程师费尔纽斯（Fellernius，1922 年）提出圆弧滑动面垂直分条法开始，至今已有多种计算方法。本项指南仅选用这些方法中几种经过理论证明和工程实践检验的成熟方法，以便使用。

（1）简化毕肖普法（Bishop）：此法属于垂直条分法，计算公式既满足力矩平衡条件，又满足力平衡条件，适用于圆弧滑动面的边坡稳定计算。

（2）摩根斯顿—普赖斯法（Morgenstern-Price）：此法既适用于圆弧滑动模式的边坡，也适用于非圆弧形式的滑坡。此法属于垂直条分法，计算公式既满足力矩平衡条件，又满足力平衡条件。对地质条件复杂，有可能发生不同破坏模式的岩质边坡，可用此法分别计算同一边坡不同破坏模式的安全系数，取其最小值作为该边坡的安全系数计算值。

（3）萨尔玛法（Sarma）：对于呈层状结构和块体结构的岩质边坡可用此法进行计算，也可采用与此方法等效的由水利水电科学研究院开发的 EMU 程序进行计算。

（4）传递系数法（剩余推力法）：此法属于垂直条分的刚体极限平衡法，但计算公式只满足力平衡条件而不满足力矩平衡条件；表达式有隐式和显式两种，隐式解法的精度优于显式解法。本项指南采用隐式解法，但此法也存在明显的缺陷。由于其条块间推力平行于上一条块底面的假定，使得其安全系数计算值受上一滑面倾角的影响较大。对于光滑连续的滑面可以无条件地使用，对于折线形组成的滑面，隐式解的使用应有限制。此处采用《水利水电工程边坡设计规范》（SL 386—2007）提出的使用限制条件，滑面中所有转折点处的倾角变化值超过 10°时，需对滑面进行处理，以消除夹角效应所带来的影响。

本项指南没有选用过去常用的瑞典法，是因为该法在静力学平衡条件方面只满足力矩平衡条件而不满足力的平衡条件，在某些条件下会发生很大的误差。将传递系数法纳入本项指南，是因为从极限平衡条件上，虽然其只满足力的平衡条件而不能满足力矩平衡条件，因而在某些条件下也会发生不能容许的误差，在适当限制使用条件后仍可采用。

对于重要的工程边坡应用两种或两种以上的计算方法进行验算，以便互相验证，避免疏漏。

4.4.3 岩质边坡楔形体稳定计算

一般情况下，只要破坏面的走向与坡面交角在 20°以内，就可按照平面破坏分析。由两组及两组以上结构面切割形成的空间楔形体其组合方式、大小各异，数目也可能相当多。Hoek 和 Bray 在《岩质边坡稳定》一书中给出了较简单情况下的图解法和手动计算法。我国潘家铮（1980 年）对上述计算方法中的假定条件提出了质疑，以后陈祖煜等人在计算理论方面证实了潘家铮的判断，在计算技术上，由中国水利水电科学研究院开发了 YCW 软件，可以更合理、也更方便地得出工程边坡的计算结果。

4.4.4　边坡稳定计算的二维有限单元法

有限元法可以从岩土体形变—应力场的角度考察不同岩土体抵抗剪切破坏的能力。这种分析思想与传统上将岩土体边坡视为刚体的极限平衡分析方法是不同的。有限元数值模拟分析根据形变和强度理论对边坡任意部位抵抗剪切破坏的能力进行描述，从理论上更为合理完善。

有限元法是以弹塑性连续介质力学为基础的数值计算方法，可用于工程边坡的应力变形和稳定计算。在使用有限元法进行边坡稳定计算时，多数采用摩尔—库仑强度理论，并采用强度折减法进行计算。强度折减法就是在理想弹塑性有限元计算中，将边坡岩土体抗剪强度参数逐步折减，直到使边坡达到破坏状态为止。程序可以自动根据弹塑性计算结果得到破坏滑动面（塑性应变和位移突变的地带），同时得到边坡的安全系数 $F=c/c'=\tan\varphi/\tan\varphi'$。这种有限元计算法对均质的岩土体边坡有明显的优点，对土质边坡、破碎结构与散体结构的岩质边坡可直接求取安全系数。对于有断层、裂隙密集带和软弱夹层等地质构造，应采用专门的力学单元进行模拟。目前，工程边坡的稳定性计算仍以极限平衡法为主，有限元法的计算结果可起到比对作用。两种结果差异显著时，应从两方面寻找原因，杜绝疏漏。

4.4.5　三维边坡稳定分析方法和应用

现阶段的三维有限元分析方法仍处于研究阶段，尚未进入常规的边坡稳定计算方法。中交第一公路勘察设计研究院有限公司采用自行开发的软件并结合有限元强度折减法可进行三维边坡稳定计算。有限元强度折减法弥补了极限平衡计算法的不足，在分析边坡稳定性时不用划分条块，不仅满足力的平衡条件，而且考虑了土体应力—应变关系、岩土和支挡结构的共同作用，并能自动搜索滑裂面。利用该软件，直接将 AUTOCAD 格式下的地形平面图导入有限元程序，自行生成三维高仿真模型，并可依据实际情况放宽或收缩边界条件，然后利用大型有限元程序如ANSYS、FLAC 等即可进行三维边坡稳定性计算。

但该方法有一定的适用范围，应加以注意：

（1）对于土质边坡，该方法可无条件使用。

（2）对于岩质边坡，需根据岩体状况，适时采用。

① 对无结构面的完整岩体，可认为其在宏观上为均质、各向同性的材料，直接应用 Hoek-Brown 经验准则或其他方法确定岩体强度，采用本三维稳定分析方法进行稳定分析。

② 对于含有 1、2、3 组结构面的岩体，其力学性质表现为各向异性，需采用另外的方法建立模型，考虑结构面的影响。

③ 若岩体被 4 组或 4 组以上等规模、等间距、强度基本相同的结构面切割，可将此类节理岩体看作均质、各向同性的破碎材料，此时，可直接应用 Hoek-Brown 经验准则或其他方法确定岩体强度，采用本三维稳定分析方法进行稳定分析。但当岩体中包括一条规模更大、更长的结构面，或结构面中有较多断层泥填充时，则不能直接使用该方法，需采用专门的力学单元进行模拟。

④ 据 Serrano 的研究，对泥岩、板岩、页岩等软弱岩体，由于岩块强度与结构面强度接近，即使其中只含 1、2 或 3 组结构面，也可将其视为各向同性的均质材料，直接应用 Hoek-Brown 经验准则或其他方法确定岩体强度，采用本三维稳定分析方法进行稳定分析。

5 既有边坡的治理

5.1 引 言

对于既有边坡治理，原则上应尽量保持原形，避免对边坡坡体及植被造成破坏；同时应满足边坡稳定、安全和景观要求，以确保边坡的安全，并且使处理技术先进、经济、合理和便于施工。

现行的边坡治理方法有很多，有用于对坡体进行直接加固的，如锚杆加固法、注浆加固法、锚喷加固法、镶补支撑法等；有着眼于改善坡体受力条件的，如排水法、削坡法；有对稳定边坡坡面进行防护的，如护面墙防护、拱形骨架护坡、SNS 柔性防护、三维网植草防护和专用于拦截落石，防止落石落入公路路面内的拦石栅。由于各边坡地形地貌、地层岩性、风化程度及岩体结构面发育、破碎程度、稳定程度等不尽相同，边坡的破坏形式各式各样，因此，边坡的治理方案，应根据边坡的工程地质特征和边坡的稳定性，在现有边坡基础上，通过分析、比较、方案组合、综合研究出适合各自边坡特征的治理方案（岩质边坡常用支护方式见图 3.5.1 和图 3.5.2）。

5.2 坡 率 法

坡率法是指通过削坡减载和压脚防滑的方法以控制边坡高度和坡度，无需对边坡整体进行加固而能保持自身稳定的一种人工边坡设计方法，是一种经济而又施工方便的方法，对有条件的场地宜优先考虑。

坡率法适用于整体稳定条件下的岩层和土层，在地下水位低且放坡开挖时不会对相邻建筑物产生不利影响的条件下使用。坡率法可与支护结构联合应用，形成组合边坡。例如，当不具有全高削坡条件时，上段可采用削坡法，下段可采用支护结构稳定坡脚。

边坡的坡率允许值应执行公路路基设计规范关于土质路堑和岩质路堑边坡坡率的相关规定。土质边坡高于 20m，岩质边坡高于 30m 时，则需通过稳定性分析计算确定放坡坡率。

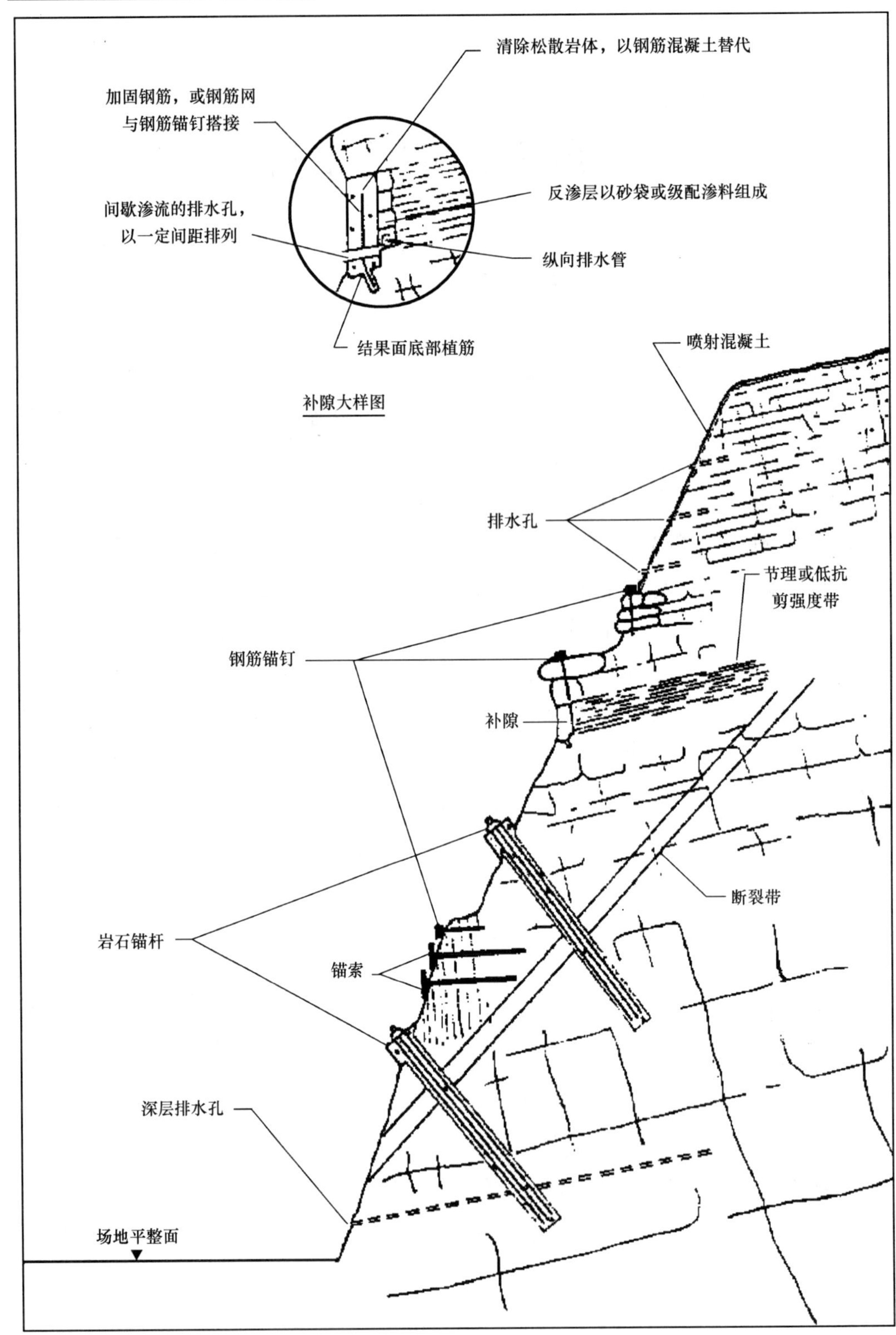

图 3.5.1　稳定岩质边坡加固方式

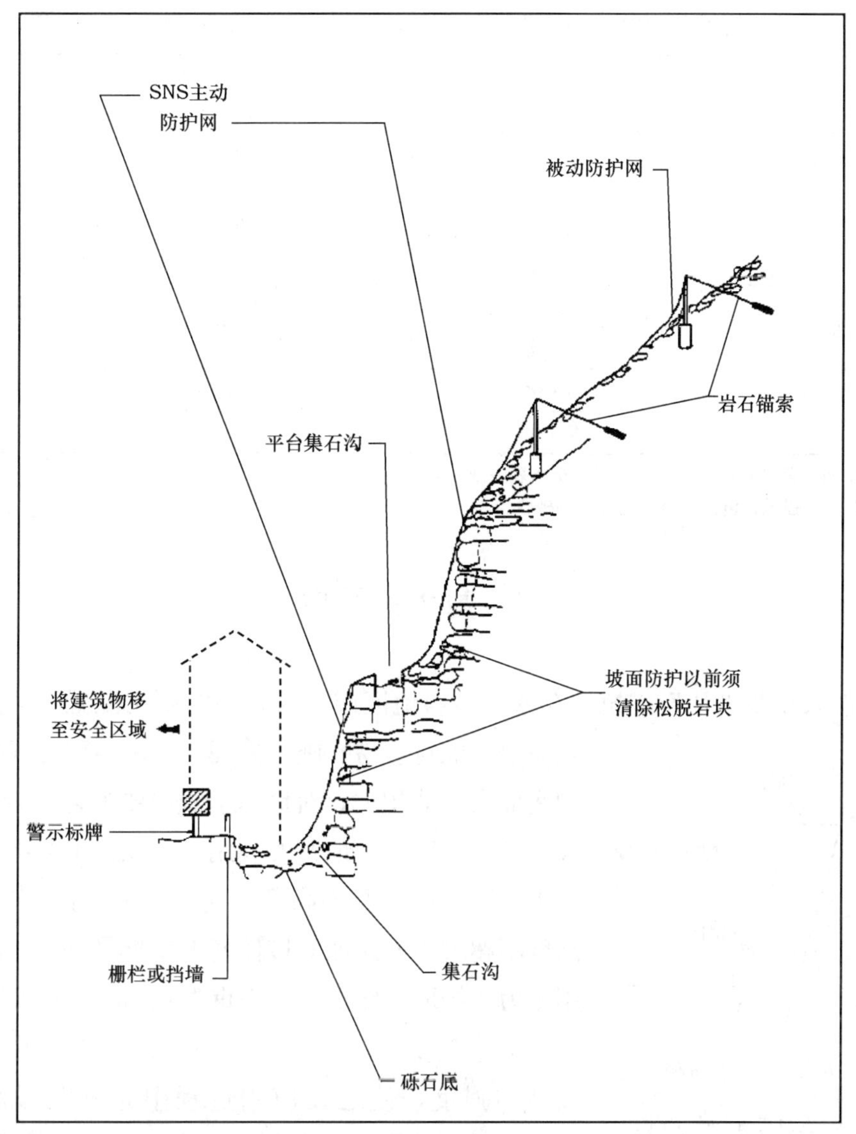

图 3.5.2　崩塌落石防护措施

对于土质边坡，若无经验，且土质均匀良好、地下水贫乏、无不良地质现象和地质环境条件简单时，可按表 3.5.1 确定。

土质路堑边坡坡率［《公路路基设计规范》(JTG D30—2004) 中表 3.4.1］　表 3.5.1

土 的 分 类		边 坡 坡 率
黏土、粉质黏土、塑性指数大于 3 的粉土		1∶1
中密以上的中砂、粗砂、砾砂		1∶1.5
卵石土、碎石土、圆砾土、角砾土	胶结和密实	1∶0.75
	中密	1∶1

注：黄土、红黏土、高液限土、膨胀土等特殊土质挖方边坡形式及坡度应按 JTG D30—2004 的有关规定确定。

对于岩质边坡，若无经验，且无外倾软弱结构面时，可按表 3.5.2 确定。

岩质路堑边坡坡率［《公路路基设计规范》(JTG D30—2004) 中表 3.5.2］ 表 3.5.2

边坡岩体类型	风化程度	边坡坡率	
		$H<15$m	15m$\leqslant H<$30m
Ⅰ类	未风化、微风化	1∶0.1～1∶0.3	1∶0.1～1∶0.3
	弱风化	1∶0.1～1∶0.3	1∶0.3～1∶0.5
Ⅱ类	未风化、微风化	1∶0.1～1∶0.3	1∶0.3～1∶0.5
	弱风化	1∶0.3～1∶0.5	1∶0.5～1∶0.75
Ⅲ类	未风化、微风化	1∶0.3～1∶0.5	
	弱风化	1∶0.5～1∶0.75	
Ⅳ类	弱风化	1∶0.5～1∶1	
	强风化	1∶0.75～1∶1	

注：1. 有可靠的资料和经验时，可不受本表限制。
2. Ⅳ类强风化包括各类风化程度的极软岩。

5.3 重力式挡墙

一般采用浆砌片石砌筑，在缺乏石料地区或墙身较高时则用混凝土灌注，形式简单、取材容易、施工简便。但由于重力式挡墙基础底面大、体积大，对地基承载力要求高，如高度过大，则既不利于土地开发利用，也往往不经济，故对于土质边坡一般要求高度不超过 6m，对于岩质边坡高度不超过 10m。如对坡体变形要求严格，一般不宜用重力式挡墙。图 3.5.3 为重力式挡土墙示意图。

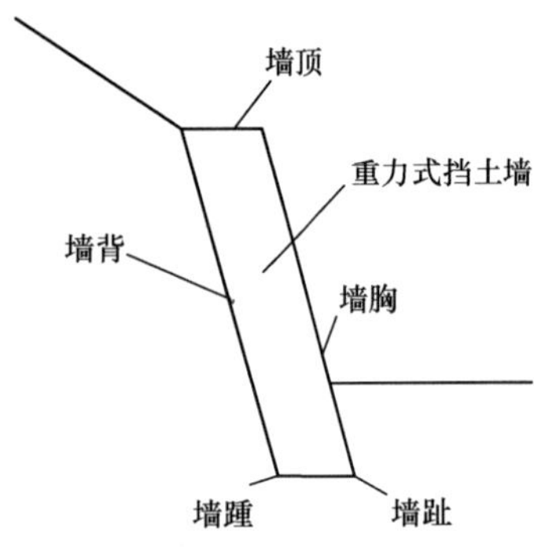

图 3.5.3 重力式挡土墙示意图

为避免发生破坏，保证挡墙具有足够的整体性和结构强度，使之在使用过程中充分发挥良好作用，设计挡墙时，一般均应验算基底压力作用下的地基稳定性、沿基底的滑动稳定性、绕墙趾转动的倾覆稳定性以及墙身断面强度。如地基有软弱下卧层存在时，还应验算沿地基中某一潜在滑动面的抗滑稳定性。

各验算的具体要求和指标，按有关规定归纳如表 3.5.3 所示。

挡土墙验算项目及控制指标表 表 3.5.3

要求	项目	指标
1. 不产生墙身沿基底的滑动破坏	滑动稳定性	1. 荷载组合为Ⅰ、Ⅱ、Ⅲ、Ⅳ时：$K_c\geqslant1.3$； 2. 荷载组合为Ⅴ时 $K_c\geqslant1.2$
2. 不产生墙身绕墙趾倾覆	倾覆稳定性	1. 荷载组合为Ⅰ时：$K_c\geqslant1.5$； 2. 荷载组合为Ⅱ、Ⅲ、Ⅳ时：$K_c\geqslant1.3$ 3. 荷载组合为Ⅴ时：$K_c\geqslant1.2$

续上表

要　　求	项　　目	指　　标
3. 地基不出现过大的沉陷	基底应力	基底最大压应力小于地基容许承载力 $\sigma_{max} \leqslant [\sigma_o]$
4. 不出现因地基不均匀沉降而引起墙身倾覆	偏心距	作用于基底合力的偏心距：$e \leqslant B/6$（土质地基）；$e \leqslant B/5$（岩质地基）
5. 墙身不产生开裂破坏	墙身截面强度	墙身截面上的压应力 σ_{max} 剪应力 τ_1、及拉应力 σ_{min} 小于材料的容许应力，即 $\tau_1 \leqslant [\sigma_j]$；$\sigma_{min} \leqslant [\sigma_{ml}]$；作用于截面上的合力偏心距 $e \leqslant 0.25B_1$

注：1. 荷载组合见《公路桥涵设计通用规范》(JTG D60—2004)。
2. B 和 B_1 分别为基底和截面宽度。
3. 坚硬岩质地基上的偏心距可考虑放宽至 $e \leqslant 0.25B$。
4. 表中所列指标，不适用于地震区挡墙设计。

5.4　板肋式或格构式锚杆挡墙

板肋式锚杆挡墙由带竖肋的板和灌浆锚杆组成，竖肋可向里，也可向外，多用于挖方地段的岩土边坡，见图 3.5.4。

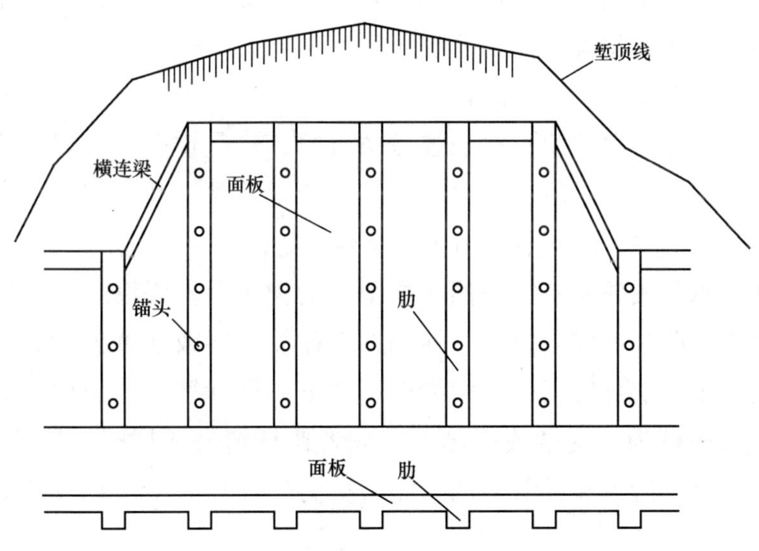

图 3.5.4　板肋式锚杆挡土墙示意图

格构式锚杆挡墙由现浇钢筋混凝土格子梁和锚杆组成，见图 3.5.5。垂直型墙面可用于稳定性和整体性较好的岩质边坡；后仰型墙面可用于各类岩质边坡和土质边坡。格架内墙面根据边坡岩土条件及整体稳定状态，采用钢筋网喷混凝土封面或绿化处理。

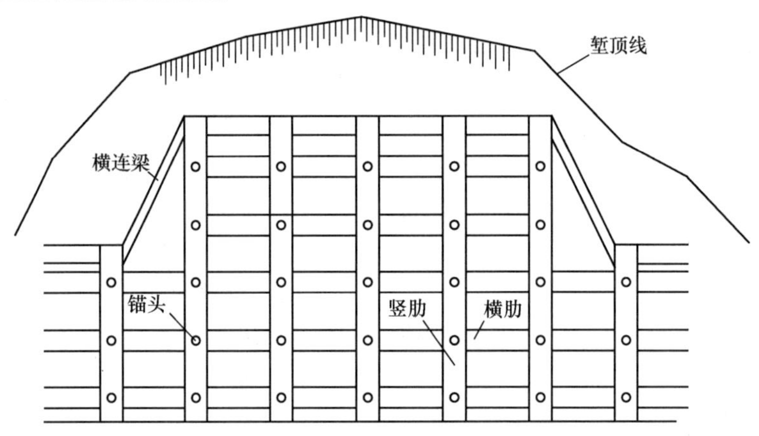

图 3.5.5 格构式锚杆挡土墙示意图

锚杆挡墙设计应包括下列内容。

(1) 土压力计算

作用于锚杆挡墙的墙背土压力，可按库仑主动土压力计算。多级锚杆挡墙墙背土压力当考虑上级墙对下级墙的影响时，各级墙应分别按库仑公式计算。

要注意的是：在锚杆挡土墙的正常工作条件下，挡土墙背后的土体不可能出现主动土压力状态，而是处于主动土压力与静止土压力之间的某种状态，并且土压力的分布也不是三角形而是梯形，因此，土压力的荷载分项系数、梯形的几何参数都须按照相关规范的规定处理。

(2) 肋柱支点反力和内力计算

按支点为刚性支撑的简支梁或连续梁计算，这是铁路、公路、建筑边坡工程中常用的计算方法。岩质边坡以及坚硬、硬塑性黏土和密实、中密砂土类边坡的锚杆挡墙，肋柱上的支点反力可按下列规定计算。

每根肋柱承受相邻两跨锚杆挡墙中至中的土压力。假设肋柱于锚杆的连接处为一铰支点，肋柱可按支撑于刚性锚杆上的简支梁或连续梁计算内力；当肋柱的锚杆为上下两层且底层为自由端时，按简支梁计算；当肋柱的锚杆为两层且柱底的支撑条件为铰支端或固结端，或者锚杆超过两层时，按连续梁计算。肋柱的支撑反力，接点和各截面的弯矩、剪力的计算方法参见《建筑结构设计手册》静力计算部分。

当锚杆变形较大时，宜按支撑于弹性锚杆上的连续梁计算内力。

土质边坡锚杆挡墙（不包括坚硬、硬塑性黏土和密实、中密砂土类边坡）当锚固点水平变形较小时，结构内力可按静力平衡法或等值梁法计算。

根据立柱下端的嵌岩坚硬程度及立柱的嵌入深度，可按铰接端或固定端考虑；当立柱位于强风化岩层以及坚硬、硬塑状黏土和密实、中密砂土边坡内时，其嵌入深度可按等值梁法计算。

(3) 锚杆计算

可根据不同的工程特性，按照《铁路路基支挡结构设计规范》(TB 10025—2001) 或《建筑边坡工程技术规范》(GB 50330—2002) 进行计算。

锚杆的长度包括非锚固段和锚固段长度。设计锚杆长度时，应根据岩石类别、强度、节理、风化程度等多种因素考虑决定。非锚固段长度应根据肋柱与主动滑裂面或滑动面的实际距离确定；锚固段的长度计算，可按极限状态法或容许应力法，根据锚杆的拉力、锚固体与锚孔壁之间的抗强度、锚杆与砂浆间的黏结力确定。有效锚固长度，在土层中不宜小于 4.0m，但不宜大于 10m；岩层锚杆锚固段不宜小于 3m 且不应大于 45D（孔径）和 6.5m。单锚承载力多为 100～400kN。

(4) 挡板、立柱及其基础结构设计

肋柱和格构的正截面、斜截面承载力按《建筑结构荷载规范》(GB 50009—2001) 中 7.2 节和 7.5 节的规定计算。

5.5　抗　滑　桩

抗滑桩是一种由其锚固段侧向地基抗力来抵抗悬壁段土压力或滑坡推力的横向受力桩图 3.5.6。

抗滑桩常用于稳定滑坡、加固山体及软弱破碎岩质路堑边坡的预加固工程，其优势是承载能力较大，可充分利用岩土（嵌固段）的自身强度，建筑高度相对较大，尤其预应力锚固桩对高边坡加固效果较好。但其施工历时较长，工艺相对较复杂，工程造价较高。本措施一般仅适用于滑动力大的大、中型滑坡整治。

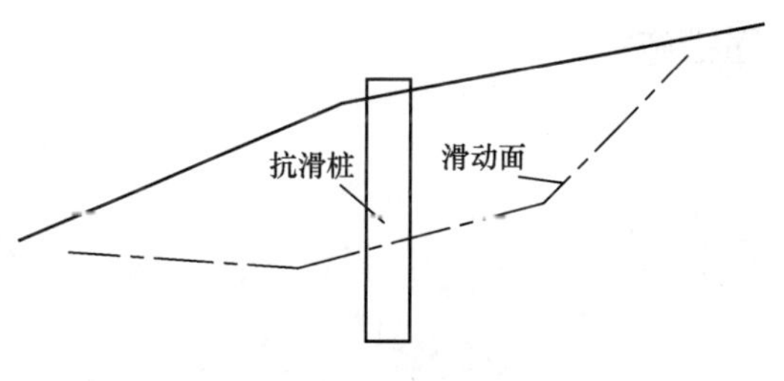

图 3.5.6　抗滑桩示意图

抗滑桩的设计步骤如下。

(1) 为了稳定已有滑坡的抗滑桩桩位应选在滑坡体的下部稳定段，此段滑坡体较薄且锚固区地基强度较高。在选定布桩的位置后，根据滑坡推力、地基的地层性质、桩身材料等资料拟订桩的间距、截面形状及尺寸和埋入深度。

(2) 判断桩前滑体是否稳定。当桩前滑体可能滑走时，则不计其抗力，此时桩上所受的力为抗滑桩所处位置的滑坡推力；当桩前滑体稳定时，按桩所处位置的剩余下滑力设计抗滑桩。

(3) 滑动面以上桩所承受的外力为滑动推力和桩前反力的合力，其分布形式一般为三角形、梯形和矩形。内力计算时按一端固定的悬臂梁计算。当滑体为较坚硬的岩体时，外力宜按照矩形或梯形计算。

(4) 根据桩底的边界条件采用相应的计算公式计算滑面处的水平位移和转角，按弹性地基梁计算锚固段桩身各点内力、位移、转角及地层侧向弹性应力。滑动面以下的桩身变形和内力，应根据滑动面处的弯矩和剪力，采用地基系数法计算，可选用“K 法”或“m 法”。

(5) 校核地基强度，若桩身作用于地基地层的弹性抗力超过其容许值或小于容许值过多时，应调整桩的埋深，或桩的截面尺寸，或桩的间距后，重新进行计算。

(6) 根据桩身弯矩、剪力图进行桩身结构设计。

5.6 预应力锚索

预应力锚索由锚固段、自由段及锚头组成（图 3.5.7），可主动、适时地对边坡施加预应力，有效克服和扼制边坡稳定性不利因素的积累和发展，适用于大、中型危岩体破坏和潜在滑裂面滑动破坏的坡体，其工程造价较桩式体系具有明显优势，在不具备刷缓边坡的情况下，不失为对该类边坡行之有效的预加固措施。

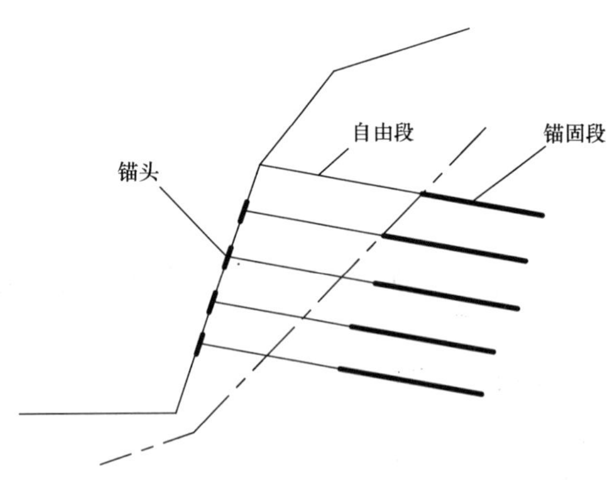

图 3.5.7 预应力锚索示意图

预应力锚索加固结构形式可分为三个类型，即框架锚索、地梁锚索、单墩锚索。框架锚索坡面反力结构受力较好，但对坡面平整度要求较高，适用于新开挖较平整的坡面；地梁锚索坡面反力结构受力一般，对坡面平整度要求稍低，适用于岩质边坡、开挖坡面总体平整、局部高低起伏的坡面；单墩锚索坡面反力结构受力稍差，但适用范围广，适用于自然山坡或坡面高低起伏的人工边坡，对平整度基本无要求。当将单墩锚索用于破碎状、散体状结构的岩质边坡时，可在单墩之间增设钢筋混凝土联系梁。

预应力锚索技术的特点是能够充分利用岩土体的自身强度，大大减轻结构自重，节省工程材料。预应力锚索与圬工类结构比较具有以下特点。

（1）锚索属于柔性结构

锚索是一种细长受拉杆件，柔度较大，具有柔性可调的特点，用于加固岩土体时能与岩土体共同作用，充分发挥两者的能力。

（2）深层加固

预应力锚索的长度，可根据工程需要确定，加固深度可达数十米，适应范围较宽。

（3）主动加固

通过对锚索施加预应力，能够主动控制岩土体变形，调节岩土体应力状态，有利于岩土体的稳定。

（4）随机补强、应用范围广

预应力锚索既可对有缺陷或存在病害的既有建筑物、支挡结构进行加固补强，又可在新建工程中显示其独特的功能，具有应用范围广的特点。

（5）施工快捷灵活

预应力锚索施工采用机械作业，具有工艺灵巧、施工进度快、工期短、施工安全等特点。

（6）经济性好

预应力锚索既可单独使用，充分利用岩土体自身强度，从而节省大量工程材料，同时可与其他结构物组合使用，改善其受力状态，节省大量的圬工。

预应力锚索设计步骤如下。

（1）计算作用于锚索结构物上的荷载，据此布置锚索，计算锚索承受的总拉力。

作用在锚索结构上的荷载主要是滑坡或边坡失稳的下滑力、侧向土压力以及加固作用力。

预应力锚索用于加固边坡失稳，其设计荷载应按重力式挡墙有关规定计算。锚索结构承受侧向土压力一般介于主动土压力与静止土压力之间，故结构物承受的侧向土压力按主动土压力的 1.05～1.6 倍计算。

（2）计算每一根锚索承受的拉力，即锚索的设计荷载。

预应力锚索用于滑坡加固时，一般通过边坡稳定性分析、采用求锚索附加力（抗滑力）的方法来确定锚固力，计算公式如下：

$$P_t = \frac{F}{\sin(\alpha \pm \beta)\tan\varphi + \cos(\alpha \pm \beta)} \tag{3.5.1}$$

式中：F——滑坡下滑力，可采用极限平衡法或传递系数法计算，安全系数采用1.05～1.25；

P_t——设计锚固力；

φ——滑动面内摩擦角；

α——锚索与滑动面相交处的滑动面倾角；

β——锚索与水平面的夹角，以下倾为宜，不宜大于45°，一般为15°～30°，也可参照下式计算：

$$\beta = \frac{45^\circ}{A+1} + \frac{2A+1}{2(A+1)}\varphi - \alpha \tag{3.5.2}$$

A——锚索的锚固段长度与自由段长度之比；

φ、α——锚索段截面的内摩擦角和滑面倾角。

设计锚固力 P_t 应小于容许锚固力 P_a，即 $P_t \leqslant P_a$，对于锚固材料容许荷载应满足表3.5.4的要求。

锚固钢材容许荷载 表3.5.4

项　　目	永久性锚固	临时性锚固
设计荷载作用时	$P_a \leqslant 0.6P_u$ 或 $\leqslant 0.6P_y$	$P_a \leqslant 0.6P_u$ 或 $\leqslant 0.8P_y$
张拉预应力	$P_{at} \leqslant 0.7P_u$ 或 $\leqslant 0.85P_y$	$P_{at} \leqslant 0.7P_u$ 或 $\leqslant 0.85P_y$
预应力锁定中	$P_{ai} \leqslant 0.8P_u$ 或 $\leqslant 0.9P_y$	$P_{ai} \leqslant 0.8P_u$ 或 $\leqslant 0.9P_y$

注：表中 P_a 为容许锚固力（kN），P_u 为锚固钢材极限张拉荷载（kN），P_y 为屈服荷载（kN）。

（3）锚索的锚固设计。

根据每孔锚索设计锚固力 P_t 和所选用的钢绞线强度，可计算每孔锚索钢绞线的根数 n。

$$n = \frac{F_{s1} \times P_t}{P_u} \tag{3.5.3}$$

式中：F_{s1}——安全系数，取1.7～2.0，高腐蚀地层中永久性工程取大值；

P_u——锚固钢材极限张拉荷载。

锚固体设计主要是确定锚索锚固段的长度、孔径、锚固类型。锚固体的承载力由三部分强度控制，即锚固体与锚孔壁的抗剪强度、钢绞线束与水泥砂浆的黏结强度以及钢绞线强度，取其小值。

在进行锚固设计时，由于存在许多不确定因素，如地质条件、锚固材料、施工方法等均会对锚固的承载力产生较大影响，因此设计时应考虑一定的安全储备。在确定安全系数时，一般将锚索划分为永久锚索和临时锚索两类，并分别考虑其重要性。

按水泥砂浆与锚索张拉钢材黏结强度确定锚固段长度 l_{sa}：

$$l_{sa}=\frac{F_{s2}\times P_t}{\pi\times d_s\times\tau_u} \tag{3.5.4}$$

按锚固体与孔壁的抗剪强度确定锚固段长度 l_a：

$$l_a=\frac{F_{s2}\times P_t}{\pi\times d_h\times\tau} \tag{3.5.5}$$

上两式中：d_s——张拉钢材外表直径（m）；

d_h——锚固体直径（m）；

F_{s2}——锚固体拉拔安全系数；

τ_u——锚索张拉钢材与水泥砂浆的极限黏结应力，按砂浆标准抗压强度 f_{ck} 的 10%取值（kPa）；

τ——锚孔壁对砂浆的极限剪应力，见表 3.5.5。

锚孔壁对砂浆的极限剪应力 τ　　表 3.5.5

岩土种类	岩土状态	孔壁摩擦阻力	岩土种类	岩土状态	孔壁摩擦阻力
岩石	硬岩 软岩 泥岩	1.2～2.5 1.0～1.5 0.6～1.2	粉土	中密	0.1～0.15
黏性土	软塑 硬塑 坚硬	0.03～0.04 0.05～0.06 0.06～0.07	砂土	松散 稍密 中密 密实	0.09～0.14 0.16～0.20 0.22～0.25 0.27～0.40

锚索的锚固段长度采用 l_{sa}、l_a 中的大值。

对通常采用的注浆拉力型锚索，锚索的锚固段长度一般在 4～10m，且要求锚固段必须位于良好的地基之中，这是通过大量的数值分析及试验研究后确定的。此类锚索锚固段通常是从靠近自由段开始，灌浆材料与地基间的黏结力逐渐被剪切破坏，当锚固段长度超过 8～10m 后，即使增加锚固段长度，其锚固力的增量很小，几乎不可能提高锚固效果。故当锚固段计算长度超过 10m 时，通常采用加大孔径或减小锚索间距或增加锚索孔数来调整。

（4）外锚结构物的设计。

（5）试验与监测设计。

5.7 坡面防护措施

现阶段边坡常用坡面防护措施主要类型及其适用条件见表 3.5.6。

对于岩质边坡，为防止坠石或崩塌碎石对交通造成危害，可用柔性安全防护网对局部边坡进行防护。

柔性加固系统可分为主动加固系统和被动加固系统两类，见图 3.5.8 和图 3.5.9。

主动加固系统主要借助于锚杆固定方式将金属柔性网紧贴于坡面上，以阻止坡面危石的崩落或浅表层岩土体的滑动破坏。锚杆有不同规格的产品，可按实际条件选用。

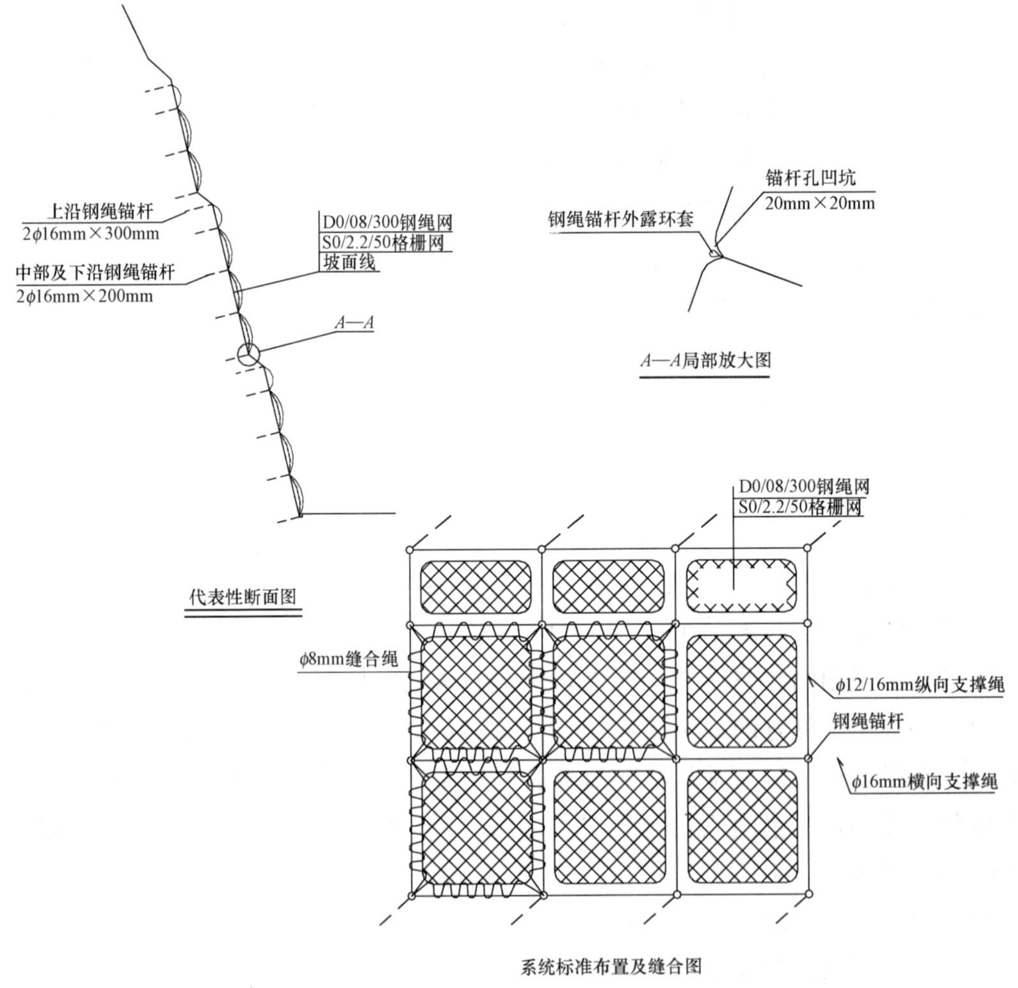

图 3.5.8 主动加固系统示意图

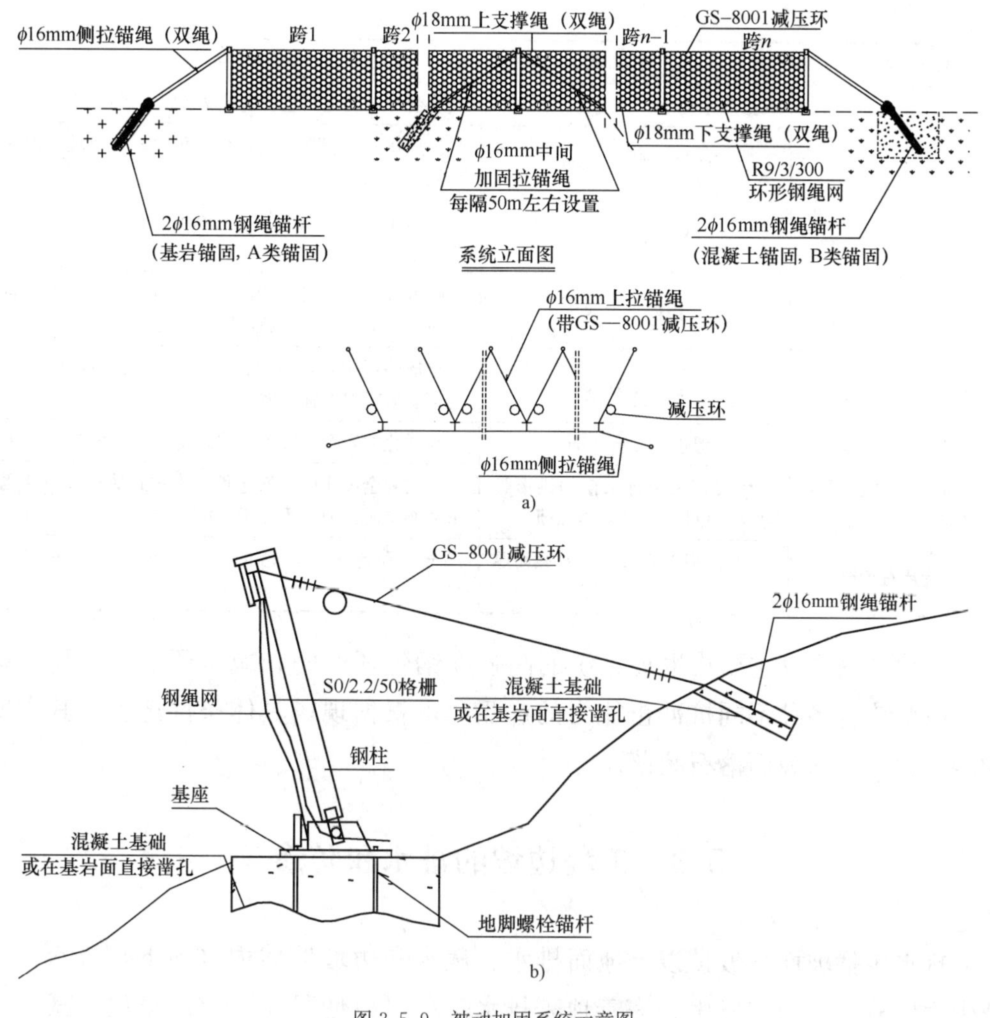

图 3.5.9　被动加固系统示意图

a）系统平面图；b）系统横断面图

坡面防护常用措施表　　表 3.5.6

防护类型	结构形式	适用条件
植物防护	种草或液压喷播植草	土质边坡，坡率缓于 1∶1.25
	铺草皮	土质和强风化、全风化的岩石边坡，坡率不陡于 1∶1.5
	种植灌木	土质、软质岩和全风化的硬质岩石边坡，坡率不陡于 1∶1.5
	喷混植生	漂石土、块石土、卵石土、碎石土、粗粒土和强风化、弱风化的岩石路堑边坡，坡率不陡于 1∶0.75（坡率接近 1∶0.75 时，绿化效果较差）
	客土植生	漂石土、块石土、卵石土、碎石土、粗粒土和强风化的软质岩及强风化、全风化的硬质岩石路堑边坡，或由其弃渣填筑的路堤边坡，坡率不陡于 1∶1

续上表

防护类型	结构形式	适用条件
喷护	喷掺砂水泥土，厚度为6～10cm	易受冲刷的土质堑坡，坡率不陡于1∶0.75
	喷浆，厚度≥5cm	易风化但未遭强风化、全风化的岩石堑坡，坡率不陡于1∶0.5
	喷混凝土，厚度≥8cm	易风化但未遭强风化、全风化的岩石堑坡，坡率不陡于1∶0.5
挂网喷护	锚杆铁丝网	喷混凝土或喷浆防护的岩石边坡，当坡面岩体破碎时，为加强防护的稳定性而采用
干砌片石护坡	一般厚度为30cm	土质路堤边坡，有少量地下水渗出的局部堑坡，局部土质堑坡嵌补，坡率不陡于1∶1.25
浆砌片石护坡	厚度为30～40cm	易风化的岩石边坡和土质边坡，坡率不陡于1∶1
浆砌片石或混凝土骨架防护	骨架宜用带排水槽的拱形骨架，也可用人字形、方格形	土质和全风化的岩石边坡，当破面受雨水冲刷严重或潮湿时，坡率不陡于1∶1
浆砌片石护墙	等截面厚度50cm，变截面厚度40cm	土质和易风化剥落的岩石边坡，坡率不陡于1∶0.5

被动加固系统主要借助该系统的高强度钢丝环形网和减压环来进行落石缓冲。该系统有多种不同抗冲击能力的产品，可根据现场具体条件选用，其主要功能是拦截上部坡面落石滚落。

5.8 工程边坡的排水和防渗

排水包括坡面、坡顶以上地面排水、截水和边坡坡体内（地下）排水。边坡失稳事故多在雨季发生，完善地表排水工程可以使径流水有序排放，减少雨水下渗，防止冲刷边坡。对地表进行局部防渗堵漏措施也是减少地表径流渗入坡体的有效措施。

路堑边坡排水采用排水沟、截水沟、平台排水沟、急流槽等设施，概率流量计算采用15年重现期内任意30min的最大暴雨强度，各类路基排水沟的内沟顶高出设计水位20cm以上。

（1）截水沟：对坡顶反坡或坡顶较为平缓段的边坡，不设截水沟；对开挖较少或基本不开挖，原设置有截水沟的边坡，尽量利用原有截水沟；坡顶以上具有一定汇水面积，需要设置截水沟的边坡，在挖方边坡坡顶外至少5m的位置设置截水沟，坡顶截水沟采用矩形截面，采用浆砌片石加固。

（2）排水沟：设置排水沟，将截水沟和边坡附近的积水排至桥涵、边沟或路基以外的洼地或天然河流。排水沟采用梯形或矩形断面，浆砌片石加固，排水沟纵坡一般不大于3%，不小于0.12%，长度不超过500m。

(3) 边坡平台排水沟：阶梯状边坡的每级台阶上应设置浆砌片石或混凝土排水沟，以使坡面水、平台水尽快排出边坡体，并引入两侧截水沟或引入边沟排除。

(4) 急流槽：坡面平台上从坡顶往下集中排水时，或者在截水沟、排水沟纵坡很大时，设计急流槽。

(5) 仰斜排水孔：有渗水的边坡均在渗水处设置仰斜排水孔疏排地下水。

5.9　边坡绿色防护

由于现今对环境保护越来越重视，而且在工程造价、防护效果及绿化景观效果方面，绿色防护均占有较大优势，所以得到广泛使用。

(1) 绿色防护的种类

① 喷混植生

喷混植生植物护坡，是在稳定岩质边坡上施工短锚杆、铺挂镀锌铁丝网后，采用专用喷射机将拌和均匀的种植基材喷射到坡面上，植物依靠“基材”生长发育，形成植物护坡的施工技术，具有防护边坡、恢复植被双重作用，可以取代传统的喷锚防护、片石护坡等圬工措施。该技术使用的种植基材由种植土、混合草灌种子、有机质、肥料、团粒剂、保水剂、稳定剂、pH 缓解剂和水等组成，其种植基材的配方是成功的关键。良好的配方能够达到在陡于 1∶0.75 的岩质边坡上既具备一定的强度保护坡面和抵抗雨水冲刷，又具有足够的空隙率和肥力以保证植物生长。该技术已广泛应用于铁路、公路、水利等各类岩石边坡绿化防护工程。

② 客土喷播

客土喷播与喷混植生方法大同小异，主要针对石质边坡，是在边坡坡面上挂网机械喷填（或人工铺设）一定厚度适宜植物生长的土壤或基质（客土）和种子的边坡植物防护措施。该技术的特点是可根据地质和气候条件进行基质和种子配方，从而具有广泛的适应性，多用于普通条件下无法绿化或绿化效果差的边坡。由于客土可以由机械拌和，挂网实施容易，因此施工的机械化程度高，速度快，无论从效率和成本上都比浆砌片石和挂网喷混凝土防护要优越，而且植被防护效果良好，基本不需要养护即可维持植物的正常生长。该技术在公路边坡防护中已被大量应用，在日本等国家已被作为边坡绿化的常规方法加以应用。

③ 三维植被网喷草防护

采用本方法，植物根系与三维植被网交织形成致密的覆盖层，对路基坡面形成连续和长期的持久保护，使坡面不受日晒雨淋而自然侵蚀剥落，达到固土的目的，主要应用于土质边坡和土石混杂边坡。

④ 直接喷播植草

直接喷播是将配制好的种子、肥料、覆盖料、土壤稳定剂等与水充分混合后，用高压水枪均匀地喷射到土壤表面。喷播后的混合物在土壤表面形成一层膜状结构，能有效地防止种子被冲刷，并保证在较短时间内植株迅速覆盖地面，以达到稳固公路边坡和绿化美化路容之目的，适用于对土地平整度无严格要求的土质边坡。

⑤ 平铺草皮护坡

平铺草皮护坡，是通过人工在边坡面铺设天然草皮的一种传统边坡植物防护措施。具有施工简单、工程造价较低等特点，适用于附近草皮来源较易、边坡高度不高且坡度较缓的各种土质及严重风化的岩层和成岩作用差的软岩层边坡防护工程，是设计应用最多的传统坡面植物防护措施之一，但由于施工后期养护管理困难，平铺草皮易被冲走，且成活率低，工程质量往往难以保证，达不到满意的边坡防护效果，而造成坡面冲沟、表土流失、坍滑等边坡病害，导致大量的边坡病害整治、修复工程。近年来，由于草皮来源紧张，使得平铺草皮护坡的作用逐渐受到了限制。

⑥ 人工种草护坡

人工种草护坡，是通过人工在边坡坡面简单播撒草种的一种传统边坡植物防护措施。多用于边坡高度不高、坡度较缓且适宜草类生长的土质路堑和路堤边坡防护工程。具有施工简单、造价低廉等特点。但由于草籽播撒不均匀，草籽易被雨水冲走，种草成活率低等原因，往往达不到满意的边坡防护效果，而造成坡面冲沟，表土流失等边坡病害，导致大量的边坡病害整治、修复工程，使得该技术近年应用较少。

⑦ 蜂巢式网格植草护坡

蜂巢式网格植草护坡，是一项类似于干砌片石护坡的边坡防护技术，是在修整好的边坡坡面上拼铺正六边形混凝土框砖形成蜂巢式网格后，在网格内铺填种植土，再在砖框内栽草或种草的一项边坡防护措施。该技术所用框砖可在预制场批量生产，其受力结构合理，拼铺在边坡上能有效地分散坡面雨水径流，减缓水流速度，防止坡面冲刷，保护草皮生长。这种护坡施工简单，外观齐整，造型美观大方，具有边坡防护、绿化双重效果，工程造价适中，略高于浆砌片石骨架护坡，该技术多用于填方边坡的防护。

（2）植被的选择

在边坡的绿色防护工程中，植被应是草灌乔相结合的立体化绿色防护体系，尽量模拟出当地的植物群落结构，走向本地化。考虑到植物的不同生长周期及绿色防护所需达到的四季皆青的绿化目的，应按照先锋种＋建群种相结合的植被设计方法，进行绿化设计。

早期以草坪防护为主，后期以灌木防护为主，构建乔灌草立体防护生态体系，达到恢复自然植被的目的。植物种子的选择及配置应走本地化的道路，以地带性植被、乡土植物为基调，适当引进适于本地生长条件的野生植物和外地植物；同时也应考虑浅根植物和深根植物的结合、豆科植物与非豆科植物的结合，还要尽可能配置抗逆性强的植物和水、肥、光、热利用率高的植物，这样才能使植物更能适应当地气候，与自然植被融为一体，建设一个具有生物多样性的、稳定的、生命力强的立体生态群落。

一般情况下，由于草本植物生长周期短，绿化效果快，故多数以混合不同种类的草本植物作为先锋种使用。

在此列举国内外较为通用的配方，供使用参考。

① 挪威的配方

匍匐紫羊茅 50％＋草地早熟禾 30％＋翦股颖 20％。

② 法国的配方

匍匐紫羊茅 25％＋羊茅 15％＋草地早熟禾 40％＋加拿大早熟禾 8％＋细弱翦股颖 12％。

③ 比利时的配方

硬羊茅 30％＋匍匐紫羊茅 30％＋草地早熟禾 30％＋多年生黑麦草 5％～10％。

④ 我国西南地区常用的配方

配方一：高羊茅 20％＋狗牙根 35％＋弯叶画眉草 25％＋多年生黑麦草 5％～10％＋白三叶或草木樨 10％。

配方二：高羊茅 35％＋弯叶画眉草 30％＋百喜草 30％＋野花组合 3％～5％。

配方三：高羊茅 50％＋百喜草 50％。

配方四：高羊茅 50％＋弯叶画眉草 50％。

配方五：当地野生的狗牙根。

⑤ 我国西北地区常用配方

陕西关中高速公路配方：红豆草 60％＋无芒雀麦 20％＋多年生黑麦草 20％。

临渭高速公路配方：当地野生狗牙根。

山西太旧高速公路配方：沙打旺＋苜蓿＋红豆草＋无芒雀麦＋高羊茅。

宁夏高速公路配方：多年生黑麦草＋红豆草＋无芒雀麦＋小冠花。

中国气候带适宜草种的选择见表3.5.7。

中国气候带适宜草种的选择 表3.5.7

气候带	气候特征	气候带所在位置	适宜草种
寒温带	1月平均气温低于－30℃；7月平均温度为16～18℃，年降水300～500mm，生长季3个月	仅在大兴安岭北部的根河地区	早熟禾、紫羊茅、翦股颖
中温带	1月平均气温－30～－12℃；7月气温为20～26℃，年降水从湿润区的600～800mm到干旱区的50～60mm以下，全年生长季3.5～5.5个月	从东北地区一直延伸到新疆，包含了从湿润到干旱各种气候类型	早熟禾、高羊茅、翦股颖、黑麦草、细羊茅
暖温带	1月平均气温－12～0℃，黄淮海、渭河、汾河流域属亚湿润气候，年降水从500～600mm到800～900mm，降水集中在7月、8月两月；新疆南部属极干气候，年降水在50～60mm以下，全年生长季5.5～7.5个月	主要位于黄淮海，渭河，汾河流域以及新疆南部	早熟禾、黑麦草、高羊茅、翦股颖、细羊茅、野牛草
北亚热带	1月平均气温0～4℃及3～6℃。东部年降水量900～1600mm，有伏旱现象；西部的云南北部地区内有明显的干湿现象，全年生长季7.5～8个月	主要位于长江中下游、汉水流域、贵州中部和云南北部	狗牙根、结缕草、高羊茅、早熟禾、翦股颖、黑麦草、野牛草
中亚热带	1月平均气温为4～10℃，年降水量1 000～1 800mm，全年生长季8～9.5个月	主要位于长江中下游南部、上海春茵、四川盆地及云南中部	狗牙根、结缕草、高羊茅、早熟禾、翦股颖、黑麦草、钝叶草、假俭草、画眉草、野牛草
南亚热带	1月平均气温10～15℃，东部年降水量1 600～2 000mm，西部的云南南部年降水量为1 000～1 500mm，全年生长季9.5～12个月	主要位于台湾南部和中部，福建、广东、广西三省的大部和云南南部	狗牙根、结缕草、钝叶草、野牛草、假俭草
边缘热带	1月平均气温15～26℃，本带内海南岛西部和云南之间降水量为为1 000mm；其余降水量为1 200～2 400mm，为湿润气候型，全年均为生长季	主要位于台湾南部、东沙群岛、雷州半岛、海南岛及云南南部河谷地区	狗牙根、结缕草、钝叶草
中热带	1月平均气温20～26℃，极端最低气温为15℃左右，本带属湿润气候型，年降水量1 000mm左右，6～11月为湿季，12～5月为干季	包括从台湾南端恒春到海南岛端崖县以南的西沙群岛和中沙群岛的南海北部海域	狗牙根、结缕草、钝叶草、野牛草
赤道热带	1月平均气温高于26℃，本带属湿润气候型，年降水量1 500～2 000mm，有干湿季之分	包括南沙群岛至曾母暗沙的南海南部海域	狗牙根、结缕草、钝叶草、野牛草

6　边坡工程监测

6.1 引　　言

为了监测边坡工程在施工期及运行期的工作状态和安全性状，以用于指导施工、检测和设计，应根据相关规范规定和设计图纸要求在边坡施工和使用期间科学地进行监测，并提供质量可靠的监测结果。

6.2　规划监测方案

设计监测仪器方案，应包括：

（1）确定监测目标、监测级别、危险警报水平和应变计划。

（2）确定监测仪器类型、数量、安装位置及量测频度。

（3）人员组织，仪器购置、安装、监测、数据处理和成果报告。

（4）其他因素。

6.3　监测级别危险警报水平

一般情况下，边坡的监测级别可根据边坡的安全等级、工程类比经验、地质条件、环境因素和边坡稳定性综合确定。

一级监测级别，对应于边坡已出现整体失稳迹象，应采取紧急工程措施抢险或对人员设备进行撤离；二级监测级别，对应于边坡已出现潜在及局部失稳的一些迹象，除正常工程措施外，还应着手预案启动准备；三级监测级，对应于边坡处于正常工作状态，总体上按正常工程措施实施即可；四级监测，对应于边坡基本稳定，可对未实施工程措施进行优化。

6.4　监测类别及其项目

目前，边坡安全监测类别一般划分为巡视检查、坡面变形监测、深部变形监测、支护效应监测、水位监测和专项监测（包括爆破振动、声波测试、地应力长期监测等）。其中，每一监测类别中又包含了多项监测项目。

6.4.1 巡视检查

检查方法主要采取目视、耳闻和手摸等直观方法，并借助简单工具如贴玻璃片、望远镜、钢卷尺、罗盘、照相机和摄像机等进行测试和记录。

巡视检查的内容主要包括边（滑）坡地表或排水洞有无新裂缝、坍塌，原有裂缝有无扩大、延伸，断层有无错动；地表有无隆起或下陷，边坡后缘有无裂缝，前缘有无剪切和错位出现，局部楔形体有无滑动迹象；排水沟、排水洞、排水孔、截水沟是否通畅，排水量是否正常；有无新的地下水露头，原有的渗水量和水质有无变化；支护结构、喷层表面、锚索墩头混凝土是否开裂及裂缝的开展情况；施工情况及进度；监测设施有无损坏等。

6.4.2 坡面变形监测

边坡坡面变形监测一般包括平面变形测量、高程测量和表面裂缝监测，测量方式有人工测量和机器人自动测量。表面裂缝监测一般采用简易测量标点、测缝计和收敛计等。

大地平面变形测量法是在边坡开挖线外一定距离内和开挖范围内（一般在各级马道上）布置表面变形监测点，利用大地测量学原理，通过外部变形平面和高程监测网的各级工作基点，监测边坡表面观测点的水平位移和垂直位移。在某些条件下，也可采用视准线法测量测点和视准线之间的偏移距离来计算垂直于视准线方向的位移。

大地垂直变形测量采用表面变形监测点或水准点。水准点布置一般采用闭合水准路线复杂高边坡整治理论与工程实践和附合水准路线，特殊情况下可采用支水准路线。多采用表面变形监测点的三角高程测量法，通过测量基点与测点之间的距离、天顶距，计算测点的垂直位移；水准测量采用水准仪测量水准尺的高差来计算垂直位移。

表面裂缝监测包括断层、裂隙和层面等，其监测主要包括裂缝的开合度、剪切和位错等。

6.4.3 深部变形监测

边坡深部变形监测主要包括钻孔轴向变形和垂直于钻孔轴向的变形监测。一般采用多点位移计、滑动测微计、铟钢丝位移计、伸缩仪和土位移计等监测钻孔轴向的变形；采用活动（固定）测斜仪、垂线法和时域反射计等监测垂直于钻孔轴向的变形。

6.4.4　支护效应监测

边坡支护效应监测主要包括锚固措施和抗滑支挡结构监测。

锚固措施监测项目主要包括预应力锚索（杆）荷载和锚杆应力。一般采用锚索（杆）测力计监测预应力锚索（杆）荷载大小和变化，采用锚杆应力计监测锚杆应力大小和沿程分布。

抗滑支挡监测项目主要包括结构变形、应力应变、与基岩之间的接缝开合度、岩土接触压力、渗压及锚固荷载等。一般采用表面变形监测点、测斜孔等监测变形，采用钢筋计、应变计（组）、应力计等监测应力应变，采用测缝计、土位移计等监测接缝开合度，采用土压力计和渗压计监测接触压力和渗水压力。

6.4.5　地下水位监测

在岩质边坡内，一般布置单管水位孔来监测基岩裂隙水。在土质边坡内，一般布置双管式水位孔，其中一个测管的透水段深入下伏基岩内部，监测基岩裂隙水，另一个测管的透水段位于坡体材料和基岩交界面上，监测上层滞水。

根据边坡排水洞的布置，在排水洞的一端或两端出口水流平顺处，按汇水量的大小，布置三角形、梯形和矩形量水堰，监测边坡各部位的入渗水量。如有必要，可以对边坡地下水进行相关项目的水质分析。

6.4.6　其他

对于滑坡体的表面变形监测采用先进的一机多天线 GPS 技术，可以克服常规方法在困难地区难以进行有效监测的缺点，发挥 GPS 监测速度快、全天候的优势，达到省时、省经费（相对于常规 GPS 系统）、高质量的效果。

对于滑坡体的深部变形监测可采用时域反射计，加上相应的传感器，还可同时监测边坡岩土的其他参数。

6.5　监测系统设计与布置

监测系统一般包括 3 个子系统，即传感器量测系统（指监测仪器布置）、数据采集和通信系统（指数据自动采集）、监测资料管理与分析系统。

6.5.1 原则及要素

监测系统布置主要考虑以下因素：

(1) 边坡安全等级和规模；

(2) 边坡环境背景（工程区地形地貌、工程地质、岩石力学参数及水文地质条件）。

6.5.2 监测布置

监测布置一般按照边坡安全等级、监控级别区分重点和非重点监测区域，按照地质条件、工程措施和工程要求等因素在同一区域的监测部位宜有轻重缓急之分。边坡监测一般均选取典型断面进行监控，在边坡同一部位，监测断面布置宜有主次之分。监测布置以监控边坡的整体稳定性为主，兼顾局部稳定性。

安全等级二级以上和监控级别三级以上的边坡宜作为重点监测区域。同一区域“弱开挖、强支护”部位较“强开挖、弱支护”部位为重要监测部位。监测断面通常选在地质条件差、变形大、可能破坏的部位（如有断层、裂隙的部位），开挖高、坡度陡、开挖体形凸出部位，或有典型试验、分析计算成果的部位。表面变形监测点、监测断面的选择，在平面上一般可考虑50～100m，在高程上一般20～40m高差一个测点，呈网格状布置，以便于对边坡变形规律的分析。深部变形监测断面的选择，在平面上一般可考虑100～200m，在高程上以能连续反映深部变形特征为原则，一般40～60m高差一个测点。支护效应和渗流监测断面一般仅布置在主要变形监测断面，一般与深部变形监测断面重合布置，便于为边坡安全评价和动态跟踪优化提供配套的监测信息。

6.5.3 测次规划

对主体工程边坡，应考虑边坡安全等级、监控级别和不同地质条件等因素，确定相关监测项目和相应监测频次，监测频次规划区分施工期和运行期、汛期和非汛期。对于大型临建工程及其边坡，根据工程状况、不同功能及重要性，确定重点监测部位、项目和频次；对于场内公路边坡和危险源边坡，根据运行和调查状况，明确需监测部位、项目、频次和时段。

监测频次的规划主要考虑以下因素：

(1) 对于锚索应力计等在初期变化较快的监测项目，在仪器安装初期，其监测频次应加密，在变化趋于平稳后，可减小监测频次。

(2) 部分监测仪器是选取某次测值为相对基准值。例如，应变计和测斜仪等，在监测仪器安装就位后，应尽快在未发生的变化前进行基准值量测。

（3）边坡安全等级和监控级别较高的区域和部位，其监测频次应适当加密，以便能连续、完整地反映其性状变化过程。

（4）汛期和非汛期的所有监测项目、监测频次规划均应区别对待，汛期加密、非汛期适当减少，特别是变形、渗流、巡视检查等监测项目。

（5）一般情况下，边坡监测频次在施工期间监测频率为 1 次/（1～3）d，竣工后为 1 次/月。

第4篇　水泥混凝土路面改造加铺技术指南

主 编 单 位：中交第一公路勘察设计研究院有限公司
广东清连公路发展有限公司
参 编 单 位：长安大学
长沙理工大学
主要编制人员：丁小军　台电仓　赵永国　王选仓
蒋宗岑　吴　美　晁德志　饶　中
张　娟　吴雄飞　姚佳良　袁剑波

1　总　　则

（1）为充分利用旧水泥混凝土路面的残余强度，减少路面改造给环境造成大的破坏，防止改造后路面出现与旧路面相似的病害，对路面改造提供标准，并提出合理的改造方法，以确保路面改造具有较佳的性价比，特制定本项指南。

（2）水泥混凝土路面改造前，应对路面状况、路面病害、结构残余强度等进行调查与检测，结合路基强度和稳定性评价，分段提出路面病害的主要原因，作为路面改造的依据。

（3）水泥混凝土路面检测和调查应委托具有相应资质的专业机构实施。

（4）水泥混凝土路面调查与检测时，还应收集历年路面的养护资料、交通量分布等，寻找路面产生病害的各种原因，以便采取相应治理措施。

（5）对于由路基沉降或强度随季节变化较大等而造成路面破坏路段，改造时应本着彻底消除路基病害的原则，不宜通过加厚路面结构层的形式，达到路面整体强度的要求。

（6）路面加铺时需注重路面结构组合和层间处理形式，在进行路面结构计算时，应按照路面具体的层间作用形式，建立相应的计算模型，进行强度和结构层应力计算，然后采用规范提供的计算方法进行验证，最后确定路面加铺形式和相应的层间验收标准。

（7）路面加铺层需注意路面材料设计和细节设计，同时，随时掌握国内外的新材料和新工艺，进行路面材料完善设计。

（8）路面改造加铺设计中的检测、调查、分析计算和治理，除应遵守本项指南的规定外，还应符合国家现行有关规范和标准。

2 设计程序

（1）受理委托：根据委托人要求，确定路面改造加铺的总体原则。

（2）收集资料：收集和分析路面改造的相关原始资料（包括原路面的设计资料、养护资料、交通量、有关规范等），制订勘察工作计划及技术要求等。

（3）路面调查与检测：在进行路面整体调查后，确定出各路段典型病害的特征与产生原因，总结出全线路面的若干种典型病害类型，然后提出不同病害类型路段的检测项目。

（4）旧路残余性能利用：根据路面状况和病害形式，提出旧路面的总体处治原则与若干处治方案；为了充分利用残余性能，确定出较佳旧路处治方案。

（5）路面加铺结构组合和层间作用参数：根据设计年限内累计标准轴次和不同旧路处治后的强度，拟订若干路面加铺结构组合，进行结构设计，然后根据初定路面加铺结构组合和厚度，结合路面使用中的实际情况，提出层间作用形式，并建立相应的计算模型，进行不同层间接触参数下的路面应力应变计算，最后提出路面层间接触的最佳参数和各结构层竣工后的验收标准。

（6）路面材料设计：根据规范的相应材料技术要求，进行材料设计，结合新材料和新工艺，进行材料优化设计。

3　既有路面检测及评价

3.1　路 面 调 查

对于要进行改造加铺的水泥混凝土旧路面，路面调查主要是调查断板的位置，统计某一单元段内的断板率（此处断板率指的是某一单元段内断板的数量与该单元段内总板块的百分比，与养护规范的断板率有所不同），同时调查路面结构内和结构外排水。路面结构内排水调查主要通过原设计文件进行，路面结构外排水调查主要通过超高段路面的排水情况进行。

3.2　路 面 检 测

路面调查后，对拟利用旧路面残余强度段落进行路面检测，而对于路况特别差或由于路基原因造成路面破坏的段落，则无需进行进一步检测。

对于需要进行路面检测的路段，检测的主要内容如下。

（1）路面取芯：在行车道、超车道和硬路肩随机抽样，样品数量满足规范要求，然后检测芯样长度，测试芯样劈裂强度，在取芯时观察并记录芯样与基层的黏结情况，以及基层与路面之间是否存在脱空。

（2）路面脱空检测：采用外观判别法、敲击法等初步检测路面脱空情况，然后采用弯沉、FWD 和雷达进行检测，分析上述几种检测数值的相关性，最终提出脱空的检测方法仍应为传统的弯沉检测，这样有利于后续施工过程中判定板块是否脱空、脱空处理后的验收评定。

3.3　探地雷达板底脱空的检测与评定

3.3.1　GPR 方法原理

雷达无损检测是一种高新技术检测，其实质是一种高频电磁波发射与接收技术。它与地震波不同，地震波是在锤击或小量炸药引爆情况下所产生的一种振动辐射波，一般具有低频性质（频率大致在数百赫的声频范围），而雷达波靠自身激振产生，直接向路基路面中发射射频电磁波，通过波的反射与接收获得路基路面的采样信号，再经过硬件与软件及图文显示系统，得到检测结果。雷达所用的采样频率一般为数兆赫（MHz），而发射与接收的射频频率有的要达到吉赫（GHz）以上。射频电磁波的产生是依靠一种特制的固体共振获得，就好像微波的获得依赖于晶体同轴共振腔一样。雷达波虽然频率很高、波长很短，但毕竟也是一种波，因此，该种电磁波也遵守波的传播规律，即也有入射、反射、折射与衰变等传播特点，正是利用这些特点，为工程质量监控服务，达到无损、快速、高精度的检测要求。

3.3.2 GPR脱空检测数据处理技术

雷达检测资料的解释包含两部分：一为数据处理，二为图像解释。数据处理的目的是压制随机和规则的干扰，以最大可能的分辨率使反射波在地质雷达图像上显示出来，提取反射波各种有用的参数。因此，数据处理是地质雷达检测的关键。

3.3.3 路面雷达检测板底脱空

探地雷达在我国公路工程中主要用于检测路面结构层的厚度、对基层及底基层的质量进行评价等，用于混凝土路面板下脱空的检测还处于试验研究阶段。混凝土板下如出现脱空，用探地雷达进行扫描时，将在混凝土的底面及脱空基层的顶面形成不同的反射信号，由于混凝土板和空气的介质常数不同，扫描时将形成混凝土面板空气夹层——基层自上而下的不同层面，经过处理后可形成检测剖面。

对于非磁性介质，电磁波的反射特性与介质的介电常数有关。根据反射系数 R 及电磁波在介质顶底面之间的反射时间差，就可以求出介质层的厚度。以此类推，可求出电磁波穿过每一层介质的层厚。由于水泥混凝土板下基层与底基层之间要求有一定的脱水性，当基层脱水性不好时，板与基层之间就会积水，逐渐形成充水性脱空；有时基层透水性虽好，但是粒径配比不合适，细颗粒会被下渗雨水带走，从而形成空气脱空。

其主要评定步骤为：

（1）确定检测目的并判断检测深度，设置必要的仪器参数。

（2）确定测量标记，在所测范围内对所有混凝土板进行编号处理。

（3）根据试验目的和检测方法，沿路布设一条检测剖面。

（4）采用选定的探地雷达实地进行检测。

（5）对检测数据进行处理和分析，包括对原始数据进行滤波、增益和反褶积等。内业处理共分两阶段：第一阶段对记录图像进行回放，察视、确认标志层和异常情况，并确定详细处理的有关参数和方法；第二阶段运用相应 RADAN 软件和计算软件进行相关处理。

（6）数据经过处理后，可显示路面彩色剖面图、三维路面厚度剖面图、雷达波形图、原始雷达波形瀑布图等，据此可直观地判断板底脱空位置和范围，进而统计脱空率，评价路面脱空状况。

3.4　路面评价

探地雷达、FWD 和弯沉检测可根据检测数据或获得的图像判断路面是否脱空，外观判别法和敲击法主要根据现场观测或经验判断，存在一定的主观性。

FWD 检测和弯沉检测主要判定板角或板边是否存在脱空，即检测基层受冲刷后路面产生的脱空，而无法检测面板与基层因温度变化造成层间错动后的脱空。

探地雷达检测主要根据电磁波传输过程中的性质来判定路面脱空，与脱空形成的原因无关。现场检测结果表明：雷达监测路面脱空的精度比 FWD 高，但是对于脱空的范围都无法准确确定。

4　加铺改建结构及结构分析

4.1　结　　构

4.1.1　路面加铺结构影响因素

(1) 气候环境；
(2) 路线纵坡状况；
(3) 路基强度与稳定性；
(4) 路面材料分布状况；
(5) 初期建设费用；
(6) 养护维修费用；
(7) 再生及环境友好性；
(8) 全寿命周期内成本；
(9) 路面改造的效果与可靠性。

4.1.2　路面加铺设计原则

(1) 充分利用既有路面强度；
(2) 分析既有路面各层破坏状态及残余寿命；
(3) 新旧路面协调设计（强度、寿命）；
(4) 既有路面再生。

4.1.3　路面加铺备选结构

(1) 加铺沥青混凝土路面；
(2) 柔性基层；
(3) 半刚性基层；
(4) 加铺水泥混凝土路面；
(5) 半刚性基层；
(6) 贫混凝土基层；

（7）加铺复合式路面。

4.2　层间作用机理

（1）贫混凝土基层与水泥混凝土面层间界面层并不是一个面，而是一个有一定厚度的层，这个“层”的结构和性质与水泥混凝土面层和贫混凝土基层有较大的区别；影响层间界面层厚度的主要因素为基层表面的构造深度和基层表面的渗透性，且层间界面层的厚度随基层表面构造深度的增大而增大，随基层表面渗透能力增强而增大。

（2）为了避免因层间界面层断裂破坏而损伤水泥混凝土面板，应在层间设置隔离层或隔离剂。若完工后的基层表面平整密实，则可以采用隔离剂或隔离层，若基层表面不平整或表面透水，则只能采用隔离层。

（3）层间界面层断裂破坏后，层间界面接触形式为摩尔-库仑模型。若基层顶面平整，且层间没有黏结力时，则层间界面接触形式为摩擦模型。

（4）碾压贫混凝土基层水泥混凝土路面的层间结合形式均为半结合形式。层间喷洒憎水性隔离剂后，层间的结合系数明显降低；特别是层间喷洒蜡质隔离剂后，层间结合系数仅为未处理基层表面的 8.18%，层间断裂破坏后的层间结合系数将再次显著降低，其层间结合系数约为未处理层间的 1%。

（5）层间界面层的强度变化引起层间结合系数的变化，试验结果表明，基层表面未处理而直接成型梁式试件，层间界面层的强度随龄期呈开口向上的抛物线变化，并在龄期为 14d 左右强度最低，水平推移破坏后试件的抗折强度随龄期也呈开口向上的抛物线变化，且在 7～14d 范围内抗折强度最低，说明层间界面层遭到温度变化引起损伤的同时，面层混凝土板也遭到损伤；层间喷洒隔离剂后，界面层的损伤和面层板的损伤也有类似的规律。

（6）现场试验结果和试件水平推移破坏的断裂面表明，基层表面未处理时，层间界面层的强度介于贫混凝土和水泥混凝土面层之间，层间喷洒憎水性隔离剂后，可以弱化层间界面层的强度，从而减少因界面层断裂破坏而损伤水泥面板。

4.3　结构分析方法及模型

（1）采用三维接触单元模型，通过接触单元的实常数来控制层间的接触状态，选择不同隔离层的刚度和厚度，在模拟层间设置不同类型和不同厚度的隔离层，建立路面结构计算模型。

（2）在层间不设柔性隔离层时，面板翘曲后，基层与面层之间将有一定脱空，层间接触模型见图 4.4.1；层间设置柔性隔离层后，假定面板翘曲变形由柔性隔离层协调，则面层底面与隔离层之间紧密接触，层间接触模型见图 4.4.2。

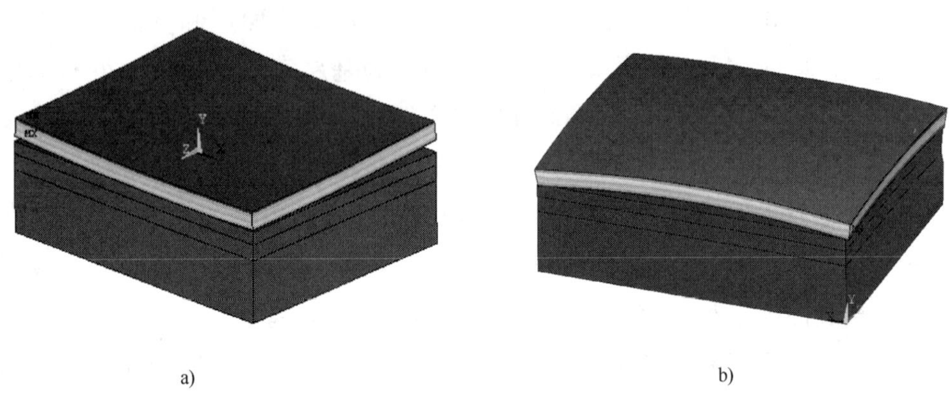

a)　　　　b)

图 4.4.1　层间不设柔性隔离层时的层间接触模型

a）下翘曲（路表温度低于路面底面温度）；b）上翘曲（路表温度高于路面底面温度）

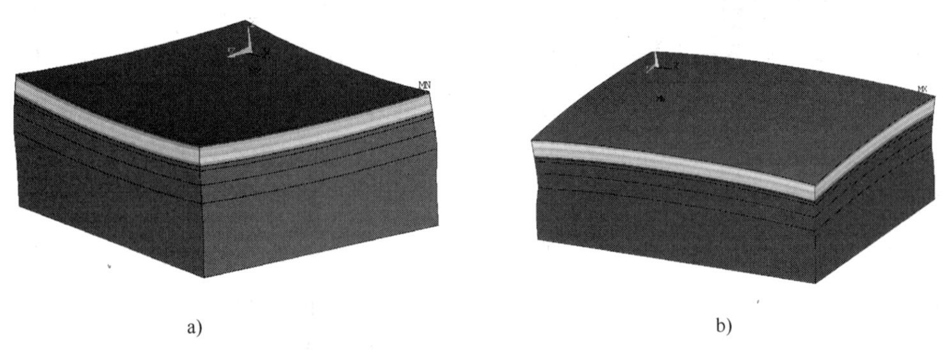

a)　　　　b)

图 4.4.2　层间设置柔性隔离层的层间接触模型

a）下翘曲；b）上翘曲

（3）根据上述模型，采用摩尔-库仑模型表征层间不设隔离层或设置无厚度隔离层的界面参数，当层间设置隔离层时，则采用有厚度的结构层，通过弹性模量和厚度两个参数予以表征，进行结构计算。通过计算主要比较不同处理方式下路面板底的最大拉应力。

5　改造加铺技术

5.1　隔　离　层

隔离层材料的主要性能是抗冲刷性能。室内试验结果表明，若干常用隔离层材料的冲刷性能从优到劣的排列顺序是：沥青混合料＞微表处＞改性开普封层＞稀浆封层＞未改性开普封层。

根据隔离层的厚度和强度要求，建议隔离层材料选择沥青混合料或微表处。

改善隔离封层的抗冲刷性能，第一要提高石料与沥青之间的黏附性；第二要减小混合料内部的空隙；第三要控制集料的公称最大粒径。

5.2　旧路面再生

旧路处理形式主要分成两种，第一种是破碎板占总板块的比例小于5%单元段，采用全部利用旧路的残余强度；第二种是破碎板占总板块大于5%单元段，采用部分利用旧路残余性能。

旧水泥路面破碎稳固处理后采用弯沉作为设计和交验指标是合理可行的，而且可以有效地控制旧路处理后的承载能力。

当破碎板占总板块的比例小于5%时，应完全利用旧水泥路面的残余强度，此时主要应检测板下脱空和脱空处理后的验收评定。

脱空处理主要采用板底注浆进行。

5.2.1　一般规定

(1) 冲击压实的设计与施工应根据拟处理旧水泥混凝土路面的破损状况、基层及路面状况、公路等级、所处地质水文条件、加铺层结构要求、工期要求等因素确定；施工前应进行试验段施工。冲击压实施工应考虑对路旁居民、地上地下构造物及管线等周围环境可能带来的影响。

(2) 冲击压实施工应编制施工组织设计并严格执行，保证为新加铺层提供合格的支承体系；冲击压实施工应避免在雨天施工。

（3）冲击压实施工宜在后续工程施工准备充分的情况下连续施工，处理完成后的工作面不宜放置过久。

（4）冲击压实施工应配备检测仪器，加强施工过程监控，制订相关交通疏导及安全保障措施，配备专人负责。

（5）冲击压实施工除应符合本项指南外，还应符合国家现行有关标准、规范的规定。

5.2.2 适用范围

（1）利用冲击压实技术处理旧水泥混凝土路面的目的，是利用冲击压路机的高冲击能，使旧板破裂成相互保持嵌锁作用且有一定块度的破裂板块，同时使其与旧基层或土基密贴，共同形成密实、稳定、均匀的支承体系，即破裂稳固。

（2）考虑使用冲击压实技术处理旧水泥混凝土路面的前提是，旧面板无法为新加铺层提供稳定均匀的支承体系，或旧面板及基层已丧失结构承载能力无法正常使用，或为改善路面功能拟将旧水泥混凝土路面作为下承层。

（3）旧水泥混凝土路面出现以下病害或状况的，适宜使用冲击压实技术处理。

① 旧板体基本完整，没有明显裂缝，但经仪器探测或实地感觉可以证实板块松动或板底脱空，松动及脱空板块占评价路段总板块数的10％以上；

② 旧板出现明显裂缝，评价路段的断板率（DBL）达到10％以上；

③ 旧板唧泥、错台病害普遍，出现唧泥及错台的板块数占评价路段总板块数的10％以上；

④ 已修补板块再破损面积占评价路段的10％以上；

⑤ 旧路面横向或纵向已出现明显的不均匀沉降，沉降差达到1cm以上；

⑥ 高填方路段，已知原路基密实度不足，或探明由膨胀土或湿陷性土组成；

⑦ 原路基为土石混合料，且压实不足需补充压实；

⑧ 需将旧水泥混凝土面板完全破碎后与原基层及路基土混合，或将破碎块运走；

⑨ 需要使旧板产生微裂纹，消除局部板块松动或脱空。

（4）以下情况不适宜采用冲击压实技术处理。

① 路基边缘外没有排水边沟，且距该边缘10m内有建筑物，或距该边缘20m内有土坯房或简易房等建筑物；

② 施工路段旁边有对噪声、振动及扬尘敏感的设施；

③ 城市道路；

④ 距路面侧边缘 1m 内有为本路堤修筑的高于 80cm 的石砌挡土墙；

⑤ 有土挡墙路段；

⑥ 旧水泥混凝土路面板下的路基是软土，或施工时路基土的含水率超出其最佳含水率的允许范围，或路两侧有丰富的地下或地表水补充渗入到路基土中；

⑦ 路面顶面下 3m 深度内埋设有涵洞、管线等结构物的路段；

⑧ 路面顶面下埋设有光纤等通信线路的路段。

5.2.3　技术要求

（1）将破裂稳固后的水泥混凝土板定位成新加铺层的底基层、基层或垫层，其技术指标应符合相关规范及新加铺层结构设计的要求。

（2）实施冲击压实的路段长度不宜小于 200m，路面宽不宜小于 6m。

（3）冲击压实机操作人员在上机前须经严格的操作及安全培训，不合格者不得上机。每台冲击压路机至少应配备 2 名操作人员，轮流进行作业，每次作业时间不宜超过 2h，若施工现场灰尘较大，应戴口罩及采取其他防护措施作业。

（4）冲击压实施工范围内的出入口应有醒目的安全标记，禁止无关车辆与闲杂人员出入。施工时，全幅冲压施工路段须进行交通管制，期间宜分段封闭施工，分段开放交通，封闭处应有明显的交通指示标志，设专人负责指挥交通。半幅施工路段，宜半幅封闭施工，半幅通车，在交通线路调整前做好交通导向标志。施工前应通过媒体告知社会车辆驾驶员，以便合理安排绕行路线。

（5）冲击压实正式施工前，应按要求进行试验段施工，获得冲压施工技术指导性意见。

5.3　路面再生质量控制及验收准则

5.3.1　验收准则

以冲击压实后旧水泥混凝土路面沉降稳定（最终相对沉降收敛）为基本前提，依据因旧路面下承体系（基层或路基）稳定程度不同而呈现出的三种冲压后破裂形态（纹裂稳固、破裂稳固、旧板破碎），分别按相应判据进行质量控制或验收。

（1）相对沉降量及沉降稳定

相对沉降量 S_{q-r}，指前次冲压 q 遍后旧板高程 H_q 与本次冲压 r 遍后旧面板高程 H_r 的差值，即：$S_{q-r}=H_q-H_r$。

总沉降量 S，指冲压前旧面板高程 H_0 与最后一次冲压 r 遍后旧面板高程 H_r 之差，即：$S=H_0-H_r$。

（2）沉降稳定判值

① 冲压实施过程中，根据试验段（试验段技术报告）建议的高程测量频度停机测取冲压后高程值，计算 S_{q-r} 值。当 S_{q-r} 值等于或小于本试验段技术报告得出的相对沉降收敛值，即可认为沉降收敛。

② 或者根据冲压完成后的总沉降量判断。根据试验段技术报告建议的沉降收敛所需冲压遍数及相应的总沉降量值范围，当冲压 r 遍后的总沉降量 S 在建议范围值内时，即认为沉降收敛。

③ 或者以最后两遍相对沉降量判断。根据试验段技术报告建议，达到预计冲压遍数时，测取相邻前后两遍高程，计算相对沉降量 S_{q-r} 及总沉降量 S。当最后两遍的平均沉降量小于 5mm 时，即可认为沉降收敛。

④ 若条件所限，未能进行试验段工程或数据不全时，一般相对沉降量收敛值可以取 5～8mm。

（3）判据

① 当确认冲压前旧板表观只有轻微破损，或个别板块轻微松动或脱空，尤其探明下承体系相对稳固，当冲压遍数不超过 5 遍时，即可停机测量高程，计算相对沉降量及总沉降量，确认沉降收敛后，洒水辨识已出现细微裂纹，即可认为质量合格。

② 如果冲压前未知旧板底状况，当冲压 5 遍后，尚未出现显性裂纹或裂缝，则应停机测量高程，确认收敛后，洒水辨识已出现细微裂纹，即可认为质量合格。

③ 当确认沉降稳定后，依据试验段技术报告建议的典型理想破裂块度及其分布图（相片），按每块旧板（两相邻接缝间、两相邻纵缝间）范围内，有 60％面积与典型图示相近即认为合格。

④ 若无试验段数据，则当确认沉降稳定后，每块旧板范围内破裂块度在 30～50cm 的应占 60％，且裂缝宽度大部分在 3mm 以下，大部分相邻破裂块间没有超过 5mm 的错台。

⑤ 作为破裂块间嵌锁性的补充判断，选择若干裂缝宽度大于 3mm 的位置，沿厚度方向钻芯取样，提出的芯样应无细碎的小块，而且尚有部分联系的裂块，裂块数不超过 10 块。

（4）旧板破碎形态及判据

① 旧板破碎形态。破碎（Breaking up）指的是经多次冲压将旧板打碎成非

板体的碎块（10～15mm），使其嵌入或与旧基层或土基混合，形成土石（水泥混凝土碎块）混合体。这时由于旧板下基层或土基密实度严重不足，或无基层，或基层料完全不合格，旧板的断板率大于 20%，出现大面积破损、破裂式沉陷，旧面板及其基层已无直接利用价值。

② 判据。当冲击压实超过 20 遍后，沉降仍无收敛现象，可继续冲压直到形成 10～15cm 的破碎块度，类似于级配碎石，方可停机，并通过圆形钢轮压路机稳压收面。

当冲压不足 20 遍时，已形成 10～15cm 的破裂块度，再冲压 2～3 遍，即可停机，并通过圆形钢轮压路机稳压收面。

5.4　路面再生检测内容及频度要求

5.4.1　检测内容

（1）沉降量，通过测量冲压前后路面高程获得；

（2）路面破裂程度调查，冲击压实施工完成后采用人工目测方法实描记录；

（3）钻芯取样，冲击压实施工完成后，在裂缝处钻取路面芯样，芯样直径不宜小于 ϕ100mm；

（4）弯沉检测，参考《公路路基路面现场测试规程》（JTG E60—2008）贝克曼梁测定路基路面回弹弯沉试验方法（T 0951），在冲压完成后测取破裂旧板弯沉值，应选用 5.4m 贝克曼梁。

5.4.2　频度要求

（1）沉降量，按试验段技术报告建议的高程测量频度测取高程值，若未能进行试验段工程或数据不全时，则须进行全路段原路面及冲压后高程测量；

（2）路面破裂块度调查，冲压完成以后全路段进行；

（3）钻芯取样，每公里芯样数不少于 6 个；

（4）弯沉检测，当冲压破裂后的旧水泥混凝土板直接用于新加铺层的基层时，应分别沿公路上下行方向车道中线，每隔 20m 一组测点检测破裂后路面的弯沉，或当进行高等级公路路面破裂稳固时，应进行破裂后路面的弯沉检测，其他情况可选择执行。

第5篇　公路混凝土桥梁维修加固技术指南

主 编 单 位：中交第一公路勘察设计研究院有限公司
广东清连公路发展有限公司
参 编 单 位：西安瑞通路桥科技有限责任公司
中交通力公路勘察设计工程有限公司
主要编制人员：孙洪利　徐振立　宋　宁　牛　宏
晁德志　饶　中　蒲广宁　陶　弘

1　既有桥梁病害的分类特征

1.1　桥面系及附属构造病害

（1）桥面铺装：全线大部分桥梁桥面铺装开裂，纵、横向裂缝严重，桥面破碎。

（2）支座：脱空、变形、老化开裂。

（3）伸缩缝：伸缩缝胶条开裂、伸缩缝内积土，失去使用功能。

（4）排水设施：个别桥梁没有设置泄水管或泄水管设置不当，少数泄水孔堵塞、破损严重。

（5）护栏：破损、露筋、开裂。

（6）桥头搭板：部分桥梁桥台搭板开裂、破碎、下沉。

（7）锥坡、护坡：个别桥梁存在空洞区域，锥坡挡墙竖向开裂、下沉。

1.2　上、下部主体结构病害

（1）上部结构病害

上部结构病害主要表现为：空心板板底纵向开裂，现浇整体板板底纵向开裂，个别桥梁梁底横向开裂，T梁腹板竖向开裂，梁底存在空洞、麻面、混凝土剥落、钢筋或波纹管外露现象，铰缝渗水，梁底渗水，拱桥拱圈纵、横向开裂。

（2）下部结构病害

下部结构病害主要表现为：桥台台帽、前墙出现竖向、横向裂缝，桥墩盖梁挡块开裂，桥台侧墙、台身开裂，混凝土破损、渗水、泛碱、露筋锈蚀等。

1.3　30m无黏结预应力大空心板的主要病害

（1）桥面沿梁板间纵向裂缝，严重的已经沿铰缝碎裂，梁板间横向联系破坏。

（2）腹板顶部与顶板结合处纵向裂缝，个别已沿角隅处贯通；腹板斜剪裂缝位于梁端支点附近，个别斜向延伸至底板，在腹板底部与底板结合处纵向发展，或向上延伸至顶板，与腹板顶板间纵向裂缝连通。

（3）梁体存在质量缺陷，如内模偏位，混凝土蜂窝、麻面露筋，梁板尺寸局部不足等。

2　既有桥梁常规病害维修加固处治措施

2.1　上、下部常规病害修复措施

桥梁常规病害主要有混凝土裂缝、钢筋锈蚀、混凝土局部破损、蜂窝麻面等。

2.1.1　裂缝修补

(1) 修复措施

裂缝宽度大于等于 0.15mm 的结构受力裂缝采用压浆法进行修补；非结构受力裂缝和宽度小于 0.15mm 的裂缝采用封闭法进行修补。

(2) 材料

① 裂缝修补胶（注射剂）安全性能指标应符合表 5.2.1 的要求。

裂缝修补胶（注射剂）安全性能指标　　表 5.2.1

<table>
<tr><th colspan="2">检验项目</th><th>性能指标</th><th>试验方法标准</th></tr>
<tr><td rowspan="4">胶体性能</td><td>抗拉强度（MPa）</td><td>≥20</td><td>GB/T 2568</td></tr>
<tr><td>受拉弹性模量（MPa）</td><td>≥1 500</td><td>GB/T 2568</td></tr>
<tr><td>抗弯强度（MPa）</td><td>≥30，且不得呈脆性（碎裂状）破坏</td><td>GB/T 2570</td></tr>
<tr><td>抗压强度（MPa）</td><td>≥50</td><td>GB/T 2569</td></tr>
<tr><td colspan="2">钢—钢拉伸抗剪强度标准值（MPa）</td><td>≥10</td><td>GB/T 7124</td></tr>
<tr><td colspan="2">不挥发物含量（固体含量）</td><td>≥99%</td><td>GB/T 14683</td></tr>
<tr><td colspan="2">可灌注性</td><td>在产品使用说明书规定的压力下，能注入宽度为 0.1mm 的裂缝</td><td>现场试灌注固化后取芯样检查</td></tr>
</table>

② 修补裂缝用聚合物水泥注浆料安全性能指标应符合表 5.2.2 的要求。

修补裂缝用聚合物水泥注浆料安全性能指标　　表 5.2.2

<table>
<tr><th colspan="2">检验项目</th><th>性能或质量指标</th><th>试验方法标准</th></tr>
<tr><td rowspan="3">浆体性能</td><td>劈裂抗拉强度（MPa）</td><td>≥5</td><td rowspan="3">GB/T 2569</td></tr>
<tr><td>抗压强度（MPa）</td><td>≥40</td></tr>
<tr><td>抗折强度（MPa）</td><td>≥10</td></tr>
<tr><td colspan="2">注浆料与混凝土的正拉黏结强度（MPa）</td><td>≥2.5，且为混凝土破坏</td><td></td></tr>
</table>

（3）施工流程

裂缝的检查及标注→清缝及裂缝表面处理→粘贴灌浆嘴及裂缝表面封闭→压气实验→灌注混凝土裂缝修补注浆料→灌注完毕待浆液聚合固化后拆除灌浆嘴→涂混凝土裂缝修补胶封闭。

（4）施工工艺及要点

① 裂缝的检查及标注

根据裂缝的分布，在现场核实裂缝数量、长度及宽度，并在梁上进行标注，据此进行灌浆材料配量、埋嘴、灌浆等方面的具体计算和安排。

a. 裂缝宽度小于 0.15mm，采用聚合物水泥表面封闭法，聚合物水泥是在加固专用的改性环氧浆液配出后加入 50g 42.5 级水泥搅拌均匀而成，封闭后要考虑梁体表面的美观。

b. 裂缝宽度大于等于 0.15mm，采用灌注混凝土裂缝修补胶液封闭裂缝法，将裂缝修补胶浆液压入结构物内部裂缝中去，以达到封闭裂缝，恢复并提高结构强度、耐久性和抗渗性的目的，使混凝土构件恢复整体性。

② 钻孔

在裂缝表面进行骑缝钻孔，以此作为灌浆导向孔。腹板及顶、底板裂缝：沿裂缝走向钻孔，孔深 5cm，孔径 8mm，孔距 35cm，交叉裂缝应在交叉处钻孔。

③ 清孔及裂缝表面处理

所有孔眼必须使用高压空气吹洗干净，使其不被灰渣阻塞，之后沿裂缝至上而下将两边 3～4cm 范围内的灰尘、浮浆用小锤、手铲、钢刷、砂纸、毛刷依次处理干净，将构件表面整平，凿除突出部分，然后用丙酮擦洗，清除裂缝周围的油污，清洗时应注意不要将裂缝堵塞。

④ 粘贴灌浆嘴及裂缝表面封闭

a. 粘贴灌浆嘴底盘的铁锈必须除净，并用丙酮擦洗干净，然后将专用胶泥均匀地抹在底盘周围，厚度 1～2mm，与孔眼对准粘贴在裂缝上。灌浆嘴的间距根据缝长及裂缝的宽窄以 3.5～4.0cm 为宜，一般宽缝可稀，窄缝宜密，每一道裂缝至少须各有一个进浆孔的排气孔。注意，灌浆孔眼必须对中，保证导流畅通，灌浆嘴应粘贴牢靠，四周抹成鱼脊状进行封闭。

b. 裂缝表面封闭。为使混凝土缝隙完全充满浆液，并保持压力，同时又保证浆液不大量外渗，必须对已处理过的裂缝表面（除孔眼及嘴子外）用聚合物水泥砂浆浆液沿裂缝走向从上至下均匀涂刷两遍进行封闭（宽度 6～8cm），并在上面分段紧密贴上一层玻璃丝布（宽度 5～7cm），形成封闭带。

⑤ 压气实验

封闭带硬化后，需进行压气试验，以检查封闭带是否封严，压缩气体通过灌浆嘴，气压控制在 0.2～0.4MPa，此时，可在封闭带上及灌浆嘴周围涂上肥皂水，通气后如发现封闭带上有泡沫出现，说明该部位漏气；对漏气部位可再次封闭。

试气对于竖向缝可至下向上，水平向缝由低端往高端进行。

⑥ 灌浆操作

a. 灌注裂缝采用空气泵压注法，压浆罐与灌浆嘴用聚氯乙烯高压透明管相连接，连接要严密，不能漏气。

b. 在灌浆过程中应注意控制压力，裂缝宽度较大的，如果进浆通畅时，压力宜控制在 0.2MPa；如果裂缝进浆不畅，可把泵压控制在 0.4MPa。

c. 灌注次序：对于水平裂缝，宜由低端逐渐压向高端；对于竖向腹板裂缝，由下向上逐渐压注；从一端开始压浆后，另一端的灌浆嘴在排出裂缝内的气体后喷出浆液与压入的浆液浓度相同时，可停止压浆，在保持压力下封堵灌浆嘴。

贯通缝如果单面灌后另一面未见出浆，可在另一面压灌一次。对于未贯通腹板缝必须见到邻近嘴子喷浆。

d. 其他工作。对于已灌完的裂缝，待浆液固化后将灌浆嘴一一拆除，并将粘贴灌浆嘴处用专用树脂胶泥抹平，最后对每一道裂缝表面再涂一层聚合物水泥浆，确保封闭严实，并使其颜色与原混凝土结构表面尽量保持一致；灌浆工作完毕后，用压缩空气将压浆罐和注浆管中残液吹净，并用丙酮冲洗管路及工具，以备下次使用。

2.1.2　混凝土缺陷修复及外露钢筋处理

(1) 混凝土缺陷的修复措施

① 表面处理

利用人工凿除的方法将缺陷周围的松散混凝土予以清除，露出新鲜混凝土，并将混凝土表面清理干净，要求做到无水湿、无污渍及灰尘。

② 缺陷修复

a. 为了使新增部分的混凝土（或砂浆）能与老混凝土良好地结合，在修补之前应首先在待修补混凝土缺陷表面涂一层聚合物水泥砂浆液，其涂刷厚度以不超过 1mm 为宜，且应涂刷均匀，涂刷时可采用人工涂刷或喷枪喷射，为了便于涂匀，可在基液中加入少量的丙酮（一般为 3%～5%）。对于已涂刷基液的表面应注意防护，严禁杂物、灰尘落入其上。

b. 基液涂刷完成后，须间隔一定时间，等基液中的气泡消除后方可涂抹聚合物水泥砂浆或浇筑专用修复混凝土，时间间隔一般为30～60min。

c. 当破损面积较小时，应采用聚合物水泥砂浆进行修补，为避免修补过程中砂浆流淌或脱落，涂抹时宜分层进行，每层的厚度以0.5～1.5cm为宜。

d. 当破损面积很大时，应采用专用混凝土进行修补，其施工工艺与普通混凝土基本相同。

（2）外露钢筋的处理措施

① 凿除结构表面松脆、剥离等已损坏的部分混凝土；

② 利用人工除锈的方式对锈蚀钢筋进行除锈，对钢筋进行防腐处理；

③ 清除老混凝土表面上的灰尘以使其保持清洁；

④ 在损坏的混凝土表面涂上聚合物水泥砂浆胶液等黏结剂；

⑤ 利用聚合物水泥砂浆或专用混凝土对混凝土缺陷部位进行修补；

⑥ 对新喷涂或浇筑的混凝土表面进行表面处理。

（3）材料

外露、锈蚀钢筋待清理工作完毕后，钢筋锈蚀区域采用多功能阻锈剂（表面涂刷型）滚刷或喷涂于表面，性能指标如表5.2.3所示。

多功能阻锈剂（表面涂刷型）性能指标　　表5.2.3

名　称		多功能阻锈剂
性能指标	外观	琥珀色奶状液体
	比重	1.035～1.050
	闪点	无
	pH值	8.9～9.4
	渗透数据	7d，0.9cm；14d，3.1cm（层面）；30d，5.4cm

多功能阻锈剂涂刷工作完毕后，在钢筋表面涂刷钢筋保护剂，钢筋保护剂性能指标如表5.2.4所示。

钢筋保护剂性能指标　　表5.2.4

名　称		钢筋保护剂
性能指标	水蒸气渗透系数	$\mu=90$
	碳化深度	8年后0.6mm，10年后1.0mm
	与钢筋黏结强度	28d抗拔强度大于10MPa
	与混凝土的黏结强度	抗拉强度大于2.5MPa

2.1.3 渗水、泛碱处理

（1）处理措施

① 对渗水、泛碱区域打磨或凿除表层至坚实界面，用改性聚合物水泥砂浆修补。

② 在空心板低纵坡一侧距离板端头1.0～1.5m处或板跨有明显渗水区域，采用电锤横向打孔，孔径12mm，打孔处自然排水，待积水排净后，在排水孔处安装PVC套管。

（2）注意事项

打孔前首先应探测钢筋及预应力钢绞线位置，避开不利位置。

2.1.4 圬工结构墩台裂缝

采用水泥砂浆灌缝。

2.2 桥面系及附属构造病害修复技术

2.2.1 桥面铺装病害处治

（1）病害

普遍纵横向开裂、网裂、坑槽、破损，病害程度严重。

（2）处治措施

主线桥桥面铺装拆除新建。

① 对于普通空心板结构，现浇板上部结构新桥面铺装一般采用18cm厚C40抗渗混凝土，抗渗等级为S8级，内置双层带肋钢筋网，顶层为ϕ8mm@10cm×10cm，底层为ϕ12mm纵向钢筋，ϕ16mm横向钢筋，间距均为10cm。

② 对于铰接T梁上部结构，新桥面铺装采用18cm厚C40抗渗混凝土，抗渗等级为S8级，内置单层带肋钢筋网，底层为ϕ12mm纵向钢筋，ϕ16mm横向钢筋，间距均为10cm。

③ 对于原桥面铺装6～8cm厚的现浇箱梁采用12cm厚C40抗渗混凝土，抗渗等级为S8级，内置单层ϕ12mm@10cm×10cm钢筋网。

（3）施工工艺

① 在对原结构桥面铺装进行改造前，应对原桥面高程进行测量，以便新的桥面铺装做好后可以与之进行校验复核。

② 将原桥面铺装全部拆除，在桥面拆除过程中，应尽量使凿除后的表面为毛面，以利于新老混凝土的有效结合。

③ 待桥面铺装拆除后，应对桥面及梁端缝隙进行彻底清理，并按设计要求布置泄水管及桥面排水设施。

④ 按设计图纸要求布置桥面钢筋网及桥面连续钢筋网，并利用铁丝予以绑扎，同时预埋伸缩缝、泄水管等相应设施的预埋件。

⑤ 钢筋网绑扎完成后，对原结构表面进行润湿处理，然后开始浇筑C40抗渗混凝土桥面铺装。

（4）施工注意事项

① 在凿除原桥面结构的过程中，不得损坏原结构主梁，且注意保留相关附属设施（如伸缩缝预埋筋、泄水管预埋件等），具体规定详见设计图纸。

② 在浇筑桥面混凝土时必须充分振捣，保证混凝土振捣密实。

③ 新桥面铺装制作完成后的桥面高程必须与改造后要求达到的高程相同。

2.2.2 护栏病害处治

（1）病害特征

开裂、破损、露筋锈蚀、缺失。

（2）处治措施

① 更换全部防撞护栏及中央分隔带护栏。

② 上跨主线桥梁防撞墙进行维修补强处理；然后绑扎钢筋，立模浇筑C30混凝土。

2.2.3 伸缩缝病害处治

（1）病害

开裂、坑槽、橡胶板断裂、缺失。

（2）处治措施

① 主线桥全部更换伸缩缝。

② 30m以内的桥面连续长度，在桥台两侧设置预切缝。

③ 对于分联桥面连续的大桥和大于30m的桥面连续长度的桥梁，在桥台两侧及联间墩顶设80型仿毛勒伸缩缝。

（3）施工工艺及施工注意事项

① 伸缩缝改造

a. 对原有梁体相应部分混凝土进行凿除，使预留坑尺寸符合厂家提供的伸缩缝型号规格。安装时尽量利用原伸缩缝构造钢筋，必要时把在槽口下的钢筋割断，分别弯到下面和侧面，使伸缩缝能顺利放入预留坑内。

b. 安装伸缩缝前，应做好各种准备工作，检查起吊设备、焊接设备、辅助设施及工人是否到位，必要时在厂方技术人员指导下进行，工地负责提供必要的工具及辅助设施。

c. 具体施工顺序如下：

(a) 清理施工基面，使之达到安装施工所要求的深度和宽度，放置伸缩缝前，务必清理槽口内的杂物，预留坑的开口必须大于伸缩缝安装宽度。

(b) 检查伸缩缝的各缝间隙是否符合安装要求；必须在技术人员的指导下，根据当时气温确定缝隙大小，用专用工具调整好安装间隙，并用专用夹持工具固定牢靠。

(c) 根据伸缩缝中心线的位置，设置起吊装置，将伸缩缝吊装到位，并使伸缩缝的顶面与路面高程相同，同时注意，横坡也应与桥面相符。

(d) 将伸缩缝吊入预留坑内，使之中心线与梁端预留坑间隙中心线对正，其长度与设计宽度吻合。

(e) 调整伸缩缝在安装槽内的直线度，使各纵梁的缝隙均匀一致。

(f) 再在伸缩缝装置箱体或锚固板处，竖焊 ϕ16mm 以上的钢筋进行高度定位，横焊 ϕ16mm 钢筋进行直度定位。

(g) 伸缩缝正确定位后，便可以将原桥预埋钢板区域内的伸缩缝吊环钢筋与原桥预埋钢板进行焊接，以保证伸缩缝装置轴向固定。焊接时要求采用双面焊，焊缝长度不得小于 10cm，其他的伸缩缝吊环钢筋应尽量与原桥钢筋焊接；然后再焊接另一侧。两侧完全固定后，就可穿横筋焊接进行加固，要确保焊接牢固、可靠，这时注意不要在钢梁上任意焊接，以防钢梁变形。

(h) 伸缩缝如果分段安装，接缝处必须由技术工人焊接，每条缝焊好后，按上一条所述进行锚固。

(i) 伸缩缝锚固完毕后，可安装橡胶带。若伸缩缝安装时间隙很小，则应在完全锚固前安装橡胶带。

(j) 伸缩缝正确就位锚固后，根据缝的外形尺寸和预留槽缺口制作模板。模板放好后应遮挡严密，伸缩缝上平面加盖板，以防止砂浆落入橡胶密封带内。准备工作就绪后，需再检查装置的正确平整度和中线位置，以及缝隙是否均符合要求，方可灌入混凝土，对混凝土应充分振捣压实。待混凝土固化后拆去模板和伸缩缝上固定卡，再铺上防水层和面层。应注意，面层的表面应与伸缩缝表面平齐。

(k) 必须采取适当的措施，保证在铺设车道表面之前伸缩缝不承受交通荷载，不得在填料混凝土上通车，直到获得必要的抗压强度才行。若不可避免的情况需在伸缩缝上行车时，必须采用适当的斜面予以保护铺设表面。

(1) 铺设车道表面时，伸缩缝密封件必须予以充分的保护，与缝交接的表面必须正确压实并与梁端基本齐平，完工后表面不得低于梁端顶部，并不得高出桥面表面 5mm 以上。伸缩缝任意一侧不得出现 10m 以内的不规则和不连续坡度。伸缩缝与桥面应紧密连接，其接缝不得有缝隙，以确保行车平稳舒适。

② 预切缝的改造

a. 将原有梁体及桥台相应部分混凝土全部凿除，留出安装预切缝预埋构件的位置，并清除原有防水布 U 形槽（或 U 形锌铁皮）和油毡纸。

b. 重新铺砌油毡纸，并按照设计图纸设置防水布 U 形槽（或 U 形锌铁皮）。

c. 架设钢筋网，并在梁端与桥台之间设置模板。

d. 浇筑桥面铺装层，在达到规范要求强度后，取出模板。

e. 在预留孔隙间浇筑钢纤维乳胶混凝土，直至初期养生完成。

2.2.4 排水设施病害处治

（1）病害特征

排水不畅，泄水管缺失或堵塞。

（2）处治措施

① 对于空心板结构，更换泄水管，采用 22cm×8cm 的矩形铸铁泄水管，在浇筑桥面铺装和护栏前预埋。

② 对于箱梁、T 形梁结构，原泄水管为竖向埋置的，进行维修处理、疏通，按养护规范采取除锈防腐措施。

2.2.5 桥头搭板病害处治

（1）病害

开裂、坑槽、脱空。

（2）处治措施

① 对于桥面高程抬高小于 35cm 的桥梁，拆除旧搭板，加高牛腿，铺设 C15 混凝土垫层找平，重新浇筑 5m 长 C30 钢筋混凝土搭板。

② 对于桥面抬高不小于 35cm 的桥梁，将旧搭板根据破损程度打碎后采用水泥砂浆或水泥稳定碎石找平，或对搭板灌浆加固，作为基层，重新浇筑 5m 长 C30 钢筋混凝土搭板。

③ 对于桥台高填土或台身开裂严重的，先挖除台后填土，加固桥台，换填

内摩擦角大的轻质砾料换填夯实；搭板底垫二灰或水泥稳定砾料。

2.3　上、下部主体结构维修加固处治措施

2.3.1　预制钢筋混凝土空心板

(1) 病害特征

板底出现斜向裂缝，接近横向。

(2) 病害成因分析

依据《公路钢筋混凝土及预应力混凝土桥涵设计规范》(JTG D62—2004)及《公路钢筋混凝土及预应力混凝土桥涵设计规范》(JTJ 023—85) 分别对旧桥上部结构进行验算，验算中考虑旧桥承载能力折减系数的影响，结果如表 5.2.5～表 5.2.7 所示。

承载能力极限状态跨中截面抗弯承载力验算　　表 5.2.5

计算参数 \ 荷载等级	汽车—超 20 级 挂—120	公路—Ⅰ级
内力组合 M_j(kN·m)	566	669
极限承载力 M_u(kN·m)	787	787
旧桥承载力折减系数	0.8	0.8
M_u/M_j(折减前)	1.39	1.18
M_u/M_j(折减后)	1.11	0.94
是否满足规范要求	是	否

承载能力极限状态近支点截面抗剪承载力验算　　表 5.2.6

计算参数 \ 荷载等级	汽车—超 20 级 挂—120	公路—Ⅰ级
内力组合 Q_j(kN)	420	467
极限承载力 Q_u(kN)	654	654
旧桥承载力折减系数	0.8	0.8
Q_u/Q_j(折减前)	1.56	1.40
Q_u/Q_j(折减后)	1.25	1.12
是否满足规范要求	是	是

正常使用极限状态跨中截面最大裂缝宽度验算　　表 5.2.7

项　目	汽车—超 20 级 挂—120	是否满足规范要求
裂缝宽度 (mm)	0.1	是

验算结果表明，承载能力极限状态，此类板桥结构在汽车—超20级、挂—120最不利组合作用下，跨中截面抗弯承载能力、近支点截面抗剪承载能力均满足规范要求；在公路—Ⅰ级荷载最不利组合作用下，考虑旧桥承载能力折减系数的情况下，跨中截面抗弯承载能力略显不足，近支点截面抗剪承载能力满足规范要求；正常使用极限状态，跨中截面最大计算裂缝宽度满足规范要求。普通钢筋混凝土板结构出现裂缝属常见病害，根据两种荷载作用下板结构抗弯承载能力验算结果对比，分析板底出现横向裂缝是受超载车辆长期作用所致。

（3）加固处治技术措施

根据板底裂缝特征及验算结果，采用粘贴纤维复合材料的方法对跨中截面进行加固，具体措施为在板底顺桥向粘贴单层碳纤维布，使其抗弯承载能力满足规范要求。

（4）加固效果计算

加固后考虑结构病害修复效果影响，旧桥承载能力折减系数按0.9计，计算结果如表5.2.8所示。

承载能力极限状态跨中截面抗弯承载能力验算（加固后）　　表5.2.8

荷载等级 计算参数	公路—Ⅰ级	荷载等级 计算参数	公路—Ⅰ级
内力组合 M_j（kN·m）	669	M_u/M_j（折减前）	1.26
极限承载力 M_u（kN·m）	842.2	M_u/M_j（折减后）	1.13
旧桥承载力折减系数	0.9	是否满足	是

2.3.2　预应力混凝土空心板

（1）病害特征

板底中央出现间断性的纵向裂缝，靠近支点处的板底出现横向贯通裂缝。

（2）病害成因分析

预制板底板中央间断性纵向开裂由以下几方面原因造成：

① 空心板底板混凝土下表面因纵向受压的泊松效应而产生横向拉应变。

② 梁体在预应力的偏心压力作用下，将发生上拱变形，预应力钢筋在张拉力作用下具有恢复直线状态的趋势，对上拱变形的梁体将产生反向作用力，首先表现在对已经发生上拱变形的底板径向作用力，在这个径向力的作用下，底板预应力钢筋下方混凝土局部将产生明显的横向拉应变。

③ 由于底板上、下缘温差作用导致底板下缘混凝土表面产生横向拉应变。

④ 底板内布置有纵向预应力钢筋、纵向普通钢筋及箍筋，这些钢筋在底板

中形成一层“钢筋网片”，底板下层浇筑混凝土的匀质性较难保证；另外，由于施工质量问题，可能造成预应力钢筋定位偏差或跑模现象，导致底板局部混凝土保护层过薄，板底由于混凝土泊松效应、预应力钢筋对已经发生上拱变形的底板径向作用力和温度作用产生的横向拉应变较理论值偏大。

⑤ 空心板预制养生不当，由于混凝土收缩产生裂缝。

横向裂缝并未出现于跨中，而是靠近支点位置，裂缝产生原因判断为钢筋保护层偏薄，超载车辆反复冲击造成，属于非结构受力裂缝。

(3) 加固处治技术措施：根据裂缝情况进行封闭或压浆处理，加强日常养护，对病害进行定期观测。

2.3.3　普通钢筋混凝土现浇连续箱梁

(1) 病害特征

跨中底板出现横向贯通裂缝、腹板竖向裂缝，支点处翼缘板下缘出现横向贯通裂缝。

(2) 病害成因分析

依据《公路钢筋混凝土及预应力混凝土桥涵设计规范》(JTJ 023—85) 对旧桥上部结构进行验算，验算中考虑旧桥承载能力折减系数的影响，结果如表5.2.9～表5.2.13所示。

承载能力极限状态支点截面抗弯承载能力验算　　表5.2.9

计算参数＼荷载等级	汽车—超20 挂—120	计算参数＼荷载等级	汽车—超20 挂—120
内力组合 M_j(kN·m)	−26 284	M_u/M_j(折减前)	0.81
极限承载力 M_u(kN·m)	−21 320	M_u/M_j(折减后)	0.77
旧桥承载力折减系数	0.95	是否满足规范要求	否

承载能力极限状态跨中截面抗弯承载能力验算　　表5.2.10

计算参数＼荷载等级	汽车—超20 挂—120	计算参数＼荷载等级	汽车—超20 挂—120
内力组合 M_j(kN·m)	19 052	M_u/M_j(折减前)	0.99
极限承载力 M_u(kN·m)	18 763	M_u/M_j(折减后)	0.94
旧桥承载力折减系数	0.95	是否满足规范要求	否

承载能力极限状态近支点截面抗剪承载能力验算　　表5.2.11

计算参数＼荷载等级	汽车—超20 挂—120	计算参数＼荷载等级	汽车—超20 挂—120
内力组合 Q_j(kN)	5 007	Q_u/Q_j(折减前)	1.21
极限承载力 Q_u(kN)	6 040	Q_u/Q_j(折减后)	1.15
旧桥承载力折减系数	0.95	是否满足	是

正常使用极限状态支点截面最大裂缝宽度验算 表 5.2.12

计算参数 \ 荷载等级		汽车—超 20 挂—120	是否满足
裂缝宽度（mm）	组合Ⅰ	0.24	否
	组合Ⅱ	0.23	是
	组合Ⅲ	0.29	否

正常使用极限状态跨中截面最大裂缝宽度验算 表 5.2.13

计算参数 \ 荷载等级		汽车—超 20 挂—120	是否满足
裂缝宽度（mm）	组合Ⅰ	0.15	是
	组合Ⅱ	0.16	是
	组合Ⅲ	0.19	是

验算结果表明，承载能力极限状态在汽车—超 20 级、挂—120 荷载最不利组合作用下，箱梁支点截面抗弯承载能力不足，跨中截面抗弯承载能力满足规范要求，近支点截面抗剪承载能力满足规范要求。正常使用极限状态，支点截面最大计算裂缝宽度超出规范规定的限值，跨中截面最大计算裂缝宽度满足规范要求。

根据箱梁病害特征及验算结果分析，翼缘板横向开裂是由于支点截面抗弯承载力不足所致；跨中截面横向开裂是由于受超载车辆长期作用所致。

（3）加固处治技术措施：在支点负弯矩区，凿除桥面铺装，对裂缝进行常规处理，在新浇的桥面铺装中加强墩顶负弯矩区钢筋配置，提高支点截面抗弯承载能力，使其满足规范要求；对底板开裂的桥跨，边跨底板上由跨中向两侧 0.8 倍跨径范围内顺桥向粘贴钢板条，中跨底板上由跨中向两侧 0.6 倍跨径范围内顺桥向粘贴钢板条；对腹板竖向裂缝进行封闭或压浆处理。

（4）加固效果计算

承载能力极限状态支点及跨中截面抗弯承载力验算见表 5.2.14 和表 5.2.15。

承载能力极限状态支点截面抗弯承载能力验算（加固后） 表 5.2.14

计算参数 \ 荷载等级	汽车—超 20 挂—120	计算参数 \ 荷载等级	汽车—超 20 挂—120
内力组合 M_j(kN·m)	−26 284	M_u/M_j(折减后)	1.05
极限承载力 M_u (加固后)（kN·m）	−28 918	是否满足	是
旧桥承载力折减系数	0.95	承载力提升	35.6%
M_u/M_j(折减前)	1.10		

承载能力极限状态跨中截面抗弯承载能力验算（加固后）　　表 5.2.15

荷载等级 计算参数	汽车—超 20 挂—120	荷载等级 计算参数	汽车—超 20 挂—120
内力组合 M_j(kN·m)	19 052	M_u/M_j（折减后）	1.12
极限承载力 M_u （加固后）(kN·m)	21 280	是否满足	是
旧桥承载力折减系数	0.95	承载力提升	17.7%
M_u/M_j(折减前)	1.18		

2.3.4　普通钢筋混凝土现浇板

（1）病害特征

底板纵向裂缝。

（2）病害成因分析

普通钢筋混凝土整体现浇板纵向开裂属常见病害，该类现浇钢筋混凝土板桥的宽跨比较大，在汽车荷载作用下呈双向受力状态。板的横向钢筋均按构造要求布置，横向配筋偏薄弱，横向抗弯承载能力不足，车辆荷载长期作用导致板底出现不同程度的纵向裂缝。板底纵向开裂会引起钢筋锈蚀，加速混凝土老化腐蚀，影响结构的耐久性；另一方面，板底纵向开裂会削弱结构的整体受力性能，导致板局部的纵向作用效应增大，降低结构纵向抗弯承载能力安全储备，影响结构安全，应予以处治。

（3）加固处治技术措施

结合整体工程要求、《广东省清连一级公路升级改造（高速）项目桥梁维修加固工程方案设计》及审查意见要求，对此类桥梁进行换板处理，对水东小桥采取局部板底横向粘贴碳纤维布加固措施。

2.3.5　拱桥

（1）病害特征

拱圈纵向开裂、拱顶横向开裂、渗水泛碱。

（2）病害成因分析

依据《公路钢筋混凝土及预应力混凝土桥涵设计规范》(JTG D62—2004)、《公路钢筋混凝土及预应力混凝土桥涵设计规范》(JTJ 023—85）和《公路圬工桥涵设计规范》(JTG D61—2005)，对旧桥验算进行计算分析，结果如表 5.2.16～表5.2.18 所示。

通过结构计算，拱桥结构承载能力不满足要求。经分析，拱圈纵向开裂的

旧桥组合内力 表 5.2.16

组合 \ 位置	拱顶（kN）		拱脚（kN）	
	N	M	N	M
荷载组合 1（恒载）	701.8	136.8	1 710.6	363.8
荷载组合 2（恒载＋活载）	1 006	450.4	1 937.4	643.1
荷载组合 3（恒载＋活载＋升温）	1 091.1	350	1 937.4	819.3
荷载组合 4（恒载＋活载＋降温）	925.3	545.6	1 937.4	476.3

偏 心 值 表 5.2.17

荷载组合	位 置	偏心值（cm）	偏心值限值（cm）
荷载组合 1	拱顶	0.19	0.15
	拱脚	0.21	
荷载组合 2	拱顶	0.44	
	拱脚	0.33	
荷载组合 3	拱顶	0.32	
	拱脚	0.42	
荷载组合 4	拱顶	0.66	
	拱脚	0.24	

拱顶、拱脚承载力验算 表 5.2.18

荷载组合	位 置	轴向力（kN）	承载力（kN）	安 全 度
荷载组合 1	拱顶	701.8	373.9	0.53
	拱脚	1 710.6	314.8	0.18
荷载组合 2	拱顶	1 006.0	111.8	0.11
	拱脚	1 937.4	161.7	0.08
荷载组合 3	拱顶	1 091.1	168.5	0.15
	拱脚	1 937.4	118.4	0.06
荷载组合 4	拱顶	925.4	69.1	0.07
	拱脚	1 937.4	254.5	0.13

原因为基础不均匀沉降所致。

（3）加固处治技术措施

先对拱圈、桥台裂缝进行常规病害修复，在对桥台进行台身小孔注浆、台后填土注浆及台身加厚处理后，针对拱圈采用种植钢筋，布置带肋钢筋网，内套 50cm 厚钢筋混凝土拱肋进行加固改造。

（4）加固效果计算

加固后拱顶、拱脚承载力验算见表 5.2.19。

加固后拱顶、拱脚承载力验算　　表 5.2.19

荷载组合	位　置	轴向力（kN）	弯矩（kN·m）	承载力（kN）	安　全　度
荷载组合 1	拱顶	838	390.2	1 757.0	2.1
	拱脚	2 049.6	370	5 558.0	2.7
荷载组合 2	拱顶	1 142.2	128.1	10 650.0	9.3
	拱脚	2 276.4	216.9	11 410.0	5.0
荷载组合 3	拱顶	1 299.4	269.9	4 941.0	3.8
	拱脚	2 276.4	303.9	8 158.0	3.6
荷载组合 4	拱顶	993.5	166.1	6 859.0	6.9
	拱脚	2 276.4	433.2	5 027.0	2.2

2.3.6　桥墩及桥台

（1）病害特征

台帽竖向开裂、侧墙斜向开裂、挡块开裂、桥台前墙开裂。

（2）加固措施

①台帽开裂在墩台帽加高、搭板拆除新建的同时，针对具体情况处理。

②桥台因不均匀沉降开裂严重的，或拆除重建，或采用台身小孔注浆、台后填土注浆及台身加厚的处理措施进行加固。

③根据业主要求，对墩背桥浆砌片石桥台进行台身砌体注浆、台后填土注浆及台身加厚处理。

④桥台因梁板顶推、大体积混凝土浇筑收缩开裂的，对裂缝进行常规封闭。

⑤桥台因台后土压力过大造成侧墙或前墙开裂的，在更换搭板前挖出台后填土，换填摩擦角大的轻质粒料，同时植筋加厚侧墙。

⑥对于挡块开裂严重的，如果墩台帽需要加高，采用拆除新建的加固方案；如果梁板不需顶升，采用粘贴钢板的加固方案。

2.4　桥梁抬高处治措施

2.4.1　抬高大于 15cm 的处理措施

对重力式墩台，将台帽或盖梁顶面凿毛，植 ϕ16mm 钢筋，绑扎钢筋立模现浇 C30 混凝土，整体加高台帽或盖梁；背墙以及搭板牛腿采用同样方式加高；拆除挡块，种植 ϕ16mm 钢筋后加高；防震锚栓接长，或重新钻孔埋设。对柱式墩台，以上述方法加高后，要在盖梁、台帽底面粘贴钢板进行补强。

2.4.2 抬高在5～15cm的处理措施

在台帽或盖梁顶面加高垫块，采用锌铁皮做模板现浇C30小石子混凝土。

2.4.3 抬高小于5cm的处理措施

直接在原垫块上粘贴钢板配合调整支座厚度来加高。

2.4.4 拱桥抬高处理措施

拱圈套拱加固完成后，拆除桥面层，采用透水性好的轻质填料作为拱上填料，回填夯实达到压实度97%以上，按路面结构铺筑C15素混凝土（厚30cm左右）+C40防水混凝土（厚22cm左右）。铺筑路面结构层时，需要在素混凝土中预埋护栏钢筋。护栏与C40防水混凝土同时浇筑。

3　中、小跨径桥梁的主要维修加固技术

3.1　主体结构加固补强技术研究

3.1.1　粘贴钢板加固

粘贴钢板法适用于钢筋混凝土受弯、受拉和受压构件的加固，主要用于提高结构承载能力，或是结构构件的局部补强。

1）加固材料

（1）钢板

本项指南中，粘贴钢板法所采用的钢板为 6mm 厚 A3 钢板，长 12～19m，宽 10cm，钢板间净间距为 10cm。钢板质量要求分别符合现行国家标准《碳素结构钢》（GB/T 700—2006）、《低合金高强度结构钢》（GB/T 1591—2008）的规定。钢板的基本性能指标应符合行业标准《公路桥涵钢结构及木结构设计规范》（JTJ—025—86）和国家标准《钢结构设计规范》（GB 50017—2003）的规定。

（2）胶黏剂

粘贴钢板用胶黏剂的安全性能指标应符合中华人民共和国行业标准《公路桥梁加固设计规范》（JTG/T J22—2008）第 4.6.5 条对 A 级胶的要求，详见表 5.3.1。

粘贴钢板或型钢用胶黏剂安全性能指标　　表 5.3.1

性能项目		性能要求
		A 级胶
胶体性能	抗拉强度（MPa）	≥30
	抗拉弹性模量（MPa）	≥3 500（≥3 000）
	抗弯强度（MPa）	≥45
		且不得呈脆性破坏
	抗压强度（MPa）	≥65
	伸长率（%）	≥1.3
黏结能力	钢—钢拉伸抗剪强度标准值（MPa）	≥15
	钢—钢不均匀扯离强度（kN/m）	≥16
	钢—钢黏结抗拉强度（MPa）	≥33
	与混凝土的正拉黏结强度（MPa）	≥2.5，且为混凝土内聚破坏
不挥发物含量（固体含量）（%）		≥99

（3）锚固螺栓

采用 M12 锚固螺栓对粘贴后的钢板条进行锚固，锚固螺栓间距为 25cm。锚固螺栓质量要求分别符合现行国家标准《碳素结构钢》（GB/T 700—2006）、《低合金高强度结构钢》（GB/T 1591—2008）的规定，详见表 5.3.2。

碳素钢及合金钢锚栓的钢材抗拉性能指标 表 5.3.2

性能指标		4.8	5.8	6.8	8.8
锚栓钢材性能指标	抗拉强度标准值 f_{uk}（MPa）	400	500	600	800
	屈服强度标准值 f_{yk}或 $f_{s,0.2k}$（MPa）	320	400	480	640
	伸长率 δ_5(mm)	14	10	8	12

（4）钢板防腐

钢板应按表 5.3.3 进行涂装。

钢板涂装体系要求 表 5.3.3

项目	涂料名称	道　数	每道干膜最小厚度（μm）	干膜最小总厚度（μm）
底层	环氧富锌底漆	3	30	90
面层	灰云铁氯化橡胶面漆	4	35	140

2）技术要点

（1）按现场检测结果确定的原结构构件混凝土强度应满足下列要求：

① 钢筋混凝土受弯构件不应低于 C20，受压构件不应低于 C15；

② 预应力混凝土构件不应低于 C30。

（2）粘贴钢板外表面应进行防护处理。表面防护材料对钢板及胶黏剂应无害。

（3）被加固构件处于特殊环境（如高温、高湿、介质侵蚀等）时，应采用耐环境因素作用的胶黏剂，并按专门的工艺要求施工。

（4）粘贴钢板加固混凝土构件时，宜将钢板受力方式设计成仅承受轴向力作用。

（5）粘贴钢板加固桥梁构件的作用效应宜分别按下列两个阶段进行计算。

第一阶段：粘贴钢板加固施工前，作用（或荷载）应考虑加固时包括原构件自重在内的实际恒载及施工时的其他荷载。

第二阶段：粘贴钢板加固后，作用（或荷载）应考虑包括构件自重在内的恒载，二期恒载作用及使用阶段的可变作用。作用效应组合系数取值：恒载的荷载效应分项系数取 1.2；使用阶段的可变作用效应分项系数按现行《公路桥涵设计通用规范》（JTG D60—2004）取用。

（6）采用粘贴钢板对梁、板受弯构件进行加固计算时，除遵守现行规范规定的正截面承载能力计算假定外，还应遵循以下规定：

① 构件达到受弯承载能力极限状态时，外贴钢板的拉应变应按截面应变保持平面的假设确定；

② 钢板应力等于拉应变与新增钢板弹性模量的乘积；

③ 当考虑二次受力影响时，应按构件加固前的初始受力情况，确定粘贴钢板的滞后应变；

④ 在达到受弯承载能力极限状态前，外贴钢板与混凝土之间不致出现黏结剥离破坏。

在矩形截面受弯构件的受拉面和受压面粘贴钢板进行加固时，其正截面承载力应按下列公式确定：

$$\left.\begin{aligned}&M\leqslant\alpha_1 f_{c0}bx\left(h-\frac{x}{2}\right)+f'_{y0}A'_{s0}(h-a')+f'_{sp}A'_{sp}h-f_{y0}A_{s0}(h-h_0)\\&\alpha_1 f_{c0}bx=\psi_{sp}f_{sp}A_{sp}+f_{y0}A_{s0}-f'_{y0}A'_{s0}-f'_{sp}A'_{sp}\\&\psi_{sp}=\frac{(0.8\varepsilon_{cu}h/x)-\varepsilon_{cu}-\varepsilon_{sp,0}}{f_{sp}/E_{sp}}\\&x\geqslant 2a'\end{aligned}\right\}\tag{5.3.1}$$

式中：M——构件加固后弯矩设计值；

x——等效矩形应力图形的混凝土受压区高度，简称混凝土受压区高度；

b、h——矩形截面宽度和高度；

f_{sp}、f'_{sp}——加固钢板的抗拉、抗压强度设计值；

A_{sp}、A'_{sp}——受拉钢板和受压钢板的截面面积；

a'——纵向受压钢筋合力点至截面近边的距离；

h_0——构件加固前的截面有效高度；

ψ_{sp}——考虑二次受力影响时，受拉钢板抗拉强度有可能达不到设计值而引用的折减系数；当 $\psi_{sp}>1.0$，取 $\psi_{sp}=1.0$；

ε_{cu}——混凝土极限压应变，取 $\varepsilon_{cu}=0.0033$；

$\varepsilon_{sp,0}$——考虑二次受力影响时，受拉钢板的滞后应变，若不考虑二次受力影响，取 $\varepsilon_{sp,0}=0$。

3）施工流程

（1）前期处理

① 对主梁粘钢表面进行抹浆处理前，应首先按设计要求对裂缝进行灌缝或封闭处理。

② 将原结构表面的松散混凝土及浮渣、污物等予以清除。

(2) 原结构粘钢表面的处理

① 用修复材料将混凝土表面修复平整。

② 被粘贴混凝土表面应打磨平整，除去表层浮浆、油污等杂质，直至完全露出结构断面。

③ 将混凝土表面清理干净并保持干燥。

④ 钻制螺栓预留孔。

(3) 钢板防腐

钢板防腐应满足钢板涂装体系的要求，并按以下工序进行。

① 钢板喷砂除锈。

a. 清洁钢板表面焊渣、浮锈及其他污物：用有机溶剂或金属清洗剂清洗钢板表面油污，得到无油、无水、无污物、无锈斑及其他包括可溶性盐在内的洁净表面。对所有钢板缺陷（包括 2mm 以上凹坑、重皮等）采取补焊、修磨等方法处理。

b. 用压力式喷砂除锈，选用合适粒度、硬度和几何形状的沙子对杆件进行喷砂，除尽铁锈、氧化皮、原涂装层。

(a) 喷砂工艺：喷砂除锈选用压力喷砂设备，喷砂压力保持在 0.5MPa 以上，喷砂枪与构件表面保持 60°～90°夹角，喷射距离 100～120 mm。

(b) 喷砂原料：喷砂磨料必须保持洁净、干燥（含水率<1%），喷砂（抛丸）除锈清理用磨料采用 70%的 S390 铸钢丸与 30%的 G25 铸钢砂混合使用，磨料表面必须清洁、干燥、无油污、无可溶性盐类等。压缩空气：喷砂除锈用压缩空气必须配备除油、除湿系统，保证压缩空气质量达到无油、无水。

(c) 除锈后的钢铁表面清洁度达到 Sa2 级（表面无可见的油脂、污垢，并且氧化皮、铁锈和油漆等附着物已基本清除，其残留物应是牢固附着）、粗糙度 Ra40～80μm。

② 钢板涂刷底漆 3 道。

③ 钢板安装。

④ 安装检查，对安装过程中造成的底漆破损进行补漆。

⑤ 钢板涂刷面漆 4 道。

(4) 灌注粘贴钢板

① 施工工艺流程。

混凝土表面处理→钻孔植埋全螺纹螺栓→安装钢板→配制胶黏剂→封边→灌注→钢板表面防腐处理。

② 施工工艺及要点。

a. 混凝土表面处理：根据设计图纸的要求并结合现场测量定位，在需粘贴钢板加固混凝土的表面放出钢板位置大样，凿除需粘贴钢板区域混凝土表面 2～5mm 厚的表层砂浆，使坚实的混凝土石外露，并形成平整的粗糙面，表面不平处应用尖凿轻凿整平，再用钢丝刷刷毛，剔除表层疏松物，最后用无油压缩空气吹除表面粉尘或清水冲洗干净，待完全干燥后用脱脂棉沾丙酮擦拭表面。

b. 钻孔植埋螺栓：依照设计图纸的要求，放出需钻孔的位置，钻孔间距一般为 30～50cm，必要时可用钢筋混凝土保护层测试仪查明混凝土钢筋布置，然后钻孔。应避免钻孔打盲孔时碰及钢筋。植埋全螺纹螺杆，其与灌注钢板边缘的距离应控制在 5～10cm 之间。盲孔孔径和孔深应严格按设计要求施工。

c. 安装钢板：依据现场混凝土上的实际放样进行钢板下料，并依据现场植埋的螺杆，对待灌注的钢板进行配套打孔，然后将钢板的粘贴面用磨光砂轮机或钢丝刷磨机进行除锈和粗糙处理，打磨粗糙度越大越好，打磨纹路应与钢板受力方向垂直；用脱脂棉沾丙酮将钢板表面擦拭干净。将钢板固定在螺栓上，并保证钢板与混凝土表面的间隙在 3mm 以上，以确保灌注胶层的厚度在 3mm 以上；焊接钢板接缝，完成钢板安装。

d. 配制胶黏剂：按照供应商提供的产品说明书要求的比例配制胶黏剂。将钢板封边胶及粘钢灌注胶，用低速搅拌器搅拌均匀，在适用期内用完。粘钢灌注胶应在封边完成，且钢板封边胶达到完全固化有足够的强度后再进行配制和使用。

e. 封边：将注入嘴黏结在钢板的注入孔上，在钢板边缘插入排气管，在膨胀螺栓头上罩上盖碗，然后用钢板封边胶封闭钢板边缘，完成封边。注入嘴布置间距为 2～3m。

f. 灌注：用泵将粘钢灌注胶从注入嘴灌注到钢板和混凝土的空隙中，灌注工作持续到所有排气管均有胶液流出。在灌注过程中，用橡皮锤敲打钢板以确认是否灌注密实。要求灌浆之前先通气试压，以 0.2～0.4MPa 的压力将粘钢灌注胶从注入嘴压入，当排气孔出现浆液后停止加压，以钢板封边胶堵孔，再以较低压力维持 10min 以上。

g. 钢板表面防腐处理：经检验确认钢板粘贴固化密实效果可靠后，去除所有注入嘴和排气管，并清除钢板表面污垢和锈斑，对外露钢板进行防腐处理、涂装。

（5）质量控制及注意事项

① 粘钢混凝土表面清理干净，露出新鲜混凝土表面，无粉尘，无污物。

② 所粘钢板的抹胶表面，必须打磨出金属光泽。

③ 钢板粘贴应在夜间交通量较小时进行，以减小振动，利于黏结胶黏合固化。

3.1.2 粘贴碳纤维片材加固

粘贴碳纤维加固方法适用于钢筋混凝土受弯、受拉和受压构件的加固，主要用于提高结构承载能力、结构构件的局部补强或局部的裂缝封闭处理。

1）加固材料

（1）碳纤维布

碳纤维布采用设计厚度 0.167mm，幅宽 50cm。碳纤维布材料安全性能指标必须符合《混凝土结构加固设计规范》（GB 50367—2006）中强制执行条款第 4.4.2条单向织物（布）高强度Ⅰ级的规定，详见表 5.3.4。

碳纤维复合材安全性能指标　　表 5.3.4

项目 \ 类别	单向织物（布）		条形板	
	高强度Ⅰ级	高强度Ⅱ级	高强度Ⅰ级	高强度Ⅱ级
抗拉强度标准值 $f_{f,k}$（MPa）	≥3 400	≥3 000	≥2 400	≥2 000
受拉弹性模量 E_f(MPa)	≥2.4×10^5	≥2.1×10^5	≥1.6×10^5	≥1.4×10^5
伸长率（%）	≥1.7	≥1.5	≥1.7	≥1.5
弯曲强度 f_{fb}（MPa）	≥700	≥600		
层间剪切强度（MPa）	≥45	≥35	≥50	≥40
仰贴条件下纤维复合材与混凝土正拉黏结强度（MPa）	≥2.5，且为混凝土内聚破坏			
纤维体积含量（%）			≥65	≥55
单位面积含量（%）	≤300	≤300		

注：纤维复合材料的抗拉强度标准值应根据置信水平 $C=0.99$、保证率为 95%的要求确定。

（2）粘贴碳纤维用胶黏剂

粘贴碳纤维布用胶黏剂的安全性能指标应符合中华人民共和国行业标准《公路桥梁加固设计规范》（JTG/T J22—2008）第 4.6.2 条及第 4.6.4 条对 A 级胶的要求，详见表 5.3.5、表 5.3.6。

2）技术要点

（1）按现场检测结果确定的原结构构件混凝土强度应满足下列要求：

① 粘贴碳纤维布加固法不适用于素混凝土构件，包括纵向受力钢筋配筋率低于现行国家标准《混凝土结构设计规范》（GB 50010—2010）规定的最小配筋率的构件加固。

碳纤维浸渍、黏结用胶黏剂安全性能指标 表5.3.5

性能项目		性能要求
		A级胶
胶体性能	抗拉强度（MPa）	≥40
	抗拉弹性模量（MPa）	≥2 500
	抗弯强度（MPa）	≥50
		不得呈脆性破坏
	抗压强度（MPa）	≥70
	伸长率（%）	≥1.5
黏结能力	钢—钢拉伸抗剪强度标准值（MPa）	≥14
	钢—钢不均匀扯离强度（kN/m）	≥20
	与混凝土的正拉黏结强度（MPa）	≥2.5，且为混凝土内聚破坏
不挥发物含量（固体含量）（%）		≥99

注：1. 表中的胶黏剂性能指标，应根据置信水平 $C=0.90$、保证率为95%的要求确定。
2. 表中的性能指标除标有标准值外，余均为平均值。
3. 用于粘贴碳纤维布的胶黏剂，当涂抹厚度小于3mm时，材料的流挂应小于1mm。

底胶及修补胶的安全性能指标 表5.3.6

性能项目		性能要求
		A级胶
底胶	钢—钢拉伸抗剪强度标准值（MPa）	≥14
	与混凝土的正拉黏结强度（MPa）	≥2.5，且为混凝土内聚破坏
	不挥发物含量（固体含量）（%）	≥99
	混合后初黏度（23℃时）（MPa·s）	≤6 000
修补胶	胶体抗拉强度（MPa）	≥30
	胶体抗弯强度（MPa）	≥40，且不得呈脆裂破坏
	与混凝土的正拉黏结强度（MPa）	≥2.5，且为混凝土内聚破坏

注：表中的性能指标除标有标准值外，均为平均值。

② 被加固的混凝土结构构件，其现场实测混凝土强度等级不得低于C15，且混凝土表面的正拉黏结强度不得低于1.5MPa。

(2) 外贴纤维复合材加固钢筋混凝土结构构件时，应将纤维受力方式设计成仅承受拉应力作用。

(3) 粘贴在混凝土构件表面上的纤维复合材，不得直接暴露于阳光或有害物质中，其表面应进行防护处理。表面防护材料应对纤维及胶黏剂无害，且应与胶黏剂有可靠的黏结强度及相互协调的变形性能。

(4) 采用粘贴碳纤维布法加固的混凝土结构，其长期使用的环境温度不应高于60℃；处于特殊环境（如高温、高湿，介质侵蚀、放射等）的混凝土结构采用本方法加固时，除应按国家现行有关标准的规定采取相应的防护措施外，尚应采用耐环境因素作用的胶黏剂，并按专门的工艺要求进行粘贴。

（5）采用粘贴碳纤维布法对钢筋混凝土结构进行加固时，应采取卸除或大部分卸除作用在结构上的活荷载。

（6）采用粘贴碳纤维布对梁、板受弯构件进行加固计算时，除遵守现行规范规定的正截面承载能力计算假定外，还应遵循以下规定：

① 构件达到受弯承载能力极限状态时，外贴碳纤维布的拉应变应按截面应变保持平面的假设确定；

② 碳纤维布的应力与应变关系取直线式，其拉应力等于拉应变与新增碳纤维布弹性模量的乘积；

③ 当考虑二次受力影响时，应按构件加固前的初始受力情况，确定粘贴的碳纤维布的滞后应变；

④ 在达到受弯承载能力极限状态前，所粘贴的碳纤维布与混凝土之间不致出现黏结剥离破坏。

在矩形截面受弯构件的受拉边混凝土表面上粘贴纤维复合材进行加固时，其正截面承载力应按下列公式确定：

$$\left.\begin{aligned}&M\leqslant\alpha_1 f_{c0}bx\left[h-\frac{x}{2}\right]+f'_{y0}A'_{s0}(h-a')-f_{y0}A_{s0}(h-h_0)\\&\alpha_1 f_{c0}bx=f_{y0}A_{s0}+\psi_f f_f A_{fe}-f'_{y0}A'_{s0}\\&\psi_f=\frac{(0.8\varepsilon_{cu}h/x)-\varepsilon_{cu}-\varepsilon_{f0}}{\varepsilon_f}\\&x\geqslant 2a'\end{aligned}\right\}\tag{5.3.2}$$

式中：M——构件加固后弯矩设计值；

x——等效矩形应力图形的混凝土受压区高度，简称混凝土受压区高度；

b、h——矩形截面宽度和高度；

f_{y0}、f'_{y0}——原截面受拉钢筋和受压钢筋的抗拉、抗压强度设计值；

A_{s0}、A'_{s0}——原截面受拉钢筋和受压钢筋的截面面积；

a'——纵向受压钢筋合力点至截面近边的距离；

h_0——构件加固前的截面有效高度；

f_f——纤维复合材的抗拉强度设计值；

A_{fe}——纤维复合材的有效截面面积；

ψ_f——考虑纤维复合材实际抗拉应变达不到设计值而引入的强度利用系

数，当 $\psi_f > 1.0$ 时，取 $\psi_f = 1.0$；

ε_{cu}——混凝土极限压应变，取 $\varepsilon_{cu} = 0.0033$；

ε_f——纤维复合材拉应变设计值；

ε_{f0}——考虑二次受力影响时，纤维复合材的滞后应变，若不考虑二次受力影响 $\varepsilon_{f0} = 0$。

3）施工流程

（1）施工准备

① 认真阅读设计施工图，充分理解设计意图和要求。

② 熟悉施工现场和被加强部位混凝土的实际状况，拟订出施工方案和施工计划。

③ 对所使用碳纤维布、配套树脂、机具等做好施工前的准备工作。

（2）表面处理

① 清除被补强范围内表面混凝土的剥落、疏松、蜂窝、腐蚀等劣化混凝土，露出混凝土结构层，并用修复材料将表面修复平整。

② 按设计要求对裂缝进行灌缝或封闭处理。

③ 被粘贴混凝土表面应打磨平整，除去表层浮浆、油污等杂质，完全露出结构断面。

④ 将混凝土表面清理干净并保持干燥。

（3）胶黏剂的配制

① 预配制包装：在各自容器中搅动混合。将 B 组分加入 A 组分，用手持式低速电动搅拌器（最大转速 500r/min）搅拌 3min，使其外观均匀一致，尽可能少地带入空气。

② 大量包装，非预配制包装：将两组分以正确的比例放入合适的混合容器中，用低速电动搅拌器正确搅拌。当树脂和固化剂混合即为使用期的开始。混合量越大，使用时间越短。为了在较高温度下得到更长的使用时间，可将混合的胶黏剂分成几个部分，或是在混合之前降低 A、B 组分的温度。

（4）找平处理

① 配制找平材料。

② 混凝土表面凹陷部位用找平材料填补平整，且不应有棱角。

③ 转角处应用找平材料修成光滑的圆弧，半径不小于 20mm。

④ 待找平材料表面指触干燥时即进行下一步工序施工。

（5）粘贴碳纤维布

① 按设计要求的尺寸裁剪碳纤维布。

② 用滚筒刷将底层树脂均匀涂抹于混凝土表面。待树脂表面指触干燥时即

进行下一步工序施工。

③ 将碳纤维布用清洁剂清洁后，用抹灰刮刀将胶黏剂涂在其表面，用特制的滚筒沿纤维方向多次滚压，挤除气泡，并使浸渍树脂充分浸透碳纤维布。滚压时不得损伤碳纤维布。

④ 在黏结剂允许的暴露时间内（视温度不同而定），将碳纤维布置于混凝土表面上。用橡皮滚筒将板压到环氧胶黏剂中，直到胶黏剂由板两边被挤出。

⑤ 粘贴碳纤维布时，各层碳纤维布应错开布置，各层的错开间距应为5～10cm，且应保证各层碳纤维布的接缝错开。

⑥ 当胶黏剂固化后，清除流在层压板上的黏结剂膜，最后，轻轻敲打进行碳纤维布的空鼓检验。

（6）施工安全及注意事项

① 碳纤维布为导电材料，使用碳纤维布时应尽量远离电气设备及电源。

② 使用中应避免碳纤维布的弯折。

③ 碳纤维布配套树脂的原料应密封储存，远离火源，避免阳光直接照射。

④ 树脂的配制和使用场所，应保持通风良好。

⑤ 现场施工人员应根据所使用的树脂材料采取相应的劳动保护措施。

⑥ 最好用钻石圆盘锯来切割碳纤维布。

3.1.3 高压旋喷桩加固基础

本技术方法适用于提高桥台扩大基础底部软弱土层的承载力处理，从而在根本上解决桥台扩大基础不均匀沉降引起的台身纵向、斜向开裂。

1）加固材料

本项目中高压旋喷桩成桩直径为60cm，桩间距按1m布置，旋喷桩采用R42.5普硅水泥浆，水灰比0.8∶1～1.2∶1，水泥土无侧限抗压强度不小于2 800kPa。

2）技术要点

（1）配置水泥浆时，配方试验应在室内进行，其配合比必须与实际施工的配合比相符。应根据实际采用的喷射参数计算单位时间中水泥浆用量及水的用量，并根据单位时间内被处理土量，计算出水泥土混合液中各种成分即水泥、外加剂、土粒和水的比例。用这样的方法在室内制作试件，其配合比相当于某一特定的喷射注浆施工条件，可以判断不同喷射条件下的加固强度，以及选用适当的参数，以满足预期的设计要求。配合比试验结束后，形成完整的试验报告，方可用于施工。

（2）施工前应按照室内配合比进行成桩工艺性试验（不少于 2 根），以复核地质资料以及设备、工艺是否适宜，检查固结体尺寸及连续性，验证喷射注浆方法对地层的适应性和可靠性；取样制作标准试件进行各种力学物理性能试验，验证试验结果是否与理论配合比一致；进行荷载试验和透水试验等，验证试验结果是否满足设计要求，最终通过试喷结果合理选择喷射技术参数。

（3）喷射注浆前检查高压设备和管路系统，设备的压力和排量必须满足施工需要。管路系统的密封圈必须良好。各通道和喷嘴内不得有杂物，并准备适量的常规配件。

3）施工流程

（1）钻机就位

钻机安放在设计孔位上，使钻头对准孔位中心，纵横向偏差不得大于 50mm。为保证钻孔达到规范要求的垂直度偏差在 1%以内，钻机就位后，必须作水平校正，使钻杆轴线垂直对准孔位，并固定好桩机。

（2）造孔

钻孔的目的是为了把注浆管置入预定深度，钻孔方法可根据地层条件、加固深度和机具设备等条件确定。成孔后，校验孔位、孔深及垂直度是否符合规范要求。

（3）下注浆管

成孔合格后即可下入注浆管到预定深度。在下管之前，必须进行地面试喷，检验喷射装置及气、浆发生装置是否正常。

（4）喷射注浆作业

将注浆管下到预定深度后，检验喷射方向、摆动角度，进行地下试喷，一切正常后即可自下而上进行喷射作业。施工过程中，必须时刻注意检查浆液初凝时间、气浆流量及压力、提升速度、旋摆速度、喷射方向等参数是否符合设计要求，并随时做好记录，如遇故障及时排除。

（5）冲洗器具

喷射作业完成后，应把注浆管等机具设备冲洗干净，管内机内不得残存水泥浆。通常把浆液换成水，在地面上喷射，以便把泥浆泵、注浆管和软管内的浆液全部排除。

（6）移动机具

将钻机等机具设备移到新孔位上，重新定位后对新孔位进行施工。

（7）质量控制及注意事项

① 由于天然地基的地质情况比较复杂，沿深度方向变化大，有多种土层，其密实度、含水率、土粒组成和地下水状态等有很大差异。若采用单一的技术

参数来喷射长桩，则会形成直径或长度极不均匀的固结体，导致旋喷桩直径不一，使承载力降低。为确保质量，需根据钻孔时获得的孔位处地层情况，对不同深度或不同土层采用不同的技术参数，对硬土、深部土层和土粒大的卵砾石要延长喷射时间，适当放慢提升速度和旋摆速度或提高喷射压力和泵量。

② 在不改变喷射技术参数的条件下，对同一孔位作重复喷射，即能增加土体破坏的有效长度，从而加大固结体的直径或长度，并提高固结体强度。

③ 在喷射注浆过程中，有一定数量的土颗粒与水、浆混合后，沿着注浆管管壁冒出地面。通过对冒浆量、冒浆比重的测量及冒浆颜色的观察，可及时了解地层状况，判断喷射注浆的大致效果和喷射技术参数的合理性。完全不冒浆、继续冒浆或冒浆量及其比重过大或过小时为异常现象。当出现异常情况时，首先检查提升速度，旋摆喷速度，气、浆流量和压力等技术参数，及时采取措施调整。

a. 压力骤然上升或压力过高、流量偏低时，说明有堵嘴或管路被堵塞现象，应及时停喷，认真检查气浆软管，必要时拔出注浆管检查气浆通道及喷嘴。

b. 流量不变而压力突然下降时，应检查各部位的泄漏情况，必要时拔出注浆管检查密封性能，更换过度磨损的喷嘴。

c. 流量压力均偏低时，应及时停喷，检查修理相应发生装置。

d. 不冒浆、断续冒浆或冒浆量过小时，若系土质松软可适当加快注浆管提升速度，或降低高压泵压力对已喷范围适当进行二次注浆；若系附近有空洞、通道，则不提升注浆管，同时降低气压力流量，继续注浆直至冒浆为止，或拔出注浆管待浆液凝固后重新注浆直到冒浆为止，或采用速凝浆液，使浆液在注浆管附近凝固。

e. 冒浆过大时，一般是有效喷射范围与注浆量不相适应，注浆量大大超过所需浆量所致。双管法施工可适当缩小喷射孔径，提高喷射压力，基本保持注浆量不变；如仍无效时，可加快提升速度和旋摆喷速度。

④ 在施工中会出现种种故障造成注浆间断，为防止注浆间断造成固结体内出现软弱夹层，影响固结体均匀性和整体性，必须进行搭接处理。搭接长度不小于 10cm。

⑤ 高压喷射注浆施工时，在水泥土浆液固结硬化之前，有效喷射范围内的地基土因受到扰动而强度降低。高压喷射注浆应分序隔孔施工，防止窜孔破坏已喷射注浆固结体。相邻孔喷射作业间隔时间不得小于 2～5d。如发现窜孔现象，用沙袋堵塞窜孔冒浆出口。

⑥ 旋喷施工在终喷后由于空气的排出以及水泥土浆液渗漏、析水和沉淀作用，水泥土混合浆液在凝固过程中存在不同程度的收缩，最终固结体顶部将出

现一个凹穴，可采取以下措施予以消除。

a. 采取超高喷射注浆方法，即喷射注浆的顶面，其超高量应大于收缩高度，可在施工中具体掌握。

b. 在浆液凝固前回灌冒浆并捣实。

3.2 桥面铺装改造技术应用分析

桥面铺装层是车轮直接作用的部分，其作用是防止车轮直接磨耗行车道板，保护主梁免受雨水侵蚀，并对车辆轮重的集中荷载起分布作用，桥面铺装层应有一定的强度，并能满足抗裂、抗冲击、耐磨等性能要求。水泥混凝土桥面铺装虽然在设计过程中不考虑直接参与受力的要求，但却对荷载横向分布起到重要作用，因此其质量不能忽视。

1）全线桥梁处理措施

① 对于普通空心板结构、现浇板上部结构新桥面铺装一般采用18cm厚C40抗渗混凝土，抗渗等级为S8级，内置双层带肋钢筋网，顶层为ϕ8mm@10cm×10cm；底层为ϕ12mm纵向钢筋、ϕ16mm横向钢筋，间距均为10cm。

② 对于铰接T梁上部结构新桥面铺装采用18cm厚C40抗渗混凝土，抗渗等级为S8级，内置单层带肋钢筋网，底层为ϕ12mm纵向钢筋，ϕ16mm横向钢筋，间距均为10cm。

③ 对于原桥面铺装6～8cm厚的现浇箱梁采用12cm C40抗渗混凝土，抗渗等级为S8级，内置单层ϕ12mm@10cm×10cm钢筋网。

2）加固材料

桥面铺装重建所采用的主要材料如下。

（1）混凝土

桥面铺装改造采用的混凝土为C40抗渗混凝土，应符合以下要求：

① 抗渗等于或大于P6级的混凝土（简称抗渗混凝土），宜选择不低于32.5级的水泥，其品种应按图纸要求选用；当有抗冻要求时，应优先选用硅酸盐水泥或普通硅酸盐水泥。

② 粗集料的最大粒径不宜大于40mm，其含泥量不得大于1.0%，泥块含量不得大于0.5%。

③ 细集料的含泥量不得大于3.0%，泥块含量不得大于1.0%。

④ 外加剂宜采用防水剂、膨胀剂、引气剂或减水剂；掺用引气剂的抗渗混凝土，其含气量宜控制在3%～5%。

⑤ 水泥用量（含掺合料）不宜小于 320kg/m^3。

⑥ 砂率宜为 35%～40%；灰砂比宜为 1∶2～1∶2.5。表 5.3.7 为抗渗混凝土最大水灰比。

抗渗混凝土最大水灰比 表 5.3.7

抗渗等级	最大水灰比	
	C20～C30 混凝土	C30 以上混凝土
P6	0.60	0.55
P8～P12	0.55	0.50
>P12	0.50	0.45

（2）钢筋

桥面铺装改造采用的钢筋为 R235 级和 HRB335 级两种，R235 钢筋应符合《钢筋混凝土用钢 第 1 部分：热轧光圆钢筋》（GB 1499.1—2008）的规定，HRB335 级钢筋需满足《钢筋混凝土用钢 第 2 部分：热轧带肋钢筋》（GB 1499.2—2008）的规定。

（3）种植钢筋

桥面铺装改造采用的种植钢筋为 HRB335 级，应满足《钢筋混凝土用钢 第 2 部分：热轧带肋钢筋》（GB 1499.2—2008）的规定。胶黏剂一般选用环氧树脂及改性环氧树脂材料为主的多组分胶黏剂。该材料较多，使用前应做相关试验，主要是抗拔试验，材料力学性能参见《混凝土结构加固技术规范》（CECS 25：90）。所用材料须满足上、下、水平等各方向植筋的工艺要求。植筋用胶黏剂分管装式、机械注入式两种，其性能应符合设计图纸的要求。施工时应注意材料和配胶方式的相互配套，不得在现场配置植筋用胶黏剂。植筋胶安全性能应满足表 5.3.8。

植筋胶安全性能指标 表 5.3.8

性能项目			单位	性能指标
胶体性能	密度（25℃）		g/cm^3	≈1.55
	稠度（25℃）		—	不流淌
	劈裂抗拉强度		MPa	≥8.5
	抗折强度		MPa	≥50
	抗压强度		MPa	≥60
粘接能力	钢—钢（钢套筒法）拉伸抗剪强度标准值		MPa	≥16
	约束拉拔条件下带肋钢筋与混凝土的黏结强度	C30，ϕ25mm，L=175mm	MPa	≥11.0
		C60，ϕ25mm，L=175mm	MPa	≥17.0
不挥发物含量（固体含量）			%	99

3）施工流程

（1）为使桥面铺装与下面的混凝土构件紧密结合，应对桥面铺装下面的混凝土拉毛，并用高压水冲洗干净。

（2）桥面设置钢筋网时，应采取措施保证其位置正确和保护层厚度合理。浇筑混凝土时，施工人员及机具不得踩压在钢筋网上。

（3）浇筑桥面混凝土前，应在桥面范围内布点测量高程，以确定浇筑后的铺装厚度。

（4）在浇筑桥面铺装混凝土前，为保证桥面铺装与原结构的有效联结，需根据设计文件进行种植钢筋，种植钢筋施工流程如下。

① 植筋定位、钻孔。

a. 钻孔前可用钢筋探测仪探测桥梁构件植筋部位的钢筋位置，或凿去保护层暴露出钢筋；若植筋孔位处存在钢筋，则应适当调整钻孔位置。

b. 钻孔施工遇到钢筋或预埋件时应立即停钻，并适当移动钻孔孔位；若移动值太大，应及时通知设计单位予以处理。

c. 孔深必须达到设计要求，一般为 $10d$，d 为钢筋直径。孔径必须满足设计要求，一般比钢筋直径大 4～6mm。

② 清洁孔壁、钢筋。

a. 清孔应用高压空气，将孔内灰尘吹净，并用化学清洗剂清除油污。

b. 钢筋表面应清洗干净，不能有油污，清洗前应采用物理方法清除表面锈迹。

c. 植筋前用丙酮或工业酒精擦拭孔壁、孔底和植入钢筋。

③ 种植钢筋。

a. 植筋用胶黏剂应采用专用灌注器或注射器进行灌注，灌注量一般为孔深的 2/3，并应保证在植入钢筋后有少许胶黏剂溢出。

b. 注入胶黏剂后应立即单向旋转插入钢筋，直至达到设计的深度，并保证植入钢筋与孔壁间的间隙基本均匀，校正钢筋的位置和垂直度。

④ 静置固化。

胶黏剂完全固化前，不得触动或振动已植钢筋，以免影响其黏结性能。

⑤ 施工应注意的问题。

a. 严禁采用将胶黏剂直接涂抹在钢筋上植入孔中的植筋方式。

b. 废孔处理：施工中钻出的废孔，应采用高于构件混凝土一个强度等级的水泥砂浆、聚合物水泥砂浆或锚固胶黏剂进行填实，必要时应插入钢筋。

（5）当进行混凝土桥面铺装时，应按图纸所示预留好伸缩缝工作槽。当进行沥青混凝土铺装时，可不留伸缩缝预留工作槽，而在安装伸缩缝前先行切割沥青混凝土铺装所占的伸缩缝的位置。

（6）桥面铺装宜在全桥宽上同时进行，或按监理工程师的指示办理。

（7）混凝土桥面铺装的施工应按《水泥混凝土路面施工及验收规范》（GBJ 97—87）第四章第四节有关要求进行摊铺。

（8）混凝土的铺设要均匀，铺设的高度应略高于完成的桥面高程；要用振动器压实，并用整平板整平。

（9）混凝土桥面铺装的最终修整工作，应包括镘平及清理。在修整前要清理所有的表面自由水，但不能用水泥、石粉或砂子来吸干表面水分。

（10）在一段桥面铺装修整完成并在其收浆、拉毛后，应尽快予以覆盖和进行养生。

（11）当混凝土桥面铺装之上另有一层沥青混凝土铺装时，该混凝土桥面铺装除按上述要求外，其表面应拉毛。

（12）桥面铺设防渗混凝土应参照抗渗混凝土要求进行配制。如使用外加剂改善混凝土的和易性与质量时，应通过监理工程师认可以试验确定。

3.3 梁板顶升技术

因路道路升级改造，受改造后路面纵坡的影响，部分桥梁桥面设计高程需要调整，如直接在原桥面上加铺恒载，将会造成桥梁承载力不足，对已经出现病害的桥梁无疑是雪上加霜。因此，本着不增加恒载的原则，对主梁采用千斤顶整体顶升工艺将上部结构整体顶升的办法来达到设计高程。待达到新路的设计高程后，再对桥梁病害进行处理。

（1）梁板顶升施工流程

① 首先预制部分临时支座，然后拆除桥梁两端的伸缩缝。

② 地基处理：桥台锥坡可开挖成台阶或增加填土，形成基础平面；桥墩处可利用部分承台及加固周围地基。地基处理的要求要达到正式顶升时，沉降量不超过 1cm，沉降差不大于 2mm。可换填部分灰土、碎石及采用混凝土基础，并进行预压。

③ 搭设顶升支架：顶升支架必须保证足够的刚度，不可采用脚手架，每处顶升支架在 350t 竖向力作用下垂直变形不大于 1cm，不均匀变形差不大于 2mm。采用悬吊水箱等方法对支架进行预压。要求预压重量不小于支架承载值的 30％。

④ 布设顶升系统：顶升系统要求采用同步顶升，其顶升差不超过 1mm，同时同位置顶升力差不超过 25%。千斤顶基座需具备良好的分布性能和稳定性能，防止支架局部受力过大。

⑤ 测量梁底轴线高程，精度为毫米（mm）级，并在梁底和支架顶面做高程测量标记点。

⑥ 试顶：正式顶升前必须进行预顶，保证各控制指标均应满足要求，预顶持续时间为 2h。试验合格后，即可正式进行顶升。将梁体整体抬升 10mm，记录各千斤顶油压表数值，并测量标记点高程；持续 2h，再记录各千斤顶油压表数值，并测量各标记点高程。要求千斤顶承载值偏差不大于 5%，高程误差值不大于 3mm。确认梁底轴线形状有无改变，用以确认顶升同步性是否满足要求。

⑦ 同步顶升：按 5cm 一级，每级完成后应持荷载不小于 30min。顶升过程中，注意监控梁底的巡视，如果出现裂缝，应立即停止顶升，待分析原因并做出妥善处理后才可以继续。每次顶升后，应在受力支架上迅速安放临时支座或钢板。在顶升过程中保持桥梁的稳定。

⑧ 墩台的接长施工

桥墩处：移开墩、台顶支座，凿除原桥墩墩顶以下 50cm 范围内的周边表层 10cm 厚混凝土，注意钢筋的保留；加长钢筋网，与原预留钢筋进行焊接，焊接时避免在同一断面上（采用单面焊接，焊接长度不小于 $10d$）；在原墩顶以下 1m 以及接长段外侧采用钢板进行加固；浇筑 C50 水泥混凝土；下部钢板出现孔隙处用密封胶封闭。

桥台处：凿除挡块、支座垫石；对帽梁、耳墙向下凿除 20cm，背墙向下凿除至搭板台齐平；后均接长钢筋网，与原预留钢筋进行焊接；浇筑 C50 水泥混凝土。

⑨ 混凝土达到一定强度后，安装原有支座（如有损坏，更换同等型号的支座），落架，拆除千斤顶及临时支座，恢复墩台处地面原貌。

（2）梁板顶升施工注意事项

① 施工前做好全部材料的准备工作。

② 埋设固定点，用于顶升时的高程监测以及桥面系施工。

③ 顶升过程中应严格控制交通。

④ 顶升前应在各墩台位置做好高程标记点，并记录初始高程，作为梁底标准轴线。在顶升全过程中，应使各标记点符合梁底标准轴线，并应控制各标点偏离梁底标准轴线的瞬时误差不得大于 5mm，千斤顶油压表读数换算承载值误差不大于 5%。

3.4 预应力碳纤维板加固技术

为了使碳纤维材料及早参加工作，充分发挥其轻质高强的特点，可采用对碳纤维板预先施加预应力，再粘贴到建筑物的表面，即预应力碳纤维板的加固方法。

3.4.1 主要材料

（1）碳纤维板

T梁张拉预应力探纤维板法所采用的碳纤维板为专用材料，设计厚度为2.4mm，极限抗拉强度为2 800MPa，弹性模量为1.65×10^{5}MPa，极限承载力为403.2kN，碳纤维板张拉控制力为220kN，为碳纤维板极限拉力的55%。

（2）胶黏剂

碳纤维板与梁体黏结处采用SikaDur30黏结剂，锚具底板和梁底接触面上涂抹SikaDur31CFN黏结剂。

（3）锚具

张拉探纤维板所采用的锚具为特制锚具，锚具钢构件采用厂制，锚具加工所用钢板采用15mm厚A3钢，锚固螺栓采用M8高强螺栓，张拉螺杆采用8.8级钢制M24螺杆。

3.4.2 施工工序

（1）施工放样。在加固的T梁表面按照设计图纸放样，确定碳纤维板和两端锚具位置。放样采用钢尺定位，根据支座位置确定设计位置。

（2）混凝土凿除和表面处理。根据施工放样确定固定锚具和张拉端锚具的位置，凿除梁体表面混凝土，厚度为1.5cm（即锚具钢板厚度），以保证粘贴锚具表面与梁体表面水平。在碳纤维板位置处采用角磨机对梁体混凝土表面进行打磨，再用干布擦拭，确保粘贴面平整且无粉尘。

（3）种植螺栓。

（4）制作固定端和张拉端锚具。

（5）固定端锚具和张拉端锚具的安装与锚固。

（6）张拉碳纤维板。

（7）安装盖帽。

（8）成品保护。

3.5 去梁增肋加固技术

3.5.1 设计思路

一般梁式桥加固多采用粘贴加固、桥面增厚加固或体外预应力加固法。空心板桥刚度较小，采用传统的粘贴加固法只能提高结构的极限强度，对刚度和正常使用性能提高不大。桥面增厚法也只能改善受损结构受力性能，恢复其承载力水平。体外预应力加固对空心板桥施工难度很大，特别是当空心板桥截面挖空率大、顶底板与腹板很薄时，体外预应力实施困难。因此，实践中应采用一种对原梁板损伤小、能够提高原结构承载力、实施难度不大的设计与施工方案。经过比较与论证，采用去梁增肋加固法对桥梁进行整体加固是一种切实可行的加固方法。

去梁增肋加固法是去掉个别主梁，剩余主梁在原桥梁宽度范围内均匀分布，主梁之间新增预应力混凝土梁肋。新肋与旧梁通过新增桥面铺装形成横向刚度。通过张拉新梁预应力，调整原主梁应力状态，达到改善桥梁横向分布、增强横向刚度、提高承载力或改善正常使用阶段受力状态的目的。

3.5.2 构造特点

对每跨上部空心板结构，采用去掉 1 片损伤最严重的空心板梁，剩余 7 片空心板沿桥宽均布，空心板间增加 6 片预应力混凝土梁肋，新增肋宽度 25cm，加固后的桥梁横向为 7 片旧梁和 6 片新增肋。桥面 2％横向坡度由支座垫石顶部高差形成，梁板水平放置，横向相邻梁板顶高差 3.5cm。

梁板底部原支座部位仍旧设置 300mm×350mm×47mm 规格板式橡胶支座，保证原梁板支撑形式不变，新增肋底部设置 180mm×200mm×47mm 规格板式橡胶支座，等厚度的橡胶支座使得活载作用下支座的弹性压缩梁基本一致，尽量减小旧梁板与新增肋间的剪力。

梁板端部设置 50cm 厚的端横隔梁，增强薄壁结构端部强度，限制旧梁板顶板与腹板结合处纵向裂缝的发展。

新增肋钢束分为两束布设，分别为 7 根和 5 根直径为 15.25mm 的钢绞线，由于新增肋不具备端部张拉条件，为便于施工，2 束新增肋钢束均采用弯起布设，在梁顶部设置张拉锚固槽口。

新增钢束均采用弯起束未通过支点，在支点附近形成抗剪薄弱断面。为加强梁端抗剪能力，防止钢束张拉时导致梁端底部拉应力过大产生裂缝，新增肋在普通钢筋的设计中充分考虑了上述因素，在近支点处采用增加纵向普通钢筋（直径为25mm）和设置斜筋方式提高抵抗斜截面抗剪能力和斜截面抗弯能力。

新增肋与旧梁板通过分别与18cm厚度的桥面铺装层连接形成整体，新增肋箍筋（直径为12mm）伸出顶部，与桥面铺装层底层钢筋网连接，旧梁板顶部植筋与桥面钢筋网连接。

3.5.3 施工工艺

（1）施工方法

采用去梁增肋法加固大空心板的施工案例国内尚属首次，无相关经验可供借鉴。为了确保施工质量，保证施工的可靠性，又能够尽可能降低施工成本，在实验梁的基础上，根据工地现有的施工资源，采用了移动吊车现场配合，逐梁起吊检查维修并回吊的施工方法。

去梁增肋加固法的关键是在对原结构病害处理的基础上，通过新增肋加厚腹板，增强承载力，通过加铺桥面铺装层提高横向联结，增强整体性。施工采用两台60t吊车起吊大空心板梁临时支撑，检查梁板裂缝等病害情况，确定将病害严重的梁板废弃，每跨保留7片梁维修再利用，同时在边梁底部粘贴钢板加固，盖梁粘贴钢板加固完成后梁板回吊，横向间隔25cm架设，新增肋钢筋笼和钢绞线现场加工完成后，采用小吨位吊车就位，浇筑新增肋混凝土。

（2）施工工序

施工按照下列工序进行：

① 凿除原防撞护栏与桥面铺装；

② 剔除原梁板间浅铰缝，解除梁板间横向联系；

③ 吊移梁板并合理支承；

④ 凿除原垫石，粘贴盖梁补强钢板，植筋并重新浇筑支座垫石；

⑤ 检查并确定再利用梁板，修补缺损，处理裂缝；

⑥ 粘贴边梁底钢板；

⑦ 重新安装梁板，横向7片梁间隔25cm；

⑧ 绑扎新增肋钢筋，布设钢绞线，整体吊装就位；

⑨ 吊新增肋底部模板，安装梁端模板及锚具；

⑩ 施工新增肋混凝土并养护；

⑪ 强度达到 90％时张拉新增肋内纵向钢束，锚固、压浆封锚；

⑫ 梁板顶板植筋；

⑬ 施工桥面铺装层钢筋，预埋护栏钢筋；

⑭ 施工桥面混凝土；

⑮ 施工防撞护栏，安装伸缩缝。

4 旧桥维修加固效果评价与验收标准

4.1 裂缝修补

裂缝封闭施工完成后，应对封闭裂缝进行外观鉴定。表面封缝材料固化后应均匀、平整，不出现裂缝，无脱落。

裂缝注浆施工完成后，原有裂缝表面应平滑、密实，当注入裂缝的修补胶达到7d固化期时，应采用取芯法对注浆效果进行检验。芯样检验应采用劈裂抗拉强度测定方法。当检验结果符合下列条件之一时为符合设计要求：

（1）沿裂缝方向施加的劈力，其破坏应发生在混凝土部分（即内聚破坏）；

（2）破坏虽有部分发生在界面上，但这部分破坏面积不大于破坏面总面积的15%。按设计要求完成后取芯检查灌胶是否密实。

4.2 混凝土缺陷修复及外露钢筋处理

（1）桥梁混凝土缺陷修补完成后表面应平整，无裂缝、脱层、起鼓、脱落等，修补处表面应和原结构表面色泽基本保持一致。修补后平整度允许偏差值应符合表5.4.1的要求。

平整度允许偏差值实测项目　　表5.4.1

项　目	允许偏差	检查方法与频率
梁体平整度（mm）	5	钢尺丈量
阴阳角（°）	5	尺量

（2）对浇筑面积较大的混凝土或砂浆，应预留强度试块；新旧混凝土的黏结情况可通过敲击法和钻芯取样检测。

（3）桥梁混凝土表面涂装应无漏喷、流挂、针孔、气泡、色泽不均等异常情况。涂装表面应均匀平整。桥梁混凝土表面涂装应符合表5.4.2的规定。

桥梁混凝土表面涂装实测项目　　表5.4.2

项次	实测项目	规定值或允许偏差	检查方法和频率
1	总干膜平均厚度	≥设计厚度	涂装完成7d后进行测定。每$50m^2$面积随机检测一个点，测点总数不小于30个
2	总干膜最小厚度	≥0.75设计厚度	

4.3　渗水、泛碱处理

表面修补完成后应平整，无裂缝、脱层、起鼓、脱落等，修补处表面应和原结构表面色泽基本保持一致。

4.4　桥面铺装病害处治

桥面铺装施工完成后应符合表 5.4.3 的规定。

桥面铺装检查项目　　表 5.4.3

<table>
<tr><th>项目</th><th colspan="3">检 查 项 目</th><th colspan="2">规定值或允许偏差</th><th>检查方法（每幅车道）</th></tr>
<tr><td>1</td><td colspan="3">强度或压实度</td><td colspan="2">在合格标准内</td><td>按 JTG F80/1—2004 要求检查</td></tr>
<tr><td>2</td><td colspan="3">厚度（mm）</td><td colspan="2">+10，−5</td><td>对比检查桥面浇筑前后高程，每 100m 5 处</td></tr>
<tr><td rowspan="7">3</td><td rowspan="7">平整度</td><td rowspan="4">高速、一级公路</td><td></td><td>沥青混凝土</td><td>水泥混凝土</td><td rowspan="3">用平整度仪，全桥面每车道连续检测，每 100m 计算 IRI 或 σ</td></tr>
<tr><td>IRI（m/km）</td><td>2.5</td><td>3.0</td></tr>
<tr><td>σ（mm）</td><td>2.5</td><td>1.8</td></tr>
<tr><td>h（mm）</td><td colspan="2">5</td><td>3m 直尺，每 100m 3 处×3 尺</td></tr>
<tr><td rowspan="3">其他公路</td><td>IRI（m/km）</td><td colspan="2">4.2</td><td rowspan="2"></td></tr>
<tr><td>σ（mm）</td><td colspan="2">2.5</td></tr>
<tr><td>h（mm）</td><td colspan="2">5</td><td>3m 直尺，每 100m 3 处×3 尺</td></tr>
<tr><td rowspan="2">4</td><td rowspan="2">横坡（%）</td><td colspan="2">水泥混凝土</td><td colspan="2">±0.15</td><td rowspan="2">每 100m 检查 3 个横断面</td></tr>
<tr><td colspan="2">沥青面层</td><td colspan="2">±0.3</td></tr>
<tr><td>5</td><td colspan="3">抗滑构造深度</td><td colspan="2">符合图纸规定</td><td>铺砂法每 200m 检查 3 处</td></tr>
</table>

4.5　护栏病害处治

混凝土护栏检查项目见表 5.4.4。护栏施工完成后应满足以下要求。

混凝土护栏检查项目　　表 5.4.4

项　　次	检 查 项 目	规定值或允许偏差	检 查 方 法
1	地基压实度（%）	符合设计要求	检查施工记录
2	基础厚度（mm）	±10%*H*	检查施工记录
3	基础平整度（mm）	10	检查施工记录
4	护栏地面以上中心高度（mm）	±10	直尺：抽检 10%
5	护栏混凝土强度（MPa）	在合格标准内	按 JTG F80/1—2004 要求检查
6	轴线横向偏位（mm）	±50	直尺：抽检 10%

(1) 混凝土护栏预制块件不得有断裂现象。

(2) 各混凝土块件之间、混凝土与基础之间的连接方式和要求符合图纸要求。

(3) 混凝土块件标准段、混凝土护栏起终点及其开口处的混凝土块的几何尺寸应符合设计要求。

(4) 混凝土块件的损边、掉角长度一处不得超过20mm，并应及时修补。

(5) 混凝土块件之间的错位不大于5mm。

(6) 护栏线形顺适，高度一致。

(7) 混凝土护栏表面蜂窝麻面、脱皮等缺陷面积不得超过该构件面积的0.5%。

4.6 伸缩缝病害处治

伸缩装置安装检查项目见表5.4.5。伸缩缝施工完成后应满足以下要求。

伸缩装置安装检查项目 表5.4.5

项次	检查项目		规定值或允许偏差	检查方法
1	缝宽		符合设计要求	用尺量
2	与桥面高差(mm)		2	用尺量
3	纵坡(%)	大型	±0.2	用水准仪测量，小型装置测纵向锚固混凝土端部，大型装置测纵向两端
		一般	±0.3	
4	横向平整度(mm)		3	用3m直尺测量
5	长度		符合设计要求	用尺量

(1) 基本要求

① 伸缩装置产品必须有合格证，并经监理工程师验收合格才能安装。

② 伸缩装置必须锚固牢靠，不能松动，伸缩性能必须有效。

(2) 外观鉴定

伸缩装置无阻塞、渗漏、变形、开裂现象，不符合要求时必须进行整修。

4.7 排水设施病害处理

排水孔进水口应低于桥面铺装面层，泄水时不得冲刷墩、台和下穿道路。

4.8 桥台搭板病害处理

桥台搭板施工完成后应满足以下要求。

(1) 基本要求

① 搭板所用的水泥、砂、石、水和外掺剂的质量和规格必须复核有关规范的要求，按规定的配合比施工。

② 桥头搭板下的地基及垫层或路面基层的强度和压实度必须满足设计要求。

③ 不得出现露筋和空洞现象。

(2) 实测项目

桥台搭板病害处理工程实测项目见表5.4.6。

桥台搭板病害处理工程实测项目 表5.4.6

项次	检查项目		规定值或允许偏差	检查方法和频率
1	混凝土强度(MPa)		在合格标准内	按水泥混凝土抗压强度评定检查
2	枕梁尺寸(mm)	宽、高	±20	尺量，每梁检查2个断面
		长	±30	尺量：检查每梁
3	板尺寸(mm)	长、宽	±30	尺量：各检查2～4处
		厚	±10	尺量：检查4～8处
4	顶面高程		±2	水准仪：测量5处
5	板顶纵坡(%)		0.3	水准仪：测量3～5处

(3) 外观鉴定

板的表面应平整，边缘应顺直。

4.9 种植钢筋

种植钢筋施工完成后应满足以下要求：

(1) 材料检验须满足规范和设计要求。

(2) 工序检验：工序必须完整、规范，各环节要求监理工程师签认或旁站。

(3) 抽样试验：一般对完成的种植筋采用按比例抽样，做抗拔试验，抽样比例不大于3%，试验结果必须100%满足设计要求。

(4) 钻孔直径应符合表5.4.7的要求，直径允许偏差为+2mm、-1mm；钻孔深度、垂直度和位置的允许偏差应符合表5.4.8的要求。

植筋钻孔直径（mm）　　表 5.4.7

钢筋公称直径	钻 孔 直 径	钢筋公称直径	钻 孔 直 径
6	10	18	22
8	12	22	28
10	14	22	28
12	16	25	30
14	18	28	35
16	20	32	38

植筋钻孔深度、垂直度和位置允许偏差　　表 5.4.8

植 筋 位 置	钻孔深度允许偏差（mm）	钻孔垂直度允许偏差	位置允许偏差（mm）
上、下部结构	+10，0	3°	5
承台与基础	+20，0	5°	10
连接节点	+5，0	2°	5

（5）锚孔内胶黏剂应饱满，不得有未固结现象。

（6）植入钢筋不得有松动，表面不应有损伤，钢筋不得弯曲 90°以上。

4.10　粘贴碳纤维复合材料加固

粘贴碳纤维复合材料加固施工完成后应满足以下要求。

（1）实测项目：碳纤维复合材料施工质量检验及验收标准应符合表 5.4.9 的要求。

碳纤维复合材料粘贴质量检验实测项目　　表 5.4.9

<table>
<tr><th>项次</th><th colspan="3">检 验 项 目</th><th>合 格 标 准</th><th>检 验 方 法</th><th>频　　数</th></tr>
<tr><td>1</td><td colspan="3">碳纤维布材粘贴误差</td><td>中心线偏差≤10mm</td><td>钢尺测量</td><td>全部</td></tr>
<tr><td>2</td><td colspan="3">碳纤维布材粘贴</td><td>≥设计数量</td><td>计算</td><td>全部</td></tr>
<tr><td rowspan="4">3</td><td rowspan="4">粘贴质量</td><td colspan="2">空鼓面积之和与总粘贴面积之比</td><td>＜5%</td><td>小锤敲击法</td><td>全部或抽样</td></tr>
<tr><td rowspan="2">胶黏剂厚度</td><td>板材</td><td>2mm±1.0mm</td><td rowspan="2">钢尺测量</td><td rowspan="2">构件 3 处</td></tr>
<tr><td>布材</td><td>＜2mm</td></tr>
<tr><td colspan="2">硬度（布材）</td><td>＞70°</td><td>测量</td><td>—</td></tr>
</table>

（2）现场粘贴金属块进行加载试验，观察破坏形式，判断粘贴效果是否合格。试验要求应符合《混凝土结构加固设计规范》（GB 50367—2006）的相关规定。

（3）外观鉴定：补强表面平整，不得有胶、间隙、干砂、皱褶、气泡、凹陷等缺陷。

4.11 粘贴钢板加固

粘贴钢板加固施工完成后应满足以下要求：

（1）所粘混凝土表面应清理干净，呈新混凝土表面，无粉尘，无污物。

（2）所粘钢板的抹胶表面，必须打磨出金属光泽。

（3）钢板上抹胶应两边薄、中间厚，并 100％抹满，对粘贴的混凝土表面凹处抹胶补平，混凝土上钻孔，胶应灌入孔内。

（4）钢板粘贴好后，立即加压固定，检验时以钢板两边缘有胶溢出为合格。

（5）在常温 20℃时，固化时间大约 20h，温度越高，时间越短。

（6）目测钢板边缘的溢胶色泽应均匀，胶体应固化。粘钢拆模后，检验钢板边缘溢胶色泽、硬化程度，以小锤敲击钢板的有效黏结面积。标准锚固区面积 $S \geqslant 90\%$，非锚固区面积 $S \geqslant 70\%$。

（7）防腐处理应满涂所粘钢板并将钢板溢出胶的范围也包括进去。

（8）锚栓的植入深度应符合设计要求，钻孔深度偏差不应大于 5mm。

（9）钢板的有效黏结面积应不小于 95％。

4.12 预应力碳纤维板加固

T 梁采用预应力碳纤维板法加固应满足以下要求。

（1）锚具钢构件加工检查与验收

加工锚具钢构件的材质、厚度、螺孔位置、螺杆长度是确保锚具满足设计要求的关键指标，根据设计要求及《机械加工手册》、《公路桥涵施工技术规范》（JTJ 041—2000）的相关规定，确定钢板采用 A3 钢，厚度为 15mm，螺孔位置 ±5mm，螺杆长度不小于设计。经现场检查验收，均满足设计要求。

（2）碳纤维板检查与验收

碳纤维板采用 sika 成品，其主要指标为：设计厚度 2.4mm，极限抗拉强度为 2 800MPa，弹性模量为 1.65×10^5 MPa，极限承载力为 403.2kN，碳纤维板张拉控制力为 220kN，为碳纤维板极限拉力的 55％，由 sika 直供商提供并确保其品质。现场主要检查成品的外观。经检查，碳纤维板外观顺直，无毛刺，厚度均匀，与张拉固定头连接牢固；从张拉结果看，sika 碳纤维板质量平稳可靠，满足设计要求。

（3）锚具安装检查与验收

根据设计要求，结合《公路桥涵施工技术规范》（JTJ 041—2000）的相关规定，锚具安装的容许误差为±10mm，经检查验收，实际施工均满足设计要求。

（4）碳纤维板张拉施工与验收

根据设计要求，参照预应力混凝土施工的相关规定，碳纤维板张拉采用张拉力与伸长值双值控制，由于碳纤维板为多层碳纤维布黏结而成，其弹性模量差异系数相对较大，确定其张拉伸长量容许误差为10%。

4.13 30m无黏结预应力大空心板去梁增肋法加固

30m大空心板采用去梁增肋法进行加固以后应满足以下要求。

（1）基本要求

①所用的水泥、砂、石、水和外掺剂的质量和规格必须符合有关规范的要求，按规定的配合比施工。

②肋板不得出现露筋和空洞现象。

③旧空心板重新定位后，板两端支座应对位，板底与支座以及支座底与垫石顶面须密贴，否则应重新安装。

（2）实测项目

实测内容如表5.4.10所示。

去梁增肋法加固工程质量检验实测内容　　表5.4.10

项次	检 查 项 目	规定值或允许偏差	检查方法和频率
1	混凝土强度（MPa）	在合格标准内	按水泥混凝土抗压强度评定检查
2	肋板长度（mm）	±10	尺量：检查每梁
3	肋板宽度（mm）	±10	尺量：检查每梁
4	肋板高度（mm）	±5	尺量：检查每梁
5	横坡（%）	±0.15	水准仪：每跨检查1～3处
6	平整度（mm）	5	2m直尺：每侧面10m梁长测1处

（3）外观鉴定

① 肋板混凝土颜色一致，无明显施工接缝；

② 肋板封锚混凝土应密实、平整；

③ 肋板内伸出的箍筋需与旧梁原有铰缝钢筋有效连接。

4.14　桥台基础高压旋喷桩法加固

桥台扩大基础采用高压旋喷桩法加固应满足以下要求：

（1）高压喷射注浆所用的水泥和外掺剂品种、规格及质量应符合设计要求。

（2）浆液应严格按设计配方和试验确定的配合比拌制，制备好的浆液应均匀，不得离析。

（3）高压旋喷桩的数量、布桩形式应满足设计要求。

（4）高压旋喷桩的长度应满足设计要求。

（5）高压旋喷桩的完整性、均匀性、无侧限抗压强度应满足设计要求。

（6）高压旋喷桩处理后的复合地基承载力应满足设计要求。

4.15　桥台注浆法加固

浆砌片石桥台采用砌体及台背填土注浆法加固应满足以下要求：

（1）统计计算的注浆量，可利用注浆过程中的流量和压力自动曲线进行分析，从而判断注浆效果。

（2）用钻机钻孔采取岩芯，通过试验测定其密实度，并观察浆液充填情况。

第 6 篇　公路隧道病害检测评价和处治技术指南

主 编 单 位：广东清连公路发展有限公司
中交第一公路勘察设计研究院有限公司
参 编 单 位：同济大学
华南理工大学
主要编制人员：吴明先　韩常领　赵永国　夏才初
贺志勇　晁德志　饶　中　王万平
张武祥　陶　弘　童　中　王　楠

1　隧道病害检测

1.1　病害调查方法

1.1.1　资料收集

在开展隧道病害调查前需从业主或隧道管理部门收集有关资料，内容如下。

（1）工程地质勘察报告：岩性，围岩类别，岩体变形和强度参数，主要断层位置，隧道地形图。

（2）设计资料：设计图纸和说明书，隧道长度、断面尺寸、混凝土强度等级、配筋，初衬厚度，锚杆的直径、长度和分布等。

（3）施工和监理资料：竣工资料、竣工图纸，不良地质情况记录，施工时的塌方记录，施工工艺和质量问题方面的记录，衬砌背后回填记录等。

（4）历年维修资料。

1.1.2　调查内容与方法

隧道病害现场调查内容主要有裂缝、渗漏水、衬砌表面病害、衬砌异形和隧道洞口交通安全调查。病害调查主要以观察和简易的测量为主。调查前，先在隧道边墙上每隔 10m 标明相对于隧道进洞口的桩号，并以隧道拱顶轴线为界，将隧道分成左右两个面进行调查，病害调查采用专用记录表格。

裂缝调查方法：用钢卷尺量测裂缝所在的部位和长度，用裂缝计或游标卡尺量测裂缝宽度，当宽度大于 0.2mm 时，同时用细钢丝测量裂缝深度，记录裂缝的形态。对病害较多或较复杂的部位进行素描和拍照。

渗漏水调查方法：用钢卷尺量测渗漏水所在的部位，根据出水情况判断是喷射、涌流，还是滴漏或浸渗，记录大致面积，对病害较多或较复杂的部位进行素描和拍照。

衬砌异形调查方法：观察记录是否存在纵向错台、环向错台、内凹或外凸，用直尺或钢卷尺测量错台以及内凹或外凸的变形量。

衬砌面病害调查方法：观察记录衬砌面蜂窝、麻面和剥落病害，用直尺或钢卷尺测量大致面积或大小，对病害较多或较复杂的部位进行素描和拍照。

隧道洞口交通安全调查：内容包括是否出现过交通安全事故，有无行车安全“黑点”问题，是否存在视距不足问题等，并对事故形态、发生位置进行描述。

1.1.3 调查成果整理

（1）绘制病害展示图

根据病害调查结果，绘出病害展示图。展示图是以拱顶为中线，两边展开；透视的方式是从隧道内观察。沿隧道轴线标上桩号，在垂直轴线方向标上隧道展开方向的尺寸刻度。纵轴向（顺线路方向）以每25～45m为一段，每米为一格；横向按左边墙、拱部、右边墙对衬砌再划分部位进行绘制。

（2）进行病害统计分析

对隧道所有病害的调查结果进行统计分析，并提交统计报表。

1.2 病害检测方法

1.2.1 隧道内轮廓变形

检测目的：内轮廓是否出现变形，是否存在侵入净空、建筑限界等情况，为隧道安全性评估以及维修加固提供基本数据。

检测方法：全站仪法、激光断面仪法。

（1）全站仪法测量隧道内轮廓变形

测量原理：利用无棱镜反射全站仪在不需要接触被测点就可获得被测点的三维坐标的功能，将全站仪放置于隧道中线上，对隧道壁某一横断面上的连续若干点进行三维坐标测量，测得同一断面上若干点的三维坐标后，即可绘制出该横断面的几何图形，再与设计的标准断面相比较，即可发现该断面出现变异的地方。该方法简便易行，测试结果可靠，精度也可满足要求，测试速度较快，其步骤如下：

① 先按照设计图对隧道中线进行实地放样；

② 将全站仪架设于需要测量的断面上，整平、对中于隧道中线上的一点；

③ 测量仪器高度，并输入全站仪；

④ 设置0°角（使全站仪瞄准该处隧道中线的切线方向，并将该方向设置

为 0°角）；

⑤ 转动仪器，将水平角调整至 90°或者 270°即可开始测量；

⑥ 测量隧道断面，除横断面内的关键点（如边墙起点、转弯点等）必须测量外，其余测点可根据测量精度来定，一般每 20m 测一个断面，在偏离标准轮廓比较大的段落加密检测间距，每 10m 测一个断面，个别严重段落每 5m 测一个断面。

（2）激光隧道断面仪法测量隧道内轮廓变形

测量原理：激光隧道断面仪是一种建立在无合作目标激光测距技术和精密数字测角技术之上的极坐标测量法，其原理与全站仪相同，均为极坐标法。由于隧道横断面的量测断面和量测点比较多，采用这种不需要合作目标（反射棱镜）的量测方法非常方便，也非常适合隧道内量测，量测精度满足隧道检测的要求。激光隧道断面仪采用掌上电脑，在现场即可检测并记录多组量测断面数据。

激光隧道断面仪主要由 3 大部分组成：检测主机、掌上电脑（含掌上电脑控制测量软件）、台式机传输数据处理软件。主要技术参数：检测半径 1～45m；自动检测一般为 50 个点/断面；测距精度优于±1mm；测角精度优于 0.01°；方位角范围 30°～330°（仪器测头垂直向下为 0°），连续测量 60°～300°；手动测头转动方位角范围：0°～350°；具有垂直向下激光定心标志、测距功能。

激光隧道断面仪测量隧道内轮廓变形步骤如下：

检测前，先采用经纬仪或全站仪按一定间距（一般为 10m）放出隧道中线点，并量测出该点的地面高程，同时在隧道边墙上放出对应桩号的横断面净空标记点。

① 将检测仪安放在所需检测断面的隧道中线点上，仪器对中，整平。

② 调整好检测方向并归零，测取仪器高度并记录（仪器高为相对地面的高度）。

③ 在掌上电脑 PDA 的软件主界面中选择“测量断面”。

④ 再选择“新测”，如图 6.1.1 所示，图的右侧表示掌上电脑中已保存的数据文件。

⑤ 然后输入相关量测参数。

⑥ 最后选择“测量”，激光隧道断面仪软件控制测头自动完成断面的测量并将角度及斜距等参数保存在文件中，在现场可以看到所测的断面轮廓线（图 6.1.2）。

在提示栏中显示检测完毕信息时，即可退出，数据自动保存在掌上电脑中。然后进行下一个断面检测。检测断面数据可带回室内进行处理，以减少在隧道内的工作时间，减少对隧道运营的影响。

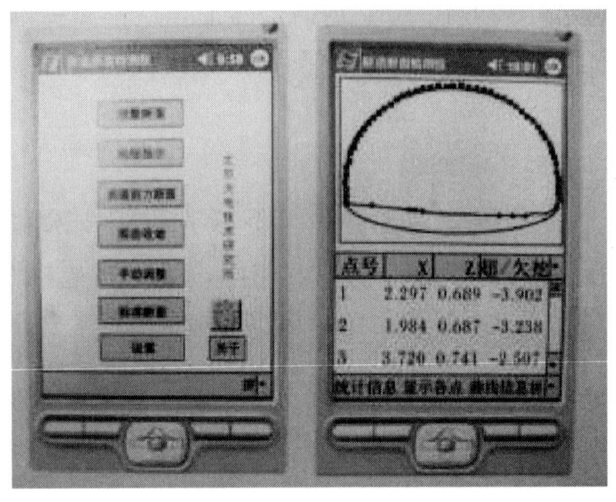

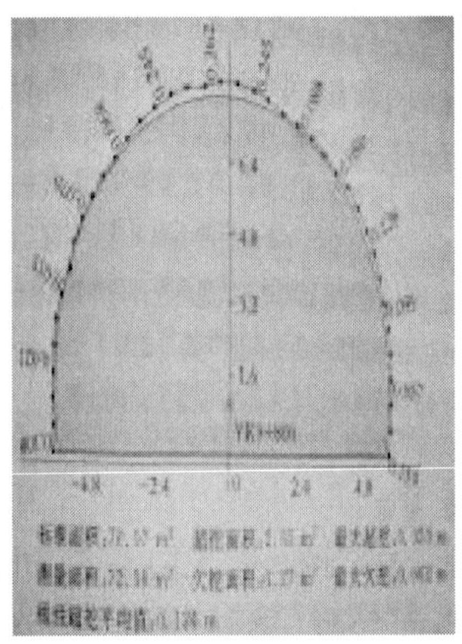

图 6.1.1　PDA 操作界面示意　　　　图 6.1.2　内轮廓检测结果示意

现场检测完成后，回到室内将掌上电脑与计算机连接并将现场量测数据转入计算机，采用后处理软件对数据进行处理。打开某一断面数据文件，此时所显示的断面图为现场量测的数据图形，需编辑当前曲线和标准设计曲线，并进行对比，从而判断该实测断面与设计断面的尺寸关系。

⑦ 首先编辑当前曲线。因为量测时仪器是在隧道中线上，所以 X 坐标值为 0；Z 值可根据以下几个参数获得：仪器高 Z_1（此处是相对路面的高差），隧道中线点地面高程 H_1，隧道中线点的路面设计高程 H_2，$Z=Z_1-(H_2-H_1)$，并输入此值，然后输入量测的一些相关信息（如测量时间、测量单位和测量人等），即完成当前断面的编辑。

⑧ 编辑标准曲线。标准曲线即是所要检测净空断面的设计曲线，应为设计的二次衬砌外轮廓线。

在两条曲线编辑完后，即完成了数据处理，根据图表中的标准曲线和实测曲线，判断隧道初支后的横断面净空是否侵入二次衬砌限界，在哪些部位存在侵限；同时在图表的下方给出该断面的相关信息，包括侵界最大值、侵界面积等。

1.2.2　隧道衬砌脱空

检测目的：检测隧道衬砌厚度、隧道不规则岩面和衬砌之间、衬砌和二衬之间是否存在空洞或空隙。

检测方法：钻孔法，地质雷达法等。

（1）钻孔法

钻孔法是一种有损检测方法，该方法直接在混凝土衬砌中打孔或凿槽，从而直接确定衬砌是否存在脱空。具体做法是：先在待检测部位用普通冲击钻打孔，然后量测衬砌混凝土中的孔深。为提高量测的精度，可以采用已知长度为L_0的带直角钩的高强度铁丝深入钻孔中至孔底，平移铁丝并缓慢向孔壁移动，使直角钩挂在衬砌混凝土外表面。量测铁丝外露部分长度L_i，则衬砌厚度为：$L=L_0-L_i$。如果铁丝直钩不能挂在衬砌混凝土外表面，则表明衬砌背后无孔洞或较大裂缝。

钻孔法是确定衬砌混凝土是否存在脱空的最直接、最准确的方法。不足之处在于该方法具有破坏性，成本高且费时、费力，会损坏衬砌及复合式衬砌结构中的防排水设施，不适合普查性检测，只能进行部分抽检验证。

（2）地质雷达法

地质雷达（又称探地雷达）检测属于电磁波检测的范围，它可检测混凝土衬砌厚度、衬砌脱空、衬砌内部钢拱架和钢筋的分布等。地质雷达检测隧道混凝土衬砌质量是目前国内外应用最为广泛和最成功的一种无损检测方法。

地质雷达工作原理：现代探地雷达包括外接 PC 机、雷达控制单元、发射天线和接收天线。控制单元通过光纤连接到发射和接收天线，通过并口通信电缆与计算机相连。工作时，探地雷达采用高频电磁波，其电磁波的频率一般为$8\times10^7\sim1\times10^9$ Hz，由一个天线向地下发射，另一个天线接收来自地下介质界面的反射波，电磁波在介质中传播时其路径、电磁场强度与波形将随所通过不同介质的电性质及几何形态而变化。根据收到电磁波的旅行时间（亦称双程走时）、幅度与波形资料，探地雷达接收并记录这些信号，再通过进一步的信号处理和解释，便可得到反映地下地质剖面的雷达图像（图 6.1.3）。

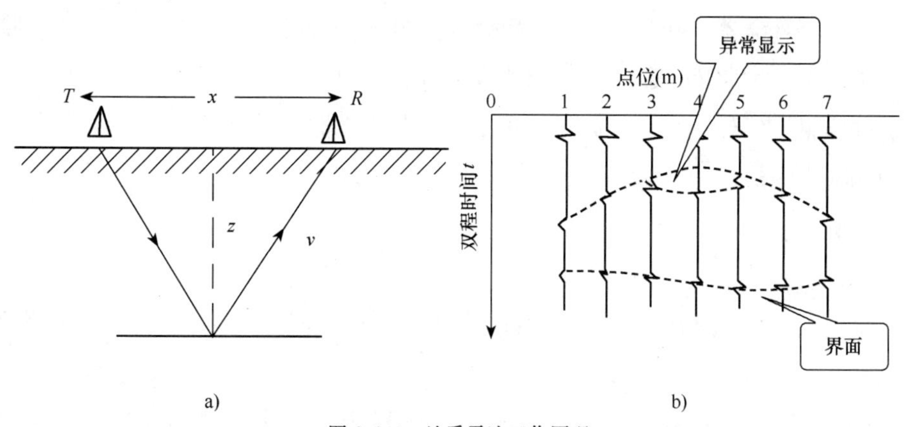

图 6.1.3　地质雷达工作原理

a）电磁波反射探测原理；b）雷达记录示意图

相对于探地雷达所用的高频电磁脉冲而言，通常工程勘探和检测中所遇到的介质都是以位移电流为主的低损耗介质。在这类介质中，反射系数和波速主要取决于介电常数。

$$\left.\begin{aligned}\gamma &= \frac{\sqrt{\varepsilon_1}-\sqrt{\varepsilon_2}}{\sqrt{\varepsilon_1}+\sqrt{\varepsilon_2}}\\ v &= \frac{c}{\sqrt{\varepsilon}}\end{aligned}\right\} \qquad (6.1.1)$$

式中：γ——反射系数；

v——速度；

ε——相对介电常数，下角标 1、2 分别表示上、下介质；

c——光速。

空气的相对介电常数为 1，最小；水的相对介电常数为 81，最大。电磁波由空气进入二衬混凝土层会出现强反射；同样，当电磁波由二衬传播至初衬，继而从初衬传播到岩层时，如果交界处贴合不均匀，或存在空隙空洞，亦会导致雷达剖面相位和幅度发生变化，由此可以确定衬砌厚度和发现衬砌缺陷、围岩接触状态及围岩缺陷。

地质雷达现场检测技术：雷达时间剖面上各测点的位置和隧道里程相联系。为保证点位的准确，在隧道壁上每 5m 作一标志，当天线对齐某一标志时，由仪器操作员向仪器输入信号。内业整理时，根据首、末标记及中间核查的里程在雷达的时间剖面上标明里程桩号，现场具体测试步骤如下。

① 天线选型。根据既有公路隧道衬砌检测的具体目的，选用合适的天线频率。通常选用 1GHz 和 500MHz 天线。1GHz 天线分辨率高，能够发现二衬间存在的缺陷，确定钢筋分布，估计二衬厚度；500MHz 天线虽然分辨率较 1GHz 天线低一些，但穿透深度较大，可以检测不规则岩面和初衬之间是否存在脱空，并可对初衬和二衬之间 1GHz 的检测结果进行对比。

② 选定测量天线后，用实际钻孔芯样进行仪器标定和记录参数选取试验，根据现场调试分析结果，确定雷达主要参数。

a. 车辆行驶速度控制在 4km/h 左右；

b. 采样点间距 0.05m；

c. 检测时，天线与隧道衬砌表面密贴，沿测线滑动，由雷达控制单元高速发射雷达脉冲进行快速连续采集。

③ 测线布置。沿隧道纵向通常布置 5 条测线，其中，拱顶布置 1 条，拱腰布置 2 条（两侧各 1 条，距拱顶中心 3.5m），边墙布置 2 条（水沟盖板以上

1.5m)，具体布置方式如图6.1.4所示。

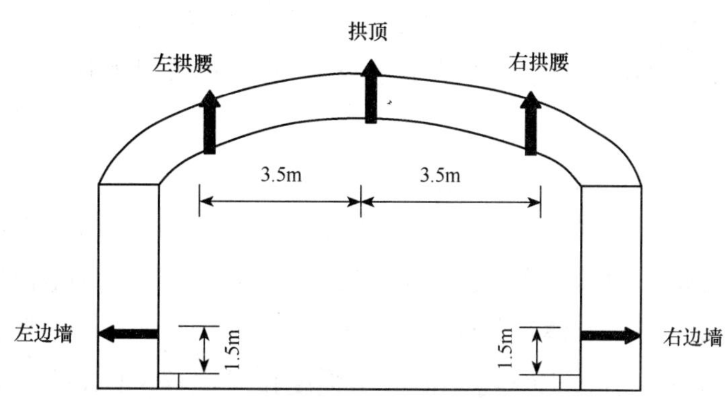

图6.1.4　隧道衬砌雷达测线布置图

实际检测中，路面障碍物、照明灯及抽风机等会导致实际测线与预定测线有少许位置偏差，不会影响现场检测结果的科学性和代表性。

④ 人员安排：技术人员4人，工作人员5人，汽车1辆。

由于隧道通常高度在7m左右，所以检测拱顶和拱腰时，需在汽车上搭设工作平台，检测时，操作人员站在汽车上举起地质雷达天线使其贴近隧道衬砌面，汽车以4km/h的速度缓慢行驶。地质雷达主机记录测试信息，并存入计算机，测试完一条测线后，再测试另一条测线。在测线上施测时需清除障碍物，或在障碍物上标上醒目的标志，以便在测试时绕避障碍物。

检测时要进行交通管制，以确保仪器和检测人员的安全。

⑤ 地质雷达数据处理和分析：数据处理和分析采用仪器配套采集分析软件。处理过程包括预处理和处理分析。预处理包括编辑采集信息、校正里程桩号、厚度比例尺调整；处理分析包括滤波处理（DC滤波、时间滤波、带通滤波、自动增益滤波），浏览整个剖面查找明显的异常，异常特征和层面对应相位分析，剖面修饰。

1.2.3　衬砌混凝土强度

检测目的：隧道衬砌强度是否满足设计要求。

检测方法：钻芯法，超声回弹综合法。

(1) 钻孔取芯法

钻孔取芯法是一种半破损的混凝土强度检测法，它利用钻机和人造金刚石空心薄壁钻头，从结构混凝土中钻取芯样，再对芯样进行加工，制作成标准规格的试块，利用室内试验设备，测出试块的抗压强度值。

作为早期的隧道衬砌强度检测手段，这种方法比较直观，但难免会对隧道衬砌造成损伤，甚至使隧道衬砌的防水系统遭到破坏，造成严重后果。而且这种检测方法速度慢，一般都是凭感觉判断，容易造成误差，只能少量抽样，对超声回弹综合法强度检测结果进行验证（可利用雷达脱空检测时的已取芯样）。

（2）超声回弹综合法

所谓综合法，就是采用两种或两种以上的测试方法同混凝土强度建立关系。超声回弹综合法是其中的一种，是应用回弹法和超声法综合检测混凝土抗压强度的方法，是由罗马尼亚建筑与建筑经济科学院于1966年首先提出的。我国于1988年实施《超声回弹综合法检测混凝土强度技术规程》（CECS：88）。2005年开始实施《超声回弹综合法检测混凝土强度技术规程》（CECS 02：2005）。

超声法和回弹法是根据混凝土的两个不同性质来检测混凝土强度的，前者是依据混凝土的密度，而后者是依据混凝土的表面硬度。回弹值只反映混凝土表层的情况，而超声测强的局限性只反映材料的弹性性质，不能全面反映混凝土强度牵涉的多种材料指标。综合法较之于单一的回弹法和超声法具有明显的优势。衬砌混凝土的龄期和含水率都对回弹值和声速有着明显的影响，但在综合测强方法中，龄期、含水率两个因素对回弹值和声速的影响却能在相当程度上相互抵消，从而能较大地提高强度测试的准确性与可靠性。如上所述，回弹法对低强度混凝土测试不敏感，单纯的声速法却对高强度混凝土反应不灵敏，而将两者结合起来的超声一回弹综合法，既能将混凝土内外质量检测结合起来，又能在较低或较高强度区弥补各自的不足，所以，综合测试能较全面地反映混凝土衬砌的整体质量，提高无损检测混凝土强度的精度。

超声回弹综合法是利用低频超声仪和具有标准动能的回弹仪对结构或构件进行原位声速和回弹测试，利用已建立起来的反映混凝土强度同声波速度和回弹值关系的统一测强式（6.1.2），推定混凝土抗压强度的一种方法。由于隧道衬砌只有一个自由面暴露在外，超声回弹综合法测试衬砌混凝土声速时，只能在衬砌表面采用单面平测法进行。

$$f^{c}_{cu,i}=av^{b}_{ai}R^{c}_{ai} \tag{6.1.2}$$

式中：$f^{c}_{cu,i}$——第 i 个测区混凝土强度换算值；

v^{b}_{ai}——第 i 个测区混凝土的超声声速值；

R^{c}_{ai}——第 i 个测区混凝土的回弹值；

a、b、c——混凝土粗集料品种系数，当粗集料为卵石或碎石时，分别取不同的值。

测试部位的选择：对于隧道而言，拱顶、拱腰和拱脚是关键的受力部位，其强度的满足与否，直接关系到结构的变形大小与稳定性，故横断面的强度检测中，应分别将它们作为独立的测区，进行单独评价。

超声回弹综合法检测隧道衬砌强度的测试方法：

① 衬砌强度检测结合施工方法进行，一般每 10m 左右检测 1 个断面，每个断面测 3 个测区（拱顶、拱腰、边墙），对衬砌强度有怀疑的地方每幅都进行检测；

② 钻取一定数量的芯样进行衬砌强度的验证。

具体操作方法是：

第 1 步，测定回弹值。首先是选点，选择的测点表面应平整，然后根据《混凝土超声波检测技术》的规定进行画点。通常采用平测法，即测点间的距离为 30cm，上下两点间的距离为 5cm，如图 6.1.5 所示。画好点后先进行回弹，共回弹 16 个点（回弹点不能选择在超声波测点上），然后再进行超声波检测。

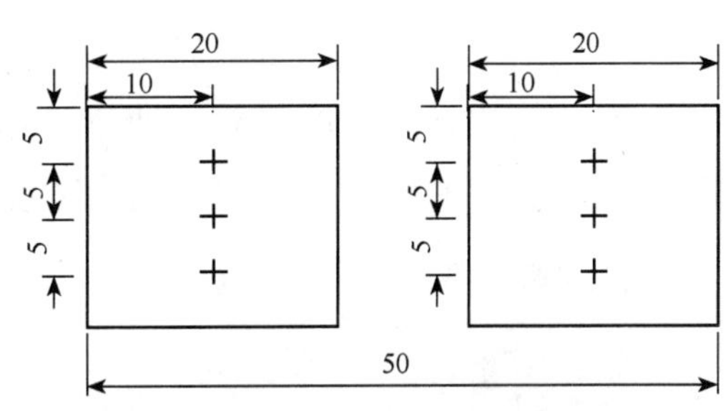

图 6.1.5　混凝土强度检测示意图

（尺寸单位：cm）

检测时，回弹仪的轴线应始终垂直于衬砌混凝土检测面，缓慢施压，准确读数，快速复位；测点距衬砌边缘或外露钢筋、预埋件的距离不小于 30mm。测点不应在气孔或外露石子上，同一测点只允许弹击一次。每一测区记取 16 个回弹值，回弹值读数精确至 1。将该测区的 16 个回弹值，剔除 3 个最大值和 3 个最小值，按下式计算该测区平均回弹值：

$$R_m = \sum R_i/10 \tag{6.1.3}$$

式中：R_m——测区平均回弹值；

R_i——第 i 个测点的回弹值。

最后，根据测区平均回弹值 N，按预先准备的测强曲线或查阅有关表格即可得出测区混凝土抗压强度 R_m。

第 2 步，声速值的测定。

第 3 步，计算衬砌混凝土强度。

1.2.4　隧道衬砌裂缝

检测目的：调查隧道衬砌裂缝，为隧道裂缝修补提供参考数据。

检测方法：隧道衬砌裂缝是隧道病害的典型表现形式，检查裂缝要有针对性，进而分析其产生的原因，跟踪监测其发展状况，避免事故的发生。裂缝检测，要求测量其长度、宽度和所在位置，进行记录描述和拍摄照片；对较宽的裂缝，尤其是斜裂缝，采用数显刻度仪测量宽度，每条裂缝测量3处，并检查裂缝两侧衬砌是否有错位，以确定衬砌偏离情况。

（1）刻度放大镜测量裂缝宽度

刻度放大镜也称为裂缝显微镜。操作方法是将物镜直接对准待观测裂缝，通过旋转显微镜侧面的旋钮可将图像聚焦，目镜可以读出裂缝的深度。目前，部分裂缝显微镜具有自动测读宽度的功能，具有很高的分辨率，精度可达0.01mm。

（2）采用厚薄规测量裂缝宽度

厚薄规由标有厚度的数个薄钢片组成，可以量测裂缝的宽度和深度。根据插入裂缝钢片的厚度和深度，测出宽度较大的裂缝的宽度和深度值。

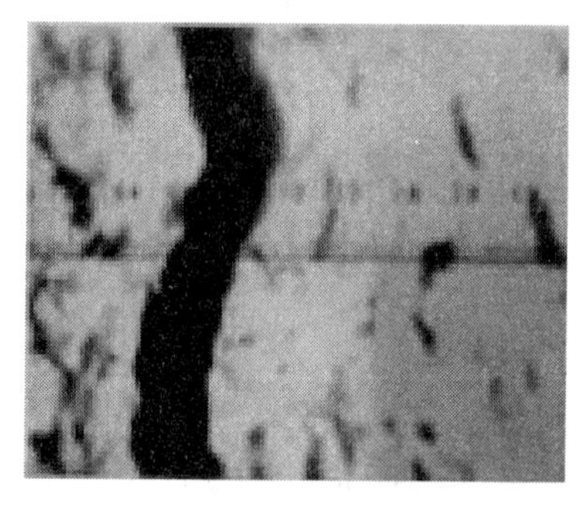

图6.1.6 裂缝成像

（3）裂缝测宽仪

基本原理：采用最新电子成像技术，将裂缝原貌成像于仪器主机屏幕如图6.1.6所示，通过屏幕上的激光刻度尺，读出真实可靠数据，其技术参数如下。

放大倍数：40倍；

测量范围：0.02～2.00mm；

估测精度：0.01mm。

（4）全自动裂缝测宽仪

基本原理：采用摄像原理，自动计算裂缝宽度，其技术参数如下。

测量范围：0～4mm；

测量精度：±0.015mm；

分辨率：0.01mm；

放大倍数：18倍；

可存储5 000幅图像（可扩充）；锂电池可连续工作6～8h；可将数据传输到计算机，对图像进行整理，生成检测报告。

（5）裂缝测深仪

测深原理：振动能量在混凝土内传播，穿过缝时，利用衍射角与裂缝深度的几何关系原理来测试裂缝深度。DJCS－05裂缝测深仪就是依据利用衍射角与裂缝深度的几何关系，实现裂缝的高精度测深。裂缝测深仪（图6.1.7）的技术参数如下。

测试深度范围：10～200mm；200～350mm；

测试精度：5%～10%，≤12%；

数据存储量：10 600 个测深数据；

使用环境：温度－5～40℃，湿度 85%；

中文菜单，开机即测，简单按键完成测试；不需测波速，无须计算，直接显示裂缝深度。

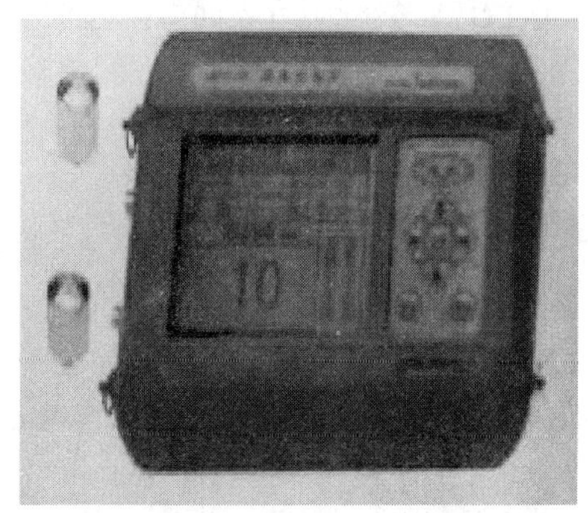

图 6.1.7　裂缝测深仪

1.2.5　隧道衬砌渗漏水

检测目的：调查隧道渗漏水病害，为隧道裂缝修补、渗漏水治理等加固维修措施提供参考数据。

调查检测方法：隧道洞外及洞内渗漏水均要进行观测，主要检查漏水的位置、数量、水质、冻结以及原有防（排）水设施的状况。

（1）隧道洞外检查

隧道洞外渗漏水检查，主要包括以下内容：

① 地面排水系统是否完好，有无水漫沟槽、淤积堵塞及铺砌破损、渗漏、冲刷等现象；

② 山体自然坡面及其植被有无严重破坏，有无常年积水或季节性积水地形地物；

③ 隧道轴线山坡地面有无滑坡、裂缝或凹穴；

④ 泥石流有无漫槽；

⑤ 工农业生产活动对隧道是否会造成不利影响；

⑥ 竖井、斜井等辅助坑道有无损坏或变化；

⑦ 洞外支挡建筑和河流调节建筑物有无变化或破损；

⑧ 明洞顶覆盖土层有无异状，排水设备是否完好，山体有无滑坡。

（2）漏水状态

根据漏水压力、流量等因素，将漏水状态分为四类，如图 6.1.8 所示。

① 喷射：水从裂缝和渗漏点有压喷出。

② 涌流：水从裂缝和渗漏点持续连续出水。

③ 滴漏：水从裂缝和渗漏点成滴不连续出水。

④ 浸渗：裂缝附近表面潮湿起水膜，用手摸，手上有水分，要给出大致面积。

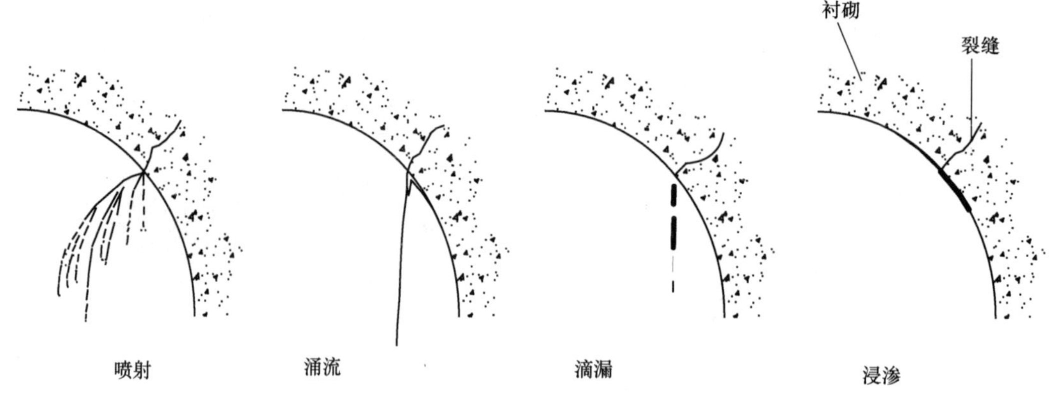

图 6.1.8 渗漏水状态

按产生渗漏水的区域大小可分为：

① 点渗漏。指不连续、无规律的渗漏现象，表现形式为孔洞渗漏水。

② 线渗漏。是指连续或有一定规律的，并以缝漏作为主要表现形式的渗漏现象。渗漏线可分为变形缝和非变形缝两种，主要包括伸缩缝、沉降缝、施工缝和裂缝等。

③ 面渗漏。指混凝土大面积潮湿和微渗水，大面积交错且不规则的裂缝渗漏水。

（3）漏水位置检查

漏水位置检查的内容主要包括渗漏水是否会阻碍车辆行驶和妨碍坑洞内各种设备的功能。特别是在冬季冰冻地区，行车道处的漏水由于结冰、堆冰等而妨碍车辆行驶；不规则暴露层表面湿润的漏水表明结构材质不良或存在裂缝，并对这些缺陷起促进作用。检查清楚后，将漏水位置和范围标记于隧道展示图上。

（4）漏水量测定

主要检查漏水流量、漏水状态以及排水沟内的水流状态等。在漏水显著的情况下，可用秒表和计量容器等测定其流量。用容器直接盛装时，记录装满容器的单位时间，然后计算漏水量。

（5）浑浊

漏水如果是混浊的，需要检查砂土是否与渗漏水一起流出；如有，需测定每处砂土流出量（如水槽内堆积的砂土量），要重点详细检查下雨后出现混浊的隧道。

（6）防排水系统检查

检查原有防排水设施的设置及技术状况，其功能是否发挥正常，能否满足现在的防排水要求。

（7）冻结检查

冬季漏水冻结，引起混凝土发生冻害、路面结冰和堆冰等，妨碍交通安全，主要检查以下项目。

位置：在隧道延长方向和断面方向的分布。

程度：挂冰、堆冰、路面结冰等的规模大小和发展速度。

温度：累计的寒冷温度、最低温度，长隧道内的温度分布等。

此外，等冻害可能使材质损坏时，还需对衬砌材质进行检测试验。在高寒冰冻地区，由于岩体冻结，其形状有可能发生变化，因而需对其形状变化的发展（发生显著季节变动时）、岩体的地质状况、温度等进行检查。

（8）水质分析

存在渗漏水病害的隧道，由于水中含有不同的化学成分，有的对混凝土有侵蚀作用，导致衬砌出现劣化。与有害地下水直接接触的衬砌背面或衬砌内部，随着内部表面劣化的发展，有可能出现强度降低，故应对隧道水质进行检测。当需要详细检查漏水所含成分时，可取漏水水样，送交专业的水质检测机构进行详细的水质分析。

隧道衬砌裂缝、渗漏水现场检测程序：

① 对于裂缝，要求测量其长度、宽度和所在位置，进行记录描述和拍摄照片；对较宽的裂缝，尤其是斜裂缝，采用数显刻度仪测量宽度，每条裂缝测量3处，并检查裂缝两侧衬砌是否有错位，以确定衬砌偏离情况。

② 对于渗漏水，要求认真仔细检查渗漏情况、所在位置，并进行记录描述和拍摄照片，调查检测隧道排水设施出现的损坏、堵塞和溢流等病害。

③ 绘制裂缝和渗漏的展开图，以便分析裂缝和渗漏水的成因。

④ 在裂缝、渗漏水较多的地方，钻取适当数量芯样，对二衬强度、厚度进行验证。

1.2.6 隧道路面与仰拱

检测目的：根据隧道内路面病害程度，是否设置有仰拱，判断隧道是否满足使用功能和安全要求，并为隧道路面维修加固设计提供依据和建议，其检测方法如下。

1）隧道路面调查检测

（1）水泥混凝土路面状况调查

为了及时了解路面状况，按照我国《公路水泥混凝土路面养护技术规范》（JTJ 073.1—2001）规定并结合隧道内路面特点，水泥路面状况调查包括路面破损状况、结构承载能力状况、行驶质量、抗滑能力四个方面。按照调查需求和路面状况的不同，分别选择不同的调查内容和调查深度或细度。

（2）沥青路面状况调查

按照我国《公路沥青路面养护技术规范》（JTJ 073.2—2001）规定并结合隧道内路面特点，与水泥路面调查内容相同，沥青路面状况调查包括路面破损状况、路面结构强度、路面平整度、路面抗滑能力四项内容。按照调查需求和路面状况的不同，分别选择不同的调查内容和调查深度或细度。

（3）隧道路面现场调查方法

① 路面破损状况调查

依据《公路水泥混凝土路面养护技术规范》（JTJ 073.1—2001）、《公路路基路面现场测试规程》（JTG E60—2008），结合隧道路面实际破损情况，以及改造工程设计要求，主要调查断裂类、接缝类、修补后损坏类等病害：调查描述方法：沿路线逐板块实描、记录破损状况，分类统计各种病害的分布，计算断板率、有效厚度等，具体内容见“水泥混凝土路面病害类型及分级表”。

② 基层和路基状况调查

根据隧道竣工资料，分析判断原路基、基层土质、材料种类及施工质量及路面结构组成、各层厚度等情况。

③ 路面结构承载能力或力学性能测试

钻孔取芯测取旧水泥混凝土路面板的厚度、劈裂强度，推算抗弯拉强度、弹性模量等。

④ 旧水泥混凝土路面板脱空状况调查

沿路线逐板观察唧泥、错台病害，结合实际车辆经过时的体验，判定明显的脱空或松动板块。

⑤ 破损状况统计分析

依据《公路水泥混凝土路面养护技术规范》(JTJ 073.1—2001)，主要统计结构性病害。结构类病害有断裂类（包括纵、横、斜向裂缝，角隅断裂，交叉裂缝和断裂板），接缝类（包括唧泥、板底脱空、错台等），整板完全碎裂类，修补后又破损类几种。据此计算断板率、碎裂板块数、破损状况，进行等级评价。

2）隧道仰拱检测、调查

根据隧道竣工资料，检测调查每个隧道设置仰拱的具体段落，在设有仰拱的路段进行钻孔取芯，以检测验证仰拱是否按设计施工等，具体步骤如下：

第 1 步，隧道仰拱检测、调查。

使用探地雷达，沿隧道路面进行全程探测，以确定仰拱的大概位置和长度。

第 2 步，隧道仰拱段钻孔取芯。

在设置仰拱段，沿路面中线采用钻孔取芯，钻孔深度至仰拱底部 2m 左右。

2 隧道病害评估

2.1 隧道病害评估的经验法

2.1.1 隧道病害评价的等级划分

(1) 公路隧道病害检测评价是通过综合分析隧道分幅或分段的调查和检测结果来评价隧道各幅或各段结构的病害状态。

(2) 幅是指施工模板台车的长度，段是指可以自定义的长度，如洞口段、洞身段。

(3) 公路隧道病害划分为四个等级，分级的标准见表 6.2.1。

公路隧道病害评价等级 表 6.2.1

评价等级	检查结论
A	结构存在严重破坏，已危及行人、行车安全，必须立即采取紧急对策措施
B	结构存在较严重破坏，将危及行人、行车安全，应尽早采取对策措施
C	结构存在破坏，可能危及行人、行车安全，应准备采取对策措施
D	结构无破损或存在轻微破损，现阶段对行人、行车不会有影响，但应进行监视或观测

(4) 公路隧道病害等级的划分应根据检测项目、病害情况和隧道分幅，分三个层次进行评价（图 6.2.1）。隧道结构、病害情况、检测项目三个层次均取为四个病害等级，从检测项目、病害情况到隧道结构依次进行病害评价。

① 根据各项检测项目中各项检测指标的评价结果，确定单个检测项目的评价等级。

② 根据各类病害情况中各项检测项目的评价结果，确定单类病害情况的等级。

③ 根据各类病害情况的评价结果，确定隧道结构分幅的病害等级。

2.1.2 外荷载作用所致病害等级的评价

(1) 外荷载作用所致病害等级的评价，应按衬砌变形、衬砌裂缝、衬砌剥离以及衬砌突发坍塌的可能性四个检测项目，先分别评价每个项目的病害等级，然后取其中最低一级作为该幅隧道结构外荷载作用所致的病害等级。

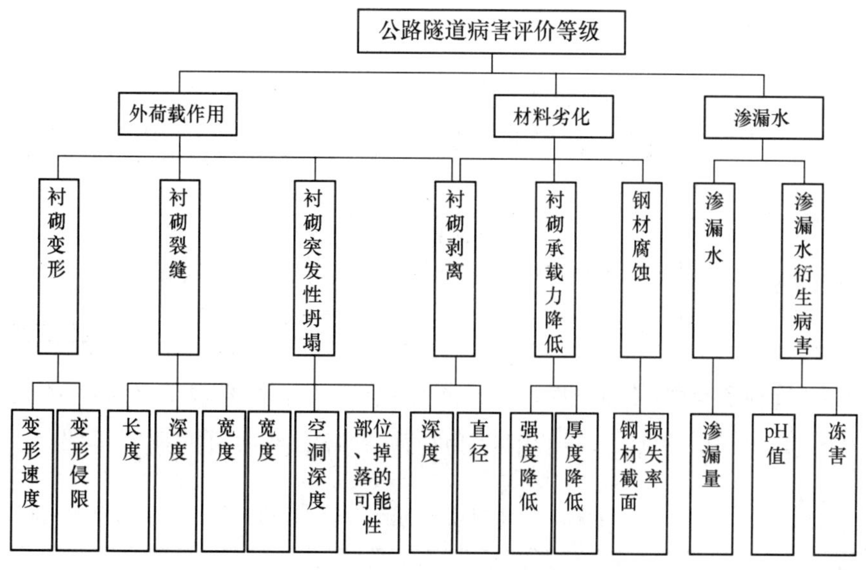

图 6.2.1　公路隧道病害综合评价指标体系

(2) 评价衬砌变形检测项目的病害等级时，应参考表 6.2.2，分别评价每个指标的病害等级，然后取最低值作为衬砌变形检测项目的病害等级。

衬砌变形检测项目的病害等级评价　　表 6.2.2

检测指标	D	C	B	A
变形速度 v (mm/年)	$v<1$	$1\leqslant v<3$	$3\leqslant v<41$	$v\geqslant 10$
变形/内限距 s	$s<1/4$	$1/4\leqslant s<1/2$	$1/2\leqslant s<3/4$	$s\geqslant 3/4$
衬砌功能下降	没有	近期内不会	近期内会	已明显

注：1. 当隧道净空变形呈现加速趋势时，宜将其升高 1 个等级。
2. 因山体滑移等而导致衬砌变形，应判定为 2A/3A，以采取紧急对策措施。

(3) 评价衬砌裂缝检测项目的病害等级时，应参考表 6.2.3，分别评价每个指标的病害等级，然后取最低值作为衬砌裂缝检测项目的病害等级。

衬砌裂缝检测项目的病害等级评价　　表 6.2.3

检测指标	D	C	B	A
裂缝宽度×裂缝长度 a (mm·m)	$a<15$	$15\leqslant a<25$	$25\leqslant a<50$	$a\geqslant 50$
裂缝深度 h (mm)	$h<0.6H$	$0.6H\leqslant h<0.8H$	$0.8H\leqslant h<1.0H$	$h\geqslant 1.0H$
裂缝发展速度 c (mm·m/年)	$c<1$	$1\leqslant c<3$	$3\leqslant c<10$	$c\geqslant 10$

注：1. 主要以水平方向的裂缝或剪切裂缝为评价对象，用横向裂缝评价时，可降 1 个等级。
2. 当宽度为 0.3mm 以上的裂缝的分布密度大于 200cm/m^2 时，可升 1 个等级。
3. H 为隧道衬砌最小保护层厚度，单位为 cm。

(4) 评价衬砌突发坍塌可能性检测项目的病害等级时，应参考表 6.2.4，分别评价每个指标的病害等级，然后取最低值作为衬砌衬砌突发坍塌可能性检测项目的病害等级。

衬砌突发坍塌可能性检测项目的病害等级评价基础　　表 6.2.4

检测指标	D	C	B	A
衬砌背后空洞深度 k（mm）		$k<100$	$100 \leqslant k<500$	$k \geqslant 500$
定性描述		衬砌侧面存在空隙，估计今后由于地下水的作用，空隙会扩大	拱部背面存在大的空洞，上部落石可能掉落到拱背	衬砌拱部背面存在大的空洞，而且衬砌有效厚度很薄，空腔上部可能掉落至拱背

（5）评价衬砌剥离检测项目的病害等级时，应参考表 6.2.5，分别评价每个指标的病害等级，然后取最低值作为衬砌剥离检测项目的病害等级。

衬砌剥离检测项目的病害等级评价　　表 6.2.5

检测指标	D	C	B	A
剥离直径 d（mm）	$d<50$	$50 \leqslant d<75$	$75 \leqslant d<150$	$d \geqslant 150$
剥离深度 t（mm）	$t<6$	$6 \leqslant t<12$	$12 \leqslant t<25$	$t \geqslant 25$
掉落可能性	无		侧墙	拱部

注：1. 掉落可能性是指在外荷载作用下或因衬砌材料劣化，引起拱顶密集裂缝、衬砌开裂，导致混凝土剥离而可能掉下。
2. 当剥离掉下可能危及行人和行车安全时，应升高 1 个等级。
3. 防水砂浆剥离掉下时，应降低 1 个等级。

2.1.3 材料劣化所致病害等级的评价

（1）材料劣化所致病害等级的评价，应按衬砌断面承载能力降低、衬砌剥离以及钢材腐蚀三个检测项目，先分别评价每个项目的病害等级，然后取其中最低一级作为该幅隧道结构材料劣化所致的病害等级。

（2）评价衬砌断面承载力降低检测项目的病害等级时，应参考表 6.2.6，分别评价每个指标的病害等级，然后取最低值作为断面承载能力降低检测项目的病害等级。

衬砌断面承载能力降低检测项目的病害等级评价　　表 6.2.6

检测指标	D	C	B	A
实际强度/设计强度 q	$q>2/3$	$1/2 \leqslant q<2/3$	$q<1/2$	
实际厚度/设计厚度 p	$p>2/3$	$1/2 \leqslant p<2/3$	$p<1/2$	
衬砌承载能力	没有损害	可能损害	一定损害	损害明显

（3）评价因衬砌材料劣化而引起衬砌剥离检测项目的病害等级时，应参考

表 6.2.5，分别评价每个指标的病害等级，然后取最低值作为应衬砌材料劣化而引起的衬砌剥离检测项目的病害等级。

（4）评价因钢材腐蚀检测项目的病害等级时，应参考表 6.2.7，分别评价每个指标的病害等级，然后取最低值作为钢材腐蚀检测项目的病害等级。

钢材腐蚀检测项目的病害等级评价 表 6.2.7

检测指标	D	C	B	A
钢筋截面损失率 g（%）	g＜3	3≤g＜10	10≤g＜25	g≥25
定性描述	表面或小面积的腐蚀	浅孔蚀或钢筋全周生锈	钢材断面减小程度明显，钢结构功能受损	

2.1.4 渗漏水病害等级的评价

（1）渗漏水病害等级的评价，应按衬砌裂缝处渗漏水状态、渗漏水衍生病害两个检测项目进行评价，先分别评价每个项目的病害等级，然后取其中最低一级作为该幅隧道结构渗漏水的病害等级。

（2）评价衬砌裂缝处渗漏水状态检测项目的病害等级时，应参考表 6.2.8，分别评价每个指标的病害等级，然后取最低值作为衬砌裂缝处渗漏水状态检测项目的病害等级。

渗漏水状态检测项目的病害等级评价 表 6.2.8

检测指标		D	C	B	A
渗漏水状态	拱部	浸渗	滴漏	涌流	喷射
	侧墙	浸渗	滴漏、涌流	喷射	喷射
影响行车安全		无	不久后会影响	影响	影响严重
渗流量 e（L/d）		e＜3	3≤e＜30	30≤e＜100	e＞100

（3）评价渗漏水衍生病害检测项目的病害等级时，应参考表 6.2.9，分别评价每个指标的病害等级，然后取最低值作为渗漏水衍生病害检测项目的病害等级。

渗漏水衍生病害检测项目的病害等级评价 表 6.2.9

检测指标	D	C	B	A
拱部挂冰、侧墙冰柱 j		不妨碍行车	妨碍行车	
渗漏水 pH 值 f	6.0≤f＜7.9	5.1≤f＜6.0	4.1≤f＜5.0	f＜4.0
铺砌层积水性 m	无影响，砂土流出或结冰但不妨害行车	铺砌层可能积水	铺砌层积水，砂土流出或结冰严重	铺砌层浸没，砂土流出或结冰严重

2.2 隧道病害评估的理论计算法

2.2.1 计算模型

（1）进行结构安全性验算时，分别基于荷载—结构法和地层—结构法的基本理论，建立计算模型。根据两种不同围岩压力计算理论建立模型时，分别建立Ⅲ级围岩下不带仰拱的计算模型和Ⅳ级围岩下带仰拱的计算模型。

（2）对于荷载—结构法计算模型，在进行隧道内力以及安全系数的计算时，将地层对隧道衬砌的作用当成主动荷载进行分析计算，对于隧道在地层中受到的约束，用弹簧约束来进行模拟，其计算模型如图 6.2.2 所示。

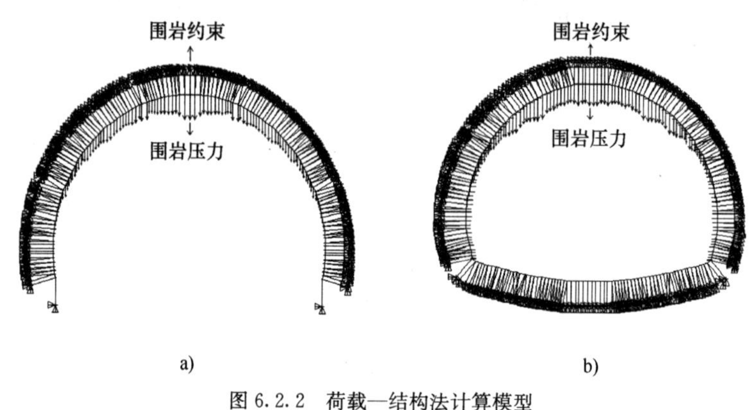

图 6.2.2 荷载—结构法计算模型

a）Ⅲ级围岩；b）Ⅳ级围岩

（3）对于地层—结构法计算模型，将围岩和衬砌作为共同体进行考虑，两者变形相同，围岩既是施力体，也是受力体，利用同济曙光通用有限元正分析软件建立的计算模型如图 6.2.3 所示。

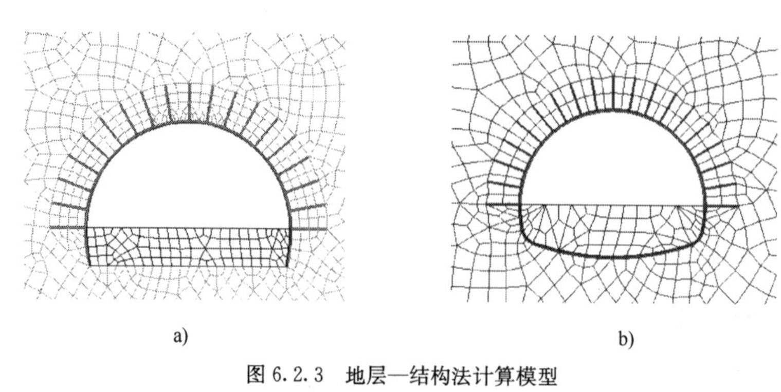

图 6.2.3 地层—结构法计算模型

a）Ⅲ级围岩；b）Ⅳ级围岩

2.2.2　隧道衬砌结构病害的参数

进行结构安全性验算时，将病害分为衬砌裂缝、厚度不足、强度不足、背后空洞四种，其量化参数见表 6.2.10。

隧道衬砌结构病害参数　　表 6.2.10

病害类型	裂　缝	衬砌厚度不足	衬砌强度不足	衬砌背后孔洞
病害参数	1. 病害位置； 2. 裂缝深度	1. 病害位置； 2. 病害区域宽度； 3. 病害区域衬砌厚度	1. 病害位置； 2. 病害区域宽度； 3. 病害区域衬砌混凝土强度	1. 病害位置； 2. 病害区域宽度

2.2.3　隧道衬砌病害结构计算方法

（1）裂缝

① 如图 6.2.4 所示的衬砌结构存在裂缝，裂缝区域结构截面承受拉伸荷载，结构拉伸刚度和拉伸、剪切承载力急剧降低；裂缝区域结构截面承受压缩荷载，结构拉伸刚度和拉伸、剪切承载力随之发生变化，但变化幅度较小。

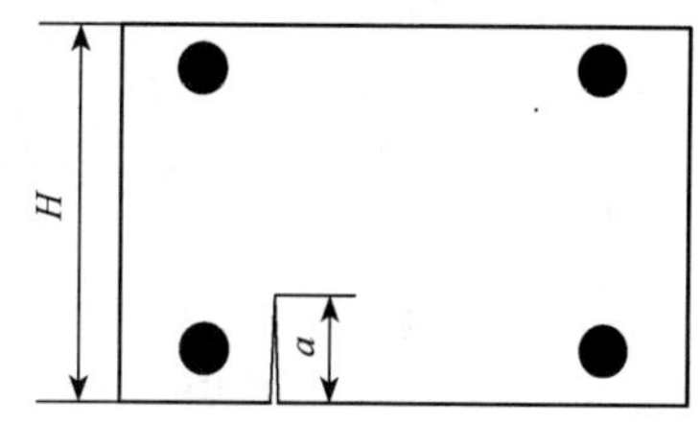

图 6.2.4　结构裂缝示意图

② 衬砌结构为小偏心受压构件，同时承受剪切荷载，可按 Timoshenko 梁考虑。根据裂缝承载特征，考虑结构断面的刚度和承载能力降低，裂缝截面结构等效抗弯模量 I、正压力面积 A、剪力面积 A_s 按下式计算：

$$A=\begin{cases}0 & (\sigma_{ax}>0)\\ A-\beta_1 A_d & (\sigma_{ax}\leqslant 0)\end{cases} \tag{6.2.1}$$

$$A_s=\begin{cases}0 & (\sigma_{ax}>0)\\ A_s-\beta_2 A_d & (\sigma_{ax}\leqslant 0)\end{cases} \tag{6.2.2}$$

$$I=\begin{cases}0 & (\sigma_{ax}>0)\\ I-\beta_3 I_d & (\sigma_{ax}\leqslant 0)\end{cases} \tag{6.2.3}$$

式中：A_d、I_d——裂缝引起的承载面积和惯性矩的损失，根据裂缝深度 a 计算；

β_1、β_2、β_3——拉压面积、剪切面积、惯性变量降低系数，可根据试验和裂缝实际特征确定，为了工程方便，可分别取为 0、1、0。

（2）厚度不足

如图 6.2.5 所示，实际隧道厚度小于衬砌结构设计厚度，梁单元的几何参数按照实际衬砌结构的厚度计算。

$$A = A_h \tag{6.2.4}$$

$$A_s = A_h \tag{6.2.5}$$

$$I = I_h \tag{6.2.6}$$

式中：A_h、I_h——根据检测实际衬砌厚度计算出的截面面积和惯性矩。

（3）材料强度不足

① 衬砌结构混凝土材料强度的数值应参照隧道衬砌结构材质检查获得的检测结果进行取值，如实际混凝土强度小于设计混凝土强度值，则认为混凝土材料强度不足（图 6.2.6）。

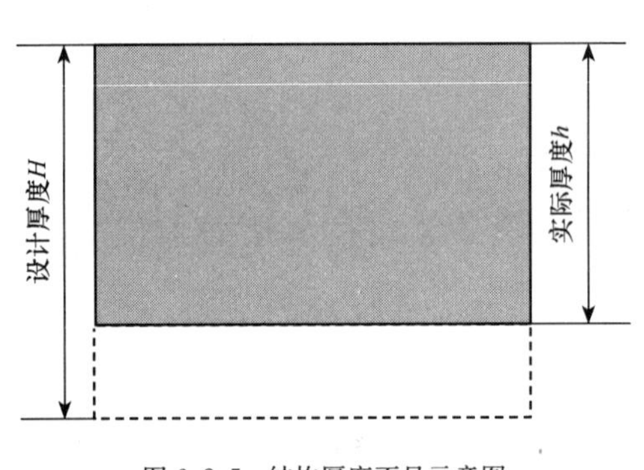

图 6.2.5 结构厚度不足示意图

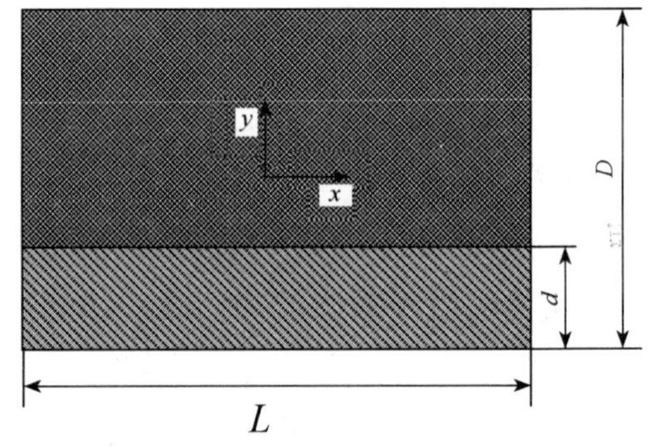

图 6.2.6 结构材料强度不足示意图

② 衬砌结构混凝土材料强度不足时，假设混凝土厚度为 D，发生劣化的混凝土区域的厚度为 d，按照复合材料力学的方法，假设两层材料交界面无相对滑移，按照轴向拉伸刚度等效原理、抗弯模量等效定理以及抗弯模量的平行移轴定理，同时利用等效方法计算可得等效抗压面积、等效抗弯模量以及等效剪切面积分别为：

$$A' = \frac{E'}{E}d + (D - d) \tag{6.2.7}$$

$$I' = \frac{E_1}{E}\left[I_1 + \frac{(D-d)^2}{4}\right] + \left(I_2 + \frac{d^2}{4}\right) \tag{6.2.8}$$

$$A'_s = \frac{G_1}{G}d + (D - d) \tag{6.2.9}$$

式中：A'——等效抗压面积；

E'——劣化部位材料的弹性模量；

E——未劣化部位材料的弹性模量；

I'——等效抗弯刚度；

E_1——劣化部位材料的弹性模量；

I_1——材料劣化部位相对于自身中性轴的抗弯刚度；

I_2——未劣化部位材料相对于自身中性轴的抗弯刚度；

A'_s——等效剪切面积；

G_1——材料劣化部位的剪切刚度；

G——未劣化部位材料的剪切刚度。

（4）背后空洞

① 衬砌背后存在空洞时，衬砌与围岩间相互作用与两者密贴结合时不同，围岩与衬砌结构未紧密接触，衬砌空洞范围应按照地质雷达探测方法加以确定。

② 利用荷载—结构法计算模型分析时，假定空洞区域衬砌结构无围岩压力作用，围岩对结构变形也无约束作用，计算衬砌结构内力和安全性时，应去掉计算模型中对应区域的围岩压力和围岩抗力作用。

③ 利用地层—结构法计算模型分析时，对于衬砌背后围岩空洞部位，假定在隧道开挖时发生超挖，将空洞处的围岩挖除。

2.2.4　隧道衬砌病害结构的安全性评估

（1）隧道衬砌结构属于偏心钢筋混凝土结构，结构的安全系数应按照钢筋混凝土设计规范规定的矩形构件的小偏心构件和大偏心构件，进行偏心受压与受剪强度验算。

① 结构断面的计算受压高度按下式算出：

$$\xi = \frac{N}{\alpha_1 f_c bh} \tag{6.2.10}$$

② 将计算受压高度与临界受压高度 ξ_b 比较，如果结构属于小偏心构件，按式（6.2.11）和式（6.2.12）计算结构极限承载力 N_u，对比两式计算结果，取较小者为结构极限承载力。

$$N_u = a_1 f_c bh_0 \xi + f_y A_s - \frac{\xi - 0.8}{\xi_b - 0.8} f_y A_s \tag{6.2.11}$$

$$N_u = \frac{af_c bh\left(h_0 - \dfrac{h}{2}\right) + f_y A_s(h_0 - a_s)}{\dfrac{h}{2} - a_s - (e_0 - e_a)} \tag{6.2.12}$$

③ 如果结构截面属于大偏心构件，则按式（6.2.13）或式（6.2.14）计算结构极限承载力。

若 $2a_s < \xi < \xi_b$：

$$N_u = \alpha_1 f_c bh_0 \xi \tag{6.2.13}$$

若$\xi < 2a_s$：

$$N_u = \frac{f_y A_s (h_0 - a_s)}{e'} \tag{6.2.14}$$

④ 衬砌结构主要承受轴向压力和弯矩，此外还承受剪切荷载，故应按照下式验算结构截面剪切强度：

$$V_s \leqslant 0.3 f_t b h_0 \tag{6.2.15}$$

⑤ 根据结构极限承载能力，对比按照结构病害模型计算得到结构截面的轴力N和剪切力V，按式（6.2.16）和式（6.2.17）定义结构安全系数。

$$K_1 = \frac{N_u}{N} \tag{6.2.16}$$

$$K_2 = \frac{V_s}{V} \tag{6.2.17}$$

并取式（6.2.16）和式（6.2.17）计算结果较小者为结构截面安全系数。

（2）与隧道设计规范规定的衬砌结构安全系数对比，如衬砌结构所有截面的安全系数均不小于规范规定允许的安全系数，则判定结构为安全，否则判定结构为危险。

2.3 公路隧道病害等级的模糊综合评价

2.3.1 公路隧道病害等级的模糊综合评价模型

（1）当隧道出现的病害比较多，并对这些病害进行了定量检测时，可以用模糊综合评价方法对病害的等级进行综合评价，以便考虑多种病害因素对隧道病害等级的综合作用。

（2）隧道病害的程度实际上是一个模糊的概念，因此，对公路隧道病害的评价可采用模糊综合评价模型。公路隧道病害检测评价分为三个层次：病害情况、检测项目和检测指标，因此，需采用三级模糊综合评价模型进行评价。在模糊综合评价时，从检测指标层开始，先对检测项目层各因素进行一级模糊综合评价，再对病害情况层进行二级模糊综合评价，最后，再对隧道病害等级即目标层进行三级模糊综合评价。

（3）建立各评价层次的指标体系，如图 6.2.1 所示。根据图 6.2.1 所示的层次和指标体系分别确定各层次各病害情况的指标集、各检测项目的指标集和各检测指标的指标集。

病害情况指标集：

$$A_i = \{A_1, A_2, A_3\} \tag{6.2.18}$$

式中：A_1——外荷载；

A_2——材料劣化；

A_3——渗漏水。

检测项目指标集：

外荷载：

$$B_1 = \{L_1, L_2, L_3, L_4\} \tag{6.2.19}$$

式中：L_1——衬砌变形；

L_2——衬砌裂缝；

L_3——衬砌背后空洞；

L_4——外荷载引起的衬砌剥离。

材料劣化：

$$B_2 = \{M_1, M_2, M_3\} \tag{6.2.20}$$

式中：M_1——材料劣化引起的衬砌剥离；

M_2——衬砌承载能力下降；

M_3——钢材腐蚀。

渗漏水：

$$B_3 = \{S_1, S_2\} \tag{6.2.21}$$

式中：S_1——渗漏水状态；

S_2——衍生病害。

检测指标的指标集：

$$C_i = \{C_{ij}\} \tag{6.2.22}$$

式中：$i=L_1$、L_2、L_3、L_4 或 M_1、M_2、M_3 或 S_1、S_2。

j 为各检测项目中检测指标的个数，根据检测项目不同，可取 1、2 或 3，即：

$$C_{L_1} = \{C_{L_1 1}, C_{L_1 2}\} \tag{6.2.23}$$

$$C_{L_2} = \{C_{L_2 1}, C_{L_2 2}, C_{L_2 3}\} \tag{6.2.24}$$

$$C_{L_3} = \{C_{L_3 1}\} \tag{6.2.25}$$

$$C_{L_4} = \{C_{L_4 1}, C_{L_4 2}\} \tag{6.2.26}$$

$$C_{M_1} = \{C_{M_1 1}, C_{M_1 2}\} \tag{6.2.27}$$

$$C_{M_2} = \{C_{M_2 1}, C_{M_2 2}\} \tag{6.2.28}$$

$$C_{M_3} = \{C_{M_3 1}\} \tag{6.2.29}$$

$$C_{S_1} = \{C_{S_1 1}\} \tag{6.2.30}$$

$$C_{S_2} = \{C_{S_2 1}, C_{S_2 2}, C_{S_2 3}\} \tag{6.2.31}$$

式中：$C_{L_1 1}$——变形速度；

$C_{L_1 2}$——变形侵限；

$C_{L_2 1}$——裂缝深度；

$C_{L_2 2}$——裂缝长度与宽度的积；

$C_{L_2 3}$——裂缝发展速度；

$C_{L_3 1}$——衬砌背后空洞深度；

$C_{L_4 1}$——衬砌剥离的直径；

$C_{L_4 2}$——衬砌剥离的深度；

$C_{M_1 1}$——衬砌剥离的直径；

$C_{M_1 2}$——衬砌剥离的深度；

$C_{M_2 1}$——衬砌强度；

$C_{M_2 2}$——衬砌厚度；

$C_{M_3 1}$——钢材截面损失率；

$C_{S_1 1}$——渗漏水流量；

$C_{S_2 1}$——冻害；

$C_{S_2 2}$——渗漏水 pH 值；

$C_{S_2 3}$——渗漏水对路面的影响。

(4) 建立病害等级集合。隧道结构、病害情况、检测项目三个层次均取为四个等级。

$$V = \{v_1, v_2, v_3, v_4\} \tag{6.2.32}$$

式中：v_1、v_2、v_3、v_4——分别表示病害等级 D、C、B、A。

(5) 建立隶属函数，以病害评定标准为基础，构建各检测指标对于各病害等级的隶属函数。

$$\mu_n(C_{ij}) = f(C_{ij}) \tag{6.2.33}$$

式中：n——四个病害等级，n=D、C、B、A；

C_{ij}——各检测项目下的检测指标。

(6) 每个检测项目综合评价值的模糊综合评价——一级模糊综合评价。

① 根据调查和检测所得的各检测指标值，代入其隶属函数式（6.2.33）可以得到其对于各病害等级的隶属向量。

$$R_{C_{ij}} = (r_{C_{ij}D} \quad r_{C_{ij}C} \quad r_{C_{ij}B} \quad r_{C_{ij}A}) \tag{6.2.34}$$

其中，i=L_1、L_2、L_3、L_4 或 M_1、M_2、M_3 或 S_1、S_2，j=1、2、3。

② 模糊向量单值化。分别给病害等级 v_1、v_2、v_3、v_4 赋以分值 1、2、3、4，则各单个检测指标的模糊综合评价值按下式计算：

$$F_{C_{ij}}=4\times r_{C_{ij}A}+3\times r_{C_{ij}B}+2\times r_{C_{ij}C}+1\times r_{C_{ij}D} \tag{6.2.35}$$

③ 以每个检测项目中各检测指标的模糊综合评价值为行，即可组成该检测项目下各检测指标的单因素模糊综合评价值的矩阵。

$$F'_{C_i}=(F_{C_{i1}}\quad F_{C_{i2}}\quad \cdots\quad F_{C_{ij}})^{\mathrm{T}} \tag{6.2.36}$$

其中，$i=L_1$、L_2、L_3、L_4 或 M_1、M_2、M_3 或 S_1、S_2，$j=1$、2、3。

④ 确定每个检测项目中各检测指标的权重，得权重向量。

$$\omega_{C_i}=(\omega_{C_{i1}}\quad \omega_{C_{i2}}\quad \cdots\quad \omega_{C_{ij}}) \tag{6.2.37}$$

其中，$i=L_1$、L_2、L_3、L_4 或 M_1、M_2、M_3 或 S_1、S_2，$j=1$、2、3。

⑤ 由每个检测项目中各检测指标的单因素模糊综合评价值的矩阵和各检测指标间的权重向量，可用如下模糊综合评价模型得到每个检测项目的模糊综合评价值：

$$F_{C_i}=\omega_{C_i}\cdot F'_{C_i} \tag{6.2.38}$$

式中：ω_{C_i}——检测项目下检测指标相对于检测项目的权重向量；

F'_{C_i}——检测项目下单因素的模糊综合评价值的矩阵；

F_{C_i}——每个检测项目的模糊综合评价值。

（7）每个病害情况综合评价值的模糊综合评价——二级模糊综合评价。

① 以每个病害情况中各检测项目的模糊综合评价值为行，组成该病害情况下各检测项目的单因素模糊综合评价值的矩阵。

外荷载：

$$F'_{L}=\begin{bmatrix}F_{L_1}\\F_{L_2}\\F_{L_3}\\F_{L_4}\end{bmatrix} \tag{6.2.39}$$

材料劣化：

$$F'_{M}=\begin{bmatrix}F_{M_1}\\F_{M_2}\\F_{M_3}\end{bmatrix} \tag{6.2.40}$$

渗漏水：

$$F'_{S}=\begin{bmatrix}F_{S_1}\\F_{S_2}\end{bmatrix} \tag{6.2.41}$$

② 确定每个病害情况中各检测项目的权重，得权重向量。

外荷载：

$$\omega_{L}=(\omega_{L_1}\quad \omega_{L_2}\quad \omega_{L_3}\quad \omega_{L_4}) \tag{6.2.42}$$

材料劣化：

$$\omega_{M} = (\omega_{M_1} \quad \omega_{M_2} \quad \omega_{M_3}) \tag{6.2.43}$$

渗漏水：

$$\omega_{S} = (\omega_{S_1} \quad \omega_{S_2}) \tag{6.2.44}$$

③ 由每个病害情况中各检测项目的单因素模糊综合评价值的矩阵和各检测项目间的权重向量，可用如下模糊综合评价模型得到每个病害情况的模糊综合评价值：

$$\begin{gathered} F_{n} = \omega_{m} \cdot F'_{m} \\ n = A_1、A_2、A_3, m = L、M、S \end{gathered} \tag{6.2.45}$$

式中：ω_{m}——检测项目相对于病害情况的权重向量；

F'_{m}——病害情况下单因素的模糊综合评价值的矩阵；

F_{n}——每个病害情况项目的模糊综合评价值。

（8）隧道结构病害等级的模糊综合评价——三级模糊综合评价。

① 以结构中各病害情况的模糊综合评价值为行，组成该病害情况下各检测项目的单因素模糊综合评价值的矩阵。

$$F' = (F_{A_1} \quad F_{A_2} \quad F_{A_3})^{T} \tag{6.2.46}$$

② 确定结构中各病害情况的权重，得权重向量。

$$\omega_{A} = (\omega_{A_1} \quad \omega_{A_2} \quad \omega_{A_3}) \tag{6.2.47}$$

③ 各病害情况的单因素评价矩阵和权重向量，可用如下模糊综合评价模型得到隧道结构对病害等级的隶属向量：

$$F = \omega_{A} \cdot F' \tag{6.2.48}$$

式中：ω_{A}——病害情况相对于结构的权重向量；

F'——隧道结构单因素模糊综合评价值的矩阵；

F——隧道结构的模糊综合评价值。

（9）公路隧道检测评价可以按等级定量化，根据上面模糊综合评价值的计算结果，可由表 6.2.11 查得病害等级。

隧道病害评价等级定量划分 表 6.2.11

病害等级	病害状况	模糊综合评价值 F	对　策
D	结构无破损或存在轻微破损	$1.5 \geqslant F > 1.0$	监视、观测
C	结构存在破坏	$2.5 \geqslant F > 1.5$	准备采取对策措施
B	结构存在较严重破坏	$3.5 \geqslant F > 2.5$	尽快采取对策措施
A	结构存在严重破坏	$4.0 \geqslant F > 3.5$	立即采取对策措施

（10）公路隧道病害的综合评价结果可按表 6.2.12 汇总。

隧道健康评价结果表　　表 6.2.12

隧道名称：________　　　　左线_____右线_____

序　号	评价区段里程范围	模糊综合评价值 F	病 害 等 级	病害状况描述	对　策

2.3.2　外荷载作用所致病害的模糊综合评价

(1) 外荷载作用所致病害等级的评价，应按衬砌变形、衬砌裂缝、衬砌剥离以及衬砌突发坍塌的可能性四个检测项目进行模糊综合评价，先分别确定这四个检测项目中各检测指标的权重和对于四个病害等级的隶属度，然后根据模糊综合评价模型评价得到外载荷作用所致的病害模糊综合评价结果。

(2) 衬砌变形检测项目有两个检测指标：变形速度 v (mm/年) 和变形与内限距的比值 s，它们的权重分别取 $(\omega_v \quad \omega_s)=(0.475 \quad 0.575)$，它们对于四个病害等级的隶属函数参考表 6.2.2 取值。

变形速度 v (mm/年)：

$$\mu_D(v)=\begin{cases}1 & (v\leqslant 0.1)\\ \dfrac{1}{1+2.293(v-0.1)^2} & (v>0.1)\end{cases} \tag{6.2.49}$$

$$\mu_C(v)=\begin{cases}\dfrac{1}{1+1.857(v-2)^2} & (v\leqslant 2)\\ \dfrac{1}{1+2.333(v-2)^2} & (v>2)\end{cases} \tag{6.2.50}$$

$$\mu_B(v)=\begin{cases}\dfrac{1}{1+0.191(v-6.5)^2} & (v\leqslant 6.5)\\ \dfrac{1}{1+0.152(v-6.5)^2} & (v>6.5)\end{cases} \tag{6.2.51}$$

$$\mu_A(v)=\begin{cases}0 & (v\leqslant 9.4527)\\ \dfrac{1}{1+0.556(v-9.4527)^{-2}} & (v>9.4527)\end{cases} \tag{6.2.52}$$

变形与内限距的比值 s：

$$\mu_D(s)=\begin{cases}1 & (s\leqslant 0.1)\\ \dfrac{1}{1+82.45(s-0.1)^2} & (s>0.1)\end{cases} \tag{6.2.53}$$

$$\mu_C(s)=\frac{1}{1+118.86(s-0.375)^2} \tag{6.2.54}$$

$$\mu_B(s)=\frac{1}{1+118.86(s-0.375)^2} \tag{6.2.55}$$

$$\mu_A(s)=\begin{cases}0 & (s\leqslant 0.7363)\\ \dfrac{1}{1+0.000348(s-0.7363)^{-2}} & (s>0.7363)\end{cases} \tag{6.2.56}$$

根据调查和检测所得的变形速度、变形侵限两个检测指标的值，代入其隶属函数式（6.2.49）～式（6.2.56），同时将各隶属度归一化后可以得到其对于各病害等级的隶属向量。

$$R_v=(r_{vD}\quad r_{vC}\quad r_{vB}\quad r_{vA}) \tag{6.2.57}$$

$$R_s=(r_{sD}\quad r_{sC}\quad r_{sB}\quad r_{sA}) \tag{6.2.58}$$

式中：r_{vi}——检测指标 v 对病害等级 i 的隶属度（i=D、C、B、A）；

r_{si}——检测指标 s 对病害等级 i 的隶属度（i=D、C、B、A）。

分别给病害等级 v_1、v_2、v_3、v_4 赋以分值 1、2、3、4，则变形速度、变形侵限两个检测指标的模糊综合评价值按下式计算：

$$F_v=4\times r_{vA}+3\times r_{vB}+2\times r_{vC}+1\times r_{vD} \tag{6.2.59}$$

$$F_s=4\times r_{sA}+3\times r_{sB}+2\times r_{sC}+1\times r_{sD} \tag{6.2.60}$$

式中：F_v——检测指标 v 的模糊综合评价值；

F_s——检测指标 s 的模糊综合评价值。

衬砌变形的模糊综合评价结果为：

$$F_{L_1}=(\omega_v\quad \omega_s)\cdot\begin{pmatrix}F_v\\ F_s\end{pmatrix} \tag{6.2.61}$$

式中：F_{L_1}——外荷载所致病害中衬砌变形的模糊综合评价值。

（3）衬砌裂缝检测项目有三个检测指标：裂缝宽度 b（mm）与裂缝长度 l（m）的乘积 a（mm·m）、裂缝深度与衬砌最小保护层厚度的比值 h 和裂缝发展速度 c（mm·m/年），它们的权重分别取（$\omega_a\quad\omega_h\quad\omega_c$）=（0.4　0.3　0.3），它们对于四个病害等级的隶属函数参考表 6.2.3 取值。

裂缝宽度 b（mm）与裂缝长度 l（m）的乘积 a（mm·m）：

$$\mu_D(a)=\begin{cases}1 & (a\leqslant 10)\\ \dfrac{1}{1+0.0743(a-10)^2} & (a>10)\end{cases} \tag{6.2.62}$$

$$\mu_C(a)=\frac{1}{1+0.0743(a-15)^2} \tag{6.2.63}$$

$$\mu_B(a)=\frac{1}{1+0.0119(a-37.5)^2} \tag{6.2.64}$$

$$\mu_A(a)=\begin{cases}0 & (a\leqslant 47.265)\\ \dfrac{1}{1+13.905(a-47.265)^{-2}} & (a>47.265)\end{cases} \tag{6.2.65}$$

裂缝深度与衬砌最小保护层厚度的比值 h：

$$\mu_D(h)=\begin{cases}1 & (h\leqslant 0.5)\\ \dfrac{1}{1+185.7(h-0.5)^2} & (h>0.5)\end{cases} \tag{6.2.66}$$

$$\mu_C(h)=\frac{1}{1+185.7(h-0.7)^2} \tag{6.2.67}$$

$$\mu_B(h)=\frac{1}{1+185.7(h-0.9)^2} \tag{6.2.68}$$

$$\mu_A(h)=\begin{cases}0 & (h\leqslant 0.89)\\ \dfrac{1}{1+0.0225(h-0.89)^{-2}} & (h>0.89)\end{cases} \tag{6.2.69}$$

裂缝发展速度 c（mm·m/年）：

$$\mu_D(c)=\begin{cases}1 & (c\leqslant 0.1)\\ \dfrac{1}{1+2.293(c-0.1)^2} & (c>0.1)\end{cases} \tag{6.2.70}$$

$$\mu_C(c)=\begin{cases}\dfrac{1}{1+1.857(c-2)^2} & (c\leqslant 2)\\ \dfrac{1}{1+2.333(c-2)^2} & (c>2)\end{cases} \tag{6.2.71}$$

$$\mu_B(c)=\begin{cases}\dfrac{1}{1+0.1905(c-6.5)^2} & (c\leqslant 6.5)\\ \dfrac{1}{1+0.1516(c-6.5)^2} & (c>6.5)\end{cases} \tag{6.2.72}$$

$$\mu_A(c)=\begin{cases}0 & (c\leqslant 9.4527)\\ \dfrac{1}{1+0.5562(c-9.4527)^{-2}} & (c>9.4527)\end{cases} \tag{6.2.73}$$

根据调查和检测所得的裂缝长度与宽度、裂缝深度、裂缝发展速度三个检测指标的值，代入其隶属函数式（6.2.62）～式（6.2.73），同时将各隶属度归一化后可以得到其对于各病害等级的隶属向量。

$$R_a=(r_{aD}\quad r_{aC}\quad r_{aB}\quad r_{aA}) \tag{6.2.74}$$

$$R_h = (r_{hD} \quad r_{hC} \quad r_{hB} \quad r_{hA}) \tag{6.2.75}$$

$$R_c = (r_{cD} \quad r_{cC} \quad r_{cB} \quad r_{cA}) \tag{6.2.76}$$

式中：r_{ai}——检测指标 a 对病害等级 i 的隶属度（i=D、C、B、A）；

r_{hi}——检测指标 h 对病害等级 i 的隶属度（i=D、C、B、A）；

r_{ci}——检测指标 c 对病害等级 i 的隶属度（i=D、C、B、A）。

分别给病害等级 v_1、v_2、v_3、v_4 赋以分值1、2、3、4，则裂缝长度与宽度、裂缝深度、裂缝发展速度三个检测指标的模糊综合评价值按下式计算：

$$F_a = 4 \times r_{aA} + 3 \times r_{aB} + 2 \times r_{aC} + 1 \times r_{aD} \tag{6.2.77}$$

$$F_h = 4 \times r_{hA} + 3 \times r_{hB} + 2 \times r_{hC} + 1 \times r_{hD} \tag{6.2.78}$$

$$F_c = 4 \times r_{cA} + 3 \times r_{cB} + 2 \times r_{cC} + 1 \times r_{cD} \tag{6.2.79}$$

式中：F_a——检测指标 a 的模糊综合评价值；

F_h——检测指标 h 的模糊综合评价值；

F_c——检测指标 c 的模糊综合评价值。

衬砌裂缝的模糊综合评价结果为：

$$F_{L_2} = (\omega_a \quad \omega_h \quad \omega_c) \begin{pmatrix} F_a \\ F_h \\ F_c \end{pmatrix} \tag{6.2.80}$$

式中：F_{L_2}——外荷载所致病害中衬砌裂缝的模糊综合评价值。

(4) 衬砌突发坍塌可能性检测项目只有一个检测指标：衬砌背后空洞的深度 k（mm），它对于四个病害等级的隶属函数参考表6.2.4取值。

$$\mu_D(k) = \begin{cases} 1 & (k \leqslant 1) \\ \dfrac{1}{1 + 0.1161(k-1)^2} & (k > 1) \end{cases} \tag{6.2.81}$$

$$\mu_C(k) = \begin{cases} \dfrac{1}{1 + 0.000917(k-50)^2} & (k \leqslant 50) \\ \dfrac{1}{1 + 0.000743(k-50)^2} & (k > 50) \end{cases} \tag{6.2.82}$$

$$\mu_B(k) = \frac{1}{1 + 0.0000464(k-300)^2} \tag{6.2.83}$$

$$\mu_A(k) = \begin{cases} 0 & (k \leqslant 491) \\ \dfrac{1}{1 + 1295(k-491)^{-2}} & (k > 491) \end{cases} \tag{6.2.84}$$

根据调查和检测所得衬砌背后空洞的深度检测指标值，代入其隶属函数式

(6.2.81)～式（6.2.84），同时将各隶属度归一化后可以得到其对于各病害等级的隶属向量。

$$R_k = (r_{kD} \quad r_{kC} \quad r_{kB} \quad r_{kA}) \tag{6.2.85}$$

式中：r_{ki}——检测指标 k 对病害等级 i 的隶属度（i=D、C、B、A）。

分别给病害等级 v_1、v_2、v_3、v_4赋以分值 1、2、3、4，则衬砌背后空洞的深度检测指标的模糊综合评价值按下式计算：

$$F_k = 4 \times r_{kA} + 3 \times r_{kB} + 2 \times r_{kC} + 1 \times r_{kD} \tag{6.2.86}$$

式中：F_k——检测指标 k 的模糊综合评价值。

衬砌突发坍塌可能性的模糊综合评价结果为：

$$F_{L_3} = F_k \tag{6.2.87}$$

式中：F_{L_3}——外荷载所致病害中衬砌背后空洞的模糊综合评价值。

(5) 衬砌剥离检测项目有两个检测指标：剥离直径 d（mm）和剥离深度 t（mm），它们的权重分别取（$\omega_d \quad \omega_t$）=(0.5　0.5)，它们对于四个病害等级的隶属函数参考表 6.2.5 取值。

剥离直径 d（mm）：

$$\mu_D(d) = \begin{cases} 1 & (d \leqslant 20) \\ \dfrac{1}{1+0.0021(d-20)^2} & (d > 20) \end{cases} \tag{6.2.88}$$

$$\mu_C(d) = \begin{cases} \dfrac{1}{1+0.0119(d-62.5)^2} & (d \leqslant 62.5) \\ \dfrac{1}{1+0.0013(d-62.5)^2} & (d > 62.5) \end{cases} \tag{6.2.89}$$

$$\mu_B(d) = \begin{cases} \dfrac{1}{1+0.0119(d-112.5)^2} & (d \leqslant 112.5) \\ \dfrac{1}{1+0.0013(d-112.5)^2} & (d > 112.5) \end{cases} \tag{6.2.90}$$

$$\mu_A(d) = \begin{cases} 0 & (d \leqslant 142) \\ \dfrac{1}{1+125.312(d-142)^{-2}} & (d > 142) \end{cases} \tag{6.2.91}$$

剥离深度 t（mm）：

$$\mu_D(t) = \begin{cases} 1 & (t \leqslant 4) \\ \dfrac{1}{1+0.4643(t-4)^2} & (t > 4) \end{cases} \tag{6.2.92}$$

$$\mu_C(t)=\frac{1}{1+0.2063(t-9)^2} \tag{6.2.93}$$

$$\mu_B(t)=\frac{1}{1+0.0439(t-18.5)^2} \tag{6.2.94}$$

$$\mu_A(t)=\begin{cases}0 & (t\leqslant 23.6)\\ \dfrac{1}{1+3.4765(t-23.6)^{-2}} & (t>23.6)\end{cases} \tag{6.2.95}$$

根据调查和检测所得衬砌剥离直径、衬砌剥离深度两个检测指标的值，代入其隶属函数式（6.2.88）～式（6.2.95），同时将各隶属度归一化后可以得到其对于各病害等级的隶属向量。

$$R_d=(r_{dD}\quad r_{dC}\quad r_{dB}\quad r_{dA}) \tag{6.2.96}$$

$$R_t=(r_{tD}\quad r_{tC}\quad r_{tB}\quad r_{tA}) \tag{6.2.97}$$

式中：r_{di}——检测指标 d 对病害等级 i 的隶属度（i=D、C、B、A）；

r_{ti}——检测指标 t 对病害等级 i 的隶属度（i=D、C、B、A）。

分别给病害等级 v_1、v_2、v_3、v_4赋以分值 1、2、3、4，则衬砌剥离的直径、衬砌剥离的深度两个检测指标的模糊综合评价值按下式计算：

$$F_d=4\times r_{dA}+3\times r_{dB}+2\times r_{dC}+1\times r_{dD} \tag{6.2.98}$$

$$F_t=4\times r_{tA}+3\times r_{tB}+2\times r_{tC}+1\times r_{tD} \tag{6.2.99}$$

式中：F_d——检测指标 d 的模糊综合评价值；

F_t——检测指标 t 的模糊综合评价值；

衬砌剥离的模糊综合评价结果为：

$$F_{L_4}=(\omega_d\quad \omega_t)\begin{pmatrix}F_d\\ F_t\end{pmatrix} \tag{6.2.100}$$

式中：F_{L_4}——外荷载所致病害中衬砌剥离的模糊综合评价值。

（6）外荷载作用所致的四个检测项目的权重分别可取为：$(\omega_{L_1}\quad \omega_{L_2}\quad \omega_{L_3}\quad \omega_{L_4})=(0.3\quad 0.3\quad 0.2\quad 0.2)$，根据这四个检测项目分别进行模糊综合评价的结果，可以得到外荷载作用所致的病害模糊综合评价的结果。

$$F_{A_1}=(\omega_{L_1}\quad \omega_{L_2}\quad \omega_{L_3}\quad \omega_{L_4})\begin{pmatrix}F_{L_1}\\ F_{L_2}\\ F_{L_3}\\ F_{L_4}\end{pmatrix} \tag{6.2.101}$$

2.3.3 材料劣化所致病害的模糊综合评价

（1）材料劣化所致病害的等级评价，应按衬砌截面承载能力的降低、衬砌剥离以及钢材腐蚀三个检测项目进行模糊综合评价，先分别确定这三个检测项目中各检测指标的权重和对于四个病害等级的隶属度，然后根据模糊综合评价模型评价得到材料劣化所致病害的模糊综合评价结果。

（2）当可以认定剥离是由材料劣化引起时，衬砌剥离可以归入材料劣化所致病害的检测项目，其模糊综合评价可以参照式（6.2.101）。

$$F_{M_1} = F_{L_4} \tag{6.2.102}$$

式中：F_{L_4}——外荷载所致病害中衬砌剥离的模糊综合评价值；

F_{M_1}——材料劣化所致病害中衬砌剥离的模糊综合评价值。

（3）衬砌截面承载力降低的检测项目有两个检测指标：实际强度率（实际强度/设计强度）q 和实际厚度率（实际厚度/设计厚度）p，它们的权重分别取 $(\omega_q \quad \omega_p)=(0.5 \quad 0.5)$，它们对于四个病害等级的隶属函数参考表 6.2.6 取值。

衬砌实际强度率 q：

$$\mu_D(q) = \begin{cases} 0 & (q \leqslant 0.65) \\ \dfrac{1}{1+0.000\,618(q-0.65)^{-2}} & (q > 0.65) \end{cases} \tag{6.2.103}$$

$$\mu_C(q) = \begin{cases} \dfrac{1}{1+247(q-0.58)^2} & (q \geqslant 0.58) \\ \dfrac{1}{1+290(q-0.58)^2} & (q < 0.58) \end{cases} \tag{6.2.104}$$

$$\mu_B(q) = \begin{cases} 1 & (q \leqslant 0.4) \\ \dfrac{1}{1+186(q-0.4)^2} & (q > 0.4) \end{cases} \tag{6.2.105}$$

衬砌实际厚度率 p：

$$\mu_D(p) = \begin{cases} 0 & (p \leqslant 0.65) \\ \dfrac{1}{1+0.000\,618(p-0.65)^{-2}} & (p > 0.65) \end{cases} \tag{6.2.106}$$

$$\mu_C(p) = \begin{cases} \dfrac{1}{1+247(p-0.58)^2} & (p \geqslant 0.58) \\ \dfrac{1}{1+290(p-0.58)^2} & (p < 0.58) \end{cases} \tag{6.2.107}$$

$$\mu_B(p) = \begin{cases} 1 & (p \leqslant 0.4) \\ \dfrac{1}{1+186(p-0.4)^2} & (p > 0.4) \end{cases} \tag{6.2.108}$$

根据调查和检测所得衬砌实际强度率、衬砌实际厚度率两个检测指标的值，代入其隶属函数式（6.2.103）～式（6.2.108），同时将各隶属度归一化后可以得到其对于各病害等级的隶属向量。

$$R_q = (r_{qD} \quad r_{qC} \quad r_{qB} \quad r_{qA}) \tag{6.2.109}$$

$$R_p = (r_{pD} \quad r_{pC} \quad r_{pB} \quad r_{pA}) \tag{6.2.110}$$

式中：r_{qi}——检测指标 q 对病害等级 i 的隶属度（i=D、C、B、A）；

r_{pi}——检测指标 p 对病害等级 i 的隶属度（i=D、C、B、A）。

分别给病害等级 v_1、v_2、v_3、v_4赋以分值1、2、3、4，则衬砌实际强度率、衬砌实际厚度率两个检测指标的模糊综合评价值按下式计算：

$$R_q = 4\times r_{qA} + 3\times r_{qB} + 2\times r_{qC} + 1\times r_{qD} \tag{6.2.111}$$

$$R_p = 4\times r_{pA} + 3\times r_{pB} + 2\times r_{pC} + 1\times r_{pD} \tag{6.2.112}$$

式中：R_q——检测指标 q 的模糊综合评价值；

R_p——检测指标 p 的模糊综合评价值。

衬砌截面承载力的模糊综合评价结果为：

$$F_{M_2} = (\omega_q \quad \omega_p)\begin{pmatrix} F_q \\ F_p \end{pmatrix} \tag{6.2.113}$$

式中：F_{M_2}——材料劣化所致病害中衬砌截面承载力降低的模糊综合评价值。

（4）钢材腐蚀检测项目只有一个检测指标：钢筋截面损失率 g（%），它对于四个病害等级的隶属函数参考表 6.2.7 取值。

$$\mu_D(g) = \begin{cases} 1 & (g \leqslant 0.5) \\ \dfrac{1}{1+0.297(g-0.5)^2} & (g > 0.5) \end{cases} \tag{6.2.114}$$

$$\mu_C(g) = \frac{1}{1+0.152(g-6.5)^2} \tag{6.2.115}$$

$$\mu_B(g) = \frac{1}{1+0.033(g-17.5)^2} \tag{6.2.116}$$

$$\mu_A(g) = \begin{cases} 0 & (g \leqslant 21) \\ \dfrac{1}{1+31.3(g-21)^{-2}} & (g > 21) \end{cases} \tag{6.2.117}$$

根据调查和检测所得钢筋截面损失率检测指标的值，代入其隶属函数式（6.2.114）～式（6.2.117），同时将各隶属度归一化后可以得到其对于各病害等级的隶属向量。

$$R_g = (r_{gD} \quad r_{gC} \quad r_{gB} \quad r_{gA}) \tag{6.2.118}$$

式中：r_{gi}——检测指标 g 对病害等级 i 的隶属度（i=D、C、B、A）。

分别给病害等级 v_1、v_2、v_3、v_4赋以分值 1、2、3、4，则钢筋截面损失率检测指标的模糊综合评价值按下式计算：

$$F_g = 4 \times r_{gA} + 3 \times r_{gB} + 2 \times r_{gC} + 1 \times r_{gD} \tag{6.2.119}$$

式中：F_g——检测指标 g 的模糊综合评价值。

钢材锈蚀的模糊综合评价结果为：

$$F_{M_3} = F_g \tag{6.2.120}$$

式中：F_{M_3}——材料劣化所致病害中钢材锈蚀的模糊综合评价值。

（5）材料劣化所致的三个检测项目的权重分别可取为：$(\omega_{M_1}\quad \omega_{M_2}\quad \omega_{M_3}) = (0.4\quad 0.3\quad 0.3)$，根据这三个检测项目分别进行模糊综合评价的结果，可以得到材料劣化所致的病害模糊综合评价的结果。

$$F_{A_2} = (\omega_{M_1}\quad \omega_{M_2}\quad \omega_{M_3})\begin{pmatrix} F_{M_1} \\ F_{M_2} \\ F_{M_3} \end{pmatrix} \tag{6.2.121}$$

2.3.4　渗漏水病害的模糊综合评价

（1）渗漏水病害等级的评价，应按衬砌裂缝处渗漏水状态、渗漏水衍生病害两个检测项目进行模糊综合评价，先分别确定这两个检测项目中各检测指标权重和对于四个病害等级的隶属度，然后根据模糊综合评价模型评价得到渗漏水病害的模糊综合评价的结果。

（2）衬砌裂缝处渗漏水状态检测项目只有一个检测指标：渗漏量 e，它对于四个病害等级的隶属函数参考表 6.2.8 取值。

$$\mu_D(e) = \begin{cases} 1 & (e \leqslant 1) \\ \dfrac{1}{1 + 0.4643(e-1)^2} & (e > 1) \end{cases} \tag{6.2.122}$$

$$\mu_C(e) = \frac{1}{1 + 0.0102(e - 16.5)^2} \tag{6.2.123}$$

$$\mu_B(e) = \frac{1}{1 + 0.0015(e - 65)^2} \tag{6.2.124}$$

$$\mu_A(e) = \begin{cases} 0 & (e \leqslant 89) \\ \dfrac{1}{1 + 222.6(e-89)^{-2}} & (e > 89) \end{cases} \tag{6.2.125}$$

根据调查和检测所得渗漏水渗流量检测指标的值，代入其隶属函数式

(6.2.122)～式(6.2.125)，同时将各隶属度归一化后可以得到其对于各病害等级的隶属向量。

$$R_e = (r_{eD} \quad r_{eC} \quad r_{eB} \quad r_{eA}) \tag{6.2.126}$$

式中：r_{ei}——检测指标 e 对病害等级 i 的隶属度（i=D、C、B、A）。

分别给病害等级 v_1、v_2、v_3、v_4赋以分值 1、2、3、4，则渗漏水渗漏量检测指标的模糊综合评价值按下式计算：

$$F_e = 4 \times r_{eA} + 3 \times r_{eB} + 2 \times r_{eC} + 1 \times r_{eD} \tag{6.2.127}$$

式中：F_e——检测指标 e 的模糊综合评价值。

渗漏水渗漏量的模糊综合评价结果为：

$$F_{S_1} = F_e \tag{6.2.128}$$

式中：F_{S_1}——渗漏水所致病害中渗漏水状态的模糊综合评价值。

(3) 衬砌渗漏水衍生病害检测项目有三个检测指标：结冰、pH 值和铺砌层积水性，它们的权重分别取 $(\omega_j \quad \omega_f \quad \omega_m)=(0.4 \quad 0.3 \quad 0.3)$，它们对于四个病害等级的隶属函数参考表 6.2.9 取值。

结冰 j：

$$\mu_D(j) = 0 \tag{6.2.129}$$

$$\mu_C(j) = \begin{cases} 0 & \text{(其他)} \\ 1 & \text{(拱部有挂冰、侧墙有冰柱,不妨碍行车)} \end{cases} \tag{6.2.130}$$

$$\mu_B(j) = \begin{cases} 0 & \text{(其他)} \\ 1 & \text{(拱部有挂冰、侧墙有冰柱,妨碍行车)} \end{cases} \tag{6.2.131}$$

$$\mu_A(j) = 0 \tag{6.2.132}$$

pH 值 f：

$$\mu_D(f) = \begin{cases} 0 & (f \leqslant 5.6) \\ \dfrac{1}{1+0.36(f-5.6)^{-2}} & (f > 5.6) \end{cases} \tag{6.2.133}$$

$$\mu_C(f) = \frac{1}{1+7.43(f-5.5)^2} \tag{6.2.134}$$

$$\mu_B(f) = \frac{1}{1+7.43(f-4.5)^2} \tag{6.2.135}$$

$$\mu_A(f) = \begin{cases} 1 & (1 \leqslant f \leqslant 3.5) \\ \dfrac{1}{1+7.43(f-3.5)^2} & (f > 3.5) \end{cases} \tag{6.2.136}$$

铺砌层积水性 m：

$$\mu_D(m)=\begin{cases}0 & (\text{其他})\\1 & (\text{砂土流出或结冰，但不妨害行车})\end{cases}\tag{6.2.137}$$

$$\mu_C(m)=\begin{cases}0 & (\text{其他})\\1 & (\text{铺砌层可能积水})\end{cases}\tag{6.2.138}$$

$$\mu_B(m)=\begin{cases}0 & (\text{其他})\\1 & (\text{铺砌层积水，砂土流失或结冰严重})\end{cases}\tag{6.2.139}$$

$$\mu_A(m)=\begin{cases}0 & (\text{其他})\\1 & (\text{铺砌层浸砂，砂土流出或严重结冰})\end{cases}\tag{6.2.140}$$

根据调查和检测所得结冰、渗漏水 pH 值、铺砌层积水性三个检测指标的值，代入其隶属函数式（6.2.129）～式（6.2.140），同时将各隶属度归一化后可以得到其对于各病害等级的隶属向量。

$$R_j=(r_{jD}\quad r_{jC}\quad r_{jB}\quad r_{jA})\tag{6.2.141}$$

$$R_f=(r_{fD}\quad r_{fC}\quad r_{fB}\quad r_{fA})\tag{6.2.142}$$

$$R_m=(r_{mD}\quad r_{mC}\quad r_{mB}\quad r_{mA})\tag{6.2.143}$$

式中：r_{ji}——检测指标 j 对病害等级 i 的隶属度（$i=D$、C、B、A）；

r_{fi}——检测指标 f 对病害等级 i 的隶属度（$i=D$、C、B、A）；

r_{mi}——检测指标 m 对病害等级 i 的隶属度（$i=D$、C、B、A）。

分别给病害等级 v_1、v_2、v_3、v_4 赋以分值 1、2、3、4，则结冰、渗漏水 pH 值、铺砌层积水性三个检测指标的模糊综合评价值按下式计算：

$$F_j=4\times r_{jA}+3\times r_{jB}+2\times r_{jC}+1\times r_{jD}\tag{6.2.144}$$

$$F_f=4\times r_{fA}+3\times r_{fB}+2\times r_{fC}+1\times r_{fD}\tag{6.2.145}$$

$$F_m=4\times r_{mA}+3\times r_{mB}+2\times r_{mC}+1\times r_{mD}\tag{6.2.146}$$

式中：F_j——检测指标 j 的模糊综合评价值；

F_f——检测指标 f 的模糊综合评价值；

F_m——检测指标 m 的模糊综合评价值。

渗漏水衍生病害的模糊综合评价结果为：

$$F_{S_2}=(\omega_j\quad \omega_f\quad \omega_m)\begin{pmatrix}F_j\\F_f\\F_m\end{pmatrix}\tag{6.2.147}$$

式中：F_{S_2}——渗漏水所致病害中渗漏水衍生病害的模糊综合评价值。

（4）渗漏水所致的两个检测项目的权重分别可取为：$(\omega_{S_1}\quad \omega_{S_2})=(0.5\quad 0.5)$，根据这两个检测项目分别进行模糊综合评价的结果，可以得到渗漏水所致的病害模糊综合评价的结果。

$$F_{A_3} = (\omega_{S_1} \quad \omega_{S_2}) \begin{pmatrix} F_{S_1} \\ F_{S_2} \end{pmatrix} \tag{6.2.148}$$

2.3.5 隧道结构的模糊综合评价

（1）外荷载作用所致病害、材料劣化所致病害和渗漏水的病害情况的权重可以取为（$\omega_{A_1} \quad \omega_{A_2} \quad \omega_{A_3}$）＝(0.4　0.3　0.3)。

（2）由外荷载作用所致病害、材料劣化所致病害和渗漏水病害情况的病害模糊综合评价结果所得三种病害情况对病害等级的隶属向量，可用如下模糊综合评价模型得到所评价的隧道结构对病害等级的隶属向量：

$$F = (\omega_{A_1} \quad \omega_{A_2} \quad \omega_{A_3}) \begin{pmatrix} F_{A_1} \\ F_{A_2} \\ F_{A_3} \end{pmatrix} \tag{6.2.149}$$

式中：F——隧道衬砌结构的模糊综合评价值。

（3）由式（6.2.149）可以计算得到所评价隧道结构的模糊综合评价值，并根据该值由表 6.2.11 查得所评价隧道结构的病害等级。

2.3.6 模糊综合评价算子与模型参数的确定

（1）综合评价运算算子的说明

$$\omega = (\omega_1 \quad \omega_2 \quad \cdots \quad \omega_j), j = 1、2、\cdots、n \tag{6.2.150}$$

$$F = (F_1 \quad F_2 \quad \cdots \quad F_j)^T, j = 1、2、\cdots、n \tag{6.2.151}$$

$$\begin{aligned} \omega F &= (\omega_1 \quad \omega_2 \quad \cdots \quad \omega_j)(F_1 \quad F_2 \quad \cdots \quad F_j)^T \\ &= F_i + k_i \cdot \left[\begin{array}{l} \frac{\omega_1}{\omega_i}(F_1 - F_{10})^2 + \frac{\omega_2}{\omega_i}(F_2 - F_{20})^2 + \cdots \\ + \frac{\omega_{i-1}}{\omega_i}(F_{i-1} - F_{(i-1)0})^2 + \frac{\omega_{i+1}}{\omega_i}(F_{i+1} - F_{(i+1)0})^2 \\ + \cdots + \frac{\omega_j}{w_i} \cdot (F_j - F_{j0})^2 \end{array} \right] \cdot (4 - F_i) \\ &= F_i + k_i \cdot \left[\sum_{j=1\sim n, j\neq i} \frac{\omega_j}{\omega_i}(F_j - F_{j0})^2 \right] \cdot (4 - F_i) \end{aligned} \tag{6.2.152}$$

式中：$F_i = \max\{F_i \mid = 1、2、\cdots、j\}$，$j = 1、2、\cdots、n$。

（2）一级模糊综合评价体系中各评价模型参数的确定

① 衬砌变形的模糊综合评价模型：

$$F_{L_1}=(\omega_v \quad \omega_s)\begin{pmatrix}F_v\\F_s\end{pmatrix}=\begin{cases}F_v+k_v\cdot\dfrac{\omega_s}{\omega_v}(F_s-F_{s0})^2\cdot(4-F_v) & F_v=\max(F_v,F_s)\\[2ex] F_s+k_s\cdot\dfrac{\omega_v}{\omega_s}(F_v-F_{v0})^2\cdot(4-F_s) & F_s=\max(F_v,F_s)\end{cases}$$

(6.2.153)

衬砌变形的模糊综合评价模型参数见表 6.2.13。

衬砌变形的模糊综合评价模型参数　　表 6.2.13

max（F_v，F_s）	k_i	$\dfrac{\omega_j}{\omega_i}$	F_{j0}
F_v	$k_v=0.0895$	$\dfrac{\omega_s}{\omega_v}=\dfrac{23}{17}$	$F_{s0}=1.092$
F_s	$k_s=0.1878$	$\dfrac{\omega_v}{\omega_s}=\dfrac{17}{23}$	$F_{v0}=1.276$

② 衬砌裂缝的模糊综合评价模型：

$$F_{L_2}=(\omega_a \quad \omega_h \quad \omega_c)\begin{pmatrix}F_a\\F_h\\F_c\end{pmatrix}$$

$$=\begin{cases}F_a+k_a\cdot\left[\dfrac{\omega_h}{\omega_a}(F_h-F_{h0})^2+\dfrac{\omega_c}{\omega_a}(F_c-F_{c0})^2\right]\cdot(4-F_a) & F_a=\max(F_a,F_h,F_c)\\[2ex] F_h+k_h\cdot\left[\dfrac{\omega_a}{\omega_h}(F_a-F_{a0})^2+\dfrac{\omega_c}{\omega_h}(F_c-F_{c0})^2\right]\cdot(4-F_h) & F_h=\max(F_a,F_h,F_c)\\[2ex] F_c+k_c\cdot\left[\dfrac{\omega_a}{\omega_c}(F_a-F_{a0})^2+\dfrac{\omega_h}{\omega_c}(F_h-F_{h0})^2\right]\cdot(4-F_c) & F_c=\max(F_a,F_h,F_c)\end{cases}$$

(6.2.154)

衬砌裂缝的模糊综合评价模型参数见表 6.2.14。

衬砌裂缝的模糊综合评价模型参数　　表 6.2.14

max（F_a，F_h，F_c）	k_i	$\dfrac{\omega_j}{\omega_i}$		F_{j0}	
F_a	$k_a=0.0832$	$\dfrac{\omega_h}{\omega_a}=\dfrac{3}{4}$	$\dfrac{\omega_c}{\omega_a}=\dfrac{3}{4}$	$F_{h0}=1.024$	$F_{c0}=1.276$
F_h	$k_h=0.0558$	$\dfrac{\omega_a}{\omega_h}=\dfrac{4}{3}$	$\dfrac{\omega_c}{\omega_h}=1$	$F_{a0}=1.133$	$F_{c0}=1.276$
F_c	$k_c=0.0551$	$\dfrac{\omega_a}{\omega_c}=\dfrac{4}{3}$	$\dfrac{\omega_h}{\omega_c}=1$	$F_{a0}=1.133$	$F_{h0}=1.024$

③ 衬砌剥离的模糊综合评价模型：

$$F_{L_4}=(\omega_d\quad\omega_t)\begin{pmatrix}F_d\\F_t\end{pmatrix}=\begin{cases}F_d+k_d\cdot\dfrac{\omega_t}{\omega_d}(F_t-F_{t0})^2\cdot(4-F_d) & F_d=\max(F_d,F_t)\\F_t+k_t\cdot\dfrac{\omega_d}{\omega_t}(F_d-F_{d0})^2\cdot(4-F_t) & F_t=\max(F_d,F_t)\end{cases}\tag{6.2.155}$$

衬砌剥离的模糊综合评价模型参数见表 6.2.15。

衬砌剥离的模糊综合评价模型参数 表 6.2.15

max（F_d，F_t）	k_i	$\frac{\omega_j}{\omega_i}$	F_{j0}
F_d	k_d=0.126 9	$\frac{\omega_t}{\omega_d}=1$	F_{t0}=1.162
F_t	k_t=0.118 7	$\frac{\omega_d}{\omega_t}=1$	F_{d0}=1.033

④ 衬砌截面承载力的模糊综合评价模型：

$$F_{M_2}=(\omega_q\quad\omega_p)\begin{pmatrix}F_q\\F_p\end{pmatrix}=\begin{cases}F_q+k_q\cdot\dfrac{\omega_p}{\omega_q}(F_p-F_{p0})^2\cdot(4-F_q) & F_q=\max(F_q,F_p)\\F_p+k_p\cdot\dfrac{\omega_q}{\omega_p}(F_q-F_{q0})^2\cdot(4-F_p) & F_p=\max(F_q,F_p)\end{cases}\tag{6.2.156}$$

衬砌截面承载力的模糊综合评价模型参数见表 6.2.16。

衬砌截面承载力的模糊综合评价模型参数 表 6.2.16

max（F_q，F_p）	k_i	$\frac{\omega_j}{\omega_i}$	F_{j0}
F_q	k_q=0.053 1	$\frac{\omega_p}{\omega_q}=1$	F_{p0}=1.050
F_p	k_p=0.053 1	$\frac{\omega_q}{\omega_p}=1$	F_{q0}=1.050

⑤ 渗漏水衍生病害的模糊综合评价模型：

$$F_{S_2}=(\omega_j\quad\omega_f\quad\omega_m)\begin{pmatrix}F_j\\F_f\\F_m\end{pmatrix}$$

$$=\begin{cases}F_j+k_j\cdot\left[\dfrac{\omega_f}{\omega_j}(F_f-F_{f0})^2+\dfrac{\omega_m}{\omega_j}(F_m-F_{m0})^2\right]\cdot(4-F_j) & F_j=\max(F_j,F_f,F_m)\\F_f+k_f\cdot\left[\dfrac{\omega_j}{\omega_f}(F_j-F_{j0})^2+\dfrac{\omega_m}{\omega_f}(F_m-F_{m0})^2\right]\cdot(4-F_f) & F_f=\max(F_j,F_f,F_m)\\F_m+k_m\cdot\left[\dfrac{\omega_j}{\omega_m}(F_j-F_{j0})^2+\dfrac{\omega_f}{\omega_m}(F_f-F_{f0})^2\right]\cdot(4-F_m) & F_m=\max(F_j,F_f,F_m)\end{cases}\tag{6.2.157}$$

渗漏水衍生病害的模糊综合评价模型参数见表 6.2.17。

渗漏水衍生病害的模糊综合评价模型参数　　　　表 6.2.17

max（F_j，F_f，F_m）	k_i	$\frac{\omega_j}{\omega_i}$		F_{j0}	
F_j	k_j=0.034 5	$\frac{\omega_f}{\omega_j}=\frac{3}{4}$	$\frac{\omega_m}{\omega_j}=\frac{3}{4}$	F_{f0}=1.068	F_{m0}=1
F_f	k_f=0.096 8	$\frac{\omega_j}{\omega_f}=\frac{4}{3}$	$\frac{\omega_m}{\omega_f}$=1	F_{j0}=2	F_{m0}=1
F_m	k_m=0.102 1	$\frac{\omega_j}{\omega_m}=\frac{4}{3}$	$\frac{\omega_f}{\omega_m}$=1	F_{j0}=2	F_{f0}=1.068

（3）二级模糊综合评价体系中各评价模型参数的确定

① 外荷载作用所致病害的模糊综合评价模型：

$$F_{A_1}=(\omega_{L_1}\quad \omega_{L_2}\quad \omega_{L_3}\quad \omega_{L_4})\begin{pmatrix}F_{L_1}\\F_{L_2}\\F_{L_3}\\F_{L_4}\end{pmatrix}$$

$$=\begin{cases}F_{L_1}+k_{L_1}\cdot\left[\frac{\omega_{L_2}}{\omega_{L_1}}(F_{L_2}-F_{L_20})^2+\frac{\omega_{L_3}}{\omega_{L_1}}(F_{L_3}-F_{L_30})^2+\frac{\omega_{L_4}}{\omega_{L_1}}(F_{L_4}-F_{L_40})^2\right]\cdot(4-F_{L_1})\\ F_{L_1}=\max(F_{L_1},F_{L_2},F_{L_3},F_{L_4})\\ F_{L_2}+k_{L_2}\cdot\left[\frac{\omega_{L_1}}{\omega_{L_2}}(F_{L_1}-F_{L_10})^2+\frac{\omega_{L_3}}{\omega_{L_2}}(F_{L_3}-F_{L_30})^2+\frac{\omega_{L_4}}{\omega_{L_2}}(F_{L_4}-F_{L_40})^2\right]\cdot(4-F_{L_2})\\ F_{L_2}=\max(F_{L_1},F_{L_2},F_{L_3},F_{L_4})\\ F_{L_3}+k_{L_3}\cdot\left[\frac{\omega_{L_1}}{\omega_{L_3}}(F_{L_1}-F_{L_10})^2+\frac{\omega_{L_2}}{\omega_{L_3}}(F_{L_2}-F_{L_20})^2+\frac{\omega_{L_4}}{\omega_{L_3}}(F_{L_4}-F_{L_40})^2\right]\cdot(4-F_{L_3})\\ F_{L_3}=\max(F_{L_1},F_{L_2},F_{L_3},F_{L_4})\\ F_{L_4}+k_{L_4}\cdot\left[\frac{\omega_{L_1}}{\omega_{L_4}}(F_{L_1}-F_{L_10})^2+\frac{\omega_{L_2}}{\omega_{L_4}}(F_{L_2}-F_{L_20})^2+\frac{\omega_{L_3}}{\omega_{L_4}}(F_{L_3}-F_{L_30})^2\right]\cdot(4-F_{L_4})\\ F_{L_4}=\max(F_{L_1},F_{L_2},F_{L_3},F_{L_4})\end{cases}$$

（6.2.158）

外荷载作用所致病害的模糊综合评价模型参数见表 6.2.18。

外荷载作用所致病害的模糊综合评价模型参数　表 6.2.18

max（F_{L_1}，F_{L_2}，F_{L_3}，F_{L_4}）	k_i	$\frac{\omega_j}{\omega_i}$			F_{j0}		
F_{L_1}	$k_{L_1}=0.0590$	$\frac{\omega_{L_2}}{\omega_{L_1}}=1$	$\frac{\omega_{L_3}}{\omega_{L_1}}=\frac{2}{3}$	$\frac{\omega_{L_4}}{\omega_{L_1}}=\frac{2}{3}$	$F_{L_1 0}=1.276$	$F_{L_2 0}=1.461$	$F_{L_4 0}=1.162$
F_{L_2}	$k_{L_2}=0.0590$	$\frac{\omega_{L_1}}{\omega_{L_2}}=1$	$\frac{\omega_{L_3}}{\omega_{L_2}}=\frac{2}{3}$	$\frac{\omega_{L_4}}{\omega_{L_2}}=\frac{2}{3}$	$F_{L_1 0}=1.276$	$F_{L_2 0}=1.461$	$F_{L_4 0}=1.162$
F_{L_3}	$k_{L_3}=0.0330$	$\frac{\omega_{L_1}}{\omega_{L_3}}=\frac{3}{2}$	$\frac{\omega_{L_3}}{\omega_{L_3}}=\frac{3}{2}$	$\frac{\omega_{L_4}}{\omega_{L_3}}=1$	$F_{L_1 0}=1.276$	$F_{L_2 0}=1.276$	$F_{L_4 0}=1.162$
F_{L_4}	$k_{L_4}=0.0351$	$\frac{\omega_{L_1}}{\omega_{L_4}}=\frac{3}{2}$	$\frac{\omega_{L_2}}{\omega_{L_4}}=\frac{3}{2}$	$\frac{\omega_{L_3}}{\omega_{L_4}}=1$	$F_{L_1 0}=1.276$	$F_{L_2 0}=1.276$	$F_{L_4 0}=1.461$

② 材料劣化所致的病害模糊综合评价模型：

$$F_{A_2}=(\omega_{M_1}\quad \omega_{M_2}\quad \omega_{M_3})\begin{pmatrix}F_{M_1}\\F_{M_2}\\F_{M_3}\end{pmatrix}$$

$$=\begin{cases}F_{M_1}+k_{M_1}\cdot\left[\frac{\omega_{M_2}}{\omega_{M_1}}(F_{M_2}-F_{M_2 0})^2+\frac{\omega_{M_3}}{\omega_{M_1}}(F_{M_3}-F_{M_3 0})^2\right]\cdot(4-F_{M_1})\\ F_{M_1}=\max(F_{M_1},F_{M_2},F_{M_3})\\ F_{M_2}+k_{M_2}\cdot\left[\frac{\omega_{M_1}}{\omega_{M_2}}(F_{M_1}-F_{M_1 0})^2+\frac{\omega_{M_3}}{\omega_{M_2}}(F_{M_3}-F_{M_3 0})^2\right]\cdot(4-F_{M_2})\\ F_{M_2}=\max(F_{M_1},F_{M_2},F_{M_3})\\ F_{M_3}+k_{M_3}\cdot\left[\frac{\omega_{M_1}}{\omega_{M_3}}(F_{M_1}-F_{M_1 0})^2+\frac{\omega_{M_2}}{\omega_{M_3}}(F_{M_2}-F_{M_2 0})^2\right]\cdot(4-F_{M_3})\\ F_{M_3}=\max(F_{M_1},F_{M_2},F_{M_3})\end{cases}\tag{6.2.159}$$

材料劣化所致的病害模糊综合评价模型参数见表 6.2.19。

材料劣化所致病害的模糊综合评价模型参数　表 6.2.19

max（F_{M_1}，F_{M_2}，F_{M_3}）	k_i	$\frac{\omega_j}{\omega_i}$		F_{j0}	
F_{M_1}	$k_{M_1}=0.1101$	$\frac{\omega_{M_2}}{\omega_{M_1}}=\frac{3}{4}$	$\frac{\omega_{M_3}}{\omega_{M_1}}=\frac{3}{4}$	$F_{M_2 0}=1.050$	$F_{M_3 0}=1.257$
F_{M_2}	$k_{M_2}=0.0549$	$\frac{\omega_{M_1}}{\omega_{M_2}}=\frac{4}{3}$	$\frac{\omega_{M_3}}{\omega_{M_2}}=1$	$F_{M_1 0}=1.162$	$F_{M_3 0}=1.257$
F_{M_3}	$k_{M_3}=0.0651$	$\frac{\omega_{M_1}}{\omega_{M_3}}=\frac{4}{3}$	$\frac{\omega_{M_2}}{\omega_{M_3}}=\frac{4}{3}$	$F_{M_1 0}=1.162$	$F_{M_2 0}=1.050$

③ 渗漏水所致的病害模糊综合评价模型：

$$F_{A_3}=(\omega_{S_1}\quad\omega_{S_2})\begin{pmatrix}F_{S_1}\\F_{S_2}\end{pmatrix}=\begin{cases}F_{S_1}+k_{S_1}\cdot\dfrac{\omega_{S_2}}{\omega_{S_1}}(F_{S_2}-F_{S_20})^2\cdot(4-F_{S_1}) & F_{S_1}=\max(F_{S_1},F_{S_2})\\[2ex] F_{S_2}+k_{S_2}\cdot\dfrac{\omega_{S_1}}{\omega_{S_2}}(F_{S_1}-F_{S_10})^2\cdot(4-F_{S_2}) & F_{S_2}=\max(F_{S_1},F_{S_2})\end{cases}\tag{6.2.160}$$

渗漏水所致的病害模糊综合评价模型参数见表 6.2.20。

渗漏水所致病害的模糊综合评价模型参数　　表 6.2.20

$\max(F_{S_1},F_{S_2})$	k_i	$\dfrac{\omega_j}{\omega_i}$	F_{j0}
F_{S_1}	$k_{S_1}=0.1163$	$\dfrac{\omega_{S_2}}{\omega_{S_1}}=1$	$F_{S_20}=1.068$
F_{S_2}	$k_{S_2}=0.1477$	$\dfrac{\omega_{S_1}}{\omega_{S_2}}=1$	$F_{S_10}=1.384$

(4) 三级模糊综合评价体系中各评价模型参数的确定

$$F=(\omega_{A_1}\quad\omega_{A_2}\quad\omega_{A_3})\begin{pmatrix}F_{A_1}\\F_{A_2}\\F_{A_3}\end{pmatrix}$$

$$=\begin{cases}F_{A_1}+k_{A_1}\cdot\left[\dfrac{\omega_{A_2}}{\omega_{A_1}}(F_{A_2}-F_{A_20})^2+\dfrac{\omega_{A_3}}{\omega_{A_1}}(F_{A_3}-F_{A_30})^2\right]\cdot(4-F_{A_1})\\ F_{A_1}=\max(F_{A_1},F_{A_2},F_{A_3})\\ F_{A_2}+k_{A_2}\cdot\left[\dfrac{\omega_{A_1}}{\omega_{A_2}}(F_{A_1}-F_{A_10})^2+\dfrac{\omega_{A_3}}{\omega_{A_2}}(F_{A_3}-F_{A_30})^2\right]\cdot(4-F_{A_2})\\ F_{A_2}=\max(F_{A_1},F_{A_2},F_{A_3})\\ F_{A_3}+k_{A_3}\cdot\left[\dfrac{\omega_{A_1}}{\omega_{A_3}}(F_{A_1}-F_{A_10})^2+\dfrac{\omega_{A_2}}{\omega_{A_3}}(F_{A_2}-F_{A_20})^2\right]\cdot(4-F_{A_3})\\ F_{A_3}=\max(F_{A_1},F_{A_2},F_{A_3})\end{cases}\tag{6.2.161}$$

三级模糊综合评价模型参数见表 6.2.21。

三级模糊综合评价模型参数　　表 6.2.21

$\max(F_{A_1},F_{A_2},F_{A_3})$	k_i	$\dfrac{\omega_j}{\omega_i}$		F_{j0}	
F_{A_1}	$k_{A_1}=0.0928$	$\dfrac{\omega_{A_2}}{\omega_{A_1}}=\dfrac{3}{4}$	$\dfrac{\omega_{A_3}}{\omega_{A_1}}=\dfrac{3}{4}$	$F_{A_20}=1.257$	$F_{A_30}=1.384$
F_{A_2}	$k_{A_2}=0.0648$	$\dfrac{\omega_{A_1}}{\omega_{A_2}}=\dfrac{4}{3}$	$\dfrac{\omega_{A_3}}{\omega_{A_2}}=1$	$F_{A_10}=1.461$	$F_{A_30}=1.384$
F_{A_3}	$k_{A_3}=0.0620$	$\dfrac{\omega_{A_1}}{\omega_{A_3}}=\dfrac{4}{3}$	$\dfrac{\omega_{A_2}}{\omega_{A_3}}=1$	$F_{A_10}=1.461$	$F_{A_20}=1.257$

3 隧道病害处治

3.1 一般规定和处治对策

(1) 公路隧道病害一般为多因素联合作用的结果，在具体选择处治措施及工法时，应根据隧道病害状况检测评价结果，按照安全、经济、合理的原则制订处治方案。

(2) 应根据病害的等级及病害产生的原因，分别给出相应可供参考的处治措施以及基本方法和技术要点。

(3) 公路隧道的病害等级为 D 级时，隧道结构无破损或存在轻微破损，现阶段对行人、行车不会有影响，只需进行监视或观察即可。即对调查和检测发现的病害部位进行跟踪观察，对没有进一步发展的隧道病害，可采用日常的检查；对有进一步发展的隧道病害，有必要采用和调查同样内容的观察，以便及早掌握病害的发展趋势，利于采取措施。

病害等级对应的病害处治措施 表 6.3.1

病害成因 \ 处治措施 \ 病害等级		一般（*C*）				较严重（*B*）					严重（*A*）										
		表面清扫	凿除	断面修复	嵌缝	防护网	喷射混凝土	止水排水	裂缝灌浆	保温隔热	套拱	衬砌背面注浆	锚杆加固	补强拱架	灌浆锚固	围岩压浆	更换衬砌	增设仰拱	滑坡整治	基础加固	内衬混凝土
材质劣化	材质劣化	○	○	○		★	○		○	○	○						★				★
渗漏水	渗漏水		○					★		○						○	○				○
其他	衬砌背面空洞											★				○	○				
	衬砌厚度不足						○				★		○			○	★				★
	无仰拱												★		★		★	★		★	
	施工缝温度应力				★		○		★												
外载荷引起	松脱土压											★	○	○	○		○				○
	偏压			○			○				○	★	★	○	★		○	★	○		○
	地层滑坡							○			○	★	○		★		○	○	★		
	膨胀性土压						○				○	★	★	○	★		○	★			○
	承载力不足		○				○				○	★	★		★		○	★			○

注：1. ★—对相应的病害成因应首选的处治措施；○—对相应的病害成因应可选作辅助的处治措施。

2. 松弛地压包含突发性崩塌的情况。

（4）公路隧道的病害等级为 C 级时，隧道结构存在一定的破损和病害，这些病害若继续发展，则会危及行人、行车安全。因此，应对病害部位进行重点监视，准备好处治对策和措施，一旦病害继续发展，则应有计划地采取处治对策和措施。

（5）公路隧道的病害等级为 B 级时，隧道结构存在较严重破坏。因此，应尽早采取处治对策和措施，尽早排除危险隐患，防止事故的发生。

（6）公路隧道的病害等级为 A 级时，隧道结构已存在严重破坏，已危及行人、行车安全。因此，必须立即采取紧急处治对策和措施，不得延误，防止事故的发生。

（7）各种病害等级对应的处治措施如表 6.3.1 所示。

3.2　结构破坏的加固

3.2.1　局部处理

（1）断面修复（C 级）

断面修复是在凿除处及衬砌断面缺损部分用混有高分子材料的砂浆进行充填。

作为剥落、凿除的后续处治措施，施工时，须采用金属网和锚栓等使之与衬砌一体，具体见图 6.3.1。

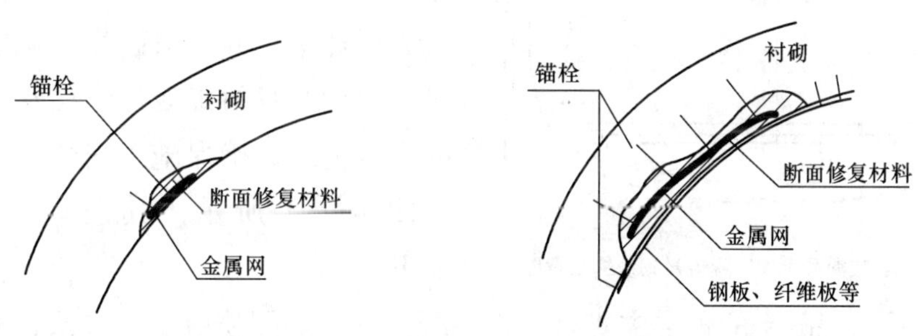

图 6.3.1　局部断面修复示意图

（2）嵌缝（C 级）

嵌缝是先除去接缝中的劣化材料再充填接缝砂浆的工法。

当混凝土砌块间接缝材料劣化、衬砌材料未发生劣化时，可采用嵌缝处治，见图 6.3.2。嵌缝处治措施效率较差，但因衬砌材料未劣化，所以采用此法可恢复衬砌的功能。

（3）裂缝灌浆（B 级）

裂缝灌浆是向衬砌裂缝中灌注水泥浆液、矿浆或化学浆液，使材料因开裂而降低的刚性和整体性得到部分恢复。其主要施工方法有：手动式灌浆、自动式灌浆、机械式灌浆等。该工法适用于有可能块状化的开裂处，其加固示意图见图 6.3.3。

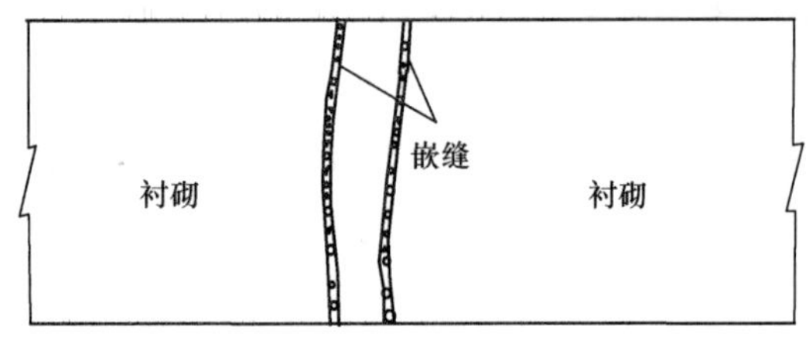

图 6.3.2　嵌缝示意图

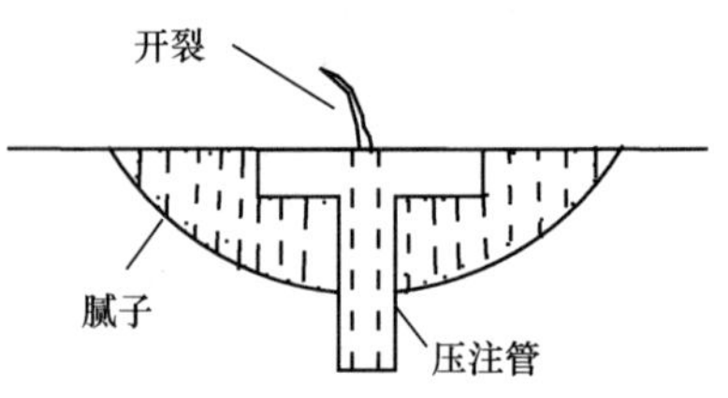

图 6.3.3　裂缝灌浆示意图

3.2.2　喷射混凝土

喷射混凝土是在比较大的范围内施作 100～150mm 厚的砂浆或混凝土以达到加强衬砌的工法。当隧道衬砌表面有剥落时，全面或部分修补、加强衬砌表面。施工前将需要加固部分的衬砌混凝土凿除，并且保证喷混凝土不侵入隧道建筑限界，然后在衬砌上打孔安装中空注浆锚杆。用高压水将凿毛面清洗干净，喷射混凝土；喷射完成后将喷混凝土表面抹平，并与衬砌光滑顺接。施工时应密切观察衬砌变形位移及周围裂缝的发展情况，确保施工安全。施工方法如图 6.3.4 所示，其设计施工要点如下。

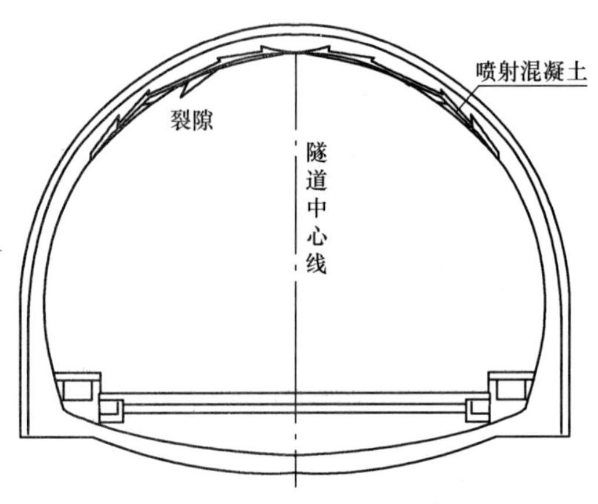

图 6.3.4　喷混凝土加固隧道衬砌裂缝示意图

(1) 喷射混凝土的种类主要有：素混凝土、钢筋网喷射水泥砂浆、钢筋网喷射混凝土和钢纤维喷射混凝土等，应根据病害程度和施工条件等因素进行选择。

(2) 喷射混凝土必须有足够的强度和附着率，其配合比应通过实验确定，喷射机的工作风压，应满足喷头处的压力在 0.1MPa 左右。

(3) 在进行喷射作业时应尽量减少回弹。在正常情况下，侧墙回弹率不应超过 10%，拱顶不应超过 15%。

(4) 干喷法喷射混凝土作业时可采取下列措施以减少粉尘：

① 适当增加砂的含量，以 6%～8%为宜，对减少粉尘有明显效果。

② 加强通风，以迅速排除作业面产生的粉尘。

③ 采用双水环供水的喷嘴，使干料得到充分湿润，以减少粉尘。

④ 加长扰料管，以 400～1 000mm 为宜，以增加水与干料混合的机会，降低粉尘。

（5）当采用钢筋网喷射混凝土时，钢筋网必须有恰当的保护层厚度。

（6）喷射混凝土终凝 2h 后应喷水养护，养护时间应不少于 7d；当隧道内相对湿度大于 85％时，可采用自然养护，寒冷地区的养护应按相关规范进行。

（7）当喷射混凝土作业完成后，应对喷射混凝土层进行检测，强度指标应达到设计要求。

3.2.3　防护网

防护网是用锚栓等把金属网固定在衬砌表面上，以防止衬砌掉落的施工方法。该法对材质裂化引起的病害处治效果较好。适合于衬砌开裂处、部分混凝土施工缝处较小范围内衬砌块有可能掉落的场合或内衬净空没有富余无法设置拱架的场合，其设计施工要点如下。

（1）金属网应选择具有良好的耐火性、耐腐蚀性和耐久性的材料，同时要网目细、重量轻，以便减轻衬砌重量。

（2）施工前应凿除衬砌表面劣化部分，并清理干净。

（3）一般采用 ϕ6.5mm 的钢筋做成 10cm×10cm 的网格。有时也可平钢或型钢配合金属网使用。

3.2.4　衬砌背面和围岩注浆、灌浆和压浆

（1）衬砌背面注浆（*A* 级）

衬砌背面注浆是在衬砌施工缝或裂缝处凿槽，再根据检测到的衬砌背后空洞和脱空深度进行钻孔，植入注浆管注浆以填充脱空和空洞。该工法适用于衬砌和围岩、二衬与衬砌脱离和衬砌与围岩间存在的空洞，其加固效果见图 6.3.5。该工法的设计施工技术要点如下：

① 注浆加固设计应根据调查获得的资料确定注浆范围、注浆量及注浆管的配置，并选择具有良好效果的注浆材料、注浆方法等。

② 在编制回填注浆计划时，应充分调查地形、地质、空洞的分布及大小、衬砌状况、涌水状况及施工条件等。

③ 对于衬砌背后存在的空洞和脱空，在空洞或脱空处钻两排注浆边孔，两排注浆孔之间钻一排排气孔，注浆从两个注浆边孔开始；对于衬砌中存在的离析，在衬砌离析位置钻两排注浆边孔，钻孔深度不超过衬砌厚度的 2/3。

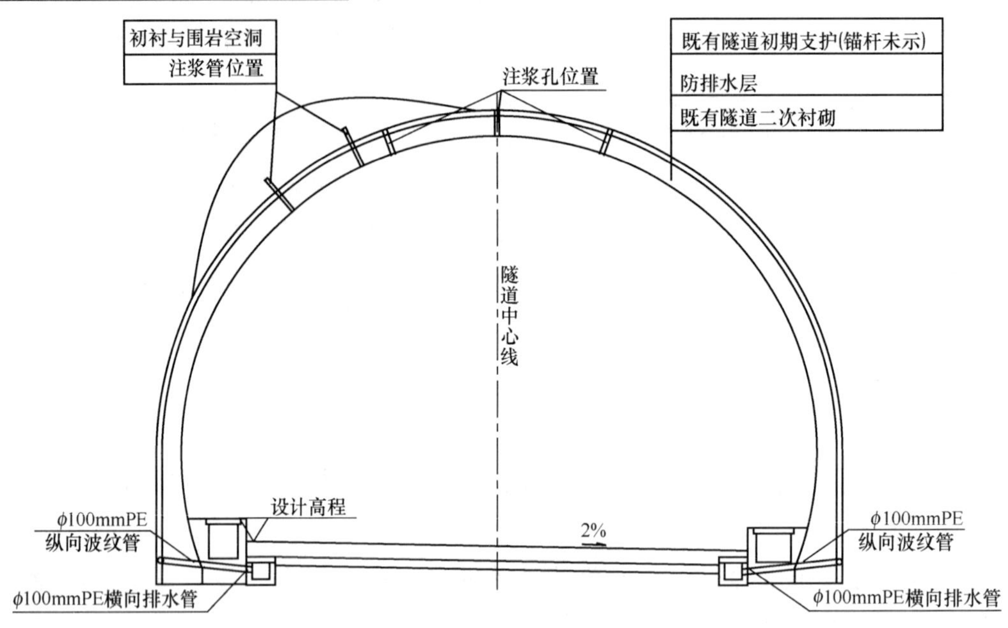

图 6.3.5　衬砌背后注浆示意图

④ 对于衬砌拱顶后存在的较大空洞，必要时可在拱部开 60cm×60cm 的天窗，采用喷 C20 混凝土或灌筑混凝土回填空洞，直至将拱顶空洞回填密实，再将天窗口用微膨胀水泥封住。

⑤ 注浆材料应考虑空隙的大小、涌水状况、地质及施工性、经济性等，选择最合适的材料，一般多选用以水泥浆和水泥砂浆为主材的材料。

⑥ 回填注浆中采用的配比应使所选材料适合其目的，而且施工性好，经济。配比应使注浆液具有充分的流动性，同时要控制好其硬化时间；特别是在有涌水的场合，易于发生强度不足、材料离析、逸出等现象，应进行充分研究。

⑦ 压注量应根据空隙、空洞的状态调查确定。一般来讲，事先确定的压注量与实际的压注量会有出入，设计时要留有余地。

⑧ 确定压注压力时要充分考虑压注材料的种类和施工方法，并对隧道衬砌及附近的结构物不产生影响，压注范围要尽可能小些，一般注浆的工作压力为 0.3～0.5MPa。另外，确定注浆压力时还要注意以下两点：

a. 砂浆及浆液的压注压力，采用泵送时，安装在压注管的压力计以 0.1～0.2MPa 为标准。

b. 有涌水压的场合，应先设置排水孔降低涌水压，然后再进行压注。

⑨ 压注管应考虑空隙的范围和大小及施工性等，以确定其配置、长度、管径及构造。通常采用 30～50mm 的管径，最好在现场加工，处理起来简单；一般采用钢管或硬质塑料管。压注孔的设置地点通常是以易于产生空隙的拱顶为

中心，根据空隙状态沿周边设置。

（2）灌浆锚固（A 级）

灌浆锚固技术是一种加固衬砌和围岩的措施，主要用于有较好连通性的溶洞、溶槽、裂隙、土洞、岩石破碎和不活动的断层等地质条件。它是通过在衬砌和围岩上布置钻孔、安装锚杆和高压灌浆的施工方法，将软弱和破碎的岩体锚固成一个整体，以增强其完整性和稳定性。

可采用孔内循环式灌浆法、自流式灌注法、循环式与泵送水玻璃灌注法等。灌浆压力为 0.5～0.6MPa，灌浆采用 3∶1、1∶1、0.8∶1 这 3 个比级，从稀到浓，逐级灌注。闭浆原则：每分钟小于 5～6L 延续 20～40min 结束。灌浆材料采用 32.5 级普通硅酸盐水泥和场地内的溪水或者环氧树脂、甲基丙烯酸酯等化学浆液，其设计施工注意事项如下。

① 在灌浆前，应首先进行现场调查，了解裂缝的成因、地下水的渗漏情况、环境条件、地质情况等，充分掌握现场第一手资料和数据，以利于施工。

② 在裂缝两侧布置注浆孔，注浆孔位置预埋一定长度的注浆管，注浆孔的数量按裂缝越宽，间距越大的原则布置，每条缝不得少于两个注浆孔。

③ 灌浆达到要求后，切除高出混凝土表面的注浆管，并进行表面修整处理。

④ 灌浆中问题处理：吸浆量大，压力建立不起来，采取间歇式灌注或加水玻璃，待凝。串浆与冒浆、减压、封堵，两孔同时灌孔，待凝。遇溶洞、裂隙，吸浆量大，采用自流式灌注，加速凝剂，待凝，扫孔，复灌。

（3）围岩压浆（A 级）

围岩注浆是利用注浆材料填充裂隙破碎带，提高岩体的整体性和稳定性，从而防止其进一步破坏的工法，其设计施工技术要点如下。

① 为了加固围岩，在隧道周围形成一个支承环，防止原二次衬砌结构进一步恶化，危及施工安全，对拱墙进行注浆加固。注浆采用单液水泥浆全孔一次性灌注，浆液配比为 0.8∶1.1～1∶1。注浆终压控制在 1.5～2.0MPa。为防止串浆，实行隔孔钻进，隔孔注浆。

② 有机系注浆材料从与混凝土的附着性和耐碱性来看，环氧树脂、聚酯树脂是比较好的，同时也能压注到微细的开裂缝中，但要注意根据衬砌表面的干湿状态选择注浆材料。

③ 无机系注浆材料，因为黏度低，用低压力进行压注，即可能获得所要求的附着力。

④ 要注意游离石灰和钢筋混凝土衬砌出现锈迹的地点，也可能出现附着不良的情况。

3.2.5 锚杆加固（A 级）

锚杆加固是利用锚杆的悬吊作用、组合梁作用、紧固作用及均匀压缩拱作用。在隧道结构产生病害的部位安设锚杆，以提高围岩的整体承载能力，将已产生裂纹的衬砌混凝土与已加固的围岩结合在一起，阻止衬砌结构的进一步破坏。当与喷射混凝土共同施作时，其加固效果更好。该工法适用于外荷载所致衬砌结构出现少量的纵向贯通裂缝，其设计施工注意事项如下。

（1）锚杆沿裂缝布置，当隧道内净空富余量不足时，首先开凿垫板槽，然后在槽内中心钻孔，垫板槽深度应满足锚杆尾部埋入衬砌内缘 1cm；另外，在裂缝的端部以外再多布置一根锚杆，施工示意图如图 6.3.6 所示。

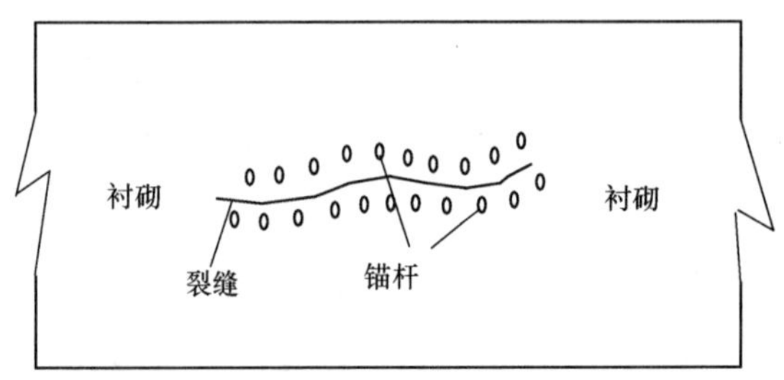

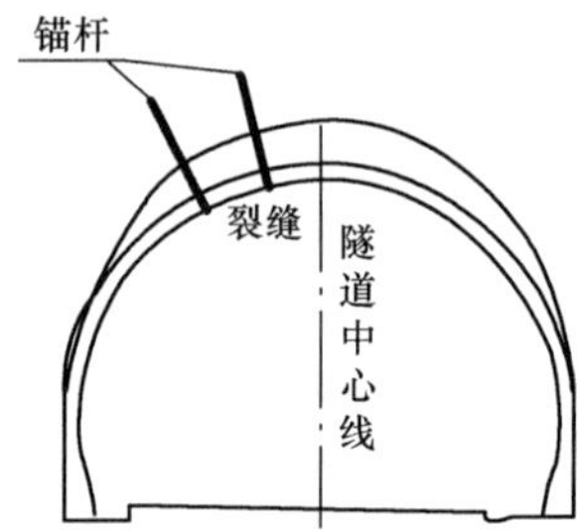

图 6.3.6　锚杆加固隧道裂缝示意图

（2）锚杆使用的材料，一般有异形棒钢、全螺纹棒钢、螺纹棒钢等。锚杆垫板一般采用钢板（150mm×6mm×150mm）；预计有很大轴力的场合，可采用 9mm 厚的钢板。锚杆不能垂直壁面打设时，可采用球面垫板。锚固材料大体上分为水泥系和树脂系两类，一般多用水泥系材料。在有涌水的场合，或头部锚固及锚杆周边注浆的场合，可采用树脂系材料。在施工中，为了按需施加预应力，以使锚杆具有初期的抗拔承载力，可先用速硬性水泥药包锚固锚杆头部，中间段用迟硬性药包，24h 后导入预应力。

（3）应充分考虑病害程度、围岩条件、隧道断面形状和尺寸、衬砌状态、施工性及经济性等条件以确定锚杆尺寸、锚杆根数和配置以及锚杆间距。

（4）一般来讲，如果围岩能使每根锚杆获得 100kN 的拉拔承载力，就可以判断是锚杆能取得效果的围岩，因此要事先根据锚杆的拉拔试验确认拉拔承载力。

（5）锚杆施工前，应进行锚杆拉拔试验，以确认能获得充分的锚固力；施工中，应充分充填锚固材料；锚杆头部要进行适当处理：限界富余小的场合，头部埋置在衬砌和内衬中的应将头部切断，头部露出的要进行防锈处理。

（6）当衬砌除了存在因外荷载所导致的病害，还有诸如材质劣化、衬砌背后空洞等病害时，可综合考虑各种病害采用图 6.3.7 所示的方式处治。

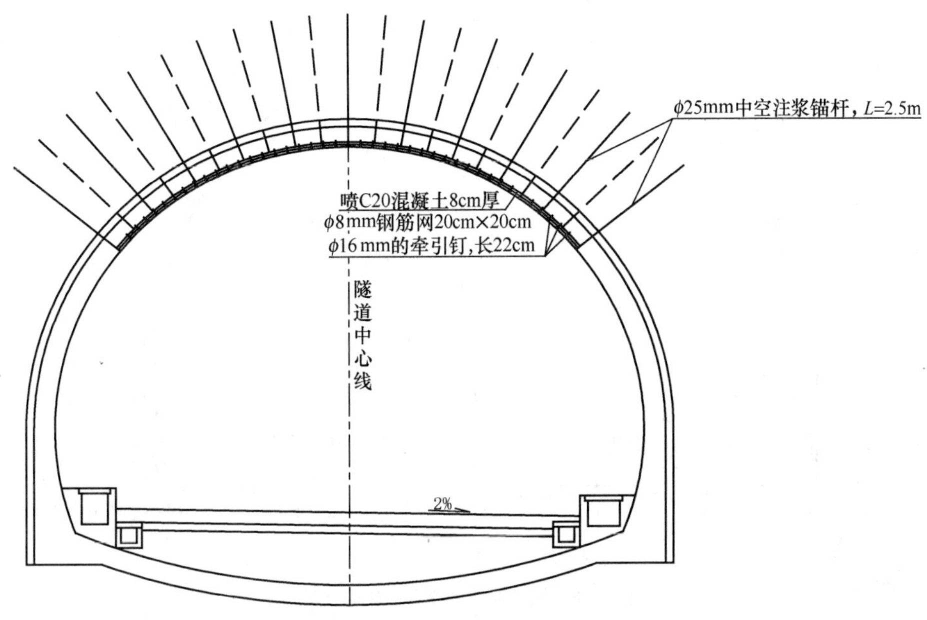

图 6.3.7　喷混凝土结合预应力锚杆隧道病害处治示意图

3.2.6　补强拱架（A 级）

补强拱架是用弯曲加工的 H 型钢等钢材沿衬砌内表面一定间隔架设的方法，使用于衬砌需要积极补强而且净空有富余的场合，但其单独使用的补强效果很小，通常与其他方法并用。由隧道外荷载作用所致衬砌结构出现大量水平向和斜向裂缝时，可采用此项补强加固技术，其加固示意图见图 6.3.8。

在补强拱架的设计施工中，要根据隧道病害程度、限界富余、隧道断面形状及尺寸等合理地设计材料、尺寸及间距、加固范围以及底脚、楔紧、接头等结构细节，其注意事项如下。

（1）材料应具有足够的刚性，延伸度大，弯曲和焊接的加工性好等性能。从弯曲加工和洞内作业的角度看，一般多采用 H100～H150 的型钢，间距取 1～1.5m。

（2）补强拱架原则上应从边墙底脚到拱部沿隧道全周采用，但在隧道路面或其下方施工是不大现实的，故除特殊场合外，应采用从边墙底脚到拱部的设置方法。

（3）补强拱架的底脚应固定牢固，不能移动，补强拱架和衬砌之间应用楔块楔紧，使之成为能够传递荷载的结构。作为永久性构件时，必须采取适当的防锈措施。补强拱架在架设时，要与相邻拱架相互连接好，以防倾倒。通常多采用系杆等进行连接，施工后要测定限界尺寸。

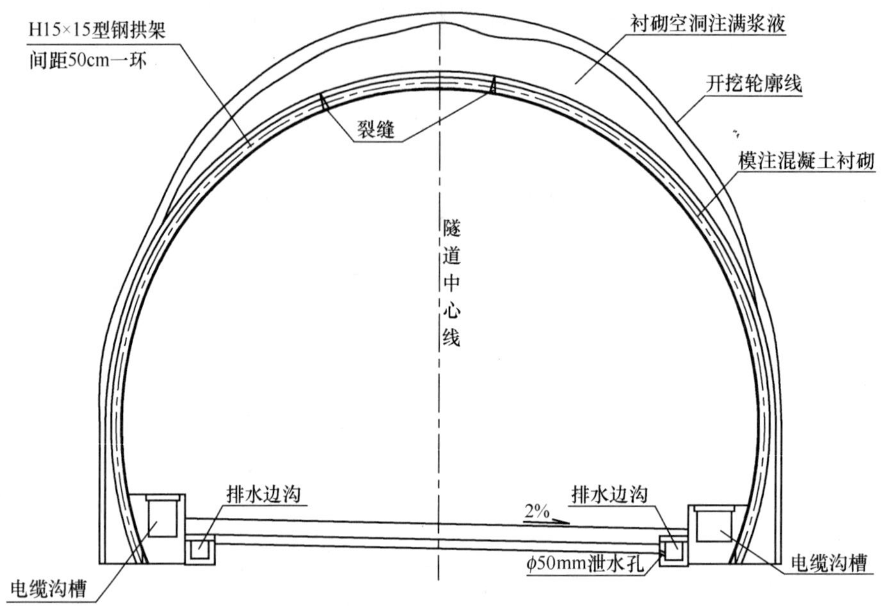

图 6.3.8　钢拱架加固隧道裂缝示意图

3.2.7　内衬混凝土套拱（A 级）

内衬混凝土套拱是在原有衬砌上再浇筑一层混凝土，使其与原有衬砌形成共同承载体，以增加衬砌的厚度和强度，由于增加了衬砌断面，从而使得承载力增加。套拱可以有效地阻止既有衬砌进一步裂损变形，同时可起到防水的作用，其加固示意图见图 6.3.9。在原有衬砌较薄、拱顶空腔较大或混凝土衬砌发生错台时，采用套拱方法处治，设计施工技术要点如下。

（1）首先凿除墙角混凝土及侵限混凝土，并将原衬砌混凝土表面凿毛，然后用高压水将表面冲洗干净。

（2）在墙角处应将主筋植入边墙基础；钻设钎钉孔，安设钎钉，钎钉埋入原衬砌一定深度，并外露足够长度以便可以悬挂钢筋网。钎钉安设后，绑扎钢筋网或架设格栅拱架、环向钢筋，格栅拱架用纵向筋连接。

（3）在原衬砌混凝土表面刷涂混凝土界面剂，增强新旧混凝土之间的黏结力。

（4）施作前应复测隧道中线、高程、断面尺寸和净空尺寸。

（5）内衬混凝土不得侵入建筑限界。

（6）内衬混凝土采用的水泥强度等级不低于 32.5 级。

（7）水泥用量不得少于 280kg/cm^3（无外掺料）。

（8）水灰比不应大于 0.6，灰砂比不应小于 1∶2.8。

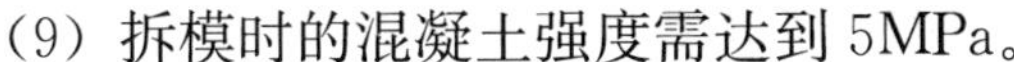
（9）拆模时的混凝土强度需达到 5MPa。

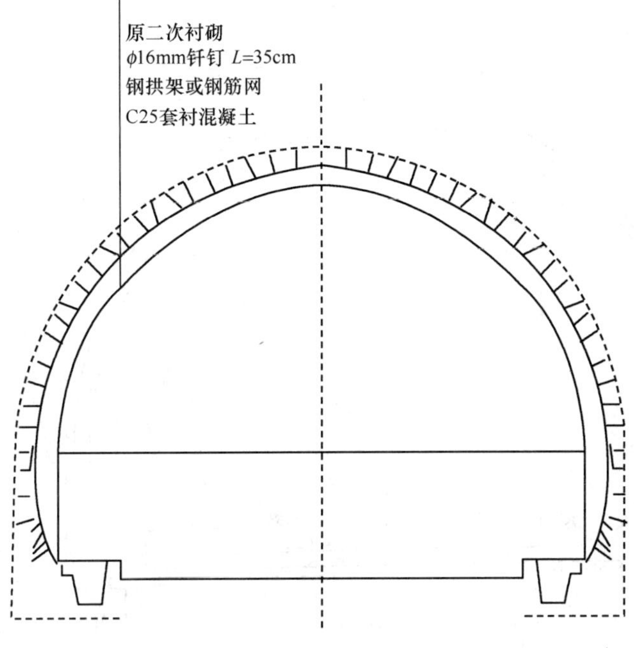

图 6.3.9　套拱加固示意图

对于衬砌劣化达 10m^{2}以上，并有地压和临近施工影响、限界富余能保证所需的内衬混凝土厚度时，可优先采用此法。

3.2.8　基础加固和增设仰拱

（1）基础加固（*A* 级）

基础加固是利用导管向拱脚基础中注浆以形成树根桩或者直接向基础中打桩以增加基础的承载力，防止基底软化下沉，阻止边墙脚向内产生水平位移。该工法适用于承载力不足和无仰拱等引起的病害，具体见图 6.3.10，其设计施工技术要点如下。

① 树根桩不能侵入边沟限界施作时，应间隔施作后再内插加密，最后达到设计要求，以避免边墙基础因局部掏空而下沉失稳。

② 在树根桩施作完成后，方可进行边沟重建和盲沟施工。

（2）增设仰拱（*A* 级）

增设仰拱是在原来设有仰拱的隧道中拆除混凝土铺底后施作仰拱。

该工法适用于由于膨胀性土压、冻融等引起的隧道内路面隆起，使得基底承载力不足；该工法与锚杆结合使用效果更好，其示意图见图 6.3.11，其设计施工技术要点如下。

① 增设仰拱不应侵入隧道限界。

② 仰拱的厚度可根据围岩情况确定。

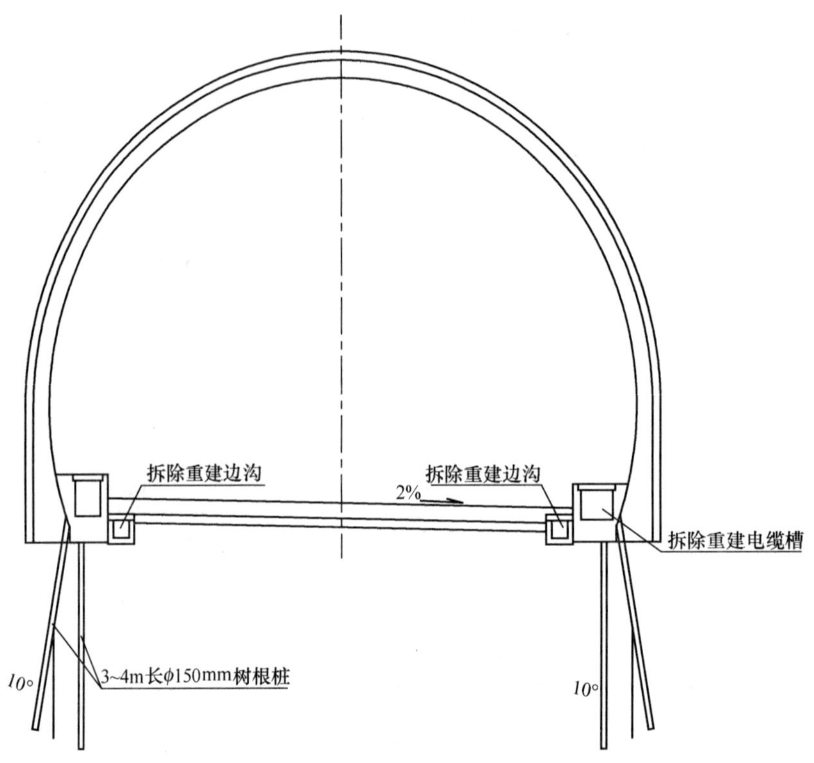

图 6.3.10　基础加固施工方法示意图

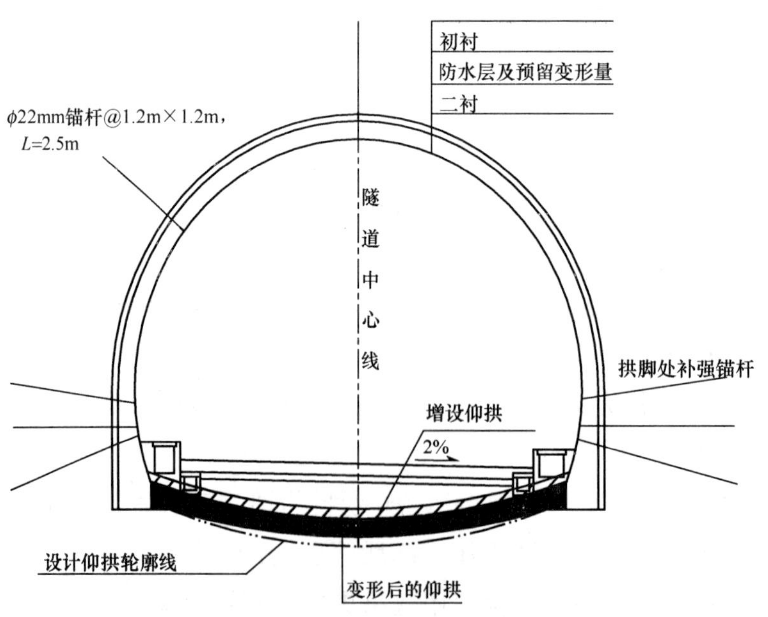

图 6.3.11　增设仰拱示意图

③ 应使用拱架模板浇筑仰拱混凝土。

④ 拆除原仰拱上的混凝土铺底后，应清理干净原仰拱上的虚渣和积水。

3.3　渗漏水的加固

3.3.1　排水工法

排水工法适用于严重的线状渗漏水的处治，表 6.3.2 为排水工法及其对应的适用条件和处治效果。

排水工法处治措施　　表 6.3.2

处治措施		预计效果
导水管		漏水量较大时，用管引入排水沟
沟槽法	V 形沟槽	漏水量较多且隧道净空无富余时，沿衬砌面做沟槽排水

（1）当隧道出现渗漏水病害时，为保持隧道内表面的美观，宜采用外置排水管和开槽埋管的导水法处治，其设计施工技术要点为：

① 水管的位置、间距应根据涌水量的大小和位置等情况确定；

② 水管不得堵塞，管道材料应具有抗老化性和足够强度；

③ 当采用开凿埋管法时，衬砌表面可用氯丁橡胶等材料覆盖；

④ 当采用外置排水管时，可用固定装置将 U 形排水管固定在衬砌表面，将水引进管内排出；

⑤ 外置排水管的设置不得侵入建筑界限，并严禁在设置机电设备的地方开凿排水沟槽；

⑥ 设置外置排水管应尽量减少对隧道外观的破坏。

（2）当地下水特别发育并有稳定来源时，可采取在隧道内设置排水孔、水平钻孔、加深排水沟和深井降水等措施，其设计施工技术要点为：

① 应采用过滤性良好的材料，防止排水孔堵塞。

② 应根据地下水位，确定排水沟加深的深度。

③ 排水孔和排水沟之间应有管道连接。

④ 排水钻孔的位置，必须根据围岩的地质条件和地下水状况决定。

（3）当渗漏水量大且隧道内净空没有富余量时，可以采用背后注浆工法，其设计施工技术要点同衬砌背后注浆。

3.3.2 防水工法（喷射法、涂层法、防水板、防水薄膜）

防水法主要适用于面状渗漏水的处治，表 6.3.3 为防水工法及其对应的适用条件和处治效果。当漏水量小且呈表面渗透状时，可设置防水板进行处治，其设计施工技术要点为：

（1）防水板材料应具有耐热和耐油性，一般有聚乙烯（PE）、乙烯醋酸共聚体（EVA）、橡塑、橡胶板等几种。

防水工法的处治措施　　表 6.3.3

处治措施	预计效果
喷射法	防止衬砌劣化，封闭水路
涂层法	防治程度轻微、衬砌表面凸凹小的漏水
防水板	当净空富余，且漏水量大时采用此法封堵渗漏水
防水薄膜	薄膜贴于衬砌表面，从其背后导出渗漏水，和其他方法配合防渗

（2）防水板不得侵入建筑界限。

（3）施工前应清除粉尘并保护好电缆等设施。

（4）防水板的搭接处理应牢固，不漏水。

（5）有裂纹需要检查的部位，可在防水板上设置检查观察窗。

3.3.3 堵漏工法

堵漏工法适用于局部点状和线状渗漏的处治。表 6.3.4 为堵漏工法及其对应的适用条件和处治效果。当地下水沿衬砌裂纹、施工缝以滴水形式漏出时，宜采用向衬砌内注浆的堵漏法，其设计施工技术要点为：

（1）衬砌内注浆宜采用水泥浆液、超细水泥浆液、自流平水泥浆液、化学浆液。

堵漏工法的处治措施　　表 6.3.4

处治措施	预计效果
用止水材料填充沟槽	漏水程度较轻时，可在衬砌面开 V 形槽或 U 形槽，再用防水材料封堵防止渗漏
裂缝注浆	漏水程度较轻时采用此法，但防渗效果并不显著，只适用于程度很微的滴水

（2）注浆时采用低压低速注浆，化学注浆压力宜为 0.2～0.4MPa、水泥浆注浆压力宜为 0.4～0.5MPa。

（3）注浆后待缝内浆液初凝而不外流时，方可拆下注浆嘴并进行封口抹平。

(4) 衬砌裂缝的注浆施工质量检验可采用渗漏水量测，必要时采用钻孔取芯、压水等方法检查。

如图 6.3.12 是 V 形和 U 形沟槽堵漏工法的示意图，首先用排水工法将水排出，然后实施 V 形和 U 形沟槽堵漏工法。

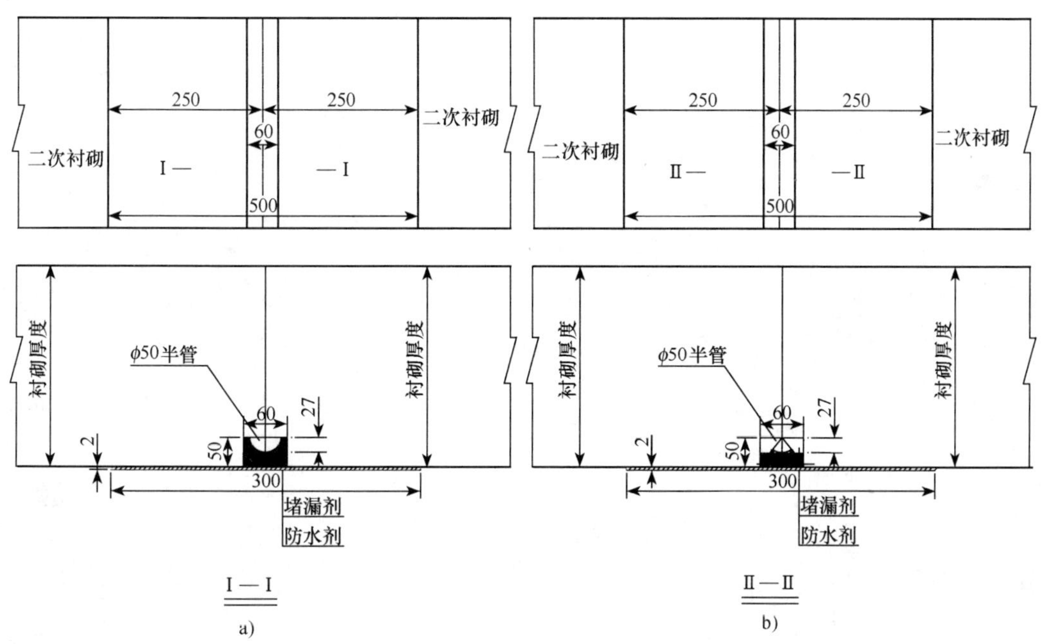

图 6.3.12　V 形和 U 形沟槽结合堵漏示意图（尺寸单位：mm）
a）U 形沟槽结合堵漏；b）V 形沟槽结合堵漏

3.4　隧道改扩建

3.4.1　局部改建

局部改建是清除劣化部分，用混凝土等置换原有衬砌以维持衬砌的承载力、耐久性。局部改建适用于裂缝、接缝错动、剥落等衬砌病害程度显著，而且深及内部，用前面的方法处治不能达到预期效果时。

3.4.2　整体改建

整体改建是对衬砌劣化比较严重或极为严重段采取的处治工法，包括运营线改建、死线改建、别线改建。

应根据衬砌变性情况、围岩地质情况、隧道长度、列车运行状况，选择适宜的改建方案。改建时应充分考虑作业的安全、经济因素。

第 7 篇　旧水泥混凝土板多锤头碎石化施工质量控制指南

主 编 单 位：广东清连公路发展有限公司
长沙理工大学

主要编制人员：吴　美　晁德志　吴雄飞　袁剑波
姚佳良　饶　中　徐梅生　丁明超
宋　磊　晋枫春　金　波　马晓力
池林海　王　楠　陶　弘　童　中
徐义斌　刘　辉　吴建龙　陈培聪

1 总　　则

1.1　针对广东省清（远）连（州）一级公路升级改造（高速）项目（简称“清连高速化改造项目”）连凤段旧路面板多锤头碎石化工艺，清连项目总部及长沙理工大学清连项目咨询组特制定本项指南。

1.2　本项指南依据国内外文献和本项目试验段制定。

1.3　清连高速公路路面旧水泥混凝土板多锤头碎石化施工，应根据总部有关会议纪要及设计文件、施工条件以及地质、水文、气象等不同情况及时采取相应技术措施，做到与后续工序紧密连续，匀速施工，并应强化施工组织管理，严格每道工序的质量控制，精心施工、规范作业，确保工程质量。

1.4　本项指南中主要术语说明。水泥混凝土路面多锤头碎石化（Rubblization）是一种旧水泥混凝土路面破碎处治技术，是对旧水泥混凝土路面大修或改造的重要手段。多锤头碎石化技术于 20 世纪后期起源于美国，该技术是将水泥混凝土路面的面板，通过多锤头专用设备一次性破碎为碎块柔性结构，因破碎后其微粒粒径小，力学模式更趋向于级配碎石，因而将其命名为碎石化。这种结构不仅具有一定承载力，而且具有有效防止或限制反射裂缝发生、发展的作用。

1.5　适应条件。本项指南的采用应在清连项目总部会议纪要和设计文件确认的旧混凝土板段落上进行，同时还应满足表 7.1.1 所列的条件，方可以应用碎石化技术进行重建改造。

进行碎石化的技术可行性关键因素　　表 7.1.1

相关指标	土基 CBR	基层与面层总厚度（cm）	基层稳定情况	板体材料
界限或性状	＞5	＞33	基本稳定	未出现松散

2 施工前准备工作

2.1 应配备的主要施工机械有：多锤头破碎机1～2台，20t以上的Z型钢轮压路机1台，20t以上的振动钢轮压路机1台，并将设备保养及调试到最佳状态，以及准备好足够的配件。

2.2 至少应修筑100m的试验段，以确定能满足质量要求的最佳锤头高度、频率和行进速度等。所谓“最佳”是指能够彻底击碎水泥混凝土面板，使其达到要求的尺寸状态，但又对路面基层的板体性和构造物不产生任何伤害的状态。

2.3 应办理好必要的交通管制手续，设立相应的警示标志，在铺筑路面前实施封闭交通。

2.4 结合设计图纸在现场对结构物进行调查并做出标记，以确保破碎不会对这些构造物造成损坏。由于破碎不会对埋深在1m以上的构造物造成损坏，故对其不予标记；对埋深在1m以下的暗涵、通道、水渠等做出打裂标志，施工时降低锤头高度对水泥路面进行打裂；对桥梁及明涵等则做出禁止破碎标志。施工时应严格按照构造物的标记类型施工。

2.5 应清除水泥混凝土路面上影响破碎效果的松散材料及沥青修复材料。

2.6 雨季施工时必须疏通排水系统，使之能迅速排水，防止浸泡破碎后的路面。

3　路面破损调查及排水设施运作情况

3.1　路面破损调查是判明原路面结构损害程度、评价路面使用状况的重要手段，同时，通过详细调查还可以发现路面局部是否严重破坏，并可现场判明病害原因，这是进行路面修复工作的重要资料。

调查结果可以作为估算不同修复方法所需成本的基本参数。调查中同时了解构造物与排水设施状况，可以为正式决定使用碎石化技术后的预处理提供资料。这些预处理包括路面与构造物连接处的接缝切割和排水设施的重新设置等。

通常，板块断裂程度、坑洞、接缝损坏、表面裂缝与层状剥落等病害基本不影响碎石化的施工，但是发生唧泥、断裂、沉陷病害的路段，往往存在基层、土基病害，在进行碎石化前必须进行必要检测与处治。

3.2　碎石化会产生均匀的基层，但并不适宜排水，应修复排水系统。如果设计中有排水系统，则该排水系统应在破碎混凝土路面施工之前完成。

4 试验段施工

4.1 目的与原则。

4.1.1 试验路段的施工应投入与正式施工一样的机具设备，一样的人员组织，在统一领导下进行，施工长度不小于100m。

4.1.2 试验段施工应请总控单位、管理处及有关人员一起参加。

4.1.3 通过试验路段的施工，确定以下主要项目：

(1) 确定能满足质量要求的最佳锤头高度、频率和行进速度等；

(2) 压实机械的选用和组合，压实的顺序、速度和遍数；

(3) 破碎块度的检查方法，每一试验段的最小检查数量为2个试坑。

4.1.4 试验应按相关试验的最佳成果，且得到管理处认可的方案进行。试验不合格时，应及时处理，并分析总结失败原因，提出合理、可行的解决办法重新试验。

4.2 试验段检测。

4.2.1 试验路段的施工，整个过程的每一道工序都要进行跟踪检测，取得必要而准确的检测数据，做好详细的记录，妥善保管，作为总结和分析的依据。

4.2.2 弯沉测定和试验分析。应采用FWD或贝克曼梁对已破碎碾压的段落在撒铺乳化沥青前，进行弯沉检测，计算代表弯沉、均方差。代表弯沉按照$l_r = l_{平均} + Z_\alpha S$计算，代表弯沉应符合设计要求［破碎后路表设计弯沉不大于110（0.01mm）］。

4.3 试验报告。

试验取得满意结果之后，写出试验总结，并申请正式开工报告，管理处批准后可进行多锤头破碎正式施工。

5　施工过程及注意事项

5.1　多锤头破碎施工的主要工艺流程如下：原路面处理→试验段施工，确定质量标准和控制指标、工艺参数→破碎稳固施工→Z 型钢轮压路机压实→局部松散处理→光轮压路机压实→洒布透层油→撒布石屑→轻型光轮压路机压实→交通管制。

5.2　按试验段所确定的参数进行破碎。在路面破碎过程中，设备操作人员应不断地监控破碎操作并在施工中及时进行小的调整，以达到满意的破碎效果。

5.3　破碎后碾压。

5.3.1　破碎后采用 Z 型钢轮压路机进行振动压实，往返不少于 3 次，最小自重不低于 20t。

5.3.2　Z 型钢轮压路机振动压实后，采用光轮压路机进行振动压实，往返不少于 3 次，最小自重不低于 20t。

5.4　特殊路段的破碎。

5.4.1　在岩石路基或水泥混凝土厚度超过 40cm 的路段（养护修补段落），可实施破裂操作，对是否破碎或破碎程度不做要求。

5.4.2　挖补部分超厚的区域，相应的破碎尺寸可增大为：表层不大于 22.5cm，裂缝间距不大于 45cm。

5.4.3　软弱基层及路基地段应做如下处理。

通常，板块断裂程度、坑洞、接缝损坏、表面裂缝与层状剥落等病害基本不影响碎石化的施工，但是发生唧泥、断裂、沉陷病害的路段往往会存在基层、土基病害，在进行碎石化前必须进行处治。

（1）清除原有水泥混凝土路面。

（2）开挖至具有足够稳定性的深度。

（3）采用级配碎石换填至破碎混凝土板底。

（4）采用碾压混凝土回填压实至破碎混凝土板顶。

（5）开挖最小尺寸应大于全车道宽和 1.2m 长，以保证压实效果。

5.4.4　局部需补强区域，可采用级配碎石加铺一层或面板加筋，具体厚度及方法由现场情况设计确定。

5.5 乳化沥青封层施工。

5.5.1 采用沥青洒布车喷洒乳化沥青。

(1) 撒铺乳化沥青（中裂或快裂阳离子型，本项目要求中裂乳化沥青），用量为 2.5kg/m^2，乳化沥青质量应满足设计要求（沥青含量大于 55%），喷洒应均匀，不得出现花白条，有花白条时应人工补喷。

洒布时应保持稳定的速度和喷油量。洒布车在整个洒布宽度内必须喷洒均匀，不得有漏洒露白，不得污染其他构筑物。施工前检查沥青洒布车的油泵系统、输油管道、油量表、保温设施等，将一定数量乳化沥青装油罐，在路上先行试洒，确定喷洒速度、喷油高度及洒油量。管道畅通，喷油嘴应始终保持干净，喷油嘴的角度应一致，并与洒油管呈 15°～25°的夹角，使同一个地点接受两个或三个喷油嘴喷洒的乳化沥青，不得出现花白条。试验路段达到规范要求后方可开工。

(2) 洒布乳化沥青纵向接缝及处理。

纵向接缝形成原因有：纵向左右两车洒布之间的搭接；一车分两幅或几幅洒布之间的搭接；纵向边缘与路缘石等的相接。纵向接缝的处理方法为：

① 对于纵向之间的搭接，首先必须保持纵向洒布线条的顺直，不能弯曲；其次应注意搭接边缘外的喷洒量，因为采用双重喷油高度后（同一点接受两个喷油嘴喷油），边缘区仍然接受单个喷油嘴的油量，要保证边缘区同一点接受两个喷油嘴的油量，搭接宽度一般为 15～20cm。

② 对于纵向边缘与构造物连接时，不能污染路缘石和防撞护栏。喷洒乳化沥青时可用废报纸、塑料纸加以遮盖，喷洒之后可取下覆盖物。

(3) 洒布乳化沥青横向接缝及处理。

横向接缝的形成原因有：前后两车的接头；一车分二段或几段喷洒；与桥梁或构造物相接处。横向接缝的处理方法为：

① 每车喷油的开头处要用油毛毡等不渗油材料铺在起点处，起点前不铺，从起点往后铺 5～10m，要压紧或固定好，车辆从覆盖物上起步后迅速打开阀门并保持正常挡位和速度，可确保起点处下封层均匀一致。

② 在终点处可铺 3～5m 覆盖物，喷油车到达终点后有关闭阀门和降速的时间，可保证终点处下封层洒布均匀。

5.5.2 撒布石屑。

(1) 宜用机械撒布石屑，应筛除超粒径石屑颗粒（4.75mm 通过率符合 97.5%的要求），用量 2～3m^3/100m^2，保证表面不露沥青黑色，将沥青与水泥路面板底彻底隔离。为了改善石屑与沥青的黏结性能，且与面板底部彻底隔离，应采用碱性石屑，也可采用中性石屑，不得使用潮湿酸性石英河沙。为了保证石屑与沥青黏结牢固，乳化沥青破乳后，碾压不黏轮即用轻型光轮压路机碾压 2～3 遍。摊铺路面前发现局部裸露沥青现象，应补撒石屑碾压。经养生和碾压稳定的隔离层，在行车作用下，应不飞散，且基本密实稳定。

(2) 石屑撒布必须在乳液破乳之前完成，为使石屑能与沥青很好结合，一方面选择合适的撒布时间：一般在乳化沥青喷洒后，待乳液不再流动即可撒布石屑。撒布后，石屑经滚动后黏于乳化沥青中，等待乳化沥青破乳与之结合。另一方面宜用石屑撒布车撒布均匀的石屑，达到全面覆盖、厚度一致、集料不重叠也不露出沥青的要求。当局部有缺料时，应采取人工找补；局部积料过多，应将多余集料扫出，达到表面平整，均匀一致。

5.5.3　碾压。

一般用 6～8t 双钢轮压路机较好。因为压路机过重，石屑易碎；胶轮压路机易黏轮或推移。碾压的时间应选择在沥青全面发黑，开始破乳后进行，先轻压 1～2 遍，待水分蒸发后再复压 1～2 遍为宜。

5.5.4　开放交通和初期养护。

碾压完毕并待水分全部蒸发、干燥成型后方可开放交通，但车速应控制在 20km/h。初期养护的主要工作是扫砂，将因车辆行驶跑出的毛砂扫回原处，并通过初期养护解决一些如泛油、多余石屑堆积、剥落、松散等现象，并根据不同情况及时进行修补，成型后还要限制交通。

5.6　破碎混凝土路面和不进行破碎混凝土路面的相接处，在横向应选在破碎板板边距混凝土路面横缝 5～10cm 的位置，在纵向应在相接处通过人工切缝分离或选择原路面板纵向接缝处分离（断开拉杆），切缝深度达旧混凝土板底，以保证不破碎路段的完整。

5.7　多锤头破碎机的翼锤应设置遮尘板，防止破碎路面碎屑飞溅并减少扬尘。

5.8　机械操作人员应配备良好的噪声防护装置，所有施工人员在施工现场都应穿着反光标志服。

5.9　钢筋、钢丝网、传力杆可保留在混凝土中，但暴露出表面的应割除到表面以下并运出现场。

5.10　在铺筑混凝土以前应将所有松散的填缝料、胀缝材料或其他类似物进行清除，如需要，应填充以级配碎石粒料或对松散层进行撒布石屑处理。

5.11　在水泥混凝土破碎和摊铺贫混凝土基层之间的最长间隔时间不得超过 3d。

5.12　破碎后的混凝土路面的任何路段均不得开放交通。

5.13　运送混凝土拌和料的车辆仅能在摊铺点附近才能驶上破碎后的混凝土路面表面。

6 质量管理及检查验收

6.1 一般规定。

6.1.1 质量管理包括：试验段施工、施工过程中的质量管理和检查验收（工序）。在施工过程中的质量管理包括：破碎块度的控制、检查，以及均匀性检查。

6.1.2 各个工序完成后，应进行弯沉检查验收。经检验合格后，方可进行下一道工序施工。凡检验不合格的段落，应分析原因，调整工艺参数，并进行补救，使其达到要求。

6.2 试验段施工。

6.2.1 任何标段进场准备工作就绪后，正式开工之前，都要进行试验段施工。

6.2.2 试验段施工的具体要求见本项指南第4章。

6.3 破碎裂缝必须贯穿水泥路面板，但又不对构造物及路面基层造成损伤。

6.4 较适宜的破碎块度：表层颗粒不超过7.5cm，中间不超过22.5cm，底部不超过37.5cm。如果是配筋混凝土，混凝土与钢筋的结合需要破坏。

6.5 为确保破碎尺寸，应在试验段及破碎施工时，按每幅破碎路面每公里取两个独立位置开挖两个面积为1m^{2}的试坑，以检验混凝土底面破碎尺寸，同时对基层或构造物的影响程度做出判断。试验完后，应及时回填碎石碾压密实。破碎尺寸及破碎异常情况检查表见附录A。

6.6 钢轮振动压路机碾压完毕后，应采用FWD或贝克曼梁进行弯沉检测并填写弯沉测定记录表（附录B），计算代表弯沉、均方差，评价均匀性。检测计算结果异常时应分析原因，及时按照本项指南有关办法处理。检查频率为每车道每40m检查2处，按《公路工程质量检验评定标准》（JTG F80/1—2004）附录B方法评定。要求代表弯沉小于110（0.01mm）。

6.7 多锤头破碎撒铺乳化沥青与石屑应进行检查验收，检查沥青洒布量、石屑撒布量及撒布均匀情况。施工质量检测及验收记录表见附录C。

附录 A　试验段破碎尺寸及破碎异常情况检查表

试验段破碎尺寸及破碎异常情况检查表（km）　　表 7. A. 1

施检表（　）　　编号：　第　页共　页

<table>
<tr><td colspan="2">项目名称</td><td></td><td>施工单位</td><td></td><td>合同段</td><td></td></tr>
<tr><td colspan="2">分项工程</td><td></td><td>监理单位</td><td></td><td>公路等级</td><td></td></tr>
<tr><td>破碎段桩号</td><td>试坌号</td><td>表层尺寸（mm）/深度（70～100mm）</td><td>中层尺寸（mm）/深度（100～120mm）</td><td>底层尺寸（mm）/深度（100～120mm）</td><td>破碎尺寸评价</td><td>破碎段落异常及处理情况</td></tr>
<tr><td rowspan="2"></td><td>1</td><td></td><td></td><td></td><td></td><td rowspan="2"></td></tr>
<tr><td>2</td><td></td><td></td><td></td><td></td></tr>
</table>

注：1. 破碎尺寸表层颗粒不超过 7.5cm，中间不超过 22.5cm，底部不超过 37.5cm，可用游标卡尺测量。

2. 破碎尺寸评价：合格与不合格。不合格时应分析原因，并采取措施处理，应有处理结果。

3. 破碎段落异常情况：应记录本测试桩号内本指南中破碎时可能出现的异常情况类型、范围和处理情况。

附录 B　弯沉测定记录表

弯沉测定记录表　　表 7.B.1

施检表（　）　　编号：　第　页共　页

<table>
<tr><td colspan="2">项目名称</td><td colspan="2"></td><td>施工单位</td><td colspan="2"></td><td>合同段</td><td colspan="2"></td></tr>
<tr><td colspan="2">分项工程</td><td colspan="2"></td><td>监理单位</td><td colspan="2"></td><td>公路等级</td><td colspan="2"></td></tr>
<tr><td>天气</td><td></td><td>气温</td><td></td><td>车型</td><td></td><td>轮胎气压</td><td></td><td>后轴重</td><td></td></tr>
<tr><td rowspan="2">桩号</td><td colspan="2">读数
(0.01mm)</td><td colspan="2">弯沉
(0.01mm)</td><td rowspan="2">桩号</td><td colspan="2">读数
(0.01mm)</td><td colspan="2">弯沉
(0.01mm)</td></tr>
<tr><td>左轮</td><td>右轮</td><td>左轮</td><td>右轮</td><td>左轮</td><td>右轮</td><td>左轮</td><td>右轮</td></tr>
<tr><td></td><td></td><td></td><td></td><td></td><td></td><td></td><td></td><td></td><td></td></tr>
<tr><td></td><td></td><td></td><td></td><td></td><td></td><td></td><td></td><td></td><td></td></tr>
<tr><td></td><td></td><td></td><td></td><td></td><td></td><td></td><td></td><td></td><td></td></tr>
<tr><td></td><td></td><td></td><td></td><td></td><td></td><td></td><td></td><td></td><td></td></tr>
<tr><td></td><td></td><td></td><td></td><td></td><td></td><td></td><td></td><td></td><td></td></tr>
<tr><td></td><td></td><td></td><td></td><td></td><td></td><td></td><td></td><td></td><td></td></tr>
<tr><td></td><td></td><td></td><td></td><td></td><td></td><td></td><td></td><td></td><td></td></tr>
<tr><td></td><td></td><td></td><td></td><td></td><td></td><td></td><td></td><td></td><td></td></tr>
<tr><td></td><td></td><td></td><td></td><td></td><td></td><td></td><td></td><td></td><td></td></tr>
<tr><td></td><td></td><td></td><td></td><td></td><td></td><td></td><td></td><td></td><td></td></tr>
<tr><td></td><td></td><td></td><td></td><td></td><td></td><td></td><td></td><td></td><td></td></tr>
<tr><td></td><td></td><td></td><td></td><td></td><td></td><td></td><td></td><td></td><td></td></tr>
<tr><td></td><td></td><td></td><td></td><td></td><td></td><td></td><td></td><td></td><td></td></tr>
<tr><td></td><td></td><td></td><td></td><td></td><td></td><td></td><td></td><td></td><td></td></tr>
<tr><td>自检意见</td><td colspan="4"></td><td colspan="5" rowspan="2">要求代表弯沉小于 110（0.01mm）</td></tr>
<tr><td>监理意见</td><td colspan="4"></td></tr>
</table>

测量		计算		复核		技术主办		项目主管		测量日期	

附录C　多锤头破碎撒铺乳化沥青与石屑施工质量检测及验收记录表

多锤头破碎撒铺乳化沥青与石屑施工质量检测记录表　　表7.C.1

编号：　第　页　共　页

项目名称		施工单位		合同段							
单项工程名称		监理单位		公路等级							
施工部位		乳化沥青类型		沥青含量							
施工时间	开始		结束								
施工气候	天气		温度								
喷洒沥青用量（kg）		沥青洒布量（kg/m^2）									
撒布石屑用量（kg）		石屑撒布量（m^3/m^2）									
喷洒沥青后表面状况											
撒布石屑后表面状况											
碾压后表面状况											
沥青留取试样	组数		编号								
自检意见											
监理意见											
检测		施工员		记录		技术主办		项目主管		检测	

多锤头破碎撒铺乳化沥青与石屑质量检验评定表　　表7.C.2

编号：

项目名称		监理单位		公路等级				
桩号及部位		施工单位		合同段				
基本要求								
项次	检测项目	规定值或允许偏差	检测结果				质量评定	
			检测数	合格数	合格率（%）	项目得分	权值	实得分
1	沥青洒布量	≥2.5kg/m^2						
2	石屑撒布量	2～3m^3/100m^2						
3	宽度	不小于设计						
合计		实测项目得分：						
外观鉴定						减分		
质量保证资料						减分		
监理意见及签名								
工程质量等级评分		得分：			等级：			

统计：　　复核：　　技术主办：　　项目主管：　　日期：

多锤头破碎撒铺乳化沥青与石屑质量检验报告单

表 7.C.3

编号：　　　第　段 共　段第　页 共　页

<table>
<tr><td colspan="2">项目名称</td><td colspan="2"></td><td colspan="2">起止桩号</td><td colspan="3"></td><td colspan="3">合同段</td><td colspan="3"></td><td colspan="3">施工日期</td><td colspan="2"></td></tr>
<tr><td colspan="2">施工单位</td><td colspan="2"></td><td colspan="2">监理单位</td><td colspan="3"></td><td colspan="3">公路等级</td><td colspan="3"></td><td colspan="3">检测日期</td><td colspan="2"></td></tr>
<tr><td>项次</td><td>检测项目</td><td>单位</td><td>规定值或允许偏差</td><td>检查频率</td><td colspan="15">检　测　值</td></tr>
<tr><td>1</td><td>沥青洒布量</td><td>kg/m²</td><td>≥2.5kg/m²</td><td>1 次/200m</td><td></td><td></td><td></td><td></td><td></td><td></td><td></td><td></td><td></td><td></td><td></td><td></td><td></td><td></td><td></td></tr>
<tr><td>2</td><td>石屑撒布量</td><td>m³/m²</td><td>2～3m³/100m²</td><td>1 次/200m</td><td></td><td></td><td></td><td></td><td></td><td></td><td></td><td></td><td></td><td></td><td></td><td></td><td></td><td></td><td></td></tr>
<tr><td>3</td><td>宽度</td><td>m</td><td>不小于设计</td><td>1 次/500m</td><td></td><td></td><td></td><td></td><td></td><td></td><td></td><td></td><td></td><td></td><td></td><td></td><td></td><td></td><td></td></tr>
<tr><td></td><td></td><td></td><td></td><td></td><td></td><td></td><td></td><td></td><td></td><td></td><td></td><td></td><td></td><td></td><td></td><td></td><td></td><td></td><td></td></tr>
<tr><td></td><td></td><td></td><td></td><td></td><td></td><td></td><td></td><td></td><td></td><td></td><td></td><td></td><td></td><td></td><td></td><td></td><td></td><td></td><td></td></tr>
<tr><td></td><td></td><td></td><td></td><td></td><td></td><td></td><td></td><td></td><td></td><td></td><td></td><td></td><td></td><td></td><td></td><td></td><td></td><td></td><td></td></tr>
<tr><td></td><td></td><td></td><td></td><td></td><td></td><td></td><td></td><td></td><td></td><td></td><td></td><td></td><td></td><td></td><td></td><td></td><td></td><td></td><td></td></tr>
<tr><td colspan="2">外观检查</td><td colspan="18"></td></tr>
<tr><td colspan="2">自检意见</td><td colspan="7">签名：　　　日期：</td><td colspan="3">监理意见</td><td colspan="8">签名：　　　日期：</td></tr>
</table>

检测：　　　复核：　　　施工员：　　　质检负责人：　　　技术主办：　　　项目主管：　　　日期：

第 8 篇　旧水泥混凝土板冲压稳固施工质量控制指南

主 编 单 位：广东清连公路发展有限公司
长沙理工大学
主要编制人员：吴　羡　晁德志　吴雄飞　袁剑波
姚佳良　饶　中　徐梅生　丁明超
宋　磊　晋枫春　金　波　马晓力
池林海　王　楠　陶　弘　童　中
徐义斌　刘　辉　吴建龙　陈培聪

1　旧水泥混凝土路面板的破碎施工方法与目的

1.1　旧路面板的破碎施工方法

本项指南根据施工图设计对旧路状况调查资料中确定的换板率大小，将旧路加铺设计分成两种路面结构设计类型：当换板率大于 30%时，对该路段进行集中挖除，新建路面结构，即加设 15cm 厚级配碎石垫层和 18cm 厚水泥稳定碎石底基层，再加铺贫混凝土基层、封层和水泥混凝土面层，此段落称为旧路集中挖除段；当换板率小于 30%时，则对该路段内需换板的水泥混凝土面板进行挖除，并换填贫混凝土，对所有的破碎板进行挖除换填后，再对旧路进行冲击破碎稳固，然后加铺 20（22）cm 厚贫混凝土基层、封层及 30（28）cm 厚水泥混凝土面板，此段落称为旧路破碎稳固段。

此外，当旧路破碎稳固段纵坡不满足加铺高度的要求时，也需挖除旧路面板或基层及土基，直至满足新建路面结构层的厚度要求。

1.2　旧路破碎稳固段冲击破碎目的

（1）消除原有水泥混凝土面板由于脱空所产生的额外竖向变形，使面板与基层紧密贴合，进而提高水泥混凝土路面基层顶面的当量回弹模量。

（2）使旧面板碎块的水平位移减小，基本可消除产生反射裂缝的温度应力。

（3）能使碎块之间形成集料嵌锁，提高其稳固性，并紧密嵌压于原路面基层中，形成强度较高的路面底基层。

（4）提高旧板及基础的整体性，基本可达到下基层的技术要求。

（5）压实板下基层与路基，实验表明冲压后其压实度提高。

2 质量控制难点、重点分析

大规模的旧路升级改造在国内没有太多先例，其中遇到旧板块破碎、路基和地基的加固施工工艺、处治方法以及质量控制指标和标准等问题在国内没有相应的规范和标准可以遵循。因此，通过全国已实施的相关工程应用效果调查和试验路的施工实践，提出旧板块的破碎方式（设备）、施工工艺以及质量检测方法、质量控制指标和控制值，破碎对路基、地基和桥涵的影响程度及控制标准等是本工程的重点、难点。

3　旧水泥混凝土路面的处治问题预估

（1）冲击压实处治板底脱空，容易出现处理不彻底问题，水泥路面的整体承载能力大受影响。

（2）不同的旧板处理方法其过渡部位可能产生变形差异等进一步引起面板开裂或错台问题的防治。

（3）冲击破碎或挖除后，旧板及原路基雨水渗入问题的防治与处理。

（4）局部换板造成原混凝土板与新浇板冲压后变形差异问题的防治。

（5）旧板处治后质量验收及其上部结构层设计依据的确定。

新水泥路面仍然会受到唧泥、脱空、错台等病害的困扰。因此，旧水泥混凝土路面在处治过程中对脱空板的调查、处治、过渡板的设置等将成为消除这些病害的关键。

（6）左右半幅分期施工，后施工半幅作业中对前半幅已完工路面的影响观察及控制。

4 旧水泥混凝土板的破碎施工控制

4.1 路面破碎的一般要求

(1) 对损坏路段进行详细全面的调查并制订科学的修复措施。

(2) 编制施工组织设计，关键应控制好施工季节、后续工序安排等。

(3) 在混凝土面板破碎稳固施工之前，应完成试验路段混凝土面板破碎稳压施工，以确定破碎效果及施工工艺参数，并得到监理工程师的批准。

(4) 破碎稳固施工之前，应结合图纸对沿线隐蔽结构物进行调查标注并加以保护。对埋深小于 1m 的结构物应调整施工工艺并报监理工程师批准。

(5) 对原有旧混凝土面板打碎之前，应清除水泥混凝土路面上的沥青修复材料。

(6) 破碎前应检查局部换板是否施工完成，并确定其达到破碎施工要求的混凝土强度和质量要求。

(7) 在进行桥头路段的施工时，应标明破碎的位置，宜破除到桥头搭板的后端，或根据路面设计线的高程破碎到监理工程师指定的位置。未进行破碎的路面应进行铣刨，以保证路面结构层的设计厚度。

(8) 破碎施工期间应严格实施交通管制，执行安全生产的相关规定。在打碎破裂施工路段，上面层路面施工完成之前不允许开放交通。

(9) 冲压破碎后，要及时进行上部结构层施工或防水处理，最好及时采取下封等措施，并且宜选择合适的施工季节，确定适宜的施工进度，与后接工序相协调。原则上要求破碎后第二天内完成防水处理或进行上部结构层施工或运走破碎板块，为了消除路基渗入雨水的影响，必要时应设置排水设施或采取防雨措施。

4.2 冲压施工控制

4.2.1 施工准备工作

(1) 进行冲击破碎施工前，首先要调查清楚施工路段的涵洞、通道、桥台、房屋、通信、天然气管道等可能受冲击影响的重要结构或设施的位置，并标注于施工图上，现场则用石灰标明压实范围和控制点，桥涵构造物的避让要求与避让方法如下。

① 桥涵构造物的避让要求。

a. 桥梁、通道：冲压边界距桥头和通道边不少于 5m。

b. 涵洞：冲压边界距管涵中线或板涵边线不少于 2m，管涵上方土层厚度不小于 2m，板涵上方土层厚度不小于 3m。

c. 挡墙路段：冲压时逐渐接近挡墙，并观察、检测冲压对挡墙的影响，设置基准点、观测点，并及时检测。

d. 房屋：视房屋的不同结构确定安全距离，避免造成损失。避让距离视构造物强度而定，一般控制在 20～50m。

② 避让方法：准确调查所有桥涵构造物等设施，明显标出安全距离线，施工中，冲压至安全线时，可将冲压轮升起，低速空驶过安全范围后，再行冲压。

(2) 检测人员做好一切准备工作。首先在原路面用红油漆标明控制点，同时应进行原路面高程、弯沉测定。

(3) 做好交通管理、安全控制等准备工作。

(4) 后续工序的准备：为了减少破碎后板块及路基受雨水的影响，在破碎施工前应完成后续工序的材料、方案、设备等准备工作，一旦完成冲压破碎，即可进行后续工序施工。

4.2.2 冲击碾压设备

路面破碎稳固机械应以五边轮的冲击式压路机为主，其主要性能指标应符合表 8.4.1 的要求。

冲击碾压设备主要性能指标　　表 8.4.1

形状	单轮宽（m）	标定势能（kJ）	双轮质量（t）	速度（km/h）	最大作用力（kN）
五边形	0.9～1.0	15	15	9～12	1～2.5

破碎后路面压实机械为 Z 型压路机、钢轮压路机，采用合理的压实工艺对破碎稳固后的路面进行压实。

4.2.3 水泥混凝土路面破碎稳固施工工艺

(1) 破碎稳固施工的主要工艺流程

原路面处理→试验段施工，确定质量标准和控制指标→破碎稳固施工。

（2）原路面处理

① 清除局部混凝土碎块。首先，用风镐或液压镐凿除损坏的水泥混凝土板块，将破碎的混凝土碎块清运至指定的堆放场地。

② 对于挖出的混凝土板，若处在路面排水不良地带时，应加强临时排水或采取防雨措施，且路面板的边缘及路肩设置的路基纵、横向排水系统应符合设计要求。

③ 处治基层，视基层损坏程度采取不同处治方法。

a. 对基层强度尚好，损坏不严重的基层，应整平基层，采用轻型压路机压实，对压不到的死角部分可用冲击夯等机具压实。

b. 基层大面积损坏时，可采用水稳性较好的材料进行补强，其材料应符合《公路路面基层施工技术规范》（JTJ 034—2000）的有关规定。

④ 挖出部位浇筑混凝土面板的要求。

浇筑水泥混凝土面板，应按下列要求操作：

a. 混凝土施工时所用的材料、配合比及性能符合要求，试验结果应得到监理认可。

b. 模板宜采用钢模板，模板的制作与立模应符合下列规定。

（a）钢模板的高度应与混凝土板厚度一致。

（b）钢模板的高度允许误差为±2mm，企口舌部或凹槽的长度允许误差为±1mm。

（c）立模的平面位置与高程，应符合设计要求，并应支立准确稳固，接头紧密平顺，不得有离缝、前后错茬和高低不平等现象。模板接头和模板与基层接触处均不得漏浆。模板与混凝土接触的表面应涂隔离剂。

混凝土拌和料的摊铺，应符合下列规定：

a. 混凝土拌和料的摊铺可视其厚度进行一次摊铺或分两次摊铺。两次摊铺时下部厚度宜为总厚度的 3/5。

b. 摊铺厚度应考虑振实预留高度。

c. 采用人工摊铺，应用锹反扣，严禁抛掷和耧耙，防止混凝土拌和物离析。

混凝土拌和物的振捣，应符合下列规定：

a. 厚度小于 22cm 的混凝土板，靠边部和板角应先用插入式振捣器顺序振捣，再用功率不小于 2.2kW 平板振捣器纵横交错全面振捣，振捣时应重叠 10～20cm，然后用振捣梁振捣拖平。

b. 振捣器在每一位置振捣的持续时间，应以拌和物停止下沉，不再冒泡并泛出水泥浆为准，并不宜过振，用平板式振捣器振捣时，不宜少于 15s；水灰比小于 0.45 时，不宜少于 30s；用插入式振捣器时，不宜少于 20s。

c. 当采用插入式与平板式振捣器配合使用时，应先用插入式振捣器振捣，后用平板式振捣器振捣。插入式振捣器的移动间距不宜大于其作用半径的 1.5 倍，其至模板的距离不应大于振捣器作用半径的 1/2，并应避免碰撞模板。

d. 振捣时应辅以人工找平，并应随时检查模板。如有下沉、变形或松动，应及时纠正。

⑤ 混凝土表面整修，应用木抹多次抹面至表面无泌水为止。发现面板低凹处，应填补混凝土，并用 3m 直尺检查平整度。

⑥ 混凝土板块的养生。

a. 混凝土板抹平之后，可在混凝土板块表面喷洒养护剂进行养生，养护剂应在纵横方向交叉喷洒，养护剂洒布要均匀，其用量不得少于 350g/m^2。

b. 也可采取洒水养生，用草帘或麻袋覆盖在混凝土板表面，每天洒水 2～3 次，使水泥混凝土板块经常保持潮湿状态。

⑦ 混凝土强度达到设计要求，即可进行冲击破碎。

(3) 试验段确定破碎稳固标准和程序

在正式开始施工之前，应通过 100m 单车道的试验段以确定适合本项目的破碎稳固程序。以不同的能量、不同的速度、不同撞击位置来断裂试验路段，直到找到符合要求的断裂方法与控制指标。在试验路段，有的需要取断裂后的芯样来验证破碎是否穿透；每天进行一次或两次放水，从而看出细微裂纹，以验证正确的施工方法是否得到保持。

(4) 冲击顺序

在确定破碎稳固程序后，应严格按规定程序施工。操作人员可以根据路面的具体情况进行设备的细微调整，以满足破碎稳固要求。施工作业时，冲击顺序一般应从路面的边板开始，即从路肩—行车道—超车道依次进行；有横向连接筋时，先冲击中间 2 遍，将横向连接筋破坏，然后从两侧向中间，边冲击边观察，控制行驶速度 9～12km/h，冲击频率 70～90 击/min。

冲击碾压采用来回错轮的方式，轮迹之间不重叠。

(5) 压实机行驶速度

前几遍主要是对水泥板进行破碎，速度为 7～9km/h，可以产生最佳破碎效果；之后要起稳固与破碎双重效果，以 9～12km/h 为宜。压实机行驶时速度一般为 9～12km/h，转弯半径为 8m。

(6) 施工注意事项

① 防止压实轮水平滑移。压实轮是靠与路面的摩擦力作用而运转的，路面

的光滑程度、压实轮的接地面积和冲压速度对压实轮的正常作业都有影响。过快的碾压速度、光滑的路面都可导致压实轮停止滚动，只作水平滑移。因此，要根据混凝土路面的光滑程度，选择合适的作业速度。如果通过调整行驶速度不能解决压实轮的水平滑移问题，那么就要采取在压实轮上增焊凸块或拉毛路面等办法，增加接地摩擦力，防止压实轮水平滑移，保证压实轮的正常作业。

② 选择合适的冲压速度。冲压速度对机械的磨损有很大影响，速度越快，机械各部磨损越大，严重时会造成损坏，降低机械的性能和寿命。因此要在保证碾压效果的前提下，尽可能地选择较低的冲压速度，将机械的磨损和损坏降到最低限度，延长其使用寿命。

③ 随时观察机械的运行情况。冲击压实需要较大的牵引动力，碾压时牵引车基本上是满负荷作业，冲击轮产生的冲击力对机械各部也有冲击，因此要随时观察机械的运行情况，特别是发动机、传动系和减振缓冲机构，出现故障要及时排除，切不可盲目侥幸操作，造成机械事故。

④ 个别地段安全避让。冲击压实产生极强的冲击力，对挡土墙、水沟等构造物产生极大的破坏作用，对过村路段居民房屋产生较大的振动。因此施工时必须对涵洞、构造物、通信管道及路边建筑物进行安全避让，对这些路段需采用其他方法辅助施工，如采用板式冲击锤打裂压稳、共振型碎石化机械破碎。

⑤ 特殊路段处理。土基含水量大将出现“弹簧”，这时混凝土板尽管起伏明显但却不破碎，也不沉降，甚至还会反弹，接缝处出现唧泥，这时应视为特殊路段。对此路段，应在撬除板后挖掉“弹簧”土层，分层铺筑透水性好的材料并经常规机械压密，再用冲击式压实机增强补压。有条件的路段应在两侧挖出排水沟以利排水，缓解“弹簧”现象。

⑥ 侧向位移。侧向位移是在高填方路段作业应当十分注意的问题。一般在破碎稳固完成后有几毫米甚至1～2cm的位移。为了最大限度地减少侧向位移，应采取先两边后中间的作业顺序，并尽量减低工作速度，安排专人监视作业中侧向位移对边坡挡土墙的影响，注意安全施工。

⑦ 及时加铺面层。由于冲击破碎后，路面产生大量裂缝，丧失抵抗雨水渗透侵蚀的能力，会造成板下基层和土基含水率增大，且不易散发，影响冲压效果。所以这种技术在雨季施工时路面破碎后要及时进行防水处理，最好及时采取面层加铺或下封等措施。特别是对于交通量大的地段，由于冲压形成稳固的结构，如不及时加铺面层，在重荷载作用下，会破坏其稳固性，因此，冲压完成后要及时加铺面层。

⑧ 作业长度与交通管理。作业长度的确定应因地因时制宜。路面较宽、早

季施工，半幅封闭交通可长一些；路面较窄、雨季施工，半幅封闭交通应短一些。

施工单位必须指定专人负责施工路段的安全管理工作，应随时到施工区指导设置安全防护设施，坚持先设置符合要求的标志标牌，再进行施工作业，强化安全意识。

4.2.4　冲击压实施工质量控制

（1）评价施工效果的主要检测内容

① 冲压相应遍数后的裂缝和破裂观察。

② 沉降的观测，采用高程测量的方法，有针对性地选择不同路基类型、不同路面状况进行高程测量，并且通过前后高程对比得到冲击压实前后的沉降变化。在试验中高程测量断面距离约为 20m，每个横断面上设 3 个测点，分别布置在左、右幅路中，道路中心线处 3 点。

③ 冲压前后对混凝土板的取芯观察。

④ 土基的相关测试：含水率、压实度测试，土的液、塑限等。

（2）沉降量与冲击遍数控制

沉降量与冲击遍数是紧密相关的。沉降量由不同冲压遍数后测得的路面高程之差计算得出。在路面上布好沉降量高程检测点，冲压前，测量记录原地面高程；每冲压 5、10、15、20 遍后测一次。如两次之间的高程测量差值小于 5mm，即可结束冲压，以最后一次的冲压遍数（如 20 遍）作为沉降量控制标准；如大于 5mm，则再冲压 2～3 遍，直至沉降量小于 5mm，以最后的冲压遍数作为控制遍数。

（3）破碎状况控制

① 破裂状况描述（必要时）：包括裂缝方向、宽度、数量、长度、间距、碎块数比例及破碎程度等。采用目测、照相及录像等方法记录。按原板块不同状态分别分析冲压后情况。如描述为原混凝土板块无裂缝，板型基本完好，冲压第 1 遍、第 2 遍后仅出现微小裂纹或不出现裂纹；冲压 5 遍后，出现横向裂纹，每块板有 1～2 条。10 次以后开始观测到贯穿裂纹。

② 混凝土板的破碎程度检查：水泥混凝土路面的破碎结果应为边长 46～60cm 大小的块，允许极少量大于 75cm 左右的块存在，同时，大于 60cm 的块不超过 40％。

③ 破碎状况检查：钢尺测量裂纹间距必要时取芯验证裂纹贯通性。

④ 嵌锁稳固状态检查：可用人工或简单机具将碎块撬起或其他方法判定。

（4）破碎效果的弯沉值评价

测定破碎前旧水泥板弯沉、破碎后弯沉，分析其均匀性。一般来说，破碎后弯沉较之破碎前更趋均匀。

4.3 旧路集中挖除段施工要求

（1）人工用风镐进行混凝土板块破碎，尽量使破碎板呈约 30cm×30cm 的矩形小块，方便旧板利用。

（2）采用配备液压镐的混凝土破碎机进行混凝土板块破碎，破碎时液压镐落点间距离约 30cm。

（3）清除混凝土碎块，运至指定地点堆放，并加以利用，防止环境污染。

（4）基层处理。视基层损坏程度采取不同处治方法：

① 对基层强度尚好，损坏不严重的基层，应整平基层，采用轻型压路机压实，对压不到的死角部分可用冲击夯等机具压实。

② 基层大面积损坏时，可采用水稳性较好的材料或贫混凝土进行补强，其材料应符合《公路路面基层施工技术规范》（JTJ 034—2000）的有关规定。

（5）排水处理。对于挖出的混凝土板，若处在路面排水不良地带时，应加强临时排水或采取防雨措施，且路面板的边缘及路肩设置的路基纵、横向排水系统应符合设计要求。

（6）在挖除旧水泥混凝土板块后，要在清理干净浮渣、整平后，认真测出弯沉值。对大于控制弯沉值的旧基层，要认真分析原因，进行不良地基处理，使新基层顶面弯沉施工控制值符合要求，以保证路面的弯沉值。

5　旧水泥路面处治质量验收

本项目试验路实施及施工过程中，建议采取落锤式弯沉仪（FWD），结合承载板检测和路表贝克曼梁弯沉检测，评价旧路面施工质量，并建立相互的换算关系，总结出方便、易于实施的质量检测和控制方法，最后形成水泥混凝土路面板块破碎施工工艺和质量控制方法，供全线大规模施工使用。

按照设计文件要求，旧路加铺水泥混凝土面层的路基设计标准采用旧路破碎稳固后的顶面弯沉或回弹模量作为设计和交验指标。当路面加铺采用破碎稳固法时，旧水泥混凝土路面破碎后的顶面弯沉应在 40～110（0.01mm）范围内，回弹模量应在 230～700MPa 内；当加铺方案采用挖除面板后加铺的路面结构形式时，可参照新建道路的设计标准，即土基顶面的模量均取 30～50MPa。

要求冲压完成后旧路面的回弹弯沉和原基层的压实度应符合路面设计规范的相应要求。

第 9 篇　高陡边坡防护加固施工质量控制指南

主 编 单 位：广东清连公路发展有限公司
长沙理工大学

主要编制人员：吴　美　晁德志　吴雄飞　袁剑波
姚佳良　饶　中　徐梅生　丁明超
宋　磊　晋枫春　金　波　马晓力
池林海　王　楠　陶　弘　童　中
徐义斌　刘　辉　吴建龙　陈培聪

1　使用范围

根据清连高速公路工程实际情况，边坡防护加固设计方案主要有：边坡锚固工程、边坡加固钢筋混凝土工程、柔性安全防护网（SNS 防护 GAR2 型钢丝网）、挡土墙、骨架护坡、植草防护等。本项指南主要为边坡锚固工程、边坡加固钢筋混凝土工程、柔性安全防护网（SNS 防护 GAR2 型钢丝网）等项目的施工提供指导。至于其他常规的边坡防护加固施工、检验、验收方法和标准，请参照路堑边坡防护工程及排水工程（含原材料及混合料）等质量检测项目和控制指标，凡未说明的，按相关施工技术规范和《公路工程质量检验评定标准》（JTG F80/1—2004）的规定执行。

2　质量控制难点、重点

确定高陡边坡防护加固施工工艺及质量检测方法、质量控制指标和控制值，是本项目质量控制的难点、重点。

不同的高陡边坡防护加固施工工艺以及质量检测方法、质量控制指标和控制值各不相同，目前对高陡边坡防护加固的处理工艺还没有规范可以遵循，清连路本身的高陡边坡也存在各种不同的问题。因此，应通过实践，总结出方便、易于实施的质量检测和控制方法，最后形成完善的施工工艺和质量控制方法，为以后的施工积累经验，是本项目指南的一个技术难点。

3 高陡边坡防护加固施工的基本要求

(1) 在施工前，首先要组建由经过专业培训、具有丰富施工经验的施工人员组成的专业化施工队伍；对于特殊工种如爆破、机械操作等人员，必须经过有关培训，取得上岗资格证书，持证上岗。

(2) 提前对原材料进行试验，严格检验原材料及构配件和设备的质量、性能，必须达到设计文件和相关技术规范的要求；提前完成混凝土配合比设计试验并报批。

(3) 合理选择施工设备、机具和施工方案，进行设备的配套标定工作；正式施工前应进行工艺试验，以检验施工工艺的可行性及确定各项施工工艺参数。

(4) 制订切实可行的施工方案以及安全措施，并上报审批，经批准以后方可开工。

(5) 测量、放线、定位根据基准点，按设计图纸及有关资料测设纵横轴线，并设固定桩，如无误，报验后开始施工。施测放线定位时注意坡面上下左右的平顺一致及凹凸坡面应注意定位在纵横轴交叉点上，且在统一坡面上。

(6) 各工序的施工要有专业技术人员监督和指导，严格按照施工规范和工艺要求组织施工；严格执行工序验收程序，前道工序没有验收签认，不允许施工下一道工序。

(7) 边坡加固和防护工程施工必须搭设满足相应承载与稳固能力和施工技术与安全要求的操作平台、运输通道及升降设备。

(8) 为了确保施工安全，边坡加固和防护工程施工操作及安全防护措施必须符合有关安全操作规程。

(9) 边坡加固和防护工程施工全过程应详细记录，各项施工记录和试验检测资料，既要及时填写，又要详细、真实，并应分类归档，作为原始资料汇入竣工报告。

4 材料质量要求

4.1 水泥、砂、石材料及水泥砂浆和混凝土

（1）水泥：应优先选用32.5级普通硅酸盐水泥；也可选用矿渣硅酸盐水泥或火山灰质硅酸盐水泥，水泥强度等级不得低于32.5级，性能符合现行水泥标准。

（2）砂：应采用坚硬耐久的中粗砂，细度模数宜大于2.5，含水率宜控制在5%～7%。

（3）集料：应采用坚硬耐久的碎石或卵石，粒径不宜大于15mm；当采用碱性速凝剂时，不得使用含有活性二氧化硅的石材。

（4）外加剂：应选用符合质量要求的速凝剂，掺速凝剂后的混凝土性能必须满足设计要求，且掺入的外加剂不得含有对锚杆（索）等产生腐蚀作用的化学成分。

（5）水：混合水中不应含有影响水泥正常凝结与硬化的有害物质，不得使用污水以及pH值小于4的酸性水和含硫酸盐量按SO_2计算超过水重1%的水。

（6）石料应符合设计规定的类别和标号，设计无规定时其强度不得低于30MPa，石质应均匀、不易分化和无裂缝。

（7）水泥混凝土、水泥砂浆等应符合图纸要求和有关规范的规定。

4.2 锚杆、锚索

（1）锚杆（索）的材质、规格、型号要符合设计图纸和有关施工规范的要求。

（2）对进场的锚杆（索）必须验证其产地、生产日期、出厂日期、型号，并核实生产厂家的资质证书及各项力学性能指标。同时进行抽样检验，以确保其各项参数达到锚固施工要求。

（3）锚杆杆体材料采用HRB335钢筋，其质量符合《钢筋混凝土用钢 第2部分：热轧带肋钢筋》（GB 1499.2—2007）等规范的规定。锚杆杆体使用前应

调直、除锈、除油污。

（4）在锚杆存放、运输和安装过程中，应保持杆体和各部件的完好，不得损伤杆体上的丝扣。

（5）锚索的材料采用 ϕ15.24 的钢绞线，OVM15 锚具，其质量应符合《预应力混凝土用钢绞线》(GB/T 5224—2003）及《预应力筋用锚具、夹具和连接器》（GB/T 14370—2007）的规定。预应力锚索的防护材料应符合设计要求。

（6）高强钢丝或钢绞线表面不得有损伤、锈蚀和污染。

（7）预应力钢材的加工必须采用砂轮切割机，不得使用电焊或氧炔焰切割。

4.3　柔性安全防护网（包括主动网及被动网）

（1）编网、支撑绳及拉锚系统所用钢丝绳应符合《重要用途钢丝绳》(GB 8918—2006）的规定，钢柱构件钢材应符合《碳素结构钢》(GB/T 700—2006）的规定，并进行防腐处理。热轧工字钢应符合《碳素结构钢》(GB/T 700—2006）和《热轧型钢》(GB/T 706—2008）的规定。

（2）编网用两根钢丝绳交叉连接点处的固定件采用钢质卡扣，其厚度不小于 2mm，并经电镀锌处理，镀锌层厚度不小于 8μm。编网用铝质接头套管长度不小于 50mm，外径不大于 30mm，壁厚不小于 3mm，其连接能力不低于所连接钢丝绳的最小破断拉力。

（3）编制成网的钢丝绳不应有断丝、脱丝现象。网的形状平整，网绳无打结和明显扭曲现象。

（4）钢丝格栅的钢丝不应有明显机械损伤和锈蚀现象。高强度钢丝格栅端头应至少扭结一次，扭结处不应有裂纹。

（5）材料、钢丝绳网、格栅网编制等应符合图纸要求，并满足《铁路沿线斜坡柔性安全防护网》（TB/T 3089—2004)、《公路边坡柔性防护系统构件》(JT/T 528—2004）规范要求。

（6）外观表面平整，曲线圆滑，边线顺直，与自然融合。

5 施工技术要求

5.1 预应力锚索框架施工

预应力锚索框架工程施工是一项地质条件变化复杂、关键工程隐蔽和施工技术难度较大的特殊施工作业，应由受过专业训练、具有丰富施工经验的专业施工队伍承担，各主要施工工序应由相关专业技术人员进行指导和监督。

预应力锚索框架施工前，要认真检查原材料型号、品种、规格及锚钢筋体各部件的质量，并检查原材料的主要技术性能是否符合设计要求；同时按照规定进行锚杆或锚索基本试验，即抗拉破坏试验，以便及时调整和修正设计参数和施工工艺。

预应力锚索框架施工工艺流程按如下步骤进行施工：

施工放样定位及边坡清理—施工平台搭设—压风及供水设备安装—孔到设计高程—压风清孔—锚索、注浆管、排气管安装—再次压风清孔—第一次压浆—扎框架钢筋、安装 ϕ80mm 波纹管、压浆管，模板及锚垫板安装—框架混凝土浇筑—张拉预应力钢绞线—二次注浆—张拉端封锚—质量检验。

（1）放样、定位、边坡清理：将开挖边坡清理干净，表面基本平整，主要清除松动石块和高出边坡平面的岩石；按设计要求将锚孔位置放在坡面上，锚孔位置满足规范要求。定位放线时注意坡面上下左右的平顺一致，凹凸坡面应注意定位在纵横轴交叉点上，且在统一坡面上。

（2）施工平台搭设：锚索框架施工必须塔设稳定和满足施工荷载及安全技术要求的支架、操作平台，并有相应的升降设备和运输通道。脚手架及施工作业平台应稳定牢固，施工平台要用锚杆固定于坡面上。

脚手架搭设前必须先对现有边坡的稳定情况进行观察，确定安全后再搭设脚手架。钢管支架立柱应置于坚硬稳定的岩石上，不得置于浮渣上；立柱间距1.5m，架子宽度1.2～1.5m；横杆高度1.8m，以满足施工操作；搭设管扣要牢固和稳定；钢架与壁面之间必须楔紧，相邻钢架之间应连接牢靠，以确保施工安全。

（3）压风及供水设备安装：为了能彻底干净地清孔，需要安装有足够压力的压风设备和具有足够压力的压水设备。

（4）钻孔：以定位固定桩严格按照施工图纸规定的倾角、间距、高程进行钻孔。钻机起吊提升到平台上安装就位，钻机就位后应按照自上而下的顺序进行钻孔作业，钻孔使用液压潜孔钻机施钻，宜采用无水钻进的干法作业，以确保边坡地质条件不恶化，保证孔壁稳定性。

当采用注浆护壁时，在浆液中可掺入适当剂量的速凝剂（初凝时间控制在 3～8min）。钻孔过程要随时检测钻孔的角度及顺直度，及时纠偏，保证钻孔斜度控制在允许误差±1°之内。为了确保锚孔深度，保证锚固段不小于设计长度，实际钻孔深度应超设计深度 0.5～0.8m，避免下锚时带动孔壁碎料堆积于孔底影响锚固深度。

对于易塌孔、卡钻的地层，为保证质量，必须跟管钻进。钻孔过程应有专人负责，对地质情况及钻进情况详细记录。在钻孔过程中，对每个孔的地层变化、钻进状态、地下水及一些特殊情况，要及时反馈、采取措施。要确保孔壁完整不坍塌；如遇塌孔，应立即停钻，进行固壁灌浆处理，重新清孔钻进。

施工过程中应经常检验钻孔倾角，必要时进行校正。施工中做好相应的施工原始记录。

（5）压风清孔：在成孔经过检验合格后安放锚索前，进行一次高压空气清孔，以保证孔内基本清洁。石屑和岩粉通过大量高压空气沿孔向孔口吹出，孔口处粉尘过大，妨碍操作工人的视线影响操作，必须对孔口喷洒水雾进行除尘，使岩粉与水雾同时沉积于地面，以保不损害操作工人的健康。

（6）锚索制作安装：编索用的钢绞线要顺直、排列均匀。应采用机械切割方法，不得用电弧焊及电焊切割。锚索要经过除油除绣处理。钢绞线应按设计要求平直编排，为保证锚索的保护层厚度，沿锚索体轴线方向自由段每 1.5～2.0m 设置一个隔离支架，锚固段每间隔 1.0～1.5m 设置一个隔离支架，并在锚固段两个隔离支架之间设一道紧箍环，保证锚索体保护层厚度不小于 2mm。在锚索体完成隔离支架和紧箍环的组装之后，应在锚索体底端接装导向帽，以便下锚顺利。隔离支架和导向帽的尺寸及要求见设计图纸。

（7）锚索体防腐：锚索体自由段的防腐与隔离应严格按照设计要求施做。孔内自由段的钢绞线涂黄油作防腐处理后再套塑料管，并用胶布缠绕。在锚固段、自由段交界处及出孔口 3～5cm 的自由段需特别注意绑扎牢固，以防止注浆时水泥浆进入自由段。

（8）安装注浆管和排气管：注浆管沿隔离架中心部位穿入并固定。注浆管端头距离孔底 50cm。注浆管承压要求大于 1MPa。注浆管和排气管、孔口的堵头板要与锚索同时制作，相互之间要绑扎牢固，以便同时安放。孔口的堵头要与孔壁严密接触，密闭并能够承受注浆压力，注浆管的内径可为16～18mm；排气管的内径可为6～8mm。

(9) 再次压风清孔：为了保证孔内清洁，以利于注浆与孔壁良好接触，在安装锚索结束后用高压风再次清孔。压风清孔后，应保持清洁，孔壁无污染物，以确保水泥砂浆与岩体的黏结。清孔完成后，应将孔口暂时封堵，避免碎屑杂物进入孔内。

(10) 第一次压浆：锚索安装并压风清孔后要及时进行注浆，浆体为1∶1的水泥砂浆，水灰比为0.40，强度不低于设计要求。浆液采用砂浆拌和机拌制，由注浆机注入浆管进入孔底，空气从排气孔中排出，当排气孔不再排气且孔口浆液溢出浓浆作为注浆结束的标准。砂浆注满后应封闭排气孔并保持压力1～2min，以保证注浆的饱满。

(11) 锚索框架梁钢筋、模板安装、锚垫板：框架施工前，需先将该部分边坡进行修整。如有因刷坡超挖或坍塌悬空，必须先用浆砌片石填补。设计要求框架梁嵌入坡面25cm，土质边坡采用人开挖槽，石质边坡采用风镐开凿梁槽。清除基坑表面松土，采用2～5cm水泥砂浆调平，然后进行钢筋骨架的安装，安装模板和浇筑混凝土。钢筋在加工场地加工成半成品，运至现场安装。安装钢筋骨架时应注意锚索和锚锭板定位。确保与锚孔保持顺直，锚垫板安装误差控制在±2mm。模板安装时应注意保护层的控制，模板应加固牢靠。把框架内的锚索自由段用波纹管套上，两端包扎牢固，防止框架混凝土进入。

(12) 框架混凝土浇筑：框架钢筋、模板安装经检查合格后，进行框架混凝土浇筑。浇筑过程中，混凝土不能由运输车辆直接倒入模板内，应在卸料下车地面上铺铁板存放混凝土。经手推车或人力挑抬运送混凝土时应注意混凝土倒运时产生的水分损失和离析，混凝土入模时应拌和均匀，如有离析应再度拌和。

浇注还应注意振捣，按振捣棒效力范围，随混凝土分层入模，分层振捣，不能漏振，振捣应以混凝土返浆无气泡为度，在斜坡上浇筑时应注意振捣棒插入深度，避免振动模板。竖梁上模板应边盖边浇筑边振捣，浇注过程中保证上模板装钉牢固不变形，平横梁上模板留口部分人工振实抹平。

浇注过程中，要随时检查钢筋的位置和保护层厚度以及锚索位置、锚垫板位置的正确性。

按规定时间对已浇注完成混凝土覆盖养生，覆盖物应保持湿润，混凝土不外露。混凝土达到强度要求时拆除边模，拆除过程中不能振动、损坏混凝土。混凝土拆模后如有蜂窝麻面以及露筋现象，应按《公路桥涵施工技术规范》(JTJ 041—2000) 第10.10.7条处理。

（13）锚索预应力张拉：锚索张拉设备事先要经过检测、标定。张拉前应将锚垫板表面清除干净，锚具安装应与锚垫板和千斤顶对中，并与锚索轴线方向垂直，千斤顶轴线与锚索轴线应在同一条直线上。

锚索张拉要在锚固段和框架混凝土强度达到设计要求，设计没要求时应达到设计强度的 80%以上时进行。按照设计拉力值的 1.1 倍进行超张拉。同一结构物的锚索张拉原则应同步进行。当设备和作业条件困难时，可考虑分两次循环进行张拉。预应力张拉采用“双控法”，用张拉力与伸长值来控制锚索应力。以控制张拉力为主，用伸长量来校核。当实际伸长量与理论伸长值差别大于 6%时，应暂停张拉，待查明原因后方可继续进行。

锚索正式张拉前，应采用单索千斤顶取 20%～30%的设计张拉荷载，对其张拉 1～2 次，使其各部位接触紧密，钢绞线完全平直。

正式张拉采用整体分级张拉，锚索（锚杆）的张拉按设计要求分四级施加，即设计张拉荷载的 25%、50%、75%、100%。考虑到地层松弛徐变等影响，预应力超张拉吨位取设计荷载的 10%，每一级荷载达到时要持荷 2min，最后一级持荷至观测位移稳定为止，一般为 10～15min。记录拉力和锚头位移值，按设计要求进行锁定。锚索锁定 48h 内，若发现有明显的应力松弛现象，则进行补偿张拉。

（14）第二次注浆：锚索自由段的注浆在张拉完成后进行。锚具原有的注浆孔改作排气孔，另外安装一条注浆用注浆管。将波纹管内注满砂浆并保持压力 1～2min，以保证浆饱满。自由段的注浆其他要求同锚固段注浆方法。

（15）封锚：框架内的自由段预应力管道注浆结束 7d 左右，如无异常情况，用手提砂轮机切除多余外露的锚索（严禁电弧烧割），并留出 5～10cm 外露锚索，然后用框架同标号混凝土将锚头封闭，防止锚头外露锈蚀而造成预应力损失。

（16）施工结束，进行质量检查，其结果应满足设计文件和相关规范要求。

（17）锚索框架的其他施工事项详见相关技术规范和设计文件。

5.2　锚杆框架施工

（1）施工准备及基本要求同预应力锚索框架施工。

（2）锚杆框架工程施工原则上要求按照锚孔钻造、锚筋制安、锚孔灌浆、钢筋混凝土工程等主要工序依次进行。

（3）锚杆框架工程施工前，要认真检查原材料型号、品种、规格及锚筋体各部件的质量，并检查原材料的主要技术性能是否符合设计要求。

（4）锚孔钻进宜采用无水干钻，禁止开水钻进，以确保锚固工程施工不致于恶化边坡岩土工程地质条件和保证孔壁的黏结性能。

（5）钻进过程中，应对每个孔的地层变化、钻进状态（钻压、钻速）、地下水及一些特殊情况做日常施工记录。

（6）钻孔孔径、孔深要求不得小于设计值。

（7）在钻孔完成后，原则要求使用高压空气将孔内岩粉及水体全部清除出孔外，以免降低水泥砂浆与孔壁岩土体的黏结强度。

（8）锚杆组装前钢筋应平直，并经除油和除锈处理合格。锚杆接头应采用专用锚杆连接接头或其他保证强度和质量要求的连接技术。沿锚杆体轴线方向每隔 2.0m，应设置一个中支架。支架尺寸及位置符合设计要求。

（9）在插杆的同时，安装注浆管，俯角小于 30°的锚杆还需安装排气管，并在注浆前对锚杆孔孔口进行封堵。深入孔底的注浆管和排气管的里端应距孔底 50～100mm；注浆管的内径可为 16～18mm；排气管的内径可为 6～8mm。

（10）检查注浆器的工作性能，并用水或稀水泥浆润滑管道后开始注浆，须待排气管出浆或不再排气时方可停止。

（11）砂浆采用 1∶1 水泥砂浆，水灰比 0.4～0.45，砂浆强度不低于 30MPa，砂浆应拌制均匀并防止石块或其他杂物混入，随拌随用，初凝前必须使用完毕。

（12）锚头联结钢筋及挂接钢筋均应与锚杆钢筋焊接牢靠。

（13）顶梁、横梁及竖肋等框架施工参照预应力锚索框架施工。

5.3 SNS 柔性主动防护系统的施工

SNS 柔性主动防护系统的施工安装技术要求按以下步骤进行。

（1）对坡面防护区域的松土及落石进行清除。

（2）从防护区域下沿中部开始向上和两侧放线测量确定锚杆孔位，并在每一孔位处凿一深度不小于锚杆外露环套长度的凹坑，一般直径 20cm 深 15cm。

（3）按设计深度转凿锚杆孔并清除孔内粉尘，孔深应比设计锚杆长 5cm 以上，孔径不小于 ϕ45mm；当受凿岩设备限制时，构成每根锚杆的两股钢绳可分别锚入两个孔径不小于 ϕ35mm 的锚孔内，形成人字形锚杆，两股钢绳间夹角为 15°～30°，以达到同样的锚固效果。

（4）注浆并插入锚杆，采用强度等级不低于 M20 的水泥砂浆。宜用灰砂比

1∶1～1∶1.2，水灰比 0.45～0.50 的水泥砂浆，水泥宜用 32.5 级普通硅酸盐水泥，优先选用粒径不大于 3mm 的中细砂，确保浆液饱满，在进行下一道工序前注浆养护不少于 3d。

（5）安装纵横向支撑绳，张拉紧后两端各用两个绳卡与锚杆外露环套固定连接。

（6）从上向下铺挂格栅网，格栅网间重叠宽度不小于 5cm，两张格栅网缝合，格栅网与支撑绳间用 ϕ1.2mm 铁丝按 1m 间距进行扎结。

（7）从上向下铺设钢绳网并缝合，缝合绳为 ϕ8mm 钢绳，每张钢绳网均用一根长的缝合绳与四周支撑绳进行缝合并预张拉，缝合绳的两端各用两个绳卡进行固定连接。

（8）用 ϕ1.2mm 铁丝对钢绳网和格栅网间进行相互扎结，扎结点纵横间距 1.0m 左右。

6 锚杆（索）加固工程检查监督方法和重点部位

锚杆（索）加固工程是边坡加固和防护工程的关键，并且大部分是隐蔽工程，所以必须引起足够的重视。以下是锚杆（索）加固工程检查监督方法和重点部位，供各检查监控人员参考。

(1) 在接到“开工申请单”后，应认真审查其施工组织、施工方法、施工工艺、材料、机械设备情况和安全措施以及现场准备情况，符合要求方可下发开工令批准开工。

(2) 掌握设计依据和设计目的。应详细对设计施工图进行分析，了解设计意图，掌握设计孔深、锚固段长度、锚孔倾角、设计拉力、锚固段地层情况等。

(3) 锚孔钻造施工的现场监控。在锚孔钻造施工过程中，主要检查的内容有：

① 检查孔位处坡面坐标和高程是否经测量检测，放样拉线是否平直，要求标记各孔孔位。孔位纵横误差应小于50mm，高程误差应小于100mm。

② 锚孔钻造机安装倾斜度是否与锚孔设计倾角相等，误差为$\pm1°$（可用地质罗盘量测）。

③ 锚孔钻造脚手架是否牢固，各部分螺扣是否紧牢。

④ 钻孔钻进采用无水干钻，严禁用水钻进。

⑤ 详细观测记录岩土层深度并进行岩土命名。岩土名有坡残积土、土状风化岩、块状强风化岩、弱（中）风化岩、微风化岩（从吹出的岩粉判别）。

⑥ 钻孔深度应大于设计深度50mm。

⑦ 达孔底深度后，稳钻1～2min或更多时间，防止孔底尖灭，达不到设计孔径，同时使用高压空气将孔内岩粉及水体全部清除出孔外，保持孔内干净。

⑧ 钻孔检查采用尺检钻头直径，计数标准钻杆根数，检查孔径、孔深、复查锚孔孔位、倾角和方位。

(4) 锚筋制安的现场监控。

① 锚杆（索）编束检查。

当采用锚杆（钢筋）作为锚筋体时，锚杆组装前钢筋应平直，并经除油和除锈处理合格。锚杆接头要求采用专用锚杆连接接头，自由段刷防锈油漆，涂脱水黄油，外套塑料管，自由段与锚固段分界处，应缠绕胶布进行固接和密塞处理，缠绕长度两侧不得小于 100mm；并检查锚杆长度、锚固段长度、锚杆型号是否符合设计要求。

当采用钢绞线或高强钢丝作锚筋体时，由于锚索为压力分散型锚索，制安时监控的内容如下：

a. 检查锚索长度，锚索编束全长应大于设计长度 1.5～2.0m；

b. 检查锚固段长度，锚索编束后，每股长度误差不大于 50mm；

c. 检查隔离支架，隔离支架用塑料支架，留有一定的保护层注浆间距，锚固段间距不大于 1.5m，自由段不大于 2.0m；

d. 检查钢绞线，钢绞线要平直，无损伤（有损伤时应用防水胶布缠绕封密），承载体上下不能裸露钢绞线，有裸露处应用防水胶布缠绕封密。

② 锚索（杆）安装。

a. 锚索（杆）运输、吊装，应细心操作，不得损伤锚筋体和移动各组成部件；

b. 锚索（杆）安装时，应保持顺直，顺利下到孔底，严禁抖动、扭转、串动，防止散束，锚杆禁止敲击；

c. 尺量锚筋外面长度与设计孔深差为制锚长度与设计长度之差，允许偏差 50mm。

(5) 锚孔注浆的监控。检查注浆管，注浆管强度应达注浆泵压要求，从隔离支架和承载体中心通过，管头置于导向帽内（导向帽用钢管制作），并用铁丝固牢，防止安锚时脱落孔底。

锚孔注浆时应进行旁站，必须采用孔底返浆法，严禁抽拔注浆管，无返浆或中途输送泵故障、高压管破裂等应及时报废返工，第一次注浆出井口，第二次补浆也应流出，若时间长或水泥用量大，需经专业工程师确定。出现异常，要请示设计代表，共同制订处理方案。注浆时间原则上是锚孔钻造后 24h，需延长时间由专业工程师确认。若采用二次高压劈裂注浆，注浆管在编束时应在锚束另绑扎一根注浆管，在水泥浆体强度达到 5.0MPa 时进行。

(6) 锚索（杆）地梁、框架的监控。

① 锚索（杆）地梁、框架的制作。

地梁、框架均于现场浇筑，并满足以下要求：

a. 钢筋接头需错开，焊接接头截面之间的距离不得小于 1m；

b. 钢筋混凝土地梁或框架中的立柱埋入平台地面高程以下不小于 0.5m，用 C25 号混凝土浇筑；

c. 锚索（杆）、波纹管、锚垫板地梁应置于中心位置，框架应置于立柱与横梁交叉中心位置，锚索（杆）方向应与锚孔方向一致，锚垫板应垂直锚孔方向；

d. 钢筋安置平整后，模板安装要牢固，接缝平顺，再进行现场浇筑、振捣，防止漏浆、倒模；

e. 框架应分片施工，两相邻框架横梁、顶梁接触处留 20mm 伸缩缝，用浸沥青木板或泡沫板填塞。

② 进行锚索（杆）、框架、地梁检验。

达到锚索（杆）孔位符合设计要求，预留长度满足张拉要求，外观顺直、美观，无麻面及跑模现象。

（7）锚索（杆）试验监控。锚索（杆）试验分基本试验和验收试验，必须进行全过程旁站，试验设备必须标定。

① 基本试验每坡应不少于 3 孔，施工前由监理工程师根据岩土情况选定孔位，按规范要求分级进行。压力分散型锚索，预张拉后，根据锚索各单元差异伸长量和差异荷载，分单元补偿差异荷载后再按规范进行分级张拉，直至破坏。发现异常，及时采取措施，找准差异原因，向设计代表和总监办汇报试验情况或共同研究处理方案。

② 验收试验孔数为边坡锚孔数的 5%，但不少于 3 孔，试验方法同基本试验，试验最终拉力值为设计拉力值的 150%。在分级张拉时，发现异常，必须请示设计代表和总监办，共同研究，确定解决办法，防止将锚索（杆）破坏。

以上两试验由承包单位写出试验指导书和试验报告，由监理签署意见后，再进行工作锚的张拉、锁定、封锚工作。

（8）张拉、锁定、封锚的监控。监理应进行旁站，张拉、锁定必须采用专用设备，作业前进行标定，所用锚具为专用锚具，并要有送检报告书。锁定拉力值为设计拉力值的 110%，其张拉步骤同试验分级进行。压力分散型锚索，预张拉后分单元补偿差异荷载，张拉至设定张拉荷载后，持荷 10～15min，进行自动锁定。锚孔封锚，采用机械切割余露钢筋，留长 10cm。用纯水泥浆注满垫板及锚头各部分空隙，用 20MPa 混凝土按设计要求制模封锚。

7　质量验收标准

7.1　预应力锚索框架和锚杆框架

7.1.1　基本要求

（1）混凝土所用的水泥、砂、石、水和外掺剂的规格和质量必须符合有关规范的要求，按规定的配合比施工。

（2）锚索、锚杆、钢筋的强度、质量和规格，必须满足设计和有关规范的要求，数量不得少于设计数量。

（3）边坡坡度、坡面应符合设计要求。

（4）框架及封锚混凝土不得出现露筋和空洞现象。

7.1.2　实测项目

锚索、锚杆框架防护加固工程实测项目见表 9.7.1。

锚索、锚杆框架防护加固工程实测项目　　表 9.7.1

项　次	检 查 项 目	规定值或允许偏差	检查方法和频率	权　值
1△	混凝土强度（MPa）	在合格标准内	按 JTG F80/1—2004 附录 E 检查	3
2△	砂浆强度（MPa）	在合格标准内	按 JTG F80/1—2004 附录 F 检查	3
3	锚孔深度（mm）	不小于设计	尺量：抽查 10%	1
4	锚杆（索）间距（mm）	±100	尺量：抽查 10%	1
5△	锚杆拔力（kN）	拔力平均值≥设计值，最小拔力≥0.9 设计值	拔力试验：锚杆数 1%，且不少于 3 根	3
6△	锚索张拉应力（MPa）	符合设计要求	油压表：每索由读数反算	3
7	张拉伸长率（%）	±6 或设计要求	尺量：每索	2
8	断丝、滑丝数	每束 1 根，且每断面不超过钢线总数的 1%	目测：逐根（束）检查	2
9	坡度	不陡于设计	坡度尺量：每 50m 量 3 处	

续上表

项次	检查项目	规定值或允许偏差	检查方法和频率	权值
10	平整度（mm）	10	2m 直尺：锥坡检查 3 处，护坡每 50m 检查 3 处	1
11	框架纵横间距（mm）	±50mm	尺量：每 100m 检查 3 处	1
12△	横梁、肋宽度（mm）	不小于设计值	尺量：每 100m 检查 3 处	2
13△	横梁、肋厚度（mm）	不小于设计值	尺量：每 100m 检查 3 处	2

7.1.3 外观鉴定

（1）坡面平整，线条顺直美观，不得有松散、凹凸不平等现象；不符合要求时，减 1～2 分。

（2）混凝土表面蜂窝、麻面面积不得超过该面面积的 0.5%；不符合要求时，每超过 0.5%减 2 分；深度超过 1cm 的必须处理。

（3）框架线形顺适，间距均匀，伸缩缝贯通垂直填塞密实，不符合要求时减 1～3 分。

（4）锚头应封闭密实、牢固，整齐美观；不符合要求时，减 1～5 分。

7.2 SNS 柔性主动防护系统

7.2.1 基本要求

（1）混凝土所用的水泥、砂、石、水和外掺剂的规格和质量必须符合有关规范的要求，按规定的配合比施工。

（2）柔性安全防护网（包括主动网及被动网）及组装配件和组装应符合设计和本指南的要求。

（3）锚杆、钢筋的强度、质量和规格，必须满足设计和有关规范的要求，数量不得少于设计数量。

（4）柔性安全防护网的安装方法应符合设计和本指南的要求。

（5）边坡坡度、坡面应符合设计要求。

7.2.2 实测项目

SNS 柔性主动防护系统实测项目见表 9.7.2。

SNS 柔性主动防护系统实测项目　　表 9.7.2

项　次	检查项目	规定值或允许偏差	检查方法和频率	权　值
2△	砂浆强度（MPa）	在合格标准内	按 JTG F80/1—2004 附录 F 检查	3
3	锚孔深度（mm）	不小于设计	尺量：抽查 10%	1
4	锚杆间距（mm）	±100	尺量；抽查 10%	1
5△	锚杆拔力（kN）	拔力平均值≥设计值，最小拔力≥0.9 设计值	拔力试验；锚杆数 1%，且不少于 3 根	2
6△	支撑绳纵、横间距（mm）	±100	尺量：每 100m 检查 3 处	3
7	格栅网重叠宽度（mm）	−10、+30	尺量：每 100m 检查 3 处	2
8	结扎点间距（mm）	±100	尺量：每 50m 检查 3 处	1
9	坡度	不陡于设计	坡度尺量：每 50m 量 3 处	1

7.2.3　外观鉴定

（1）坡面稳固顺直，自然美观，不得有松散尘土、浮石等现象；不符合要求时，减 1～2 分。

（2）钢绳锚杆间距均匀；不符合要求时，减 1～3 分。

（3）纵、横向支撑绳间距均匀，紧张有力，线条顺直，连接稳固；不符合要求时，减 2～5 分。

（4）钢绳网、格栅网与坡面贴合紧密、牢固、整齐美观，各结扎点牢固，不得有面积超过 500m^2的间隙；不符合要求时，减 1～5 分。

第 10 篇　碾压式贫混凝土基层施工质量控制指南

主 编 单 位：广东清连公路发展有限公司
长沙理工大学
主要编制人员：吴　美　晁德志　吴雄飞　袁剑波
姚佳良　饶　中　徐梅生　丁明超
宋　磊　晋枫春　金　波　马晓力
池林海　王　楠　陶　弘　童　中
徐义斌　刘　辉　吴建龙　陈培聪

1　使用范围

在已完成并经监理工程师验收合格的底基层上，铺筑碾压式贫混凝土基层。质量检测包括施工准备、所需设备、劳力和材料及施工、试验、养护等作业。

2 材　料

2.1 水　泥

（1）可使用各种硅酸盐水泥，不采用粉煤灰时，宜采用强度等级为 32.5 的水泥。掺用粉煤灰时，只能使用道路硅酸盐水泥、普通硅酸盐水泥。水泥应使用缓凝型水泥，其抗压强度、抗折强度、安定性和凝结时间必须检验合格。

（2）采用机械拌和时，宜采用散装水泥，散装水泥的夏季出厂温度不宜高于 65℃，混凝土搅拌时的水泥温度不宜超过 60℃，且不宜低于 10℃。

（3）水泥进场时每批量应附有化学成分、物理及化学指标合格的检验证明。其化学成分、物理性能等路用品质应符合《公路水泥混凝土路面施工技术规范》(JTG F30—2003）的相关规定，见表 10.2.1。

碎石、碎卵石和卵石技术标准　　表 10.2.1

项　目	技术要求	项　目	技术要求
碎石压碎指标值（%）	<25	硫化物及硫酸盐（按含 SO_3 质量计，%）	<1.0
卵石压碎指标值（%）	<16	岩石抗压强度	火成岩不应小于 100MPa；变质岩不应小于 80MPa；水成岩不应小于 60Mpa
坚固性（按质量损失计，%）	<12	表观密度	>2 500kg/m³
针片状颗粒含量（按质量计，%）	<25	松散堆积密度	>1 350kg/m³
含泥量（按质量计，%）	<1.5	空隙率	<47%
泥块含量（按质量计，%）	<0.5	碱集料反应	经碱集料反应试验后，试件无裂缝、酥裂、胶体外溢等现象，在规定试验龄期的膨胀率应小于 0.10%
有机物含量（比色法）	合格		

（4）选用水泥除满足上述的规定外，还应通过碾压式贫混凝土基层配合比试验，根据其配制弯拉强度、耐久性和工作性优先选用适宜的水泥品种和强度等级。

2.2 粗　集　料

（1）粗集料应使用质地坚硬、耐久、洁净的碎石、碎卵石和卵石，碾压式贫混凝土基层可使用Ⅲ级粗集料。粗集料的技术指标应符合图纸要求及表 10.2.2 的规定。

粗集料级配范围［累计筛余，以质量计（%）］　表 10.2.2

粒　径		方　筛　尺　寸（mm）							
		2.36	4.75	9.50	16.0	19.0	26.5	31.5	37.5
合成级配	4.75～16	95～100	85～100	40～60	0～10	—	—	—	—
	4.75～19	95～100	85～95	60～75	30～45	0～5	0	—	—
	4.75～26.5	95～100	90～100	70～90	50～70	25～40	0～5	0	—
	4.75～31.5	95～100	90～100	75～90	60～75	40～60	20～35	0～5	0
粒级	4.75～9.5	95～100	80～100	0～15	0	—	—	—	—
	9.5～16	—	95～100	80～100	0～15	0	—	—	—
	9.5～19	—	95～100	85～100	40～60	0～15	0	—	—
	16～26.5	—	—	95～100	55～70	25～40	0～10	0	—
	16～31.5	—	—	95～100	85～100	55～70	25～40	0～10	—
	19～26.5	—	—	—	95～100	80～100	0～15	0	—

（2）用做碾压式贫混凝土的粗集料，不得使用不分级的统料，应按公称最大粒径的不同采用不少于 2 个粒级的集料进行掺配，并应符合图纸要求及表 10.2.2 的合成连续级配的要求。碾压式贫混凝土基层粗集料的碎石最大粒径不应大于 31.5mm，公称粒径不应大于 26.5mm。碎石中粒径小于 0.075mm 的石粉含量不宜大于 1%。

2.3 细　集　料

（1）细集料应采用质地坚硬、耐久、洁净的天然砂（河砂和沉积砂）、机制砂（宜采用石灰岩、玄武岩、辉绿岩等破碎的机制砂）或混合砂，细集料的技术指标应符合图纸的要求及表 10.2.3 的规定，碾压式贫混凝土基层用砂标准见

表 10.2.3。

细集料技术指标　　表 10.2.3

项　　目	技术要求	项　　目	技术要求
机制砂单粒级最大压碎指标（%）	<30	有机物含量（比色法）	合格
氯化物（氯离子质量计,%）	<0.06	硫化物及硫酸盐（按含 SO_3 质量计,%）	<0.5
坚固性（按质量损失计,%）	<10	<轻物质（按质量计,%）	
云母（按质量计,%）	<2.0	机制砂母岩抗压强度	火成岩不应小于100MPa；变质岩不应小于80MPa；水成岩不应小于60MPa
天然砂、机制砂含泥量（按质量计,%）	<3.0	表观密度	>2 500kg/m^3
天然砂、机制砂泥块含量（按质量计,%）	<2.0	松散堆积密度	>1 350kg/m^3
机制砂 MB 值<1.4 或合格石粉含量（按质量计,%）	<7.0	空隙率	<47%
机制砂 MB 值≥1.4 或不合格石粉含量（按质量计,%）	<5.0	碱集料反应	经碱集料反应试验后，试件无裂缝、酥裂、胶体外溢等现象，在规定试验龄期的膨胀率应小于0.10%

注：亚甲蓝试验 MB 试验方法见《公路水泥混凝土路面施工技术规范》（JTG F30—2003）附录 B。天然砂含泥量（按质量计,%）可小于 5%。

(2) 细集料的级配要求应符合图纸要求及表 10.2.4 的规定。碾压式贫混凝土基层宜采用中砂，如果砂较粗，可使用干净的机制砂与粗砂掺和使用。同一配合比用砂的细度模数变化范围不应超过 0.3；否则，应分别堆放，并调整配合比中的砂率后使用。

细集料级配范围　　表 10.2.4

砂分级	方筛孔尺寸（mm）					
	0.15	0.30	0.60	1.08	2.36	4.75
	累计筛余（以质量计,%）					
粗砂	90～100	80～95	71～85	35～65	5～35	0～10
中砂	90～100	70～92	41～70	10～50	0～25	0～10
细砂	90～100	55～85	16～40	0～25	0～15	0～10

2.4 粉　煤　灰

碾压式贫混凝土基层掺用粉煤灰时应符合表 10.2.5 的规定。

粉煤灰分级和质量指标　　表 10.2.5

细度（45μm 气流筛，筛余量）（%）	烧失量（%）	需水量比（%）	含水率（%）	Cl^-（%）	SO_3（%）	混合料砂浆活性指数	
						7d	28d
≤45	≤15	≤115	≤1.5	—	≤3	—	—

注：1. 45μm 气流筛的筛余量换算为 80μm 水泥筛的筛余量时换算系数约为 2.4。
2. 混合料砂浆活性指数为掺粉煤灰的砂浆与水泥砂浆的抗压强度比的百分数，活性指数要求应满足 28d 括号中的数值。

2.5 水

饮用水可直接作为碾压式贫混凝土搅拌和养护用水。对水质有疑问时，应检验下列指标，合格后方可使用。

（1）硫酸盐含量（按 SO_4^- 计）小于 0.002 7mg/mm²。

（2）含盐量不得超过 0.005mg/mm²。

（3）pH 值不得小于 4。

（4）不得含有油污。

2.6 外　加　剂

在正常气候条件下，碾压式贫混凝土基层强度形成快，基层可不使用外加剂。如气温较高，可以使用减水剂、缓凝剂，掺量通过试验确定。

2.7 碾压式贫混凝土集料级配范围

由于碾压式贫混凝土强度除靠水泥、砂浆胶结作用外，集料之间的嵌锁起主导作用，所以集料的级配十分重要。为防止混合料的离析，改善和易性，粗集料采用最大粒径为 31.5mm，公称粒径不应大于 26.5mm，所用集料级配见表 10.2.6。

集 料 级 配

表 10.2.6

筛孔（mm）	26.5	19	16	13.2	9.5	4.75	2.36	1.18	0.6	0.3	0.15
目标级配上限范围（%）	100	89	—	—	67	49	35	—	22	—	7
目标级配下限范围（%）	90	72	—	—	47	29	17	—	8	—	0

3　配合比设计

3.1　设计要求

碾压式贫混凝土基层配合比设计应符合强度、工作性、耐久性等技术要求。

（1）强度：碾压式贫混凝土基层设计强度应符合表 10.3.1 的规定。

碾压式贫混凝土基层的设计强度标准值（MPa）　　表 10.3.1

交通等级	特　重
7d 施工质检抗压强度 f_{cu}	10.0
28d 设计抗压强度标准值 $f_{cu,k}$	15.0
28d 设计弯拉强度标准值 $f_{cu,k}$	3.0

（2）工作性：碾压混凝土属于特干硬性混凝土，工作性指标的选择、检验与控制对于其压实度、弯拉强度及平整度至关重要，具体指标如下。

①可压性：用改进 VC 值评价，要求出搅拌机口改进 VC 值宜大于 20s±5s，碾压时的改进 VC 值宜控制在 30s±5s，试验中的“试样表面出浆评分”宜为 4～5 分，并不应低于 4 分。

②易压实性：要求 20s RA 法压实度大于 95%。RA 法是将 2.5kg 的碾压式混凝土放入圆筒模具中，再把 23.3kg 的重锤提进圆筒，振动台开动 20s，测定其压实度，来量度易压实性。

具体操作方法和步骤分别见附录 A、附录 B。

3.2　设计原理与方法

基层碾压式贫混凝土配合比，应使用正交设计法或建议采用日本建设部关东技术事务所与水泥协会共同推荐的碾压式混凝土配合比设计方法。这一方法显著的特点是将多个主要因素联系在一起，根据混凝土学原理，按照细集料和粗集料的空隙分别由水泥浆和砂浆填充的原则，引入水泥浆填充系数 K_p 和砂浆填充系数 K_m，即：

$$K_p = \frac{水泥净浆体积}{细集料空隙体积} \geqslant 1 \tag{10.3.1}$$

$$K_m = \frac{砂浆体积}{粗集料空隙体积} > 1 \tag{10.3.2}$$

通过试验研究，在一定的密实功下，当填充性良好时，K_p、K_m值可分别取1.1～1.4和1.2～1.6。确定K_p、K_m值后，RCC的各种材料用量可按下式计算：

$$G = \frac{1\ 000 - 10V_a}{\dfrac{10V_G K_m}{W_G} + \dfrac{1}{\rho_G}} \tag{10.3.3}$$

$$S = \frac{10V_G K_m G}{\left(\dfrac{10V_s K_p}{W_s} + \dfrac{1}{\rho_s}\right) \times W_G} \tag{10.3.4}$$

$$W + \frac{C}{\rho_c} = \frac{10V_s K_p S}{W_s} \tag{10.3.5}$$

式中：　V_a——含气量（%）；

W_s、W_G——干细集料、粗集料在充分密实下的单位质量（kg/m^3）；

V_s、V_G——干细集料、粗集料在充分密实下的空隙率（%）；

ρ_s、ρ_G、ρ_c——分别为细集料、粗集料、水泥的密度（g/cm^3）；

G、S、W、C——分别为粗集料、细集料、水、水泥用量（kg/m^3）。

根据日本提供的方法，关键就在于找出K_p、K_m值和W/C。K_p（包含水泥用量）、K_m（包含细集料用量）、W/C和粉煤灰用量是影响碾压混凝土可碾性、易压实性、强度、耐久性的主要因素，在碾压混凝土中加入其他材料，如减水剂、缓凝剂等，就应考虑添加材料对碾压混凝土性能的影响。

3.3　设计步骤

3.3.1　初步配合比设计

（1）进行原材料试验。

（2）根据经验选定K_p、K_m，计算砂、石用量，砂子越粗，K_m越大。K_p值的确定则相反，砂子越细，K_p越大。

① 依选定的K_m由式（10.3.3）计算石子用量G。

② 依选定的K_p由式（10.3.4）计算砂子用量S。

③ 依计算的石子用量按级配要求确定粗集料组成比例。

④ 掺配石屑时，依计算的砂子用量按天然砂：石屑不小于 4：1（粗砂）或 5：1（中砂）比例掺配。

⑤ 确定砂率：依上述计算的砂石材料计算砂率，基层碾压式贫混凝土砂率宜符合表 10.3.2 的规定。如果表 10.3.2 规定的砂率与配合比计算砂率有差异，应以配合比计算砂率为基准。

碾压式贫混凝土基层砂率　　表 10.3.2

砂的细度模数		2.2～2.5	2.5～2.8	2.8～3.1	3.1～3.4	3.4～3.7
砂率 SP（%）	碎石混凝土	30～34	32～36	34～38	36～40	38～42
	卵石混凝土	28～32	30～34	32～36	34～38	36～40

注：碎卵石可以在碎石和卵石混凝土之间内插取值。

⑥ 依上述组成集料验证合成级配，不符合要求时进行调整。

碾压式混凝土由矿质混合料组成，为连续级配，又经振动压路机及轮胎压路机等的碾压，使混凝土中各种集料排列为骨架密实结构，粗集料之间的嵌锁作用对混凝土的性能作用很大。日本提供的方法考虑了混凝土的填充密实，而实际施工由于各批次材料变化较大，施工中不好控制。因此为了方便控制混凝土质量，可以在目标配合比材料组成的基础上回归一条级配曲线指导施工，如表 10.2.6 所示。

（3）依照碾压混凝土强度公式和最大水灰比要求确定 W/C：

$$f_{cc}=0.2156f_s\left(\frac{C}{W}+0.798\right) \tag{10.3.6}$$

式中：f_s——水泥实测 28d 抗折强度（MPa）；

f_{cc}——碾压混凝土配制 28d 弯拉强度均值（MPa），$f_{cc}=(1.1\sim1.15)f^{d}_{f\cdot28}$；

$f^{d}_{f\cdot28}$——碾压混凝土 28d 设计抗弯强度（MPa）。

由式（10.3.6）可得水灰比式（10.3.8）：

$$\frac{W}{C}=\frac{0.2156f_s}{f_{cc}-0.798\times0.2156f_s} \tag{10.3.7}$$

（4）按 W/C 与式（10.3.5）计算单位水泥用量与用水量。

如上述砂石材料为干燥状态时，则用水量为：

$$W'=W+W_{饱} \tag{10.3.8}$$

式中：W'——集料干燥状态时配合比试验加水量；

W——集料饱和面干状态时配合比计算用水量；

$W_{饱}$——集料饱和面干状态时含水量。

由上述公式计算的水泥用量还应符合以下要求：

碾压式混凝土比配制相同强度普通水泥混凝土水泥用量要少 20～50kg/m^3，因此，不掺粉煤灰的贫混凝土的单位水泥用量宜控制在 190～240kg/m^{3}之间，掺粉煤灰时，单位水泥用量宜控制在 180～220kg/m^{3}之间。单位胶材总量宜控制在 210～260kg/m^{3}之间。

（5）根据水泥用量和外加剂掺量计算外加剂用量。

（6）粉煤灰用量计算：粉煤灰可按“超量取代法”计算，掺量取代系数以 1.5～2.0 为宜，粉煤灰掺量通过试验确定，一般不宜大于 25%。

（7）室内工作性和强度试验，依上述计算材料试拌混凝凝土，验证配合比，确定初步配合比。

3.3.2 初步配合比验证

试验室的基准配合比应通过搅拌楼试拌、检验和不小于 200m 实验路段的验证，并根据料场砂石料含水率、拌和物实测视密度、改进 VC 值、RA 值，调整单位用水量、砂率。调整时，水灰（胶）比、单位水泥用量不得减少。考虑到施工中原材料含泥量、含水量、泥块含量变化和施工变异性等因素，单位水泥用量应比试验室的基准配合比适当增加 5～10kg。满足试拌试铺的工作性、28d（至少 7d）配制弯拉强度、抗压强度和耐久性等要求的配合比，经监理工程师或建设方批准后方可确定为施工配合比。

3.3.3 施工配合比

（1）根据现场粗、细集料条件（含水率等）、天气（气温、风速等）及施工情况（混凝土运送距离等），确定施工配合比。

（2）确定施工配合比的原则是，在理论配合比水泥用量不变的条件下适当调整混凝土用水量，使现场摊铺机口混合料的稠度达到设计要求。

（3）降雨后，应根据每天不同时间的气温及砂石料实际含水率变化，微调加水量，同时微调砂石量称量，其他配合比参数不得变更，维持施工配合比基本不变。雨天或砂石料变化时应加强控制，保持现场拌和物工作性始终适宜于摊铺和稳定。

（4）在每次施工前一天，应得到石料筛分结果，使级配始终保持与施工配合比设计级配一致。

已批准的基层碾压式贫混凝土混合料的生产方法和材料，未经监理工程师同意不得改变，如需要改变时，承包人应重做试拌试验报批。

4　拌和、运输

（1）承包人应根据图纸、机械设备、施工条件及摊铺方式拟订碾压式贫混凝土基层的施工方案及施工工艺流程，编制详细的施工组织设计，在开工前28d 报请监理工程师批准。

（2）开工前，承包人应对施工、试验、机械、管理等岗位的技术人员和其他各种技术人员进行培训；未经培训人员不得单独上岗操作。

（3）施工前必须对机械设备、测量仪器、机具及各种仪器等进行全面的检查、调试、校核、标定、维护和保养。对主要施工机械的易损件部分，应分别有适量储备。

（4）施工前应对进场的材料进行检验，其检验项目及检验频率应满足《公路水泥混凝土路面施工技术规范》（JTG F30—2003）中表 5.4.4 的要求。砂石料堆应全部覆盖防雨，堆底严防浸水。由于多数上、下基层使用同一个拌和场，砂石料堆并没有覆盖，要使混合料得到好的工作性，就要多加强混合料含水率的控制，并安排专人观察混合料的情况，发现有变化及时调整用水量。

（5）基层碾压式贫混凝土的拌和楼应采用间歇式搅拌楼。应根据拌和物的黏聚性、均质性及强度稳定性试拌，其最短纯拌和时间应比普通混凝土延长 15～20s。一般情况下，单立轴式搅拌机总拌和时间宜为 95～140s，全部原材料到齐后的最短纯拌和时间不宜短于 60s。

（6）碾压式贫混凝土的拌和技术要求必须满足《公路水泥混凝土路面施工技术规范》（JTG F30—2003）中第 6.2 节的各项要求。其中拌和楼的混凝土拌和计量允许偏差应符合以下规定：水泥±1%，粗、细集料±3%，水±1%。拌和过程中，拌和物质量检验与控制应符合表 10.4.1 的规定。低温或高温天气施工时，拌和物出料温度宜控制在 10～35℃，并应测定原材料温度、拌和物温度、改进 VC 值和 RA 值。

碾压式贫混凝土拌和物的质量检验项目和频率　　表 10.4.1

检查项目	碾压式贫混凝土基层检查频度	检查项目	碾压式贫混凝土基层检查频度
拌和物均匀性	随时观察	RA 值	每班测 4 次，有变化时随时测
水灰比及含水率	每班抽检一次，有变化随时测	改进 VC 值	每班测 4 次，有变化时随时测
视密度	每班测一次	混合料计量偏差	每班测一次
离析	随时观察		

（7）碾压式贫混凝土的运输应符合《公路水泥混凝土路面施工技术规范》（JTG F30—2003）中第6.3、6.4节的各项有关规定。其中，混合料拌和物从出料到运输、铺筑完成允许的最长时间应符合表10.4.2的要求，不能满足表10.4.2要求时，应采取变更拌和场位置或经试验采取加大缓凝剂剂量等措施。碾压式混凝土含水率少，易离析，应尽可能做到运输距离短，运料时间少，以利于施工。当运输时间在15min以上时，运输过程中要采取遮盖措施，防止和减少水分的散失；减少混合料在装卸过程中产生的离析，在运料车选型上应注意底盘高度与拌和机卸料口匹配。运料车驾驶员应在施工前进行培训。

允许最长作业时间的要求 表10.4.2

施工气温（℃）	允许最长作业时间（min）	施工气温（℃）	允许最长作业时间（min）
5～10	120	20～30	70
10～20	100	30～35	50

5　碾压式贫混凝土基层铺筑

（1）铺装前必须在边部安装牢固的钢侧模，清扫底基层，并同时洒水湿润。

① 对于破碎稳固段，应先在正式施工前采用同等级贫混凝土修补坑洞。

② 对于集中挖除段，应先清扫水泥稳定底基层上的浮料，无须清除黏附在底基层上的保湿膜，保湿膜可作为底基层与基层之间的隔离层，并同时洒水湿润，将保湿膜修整平正。

（2）碾压式贫混凝土基层铺筑采用与沥青混合料相同的机械铺筑。

（3）碾压式贫混凝土基层的铺筑除满足《公路水泥混凝土路面施工技术规范》（JTG F30—2003）第七章的技术要求外，尚应符合下列规定：

① 纵、横向缩缝间距和位置应符合设计要求，切缝深度不宜小于1/4板厚，最浅不宜小于50mm，并应使用符合设计文件要求的材料和方法灌缝。

② 碾压式混凝土松铺系数应根据混凝土配合比、施工机械由试铺确定。面层采用高密实度摊铺机，松铺系数宜在1.25～1.35范围内。

（4）施工过程中应连续供料、均匀摊铺，摊铺速度应按公式计算。若摊铺停顿时间超过规定，则应按施工接缝处理。

6 碾　　压

6.1 压路机械配置

基层水泥和水用量都较少，相应水泥浆也较小。如果振动压路机吨位小，混凝土很难提浆；提不出浆混凝土内部不能充分液化，成型后不密实，强度大受影响。振动压路机吨位也不宜过大，吨位大会压碎粗集料，改变混合料的设计级配。实践表明，碾压式贫混凝土振动压路机吨位以 13～16t 较为合适，若为 16～18t，则压实遍数可适当减少。碾压式贫混凝土混合料质量控制较面层差，拌和料的含水率变化较面层大，如果使用吨位较大的轮胎压路机，轮迹较深，影响平整度。因此，用作碾压式贫混凝土基层的轮胎压路机吨位应较小。吨位也不能太小，太小光不了面。轮胎压路机的吨位以 16～20t 较为合适。为了保证表面质量，宜配置一台 6～12t 钢轮压路机收光。压路机配置的数量由摊铺的宽度及速度决定。

6.2 碾压作业段长度

碾压作业段长度应与摊铺速度、压路机配置数量、强度损失的允许最大长度等因素联系起来。作业段太短，压路机掉头太多，不利于路面的平整度；作业段太长，压路机要增加数量，并且要考虑混凝土的强度损失问题。碾压式贫混凝土碾压作业段长度以 30～50m 较为合适。

6.3 碾压作业方式

碾压作业应遵照“先轻后重、先低后高、先慢后快、先边后中”的原则。在实践中发现虽用轮胎压路机可以弥合表面微裂纹和消除轮迹，但因其含水率差异较大，使得局部轮迹可能很深，平整度较差。出现这种情况应使用吨位低的钢轮压路机再收迹一次或延缓适当时间再行碾压，具体碾压作业方式参见表 10.6.1。

碾压机械施工组合及碾压遍数 表 10.6.1

碾压工序	机械	性能参数	遍数
初压	静力压路机（13t）	静（无振），速度 2～3km/h	2～3
复压	振动压路机（16～20t）频率：40～50Hz，振幅：0.4～0.8mm	低频、弱振，速度 2～3km/h	2～3
		高频、强振，速度 2～3km/h	2～3
终压	轮胎压路机（16～20t）	速度 3～4km/h	2～3
	静力压路机（6～13t）	速度 3～4km/h	1

碾压是保证路面最终密实成型的关键工序，在摊铺作业完成后立即进行。碾压作业速度应均匀、稳定，并按初压、复压和终压三个阶段进行。初压采用钢轮压路机或振动压路机静压，静压重叠为 1/3 钢轮宽度，初压遍数为 2 遍；复压采用振动压路机振动碾压，重叠量为 1/2 振动碾宽度，经实验确定，按现场施工压路机吨位，小振 2 遍，大振 2 遍能取得较好的压实效果；终压采用轮胎压路机静压，一般压 3 遍就能弥合表面微裂纹和消除轮迹，局部含水率较少的区域压 4 遍。有时含水量没有控制好，局部区域含水量较大，由于轮胎吨位较大，轮迹较深，平整度较差，最后再用钢轮压路机静压一遍，能获得很好的效果。初压、复压和终压作业密切衔接配合、一气呵成；中间没有停顿、等候和拖延，也没有相互干扰，全部碾压作业完成时间较短。局部出现晒干和风干迹象时，及时喷雾。

边部碾压：由于模板附近不易压实，一般采用手扶振动压实机压实，个别地方可适当洒水以保证提浆。

碾压时压路机应严格操作程序，禁止压路机在碾压过程中急转、急停、掉头等违规操作。

6.4 碾压厚度

碾压厚度直接影响到压实度，厚度过大会产生压实度不足问题，最大厚度宜为 25cm，过厚时可分层压实，每压实层厚度不少于 10cm。

7 接缝及养生

(1) 工作缝应设置成垂直接缝，即再次摊铺前用刀切割，切割平面应垂直于路面。碾压式贫混凝土基层由于水泥用量较少，温缩率小，缩缝间距可以适当增长，其横向缩缝间距及布置应符合设计要求。碾压式贫混凝土切缝缝宽宜为 5mm，深度约为板厚的 1/4。

(2) 水泥混凝土锯缝不应啃边。水泥混凝土锯缝太早，缝的位置容易啃边，太迟锯缝难度加大，经验表明混凝土抗压强度达到 10MPa 时适宜锯缝。面层水泥标号高，用量大，强度形成快，一般碾压式混凝土铺筑 24～48h 锯缝。碾压式贫混凝土基层强度实验表明，标准养护 3d 时混凝土抗压强度在 15MPa 左右，通过实践，碾压式贫混凝土基层锯缝时机与气温的对应关系如表 10.7.1 所示。

碾压式贫混凝土基层锯缝时机与气温的对应关系 表 10.7.1

昼夜平均气温（℃）	<10	10～20	20～30	>30
锯缝时间（h）	>60	48～60	36～48	24～36

(3) 压实后的基层应立即采用合适方法洒水，水量适中，洒水后必须及时覆盖保湿膜养生，以防水分蒸发，应保证保湿膜必要的搭接宽度，而且压实后的基层边部都应覆盖，养护期间应注意保持保湿膜覆盖严密，局部暴露时应及时补料覆盖，养护期间基层应保持湿润，切缝后应补贴切缝部位损坏的保湿膜，养护时间不小于 7d，在此期间禁止车辆通行。

8 碾压式贫混凝土基层的质量验收

8.1 基本要求

（1）集料应符合设计和施工规范要求，并应根据当地料源选择质坚、干净的粒料。

（2）水泥用量和矿料级配应按设计控制准确。

（3）摊铺时应注意消除离析现象。

（4）混合料的工作性应符合本指南要求，既保证可压性，又易于达到要求的压实度。

（5）从拌和到碾压终了的时间符合本指南要求。

（6）碾压完后不得出现轮迹。

8.2 实测项目

碾压式贫混凝土基层质量要求见表 10.8.1。

碾压式贫混凝土基层质量要求　　表 10.8.1

<table>
<tr><th>项次</th><th colspan="4">检 查 项 目</th><th>规定值或允许值</th><th>检查方法和频率</th><th>权值</th></tr>
<tr><td rowspan="4">1</td><td colspan="4">7d 抗压强度（MPa）和 28d 试件抗压强度（MPa）</td><td rowspan="4">$f_{cue}-K_1S_n \geqslant 0.9f_{cuk}$
$f_{min} \geqslant K_2f_{cue}$
f_{cue}—统计平均抗压强度（MPa）；
f_{cuk}—设计抗压强度（MPa）；
f_{min}—统计最小抗压强度（MPa）；
S_n—抗压强度标准差（MPa）；
小于 $0.06f_{cuk}$，取 $0.06f_{cuk}$</td><td rowspan="4">标准立方体 7d 抗压强度用于施工期间的质量控制。抗压强度试件或 28d 抗折试件断块强度作为最终判定质量的标准</td><td rowspan="4">3</td></tr>
<tr><td>n</td><td>10～14</td><td>15～24</td><td>≥25</td></tr>
<tr><td>K_1</td><td>1.70</td><td>1.65</td><td>1.6</td></tr>
<tr><td>K_2</td><td>0.90</td><td colspan="2">0.85</td></tr>
<tr><td rowspan="2">2</td><td colspan="4">28d 试件抗折强度（MPa）</td><td rowspan="2">28d 弯拉强度符合设计要求</td><td>每 200m³ 或每班制备试件 2 组，每组 3 个</td><td rowspan="2">3</td></tr>
<tr><td colspan="4">芯样劈裂抗拉强度（MPa）</td><td>每车道每 500m 不少于 1 个芯样</td></tr>
<tr><td rowspan="2">3</td><td colspan="2" rowspan="2">压实度（%）</td><td colspan="2">代表值</td><td>98</td><td rowspan="2">每 200m 每车道 2 处</td><td rowspan="2">3</td></tr>
<tr><td colspan="2">极值</td><td>94</td></tr>
<tr><td rowspan="2">4</td><td colspan="2" rowspan="2">板厚度（mm）</td><td colspan="2">挖除段</td><td>代表值：−5；极值：−10</td><td rowspan="2">尺测：每 200m 左右各一处，参考芯样</td><td rowspan="2">3</td></tr>
<tr><td colspan="2">冲压段</td><td>最小厚度不小于 150</td></tr>
</table>

续上表

项次	检 查 项 目	规定值或允许值	检查方法和频率	权值
5	平整度最大间隙（mm）	纵向不大于 8mm	3m 直尺：纵向每车道 $200m^2$ 处 10 尺	2
		横向不大于 8mm	3m 直尺：横向每车道 $200m^2$ 处 10 尺	
6	纵断高程（mm）	代表值：±5；极值：±10	水准仪：每 200m 4 点	1
7	相邻板高差（mm）	≤4	3m 直尺测：每条横向胀缝、工作缝 3 点，每 200m 纵横缝 2 条，每条 3 点	1
8	连接摊铺纵缝高差	代表值：≤5mm；极值：≤7mm	3m 直尺测：$200m^2$ 处，每处 3 尺	1
9	接缝顺直度（mm）	≤10	每 500m，20m 拉线测 2 处	1
10	中线平面偏位（mm）	≤20	经纬仪：每 200m 4 点	1
11	路面宽度（mm）	±20mm	尺测：每 200m 4 点	1
12	横坡度（%）	代表值：≤+0.20；极值：≤+0.25	水准仪：每 200m 4 个断面	1
13	断板率（‰）	≤4	断板数量，计算占总板块的比例	1
14	坑穴、拱包、接缝缺边掉角	$\leq 20mm/m^2$	尺测：每 200m 随机测 $4m^2$	1
15	切缝深度（mm）	≥50 或≥1/4h	尺测：每 200m 接缝 4 处	1
16	灌缝饱满度（mm）	≤2	尺测：每 200m 接缝 4 处	1

8.3 外观鉴定

（1）混凝土板的断裂块数，不得超过评定路段混凝土板总块数的 0.4%；不符合要求时每超过 0.1%减 2 分，同时应采取适当措施予以处理。

（2）混凝土板表面离析缺陷的面积不得超过受检面积的 0.5%；不符合要求时每超过 0.1%减 2 分。

（3）接缝应顺直，不符合要求时，累计长度每 100m 减 2 分。

（4）边线应顺直整齐，不符合要求时，每处减 2 分。

9　工程实例

京珠广韶高速扩建工程第一合同段扩建路段，经专家论证，在上基层使用碾压式贫混凝土，由广东省长大公路工程有限公司承担该试验路面的施工任务。该公司采用了常规拌和设备拌和、摊铺机摊铺压实机械碾压的施工工艺，对碾压式贫混凝土基层铺筑施工技术进行了探讨，取得了一些施工经验。

9.1　施工设备配置

施工机械配置见表10.9.1。

施工机械配置　　表10.9.1

设备名称	型号	数量	设备名称	型号	数量
稳定粒料拌和站	WDB500	1	洒水车	JYJ5100GSS	1
装载机	ZL50	3	自卸汽车	太脱拉	10
压路机	YZC7B、YZC10B、YL16	3	切缝机		1
摊铺机	ABG422	1	灌缝机		1

9.2　施工工艺

9.2.1　拌和运输

碾压式贫混凝土基层采用集中厂拌法进行拌和，拌和设备、场地和材料与底基层一致。拌和的混合料均匀，级配较好，并不间断地检测其工作度（VC值），根据工地砂石料的含水率、气候、压实、提浆情况，适当调整用水量。考虑运输过程中水分的蒸发、水泥水化，拌和料的实际含水率比试验室确定的含水率增大0.5%。为了保障混凝土的均匀性，拌和楼的产量不超过250t/h。

干硬性混凝土易离析，试验路施工时运输距离短，运料时间少。考虑到含水率的变异性，运输过程中要采取遮盖措施。

9.2.2 摊铺

摊铺是整个施工过程中的主要工序，使用强力熨平板的高密度沥青摊铺机。摊铺前洒水湿润基层，施工过程中连续供料，均匀摊铺，摊铺过程中速度均匀，较少出现停顿等料现象。松铺系数取 1.30，摊铺速度取 2m/min。在摊铺层的两旁加设人工配合摊铺。

9.2.3 碾压

碾压机械施工组合如表 10.9.2 所示。

碾压机械施工组合　　表 10.9.2

碾压工序	机　械	性能参数	遍　数
初压	静力压路机（13t）	静（无振）	1～2
复压	振动压路机（16～20t）	频率：40～50Hz； 振幅：0.4～0.8mm 慢速	4～5
终压	轮胎压路机（16～20t）		3～4

9.2.4 养生、切缝、灌缝

施工时气温较低，在施工当天下午就进行了养生工作，采用薄膜养生，保持养生期间长期湿润。养生时间根据强度增长情况确定，不应小于 7d，养生期间禁止车辆通行，在碾压完成后 48d 进行切缝，切缝深度为板厚的 1/4，缩缝间距与面层混凝土一致，长度为 5m，缝宽为 3mm。灌缝前彻底清除横缝内的杂物，灌缝时槽缝壁处于干燥状态，在开放交通前把灌缝封好。

附录 A　碾压式贫混凝土 RA 值测试方法

由于碾压式贫混凝土作为基层，在《公路工程水泥及水泥混凝土试验规程》（JTG E30—2005）、《公路水泥混凝土路面施工技术规范》（JTG F30—2003）中没有单独的试验方法，碾压式贫混凝土非常干硬，规范中改进维勃法的准确性很低，因此，本次试验建议采用国外 RA 法，见附图 10. A. 1、附图 10. A. 2。

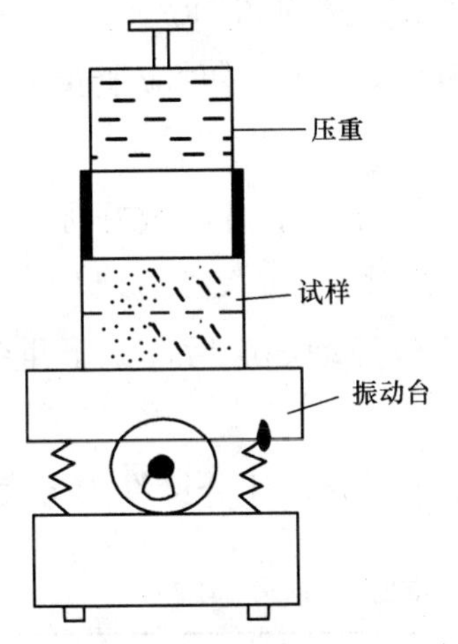

图 10. A. 1　RA 法测定装置

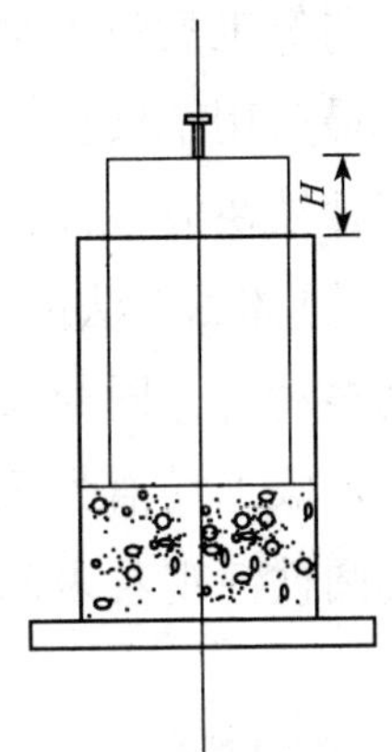

图 10. A. 2　RA 法高度 H 测量方法

碾压式贫混凝土拌和物工作性试验方法（RA 法）如下。

A. 1　引 用 标 准

JG 3043—1997《维勃稠度仪》；

JG 3021—1994《水泥混凝土坍落度仪》；

T 0521—2005《水泥混凝土拌和物的拌和与现场取样方法》。

A. 2　仪 器 设 备

RA 法测定装置由以下各部分组成（图 10. A. 1）：

（1）振动台：工作频率 50Hz±3Hz，空载（含筒）振幅 0. 5mm±0. 1mm。

（2）容量筒：金属制成，内圆直径140mm，内高200mm。

（3）压重铁块：金属制成，圆直径136mm；圆柱高：260mm，重13.3kg。

（4）捣棒：直径16mm，长600mm，一端为弹头形；橡皮锤、镘刀等符合T 0522中第2条的要求。

（5）秒表：分度值为0.5s。

（6）电子秤：量程大于3kg，精度不低于0.1g。

A.3 试验步骤

（1）试验前用湿布擦拭容量筒内壁及振动台上、下面。

（2）取质量均匀、有代表性的水泥混凝土试样约2.5kg。

（3）用铁勺等工具将试样轻轻装入容量筒内，装料时应避免自由下倒，以防试样离析，最后用金属镘刀将表面抹平。

（4）将压重铁块放入筒内，并在铁块上等分4小格，做好标记，记下重锤初始高度H_0。具体RA法高度H测量方法见附图10.A.2。

（5）开动振动台，同时按下秒表，振动台开动20s后，记下重锤在4个方向下沉的数值，取平均值为H_1。

（6）提起圆铁锤观看表面出浆情况，并作评分，评分标准参考表10.A.1。

试样表面评分标准值 表10.A.1

评　　分	5	4	3	2	1
表面评分	平整出浆很好	平整出浆较好	平整基本出浆	有缺陷出浆不足	不平整无浆

（7）按第（5）步方法，振动40s、60s、80s、120s、180s，记下重锤在4个方向下沉的数值，取平均值分别为H_2、H_3、H_4、H_5、H_6。

A.4 试验结果

每个试样重复两次试验，以两次测值的平均值为试验结果，精确至0.1mm。如果两次测值与平均值的误差均超过20%，试验结果无效。

A.5 试验报告

试验报告应包括以下内容：

(1) 要求检测的项目名称、执行标准；

(2) 原材料的品种、规格、产地以及混凝土配合比；

(3) 试验日期及时间；

(4) 仪器设备的名称、型号及编号；

(5) 环境温度和温度；

(6) 搅拌方式；

(7) 碾压混凝土拌和物的改进 VC 值及 RA 值；

(8) 试样表面评分值；

(9) 要说明的其他内容。

附录B　改进VC值的试验方法

本试验适用于试验室及现场测定路面基层碾压混凝土混合料的稠度—改进VC值，为混凝土配合比设计及现场质量控制提供依据。

B.1　仪器设备

（1）振动台（同RA法）：工作频率50Hz±3Hz，空载（含筒）振幅0.5mm±0.1mm。

（2）容量筒：金属制成，内径240mm，内高200mm，壁厚约3mm，底厚约7mm，容器应不漏水并有足够刚度，上有把手，底部外伸部分可用螺母固定在振动台上。

（3）透明圆盘：用透明有机玻璃制成，上装滑杆。压板直径230mm，厚10mm±2mm，荷重和滑杆的质量为2.75kg±0.05kg，滑杆可通过套筒垂直滑动，滑杆及套筒的轴线应与窑器的轴线重合。

（4）配重砝码：4块，共17 700g。

（5）捣棒：直径16mm，长600mm，一端为弹头形。

（6）其他：秒表、橡皮锤、镘刀等。

B.2　试验步骤

（1）试验前用湿布擦拭容量筒内壁及透明圆盘的上、下面。

（2）取质量均匀、有代表性的混凝土试样约25kg。

（3）用铁勺等工具将试样分两层轻轻装入容量筒内，底层应超过半筒，上层应高出筒口。装料时切莫自由下倒，以防试样离析；每装一层用捣棒从容量筒周边向中心螺旋形均匀插捣25次。插捣时，底层应穿透但不触及筒底，上层应插入底层表面以下1～2cm，每层插捣后。用橡皮锤均匀敲击容量筒周围10次，以消除插捣产生的孔洞；上层插捣完毕后，用金属镘刀除去高出筒口的试样，并将表面整平。

（4）将装有试样的容量筒固定于振动台上，并把透明圆盘连同荷重及配重砝码加到拌和物表面。

(5) 开动振动后，同时按下秒表，并注意观察透明圆盘下试样表面出浆情况。记下从振动开始到圆盘下的试样全面积出浆所经过的时间，此时间即为混凝土的稠度指标—改进 VC 值 (s)。时间记录精确至 1s。

结果处理：每个试样重复两次试验，以两次测值的平均值为 1 次试验结果。如果两次测值与平均值的误差超过 20%，试验结果无效。

附录 C　碾压贫混凝土基层配合比设计记录表

表 10. C. 1

配合比参数，W/C=　时				试　验　结　果												
材料名称		$1m^3$ 混凝土用量 (kg)	试拌（　）m^3 混凝土材料用量 (kg)	时间	不同方向的高度 (mm)				平均下沉高度 (mm)	压实度 (%)	试件面积 (cm^2)	试件体积 (cm^3)	试件质量 (g)	试件密度 (g/cm^3)	表面评分	VC 值
水泥				开始时												
粉煤灰				20s 时												
外加剂　粉剂掺量=　% 水剂掺量=　%				30s 时												
水				40s 时												
粗集料（小石：大石=　）	4.75～19mm			50s 时												
	19～31.5mm			60s 时												
细集料(砂：石屑=　)	中砂			80s 时												
	石屑			120s 时												
				180s 时												
成型试件湿体积密度																
7d 抗压强度																
28d 抗压强度																
28d 抗折强度																

第 11 篇　水泥稳定碎石基层（底基层）施工质量控制指南

主 编 单 位：广东清连公路发展有限公司
长沙理工大学
主要编制人员：吴　美　晁德志　吴雄飞　袁剑波
姚佳良　饶　中　徐梅生　丁明超
宋　磊　晋枫春　金　波　马晓力
池林海　王　楠　陶　弘　童　中
徐义斌　刘　辉　吴建龙　陈培聪

1　总　　则

（1）广东省清（远）连（州）一级公路升级改造（高速）项目（简称“清连高速化改造项目”）位于广东省清远市境内，是国道 107 线的组成部分，也是广东省高速公路规划中“第六纵”和两广国家高速公路通道的重要组成部分，改造后一级公路全长 198.42km。为建设好清连水泥混凝土路面，清连高速化改造项目总控咨询组特制定本项指南。

（2）本项指南依据中华人民共和国行业标准《公路路面基层施工技术规范》（JTJ 034—2000）和《公路工程质量检验评定标准》（JTG F80/1—2004）制定，未涉及的内容按部颁有关规范、标准执行。

（3）路面基层施工，应根据设计文件、施工条件以及地材、地质、水文、气象等不同情况及时采取相应技术措施，做到连续、匀速施工，应强化施工组织管理，严格每道工序的质量控制，精心施工，规范作业，确保工程质量。

（4）本项指南中主要材料名称说明：在级配碎石中掺入适量的水泥和水，经拌和得到的均匀混合料在压实与养生后，其抗压强度符合本规程要求的材料称为水泥稳定级配碎石（用于基层或底基层）。

（5）路面基层施工，包括底基层和基层，一律要求采用集中厂拌，上、下基层采用摊铺机摊铺，底基层允许采用平地机或其他机械摊铺。要求各施工单位配备足够的拌和、运输、摊铺机械，特别是压实机械，要求具有轻重型静压与轻重型振动压路机，每层最大压实厚度不大于 20cm，以确保基层施工质量。

（6）路面基层施工，必须在路基、桥涵等前期工程全部竣工并验收合格的路段上进行，没有通过验收的路段，不允许进行路面基层施工。

（7）路面基层施工，作业线长、影响面广，应做好环保与场内保安工作，防止废气、废水造成污染，做到文明施工。

（8）路面基层施工，应加强安全生产管理，健全安全生产制度，落实安全生产措施，防止安全生产事故发生。

2　施工准备工作

2.1 组织准备

2.1.1　根据设计文件、合同任务及实际施工条件编制周密的施工组织计划，包括制订施工方案、路面基层施工的工艺流程、总进度计划（含网络）、机械劳力配置及材料供应等具体安排，建立质量保证体系和有关规章制度。

2.1.2　水泥稳定碎石施工时，必须采用流水作业法，使各工序紧密衔接。特别是要尽量缩短从拌和到完成碾压之间的延迟时间，并控制在水泥终凝时间以内。

2.1.3　应做水泥稳定碎石的延迟时间对其强度影响的试验，以确保合适的延迟时间。

2.1.4　路面基层施工是多工种、机械化、工厂化的野外群体作业，必须建立一个严密的施工管理体系和效率高、反应快的生产指挥系统，指挥系统内应设专职质量保证领导成员。

2.1.5　根据施工需要，组建工地试验室，要求配备足够的试验、检测仪器和具有资质的试验人员，所有仪器设备要经有资质的计量部门标定认证，并通过省交通厅质监站验收，取得临时资质证书，能够进行原材料的检验、混合料组成设计、混合料的质量检验、各层基层的内在质量检测，搜集、整编、保管所有的试验检测资料。

2.2 技术准备

2.2.1　组织施工技术管理人员熟悉设计文件、招标文件、有关的规范和标准，了解工程全貌、沿线自然条件，明确设计意图和要求，实地核实、审查图纸，掌握工程要点，提出需要请总监办作技术交底的问题；进一步明确、解决、部署、安排施工初步方案，并搜集有关新技术、新工艺、新材料、新设备等资料，对于路基、桥涵施工属于本单位的路段与否，都需要进行周密的调查研究，包括了解近两年来路基、桥涵施工情况，对已完工路基的工程质量做到心中有数。

2.2.2　开办短期培训班，举办技术讲座，对专业技术人员和技术工人进行培训，学习技术规范、质量管理、操作技能、操作规程、安全要领，提高质量意识，遵守职业道德，掌握“应知”、“应会”。

2.2.3　组织人员调查沿线筑路材料、劳动力、能源、工程用水的分布、交通运输现状、居民点、厂矿企业、其他工程建设等情况，提出材料供应和储备、环保治安等初步实施方案。

2.2.4　拌和场的布置，其位置要适当，要考虑主线两头摊铺运料距离的长短，既要结合水泥初凝、终凝时间与运输机械、摊铺操作的总时间，还要考虑材料进场方便、道路建养便利、水源丰富、取水容易、排水通畅，场地应有足够的机械作业、材料堆放的面积，如果只考虑基层施工专用，面积一般为15 000～20 000m^2，如果考虑基层与路面面层两用，面积一般为25 000～30 000m^2。拌和场地面应进行硬化，使其无松散，无软弹，无积水坑槽，机械设备安装、材料运输进出车辆运转自如。各种材料堆放合理，粗、中、细隔离存放，并插牌标示。

2.3　施工机械与试验设备准备

2.3.1　根据施工任务、合同工期、质量要求、综合生产能力配置主要机械设备及辅助器具，每10km设备配备应满足表11.2.1的要求。

2.3.2　摊铺机　应根据路面基层的宽度、厚度、参考摊铺机的参数(表11.2.1)选用合适的摊铺机械。

2.3.3　压路机　路面基层施工质量好坏的关键机械之一是压路机和操作工人的技术水平，按本工程项目路面结构层厚度碾压需要，压路机应配备大于18～20t的静压机和功能大于40t的振动压路机，还应具备12～15t的静压机和功能30t的振动机，压路机操作手要专门培训，并具有一定实践经验，未经培训和初学驾驶的工人不准上机。

2.3.4　稳定土拌和机　根据高速公路的技术要求和摊铺日进度，必须配置产量大于400t/h的拌和机。拌和机的数量要保证其实际出料（生产量的80%）能力超过实际摊铺能力的10%～15%。为使混合料拌和均匀，拌缸要满足一定长度，拌缸太短的拌和机不宜使用。

2.3.5　稳定土拌和机的配套设备，至少要有4个进料斗，料斗口必须安装钢筋筛焊网盖，筛除超出粒径规格的粒子及杂物，拌和机的用水应配有大容量的储水箱。水泥要配有钢制罐仓，可视摊铺能力决定其容量，可有2个50t的，

路面基层施工机械设备配置表（每10km配备） 表11.2.1

序号	机械名称	单位	数量	备注
1	连续式稳定土拌和机400t/h	台	1	如是200t/h则为2台
2	进料斗	个	4	各带电子动态计量器
3	混合料储料仓	个	1	带自动关闭料口活动门
4	大水箱（钢制）	个	1	带电子动态计算器
5	散装水泥罐100t	个	1	若50t则为2个
6	摊铺机（全进口）	台	1	国产的也可，功能一致
7	压路机（双钢轮双驱双振）	台	2	或三轮压路机
8	压路机（胶轮）	台	2	
9	压路机（起振吨位40t）	台	2	
10	大型装载机	台	4	包括拌和场、材料采集场
11	推土机	台	2	包括拌和场、材料采集场
12	平地机	台	1	最少要1台
13	电子计量地磅	台	1	
14	洒水车	台	4	2台喷雾式喷水头，1台喷雾式水管
15	专用弯沉（承载板）测量车	台	1	
16	自动运输车	台	按需要	要保证混合料运输车11～15t
17	发电机组100～300kW	台	1～3	需要量自定
18	移动发电机组40～60kW	台	1	也可以配2台
19	槽钢接缝支架	套	1	
20	养护用麻布、草袋		按需要	

也可用一个80～100t的，罐仓内应配上水泥坡拱器，以免水泥起拱停流，所有料斗、水箱、罐仓都要求装配高精度电子动态计量器，所有电子动态计量器应经有资质的计量部门进行计量标定后方可使用。

2.3.6 拌和机出料不允许采取自由跌落式的落地成堆、装载机装料运输的办法，一定要配备带活门漏斗的料仓，由漏斗出料直接装车运输，以免材料离析。

2.3.7 供电设备 一般以自发电为主，发电机组的输出功率必须大于最大电机功力的3倍。发电机的长期运转有效输出功率宜大于额定输出的60%，如拌和场内配有连续式与间隙式两种拌和机，则可采用各自独立的发电机，以免电压波动相互干扰影响生产。

2.3.8　运输设备　既要考虑原材料的进场运输，保证拌和场不停机、不断料，又要考虑拌和熟料运至摊铺现场的运量。混合料出料运输车辆最好选型一致，一般是 10～20t 为佳，为避免载质量过大，压坏路床以及初始成型的新铺基层，最好多用中型（15t）车辆。随着摊铺现场的伸展，运距有长有短，车辆的多少应随时满足运力要求。运力的确定可按下式估算：

$$N = M/Q(t_1 + t_2 + t_3 + 2S/v) + C \tag{11.2.1}$$

式中：N——载货汽车数量（辆）；

M——控制摊铺机摊铺速度的混合料用量，也可用拌和机拌和能力控制用量（m^3/h）；

Q——载货车额定方量（m^3/辆）；

t_1、t_2、t_3——车辆装料时间、倒车卸料时间、车辆冲洗时间（h）；

S——运距（km）；

v——行车平均速度（km/h）；

C——车辆富余量，一般为 1～3 台。

也可用下式确定：

$$N=M/Q\ (1/6+2S/v)\ +C \tag{11.2.2}$$

2.3.9　试验检测仪器　试验检测仪器配置必须能够满足所用材料的各项试验及进行基层质量检测的要求。

2.3.10　为保证施工顺利进行，机械设备和试验仪器应建立使用记录卡片和检修保养制度，派专人分台套负责管理。

3 材料的采集、进场和管理

3.1 一般规定

3.1.1 底基层、基层用碎石原则上从计划的集中料场采购。如果施工高峰期间碎石供应跟不上时，承包人选择补充的料源应经业主、监理批准，质量应符合规范要求。

3.1.2 地材调查中，初选场地之后应取样试验。在一个场地，要视其范围大小、深度，多点取样，分别试验材质优劣，决定取舍。

3.1.3 经试验，对可用的料场，要进一步挖试坑，了解覆盖层厚度，可开采的范围、深度、数量等，以确定是否有开采价值和开采规模。

3.1.4 采集材料前，应先将其地表的树木、杂草、杂土覆盖层清除干净，采集材料不能分层采集，应在预定的深度内一挖到位，一并采集，这样可以促进材料上下掺配均匀。

3.1.5 基层用碎石，各档材料应按不同粒径分类堆放，以利施工掺配方便及级配控制准确。

3.1.6 材料运进拌和场时，底基层与基层的不同材料要分类堆放，间隔清楚，必要时用砖、石浆砌围墙隔开，避免混杂乱堆。

3.1.7 凡是外购材料进场，都应分期、分批取得出厂材料证明，同时，施工、监理单位应按规定频率取样进行试验检测，不合格者应坚决拒收。对碎石、水泥等外购材料一律要先过磅再进场。施工高峰期，严禁安定期未到的水泥用于工程，严禁早强水泥用于工程。

3.1.8 各种材料在运进拌和场时，应登记并签发收料单，注明材料品种、来源、规格、数量、使用日期、存放场地、编号及收料人与送料人姓名、其他说明等。同时每隔 10d（即每旬）累计一次，每月要有汇总表。

3.1.9 碎石和砂砾的颗粒组成范围，可以采用最大堆积密度和最佳强度试验法加以确定。

3.2　底基层用料——水泥稳定碎石或砂砾

3.2.1　底基层采用的天然砂宜为中砂，细度模数在 2.0～3.5 之间，碎石单个颗粒的最大粒径不应超过 37.5mm。

3.2.2　底基层集料的颗粒组成应符合中砂、粗砂级配的要求。

3.2.3　底基层集料的液限小于 28%，塑性指数小于 9。

3.3　基层用料——水泥稳定碎石

3.3.1　基层用碎石备料最大粒径应不超过 31.5mm，其级配应满足表 11.3.1 中 3 号级配的要求。

3.3.2　基层用级配碎石针片状含量应小于 15%，压碎值不大于 30%，塑性指数不大于 9，集料中 0.5mm 以下细料有塑指时，小于 0.075mm 的颗粒含量不应超过 5%；0.5mm 以下细料无塑指时，小于 0.075mm 的颗粒含量不应超过 7%。

3.3.3　基层用碎石最好无土，其级配在满足表 11.3.1 中 3 号级配要求的基础上，为了防止反射裂纹的发生，粗集料的通过率以偏上限为佳，细集料的通过率以偏下限为佳，同时严格控制石屑的含泥量和粗集料表面的含泥量，这一点很重要。

水泥稳定土的颗粒组成范围　　表 11.3.1

通过百分率（%） \ 编号		1	2	3
筛孔尺寸（mm）	37.5	100	100	
	31.5		90～100	100
	26.5			90～100
	19		67～90	72～89
	9.5		45～68	47～67
	4.75	50～100	29～50	29～49
	3.36		18～38	17～35
	0.6	17～100	8～22	8～22
	0.075	0～30	0～7	0～7
液限（%）				<28
塑性指数				<9

3.4 水　　泥

3.4.1 各种硅酸盐类水泥都可以用于水泥稳定土路面基层施工，快硬水泥、早强水泥、安定期未到的水泥以及其他受外界影响而变质的水泥要禁止使用。

3.4.2 路面基层宜采用标号较低的水泥，一般可用32.5级水泥，但要求水泥各龄期强度达到相应指标要求，安定性合格，初凝时间3h以上，终凝时间不短于6h。

3.4.3 水泥进场入罐时，要了解其出炉天数，刚出炉的水泥，要停放7d以上才能使用，严禁使用安定期不合要求的水泥（在施工高峰期间，水泥供应紧张时必须严格控制）。夏季高温作业时，散装水泥入罐温度不能高于60℃，高于这个温度，若必须使用时，应采取降温措施；冬季施工，水泥进入拌缸温度不低于10℃。

3.5 水

3.5.1 路面基层与底基层用水和养护用水，一般用采用人畜能用的水，不得已非采用其他用水时，必须符合下列要求：

（1）硫酸盐含量应小于2.7mg/cm^3。

（2）含盐量不得超过5mg/cm^3。

（3）pH值不得小于4。

（4）不得含有油污、泥和其他有害杂质。

3.5.2 未经处理的工业废水、污水、沼泽水、酸性水不得使用。

4　基层混合料组成设计

4.1　原　　则

4.1.1　路面基层混合料配合比设计的目的，是满足基层的强度、工作性以及经济性，所选用的材料既要采集、运输方便，拌和摊铺容易，成本低，又要达到路面基层的最高强度和长期稳定，在温度、水文、气候的影响下，不开裂或少开裂。

4.1.2　通过试验选取最宜于水泥稳定的材料，确定结合料用量和混合料的最佳含水率和最大干密度。对级配不良的碎石、砂砾、天然粒料，应通过掺配某种集料来改善级配，达到使用目的。

4.1.3　为减少基层裂缝，必须做到三个限制：

（1）在满足设计强度的基础上限制水泥用量。

（2）在减少含泥量的同时，限制细料、粉料用量。

（3）根据施工时气候条件限制含水率。

4.1.4　在充分估计施工富余强度时，要从缩小施工偏差入手，不得以提高水泥用量的方式提高路面基层强度。

4.2　混合料组成设计

4.2.1　原材料试验：

（1）颗粒分析；

（2）液限和塑性指标；

（3）相对密度；

（4）击实试验；

（5）压碎值；

（6）有机质含量（必要时）；

（7）硫酸盐含量（必要时）；

（8）水泥强度等级、安定性和初凝、终凝时间。

4.2.2　分析各种材料的可用性和需要掺和改善的材料与剂量，掺和改善后的材料应做试验，直到满意为止。

4.2.3　确定各种材料的级配之后，可按不同水泥剂量分组试验。底基层—水泥稳定碎石，一般按水泥剂量3.5%、4%、4.5%、5%四种比例进行试验（水泥：级配碎石集料=3.5：100，4：100，4.5：100，5：100）。基层—水泥稳碎石，应按水泥剂量4.5%、5%、5.5%、6%四种比例进行试验（水泥：级配碎石集料=4.5：100，5：100，5.5：100，6：100）。

4.2.4　做不同水泥剂量混合料的击实试验，确定各种混合料的最佳含水率和最大干密度。

4.2.5　按规定压实度（基层为98%，底基层为97%），分别计算出不同水泥剂量的试件应有的干密度。

4.2.6　按最佳含水率和计算得出的干密度制备试件。进行强度试验时，作为平行试验的最少试件数量应根据试验结果的偏差系数加以确定。

4.2.7　结合料的计算应为干重。

4.2.8　试件在25℃±2℃温度下保湿养生6d，浸水24h，然后进行无侧限抗压强度试验；如不能满足强度要求时，应该重做。

4.2.9　试验方法详见《公路工程无机结合料稳定材料试验规程》(JTG E51—2009)。

4.3　分析与结论

4.3.1　通过一系列的配比试验，应细致地分析比较每一组试件的结果，得出比较满意的结论，采用合理的路面基层混合料配合比，包括水泥剂量、掺和料剂量、含水率（天然与最佳含水率）、最大干密度等。

4.3.2　将试验得出的满意结果加以整理，写出试验报告，报请管理处审批，再进行实地试验段铺筑。

5　生产试验段

5.1　目的与原则

5.1.1　试验路段的生产必须全体动员，投入同正式生产一样的机具设备，一样的人员组织，在统一领导下进行。

5.1.2　试验段施工应请总控单位（含质量总控咨询组）、管理处及有关人员一起参加。

5.1.3　通过试验路段的生产，确定以下主要项目：

（1）用于施工的集料配合比例。

（2）松铺系数。

（3）确定标准施工方法。

① 混合料配比的控制；

② 混合料摊铺方法和适用机具；

③ 含水率的增加和控制方法；

④ 压实机械的选用和组合，压实的顺序、速度和遍数；

⑤ 拌和、运输、摊铺和碾压机械的协调和配合；

⑥ 密实度的检查方法，初定每一作业段的最小检查数量。

（4）确定每一作业段的合适长度。

（5）确定一次摊铺的合适厚度。

（6）严密组织拌和、运输、碾压等工序，缩短延迟时间。

5.2　使用方法

5.2.1　使用路段应选择最先整理好的路床，其长度为500m左右，每一种结构层各试验200～300m。

5.2.2　试验应按室内试验的最佳成果，且得到管理处认可的方案进行；试验不合格时，应及时处理，并分析总结失败原因，提出合理、可行的解决办法重新试验。

5.3 试验段检测

5.3.1 试验路段的施工，整个过程的每一个工序都要进行跟踪检测，取得必要而准确的检测数据，做好详细的记录，妥善保管，作为总结和分析的依据。

5.3.2 混合料配合比组成测定和试验分析。

(1) 含水率：拌和场给混合料加水时应扣除集料中的天然含水率，现场检测混合料含水率时，应考虑水泥的水化作用，含水率检测结果比实际加水量低。为加快检测速度，宜用微波炉烘干测试，其烘干的时间可以对比试验确定。

(2) 结合料剂量：结合料剂量测定用多功能钙电极测定仪测定 X_i，保证 $X_i \pm 1.645s$ 在结合料剂量±0.5%范围内。如在试验段统计的保证率系数达不到95%以上时，应检查原因，进行调控，待工作正常后再投入大面积生产。

5.3.3 压实度的检测方法和确定：压实度的核实是与混合料最大干密度相联系的。采用现场取样击实和现场压实方法核定室内击实最大干密度是否同现场相符，首先测定含水率（要考虑水泥水化对含水率的影响），再进行现场压实和现场击实，压实时必须机型与压实工艺合理组合，反复碾压，直到核子仪检测值无明显变化时为止，然后与室内击实曲线比较，核实对应现场检测含水率的干密度是否与现场取样击实的干密度和现场碾压的干密度相符，如果相差太大，应重新试验确定。

为便于控制，采用核子仪跟踪检测时，核子仪使用前必须采用灌砂法校准，为了得到较宽的适应范围，保证校准精度，对比试验应在不同的压实遍数的水泥稳定土上进行，压实度变化范围在85%～100%之间，测定不少于12点，对离散大的点予以剔除，然后进行线性回归分样，相关系数应大于90%。材料种类在基层结构变化时，核子仪应重新校准。

5.3.4 混合料松铺系数的确定：混合料松铺系数采用如下两种方法试验确定，第一是在松铺层上选择6～10个点量取松铺厚度，经碾压后再量取压实厚度，求其压实系数的平均值；第二是利用高程测量数据进行碾压前后对比计算。这两种方法得出的松铺系数都是相对值，应根据材料、配合比和含水率的变化及摊铺振动压实情况，对比室内试验求出准确的松铺系数。

5.3.5 混合料级配偏差的分析与控制：集料的级配偏差与离析直接影响到基层结构的压实度、强度、平整度、密水性能等技术指标。因此，必须对铺筑后的混合料取样进行快速筛分，并通过对比分析试验，排除结合料的各种影响因素。

5.3.6　最佳压实组合分析试验。

（1）试验目的：寻求确保结构层压实度和平整度合格的最佳压实组合方式，避免无效碾压。

（2）试验步骤：

① 本项指南规定压实程序，用各类型压路机按顺序进行碾压。

② 每压实一遍用核子仪抽查一次压实度（不小于 6 点），并做分点标记。

③ 在复压第二遍后，在原点上反复测试（也可不在原点，而利用 t 分布统计评定值法进行计算分析）。

④ 用统计评定值绘制压实曲线，经过各曲线比较，已呈上升趋势，能在规定延迟时间内最终达到规定压实度，且压实后平整度好，表面无裂纹为可行的压实组合形式。各生产试验段应根据配置的各类压路机类型和材料特点进行组合分析，确定可以采取的压实工艺，其要求应为：

a. 压路机应及时跟踪摊铺机，多台编队碾压无闲置。

b. 压实度高，表层、深层密度差别小，压实效果明显。

c. 对平整度影响小，混合料上下层无明显离析，无表面损坏。

5.4　试验报告

5.4.1　试验取得满意结果之后，写出试验总结。

5.4.2　生产试验段完成后，应对一些不当之处进行调整，混合料配合比调整完成之后，将试验的系统资料汇整成册，并申请正式开工报告，经管理处批准后路面基层正式开工。

6 施　工

6.1 一般规定

6.1.1 无论是路堤还是路堑，必须用18t或更大的压路机进行碾压检验（压3～4遍），发现软弹现象，应换填好土（石灰土、水泥稳定土）彻底处理。

6.1.2 清除路床表面软土、浮土、积水、积埂等。

6.1.3 需埋设地下管线的地方，挖沟埋设管线（按有关规定埋设）。

6.1.4 开始摊铺的前一天要进行测量放样，按摊铺机宽度与传感器间距，钉测钉（中线方向间距，一般在直线上为10m，在平曲线上为5m）并打好导向控制线支架，根据松铺系数算出松铺厚度，决定导向控制线高度，挂好导向控制线（测量精度按部颁标准控制）。

6.1.5 监理人员应在开铺的前一天检验路床与放样结果，特别要检验导向控制线与路面高程的情况，并现场填好路面基层施工测量放样作业检验表。

6.1.6 基层施工，日最低温度应在5℃以上。雨季施工，应注意气候变化，勿使水泥及混合料遭雨淋。降雨时应停止施工，但已经摊铺的混合料应尽快碾压密实。

6.2 混合料拌和

6.2.1 开始拌和前，拌和场的备料应能满足3～5d的摊铺用料。

6.2.2 每天开始拌和前，应检查场内各种集料的含水率，计算当天的配合比，外加水与天然含水率的总和要比最佳含水率略高（1%左右）。

6.2.3 在正式拌和混合料之前，必须先调试所有设备，使混合料的颗粒组成和含水率都达到规定的要求。原集料的颗粒组成发生变化时，应重新调试设备。

6.2.4 雨季施工，应注意天气变化。基层施工后若下雨，应立即停止施工，并采取措施保证已摊铺的混合料。对于原材料特别是细集料，应设固定或活动棚盖，防止被雨淋湿。

6.2.5　每天开始搅拌之后，出料时要取样检查是否符合给定的配比，进行正式生产之后，每1～2h检查一次拌和情况，抽检其配比、含水率是否变化。高温作业时，早晚与中午的含水率要有区别，要按温度变化及时调整。发现干湿不均，有离析的混合料要废弃。

6.2.6　高温季节使用散装水泥时，混合料出场温度不得超过35℃。

6.2.7　连续式拌和出现的“料头”、“料尾”质量不良的混合料，应改作他用或予以废弃。

6.3　混合料运输

6.3.1　运输车辆在每天开工前，要检验其完好情况，装料前要将车厢清洗干净，而且每装一车，要清扫一次，运输车辆数一定要满足拌和出料与摊铺数量需要，并略有富余。

6.3.2　应尽快将拌成的混合料运送到铺筑现场。车上的混合料应覆盖，减少水分损失。如运输车辆中途出现故障，必须立即在最短时间内排除；当有困难，车辆混合料不能在初凝时间内运到工地时，必须予以转车或废弃。

6.3.3　运料车驾驶员必须严守纪律，与各方面密切配合，按要求装料、卸料，特别是已摊铺好的基层，养护期未到时，不得在上面行车。

6.4　混合料摊铺

6.4.1　摊铺前，应将路床适当洒水润湿，宜使用装有喷雾式洒水管的洒水车洒一层水。

6.4.2　摊铺前检查机器运转情况，而且每天坚持重复此类工作。

6.4.3　调整好传感器臂与导向控制线的关系，严格控制基层厚度和高程，其路拱横坡应与面层一致。

6.4.4　基层施工时，严禁用薄层贴补法进行找平。

6.4.5　拌和机与摊铺机的生产能力应互相匹配，摊铺机宜连续摊铺。如拌和机生产能力较小，在用摊铺机摊铺混合料时，应采用最低速度摊铺，以减少摊铺机停机待料的次数。

6.4.6　底基层允许使用平地机或人工挂线整平，但必须严格控制松铺厚度和平整度。基层混合料摊铺采用摊铺机梯队作业。

6.4.7　摊铺机的螺旋布料器不能太高，应有2/3埋入混合料中，但也不要太低，不能使其松铺高度低于设计面。

6.4.8 在摊铺机后面应设专人消除粗细集料离析现象，特别应铲除局部粗集料“窝”，并用新拌混合料填补。

6.5 混合料碾压

6.5.1 每台摊铺机后面，应配有振动压路机，三轮或双钢轮压路机和轮胎压路机三组合进行碾压，一次碾压长度一般以不超过 80m 为宜。

6.5.2 应在混合料含水率处于或略大于最佳含水率（气候炎热干燥时，基层混合料可大 1%～2%）时进行碾压，直到达到要求的压实度。

6.5.3 碾压应遵循生产试验路段确定的程序与工艺，先钢轮静压—后振动压—再后是轮胎压路机静压—最后用最大型双钢轮压路机静压。注意，碾压时不要过振，静压要充分，振压不起浪，不推移。压实时，可以先轻静压—后重静压（遍数适中，压实度达到 90%）—开始轻振压—再胶轮静压—再重振压—最后胶轮与重型静压。压至无轮迹为止，用核子仪初检压实度，不合格时，重复再压。

6.5.4 压路机碾压时应重叠 1/2 轮宽。

6.5.5 压路机倒车换挡要轻且平顺，不要拉动了基层，在第一遍初步静压时，倒车后尽量原路返回，换挡位置应在已压好的段面上，在未碾压的一头换挡，倒车位置应错开，要成齿状，出现个别拥包时，应配专人进行铲平处理。

6.5.6 压路机碾压时的行驶速度，第 1～2 遍为 1.5～1.7km/h，以后各遍应为 2～2.5km/h。

6.5.7 压路机停车要错开，而且离开 3m 远，最后停在已碾压好的路段上，以免破坏基层结构。

6.5.8 严禁压路机在已完成或正在碾压的路段上掉头和紧急制动，以保证稳定土层表面不受破坏。

6.5.9 碾压过程中，水泥稳定层的表面应始终保证湿润，如水分蒸发过快，应及时补洒少量的水，但严禁洒大水碾压。

6.5.10 碾压宜在水泥终凝前及试验确定的延迟时间内完成，并达到要求的压实度，同时不得有明显的轮迹。

6.6 横缝设置

6.6.1 水泥稳定类混合料摊铺时，必须连续作业不中断，如因故中断时间超过2h，则应设横缝。摊铺机要离开混合料摊铺末端，以免摊铺机埋在混合料中凝结。

6.6.2 每天收工之后，第二天开工的接头端面也要设置横缝。

6.6.3 每当通过桥涵，特别是明涵、明通，在其两边需要设置横缝，底基层应立即与桥涵台背衔接，厚度一样，压实度也一样，基层的横缝设置最好与桥头搭板尾端吻合。

6.6.4 横缝应与路面车道中心线垂直设置，并竖向垂直于路基表面。横向施工缝的设置必须认真和细致，其设置方法如下：

（1）人工将末端含水率合适的混合料整理整齐，紧靠混合料放两根方木，方木的高度应与混合料的压实厚度相同，整平紧靠方木的混合料。

（2）方木的另一侧用砂砾或碎石回填约3m长，其高度应高出方木几厘米。

（3）将混合料碾压密实。

（4）在重新开始摊铺混合料之前，将砂砾或碎石和方木撤除，并将下承层顶面清扫干净。

（5）摊铺机返回到已压实层的末端，重新开始摊铺混合料。

（6）如觉得上述方法麻烦，则可采用较简易的方法，但必须保证留设的横向施工缝与路中心线垂直并垂直路基表面，形成竖向垂直端面，这一点对防止拱胀很重要，务必做到。

（7）上基层与下基层之间、下基层与底基层之间的界面必须仔细清扫，在铺筑上层前必须洒水湿润，以增强层间结合，降低膨胀拱起的危害。

（8）如摊铺中断超过2h，而又未按上述方法处理横向接缝，则应将摊铺机附近及其下面未压实的混合料铲除，并将已碾压密实且高程和平整度符合要求的末端挖成与路中心线垂直并垂直向下的断面，然后再摊铺新的混合料。

6.7 养生及交通管制

6.7.1 水泥稳定级配碎石底基层碾压完成且水泥达到终凝时间后，应立即加强养生，养生不少于7d。底基层养生7d后，方可铺筑基层。

水泥稳定碎石基层分两层铺筑时，在下层分段摊铺和碾压密实后，在不采用重型振动压路机碾压的情况下，宜立即摊铺上层。下层水泥稳定碎石碾压完后，在采用重型振动压路机碾压时，宜养生7d后铺筑上层水泥稳定碎石。在铺筑上层稳定碎石之前，应始终保持下层表面湿润（水泥稳定碎石底基层碾压结束后，通常应养生7d，待其达到一定强度后再开始下一道工序，但在分层施工时，在上下层都采用相同压路机碾压的情况下，下层完工后的第二天就可铺筑上层水泥稳定碎石，利用上层水泥稳定土对下层进行养生，但上层混合料不宜用强力振动压路机碾压，以免破坏下层混合料已初步形成的强度)。

注意：承包人如不能保证上层在下层完工24h内开铺的话（且不能采用重型振动压路机碾压)，则必须保证下层养生7d后才能摊铺上层。此时，各承包人应精心做好底基层、基层摊铺计划，制订详细的施工组织设计，做到各工序的衔接有序，对下结构层的损坏程度最小。

6.7.2　每一段碾压完成并经压实度检查合格后，应立即开始养生。

6.7.3　养生方法，可以用草袋、麻布、湿砂、薄膜等覆盖，洒水车洒水，并在整个养生期间保持湿润状态。不得用湿黏土覆盖。养生结束后，必须将覆盖物清除干净。

6.7.4　用洒水车洒水养生时，洒水车的喷头要用喷雾式，不得用高压式胶管，以免破坏基层结构。每天洒水次数应视气候而定，整个养生期间应始终保持稳定层表面湿润。

6.7.5　基层养生期不宜少于7d。

6.7.6　在养生期间未采用覆盖措施的水泥稳定层上，除洒水车外，应封闭交通。采用覆盖措施的水泥稳定层上，不能封闭交通时，应限制重车通行，其他车辆的车速不应超过30km/h。

6.7.7　为控制交通，维持施工车辆通行，在施工安排上要合理调配，路幅只能半边施工，半边通车，工序上两边不能冲突，不要造成机械频繁调动。

6.8　裂缝处理

6.8.1　对于基层裂缝，若是纵缝，应调查产生的原因，有可能是路床、下一层、混合料配比、施工工艺等发生问题，要根据具体情况进行处理。如是横缝，一般来说是收缩裂缝，如收缩裂缝出现在下面几层，则在每施工上面一层前，在裂缝的左右两侧各涂沥青一层（0.8kg/m^2)，宽度为裂缝两侧各20cm，再在裂缝上盖油毛毡30～40cm宽，然后施工上面一层。

6.8.2　对于上基层出现的裂缝，首先要把基层表面清扫干净，查清裂缝的位置、长度、缝宽等情况，作上标记，按下列要求处理：

（1）对裂缝宽度较大，且顺路线方向连续间距小于5m的基层应挖除返工。

（2）对顺路线方向连续间距大于5m的裂缝采用1.5m宽土工布或油毛毡覆盖养生。

7　质量管理及检查验收

7.1　一般规定

7.1.1　根据全面质量管理的要求，建立健全有效的质量保证体系，实行严格的目标管理、工序管理和岗位责任制，对施工各阶段质量进行检查、控制、评定，达到所规定的质量标准，确保工程质量。

7.1.2　必须实行严格的工程监理制度，施工单位要进行自检，监理单位应按交通运输部有关规定、清连高速公路施工控制指南及有关文件规定进行质量检查与认定，政府质量监督部门及工程建设主管部门应对质量进行监督。

7.1.3　质量管理包括：所用材料的标准试验、铺筑试验段、施工过程中的质量管理和检查验收（工序）。

7.1.4　必须建立健全工地试验、质量检查及工序间的交接验收等项制度。试验检测应做到原始记录齐全，数据真实可靠。

6.1.5　工地试验室应能进行基层所用材料的各项试验，还应具备进行基层质量检测，如压实度、平整度、厚度、弯沉等质量指标检测的能力。

7.1.6　各个工序完成后，均应进行检查验收。经检验合格后，方可进行下一道工序施工。凡经检验不合格的段落，必须进行补救，使其达到标准要求。

7.2　材料的标准试验

7.2.1　在组织现场施工之前及在施工过程中，原材料或混合料发生变化时，必须对拟采用的材料进行规定的基本性能试验，评定材料质量和性能是否符合要求。

7.2.2　对用于底基层和基层的原材料，应进行如表11.7.1所示项目和频度的试验。

底基层和基层原材料的试验项目和频度　　表 11.7.1

试验项目	集料名称	目　的	频　度
含水率	集料	确定原始含水率	每天使用前测 2 个样品
颗粒分析	集料	确定级配是否符合要求，确定材料配合比	每天使用前测 2 个样品，使用过程中每 2 000m³ 测 2 个样品
液限、塑限	集料中 0.5mm 以下	测塑性指数	每天使用前测 2 个样品，使用过程中每 2 000m³ 测 2 个样品
相对密度	集料	评定粒料质量，计算固体体积率	每天使用前测 2 个样品
压碎值	集料	评定石料的抗压碎能力值	每天使用前测 2 个样品，使用过程中每 2 000m³ 测 2 个样品
有机制硫酸盐含量	土	确定是否可以利用	对土有怀疑时做
水泥标号和终凝时间	水泥	确定水泥质量	组成设计时测一个样品，按批抽样检测

7.2.3　对底基层和基层混合料，应进行如表 11.7.2 所示的试验。

底基层和基层混合料的试验项目　　表 11.7.2

试验项目	目　的	试验项目	目　的
重型击实试验	求最佳含水率和最大干密度	结合料剂量	检查水泥是否符合配合比要求
抗压强度	检验强度是否达到设计要求	延迟时间	确定基层和底基层碾压终了时间

7.3　铺筑试验段

7.3.1　任何标段、进场准备工作就绪后，正式开工之前，都要铺筑试验段。

7.3.2　铺筑试验段的具体要求见本项指南第 5 章。

7.4　质量管理

7.4.1　在施工过程中的质量管理包括外形尺寸的控制和检查以及质量控制和检查。

7.4.2　外观检查项目、频度和质量标准应符合表 11.7.3 的要求。

外观检查项目、频度和质量标准　　表 11.7.3

铺筑层	项目	频度	质量标准
底基层	含水率	根据观察，异常时随时试验	最佳含水率的−1.0%～+2.5%
	级配	根据观察，异常时随时试验	在规定范围内
	拌和均匀性	随时观察	无粗细集料离析现象
	压实度	每一作业面或不大于 5 000m^2 检查 6 次以上	96%以上
	塑性指数	每 1 000m^2 一次，异常时随时做	小于规定值
基层	含水率	根据观察，异常时随时试验	每一评定段（不超过 1km）每车道 40～50 个测点
	级配	每 2 000m^2 一次	在规定范围内
	拌和均匀性	随时观察	无粗细集料离析现象
	压实度	每一作业面或不大于 5 000m^2 检查 6 次以上	98%以上
	集料压碎值	异常时随时做	不超过规定值
	塑性指数	每 1 000m^2 一次，异常时随时做	小于规定值

7.4.3　对于基层，应钻取芯样检验其完整性。水泥稳定基层龄期 7～10d 时，应能取出完整的芯样。如果取不出完整的芯样，则应找出不合格基层的界限，进行返工处理。

7.5　检查验收

7.5.1　检查验收的目的是判定完整的路面结构层是否满足设计文件和《公路工程质量检验评定标准》（JTG F80/1—2004）的要求。检查内容包括工程竣工后的外形和质量。

7.5.2　判定路面结构层质量是否合格时，以每 1km 长的路段为评定单位。采用大流水作业法施工时，也可以每天完成的段落为评定单位。

7.5.3　检查施工原始记录，对上述检查内容进行初步评定。

7.5.4　进行抽样检查。抽样必须是随机的，不能带有任何倾向性。压实度、厚度、水泥剂量、检测样品、强度试件样品等的现场取样位置的确定应按《公路路面基层施工技术规范》（JTJ 034—2000）附录 B 的办法进行。

7.5.5　水泥稳定粒料基层和底基层实测项目应符合表 11.7.4 的要求。

水泥稳定粒料基层和底基层实测项目 表 11.7.4

铺筑层	检查项目		规定值或允许偏差	检查方法
底基层	压实度（%）		96	每 200m 检查 4 处，按 JTG F80/1—2004 附录 B 检查
	平整度（mm）		12	3m 直尺，每 200m 检查 2 处×10 尺
	高程（mm）		+5，−15	每 200m 用水准仪检查 4 处
	厚度（mm）	均值	−10	每 200m 每车道检查 1 点
		单个值	−25	
	宽度（mm）		不小于设计值	尺量，每 200m 量 4 处
	横坡度（%）		±0.3	每 200m 用水准仪量 4 个端面
	抗压强度（MPa）		≥2.5	按 JTG F80/1—2004 附录 G 检查
	保证底基层的均匀性、强度、压实度、含水率			
基层	压实度（%）		98	用密实法每 1 000m² 取样 3 次，按 JTG F80/1—2004 附录 B 检查
	平整度（mm）		8	3m 直尺，每 200m 检查 2 处×10 尺
	纵断高程（mm）		5，−10	每 200m 用水准仪检查 4 处
	宽度（mm）		不小于设计值	尺量，每 200m 量 4 处
	厚度（mm）	均值	−8	每 1 000m² 取 3 点
		单个值	−15	
	横坡度（%）		±0.3	每 200m 用水准仪检查 4 处
	抗压强度（MPa）		≥4.0	按 JTG F80/1—2004 附录 G 检查
	保证基层的均匀性、强度、压实度、含水率			

厚度检查后，应按《公路路面基层施工技术规范》（JTJ 034—2000）中式（9.5.5-1)和式（9.5.5-2）分别计算其平均值和标准差。厚度平均值的下置信限应不小于设计厚度减去均值允许误差。

第 12 篇　蜡制养护隔离剂施工质量控制指南

主 编 单 位： 广东清连公路发展有限公司
长沙理工大学

主要编制人员： 吴　美　晁德志　吴雄飞　袁剑波
姚佳良　饶　中　徐梅生　丁明超
宋　磊　晋枫春　金　波　马晓力
池林海　王　楠　陶　弘　童　中
徐义斌　刘　辉　吴建龙　陈培聪

1 使用范围

在已完成并经管理处验收合格的贫混凝土基层上，喷洒蜡制养护隔离剂。质量检测包括施工准备，所需设备、劳力和材料，以及施工、试验、养护等全部作业。

2 材　　料

本养护隔离剂用于高等级水泥混凝土路面贫混凝土基层与混凝土面层的隔离。养护隔离剂为白色水乳液、无毒、不燃、不腐蚀，安全性好。产品性能和技术指标应符合表 12.2.1 的规定，检验方法按国家标准或美国标准。

养护隔离剂检验项目及技术要求　　表 12.2.1

检验项目	技术要求	备　注	检验项目	技术要求	备　注
有效保水率（%）　≥	90		密封性	连续成膜、无透孔	
抗压强度比（%）　≥	95	7d、28d	成膜耐热性	合格	
磨损量（kg/m^2）　≤	3.0		储存有效期	半年	
主要成分及含固量（%）　≥	25，高分子材料（聚乙烯醇为主）比石蜡为1∶4～1∶3，石蜡为水晶石蜡		黏度（25℃，涂4杯黏度）	12～20	
干燥时间（h）	≤4		对混凝土的影响（有害性）	喷洒后不影响混凝土的品质	

注：含固量检测见附录 B。

3　检验规则

3.1　取样及编号

3.1.1　试样应由买方选择交货前或交货时在工厂或仓库取样，或买卖双方协商地点取样。

3.1.2　生产厂应将产品分批编号，每 5t 为一批量编号，不足 5t 时按一个批量计，每一编号取一个样，取样量不少于 10kg。

3.1.3　乳液型养护隔离剂在混合罐或槽中，刚开始灌装时，从罐中取样约 1/3，灌装至一半时，再取样约 1/3，另外 1/3 在灌装结束时取样；若已装入容器中，取样的容器数量是整批容器数的立方根后取整。

3.2　试样及留样

每一编号取得的试样应充分混匀，分为两等份，一份按表 12.2.1 项目进行试验，另一份封存半年，以备有疑问时提交国家指定的检验机关进行复验或仲裁。取样如用容器，应及时密封，严禁泄漏、替换或稀释。

3.3　检验分类

3.3.1　产品检验包括出厂检验和形式检验。

3.3.2　出厂检验：产品出厂应进行出厂检验，项目包括有效保水率、干燥时间、成膜密封性和涂膜浸水溶解性。

3.3.3　形式检验：形式检验包括表 12.2.1 所列的全部检验项目。

有下列情况之一者，应进行形式检验：

（1）新产品或老产品转厂生产的试制定型鉴定；

（2）正式生产后，如材料、工艺有较大改变，可能影响产品性能时；

（3）正常生产时，每季度至少进行一次检验；

（4）产品长期停产后，恢复生产时；

（5）出厂检验结果与上次形式检验有较大差异时；

（6）国家质量监督机构提出进行形式试验要求时。

3.4 判定规则

所有项目都符合养护隔离剂材料中规定的某等级要求，则判为相应等级；其中有一项不符合合格品要求时，判为不合格。

4　标志、包装、储存、运输

（1）产品出厂时应提供产品质量合格证和产品说明书，产品说明书应包括：生产厂名称、产品名称及型号、执行标准、外观、色泽、有无毒性、出厂日期、产品质量等级、有效期和注意事项。

（2）养护隔离剂包装上应注有：识别标志、产品名称、型号、净重、生产厂家、生产日期、有效期和出厂编号。

（3）运输时应轻拿轻放，防止破损，防止坚硬物碰撞。

（4）养护隔离剂应放在专用仓库或固定的场所妥善保管，以易于识别，便于检查和提货。

（5）乳液型养护隔离剂有效储存期为半年，储存期超过半年或发现表面结硬皮、底部大量沉淀的，应废弃或由生产厂家重新检验，合格后方可出厂。

5 喷　　洒

（1）喷施工具。喷洒机械要求：应具有全封闭式喷雾系统，能最低限度降低风的影响。用于隔离时应采用机械喷雾，补喷时可采用电动喷雾器喷雾。

（2）溶液调配。本项目采用普通型养护隔离剂（含固量不小于25%）作路面隔离层时，现场不再调配稀释，应原液直接搅拌均匀后使用，不得加水喷雾。

（3）喷施操作：

① 可在滑模混凝土基层表面停止泌水，初凝抹光后喷洒，也可在已经完全硬化的基层上喷洒。如在已经完全硬化的基层上喷洒，喷洒前应用风压机或森林灭火器吹扫其表面，保证基层表面干净。

② 喷洒要均匀，喷洒量要足，不可漏喷、少喷。喷洒后表面应呈白色液面复盖状。

③ 兼养护作用时，基层两侧面也应同时喷洒养护隔离剂，切缝时基层表面应呈白色，切缝后必须及时用同组分料进行喷洒养护，并严格掌握喷洒时间，不要迟喷；同时应掌握喷洒时喷雾器的高度、喷头的雾状以及喷洒压力不要把路面击出麻面及水泥浆。

④ 喷洒的方向应与筑路方向一致。路幅宽时，可利用工作桥进行喷洒，例如使用拉毛机的工作桥来喷洒，也可采用两只喷雾器在路的两侧相向对喷。

⑤ 养护人员需要注意尽量不要脚踏施工路面进行操作。

（4）喷洒注意事项：

① 夏季高温干热季节或大风干燥天气，必须及时喷洒，以防止混凝土水分大量流失，同时喷洒用量应适当加大。

② 养护隔离剂可促使水泥混凝土路面基层早强，路面切缝可以根据气温适当提前1～2h。

③ 在混凝土表面养护隔离剂未成膜的情况下，如遇大雨，应加盖防雨设施。如未加遮盖，雨后应补喷。如遇大风，应适当遮挡或停止喷晒。

④ 喷洒后24h内混凝土路面严禁人员车辆行走。

⑤ 每班收工后应清洗干净喷雾器及喷头，防止堵塞。

⑥ 养护隔离剂为碱性溶液，如不慎溅入眼内要立即用清水反复冲洗。

⑦ 乳化蜡隔离层用量要求：蜡制膜混合物最小用量0.4L/m²，一般控制在

$0.4L/m^2 \pm 0.1L/m^2$。

⑧ 喷洒蜡制养护隔离剂前，基层施工单位应撤离基层上除喷洒机械以外的其他主要机械，并于喷洒前 1～2d 清扫基层表面杂物和砂石。

⑨ 一般在面层摊铺前 1～2d 喷洒隔离剂，如果喷洒蜡制养护隔离剂后超过 10d 铺筑面层，或铺筑面层前蜡制养护膜明显受到破坏，则铺筑面层前 1～2d 应用同样用量的养护隔离剂再次喷洒。

⑩如局部补喷蜡制养护隔离剂，4h 后即可铺筑水泥混凝土面层，铺筑面层时尽可能减小施工设备及交通工具对蜡制养护膜的影响，如避免运料车在基层上过度的扭转和磨损，必要时可在布料机履带下铺垫木板或使用橡胶带包覆履带。铺筑面层前如蜡制养护膜明显损坏，应予以补喷。

⑪为保证养护隔离剂与路面基层的结合，路面切缝时应用吸水布条铺贴缝隙两侧，以防切缝时浆体污染基层，并及时用水冲洗干净。

⑫为保证喷洒作业连续稳定，要求有专人负责喷洒。

6 试验段的质量控制

铺筑试验段的目的是验证评估生产配合比设计，并检验施工机具配置、施工工艺和施工组织等是否合理，通过外观均匀程度和允许的离析水平、用水泼洒检验等最终对施工机具配置、施工工艺流程和施工组织提出技术建议。同时确认现场施工水平可能达到的施工技术要求和质量控制与管理技术标准，据此提出隔离层施工技术要求和质量控制标准。

正式开工之前，应进行试喷。试喷段应选择在经验收合格的基层上进行，其长度为100～200m。

（1）验证用于施工的配合比例和喷洒用量；

（2）确定标准施工方法；

（3）确定施工时人员、设备、材料要求；

（4）严密组织养护隔离剂混合、运输、喷洒等工序；

（5）喷洒成本分析。

当使用的原材料和配比、施工机械、施工方法及试喷隔离层各检验项目的检测结果都符合规定后，可按以上内容编写“试喷总结”，经清连项目总部和管理处检查确认后，即可作为申报正式隔离层施工开工的依据。

7 养　　生

喷洒完后在成膜前（大于 24h）禁止人员与车辆通行，成膜后至面层滑膜混凝土铺筑前禁止滑膜摊铺车以外的任何车辆通行。

8 质量检查与验收

（1）养护剂材料检查。养护隔离剂材料检测项目和频率见表12.8.1。

养护隔离剂材料检测项目和频率 表12.8.1

养护隔离剂应用类型	检查项目	检查频度
兼养护和隔离功能时	有效保水率、抗压强度比、耐磨性、耐热性、成膜后浸水溶解性	开工前或有变化时，每标段测3次
	含固量、成膜时间	试验路段，施工每5t测1次
仅要求隔离时	含固量、成膜时间、石蜡成分、石蜡与高分子质量比	试验路段，施工每10t测1次
隔离效果检测	现场层间隔离试验	每1幅每1km测1次，一次不少于3个样本，用于施工期间的质量控制
	现场取芯试验	取芯频率同面层混凝土取芯频率，每车道每3km钻取1个芯样，用于质量验收

（2）成膜质量检查：喷洒养护隔离剂后0.5～1h，养护隔离剂在混凝土表面形成养护膜，产生养护隔离效果，4～6h后用水泼洒在养护隔离剂基层表面，如果水呈油珠状滚落，说明已产生养护隔离效果。若水渗入混凝土中，则说明漏喷或喷量不足，需补喷。第一天水泥路面呈水泥黑色或呈白色或厂家商定颜色，水泼在上面如油状流淌。2d后成膜呈白色，以后白色膜自然消失，路面呈水泥青灰色。

（3）喷洒记录检查（以1d施工量为记录单位）：记录包括养护隔离剂类型、喷洒用量、喷洒时间等。基层养护隔离剂喷洒施工与验收记录见附录A。

（4）完工验收检查。检查包括表面质量和隔离效果试验检查。面层与基层隔离效果可通过滑模混凝土施工完后取芯试验判断，如果取芯时试件与基层脱离，不黏结基层混凝土，且试件端部平整，表明隔离合格，合格率不低于70%。取芯频率同面层混凝土。施工时面层与基层隔离效果也可通过层间粘结应力与摩擦系数试验评价，其值应低于对比值40%。

附录 A　基层养护隔离剂喷洒施工与验收记录表

表 12.A.1

合同段　　　　　　　　　　　　　　　　　　　　　　　　　　日期：

基层桩号	养护剂类型	应用类型	含固量（%）	喷洒用量（kg）	第一次喷洒时间	喷洒后表面状况	成膜时间（h）	成膜质量检查	补喷用量（kg）	隔离效果检查	天气

注：养护隔离剂“应用类型”指隔离或养护隔离；“喷洒后表面状况”指喷洒后养护隔离剂均匀或不均匀；“成膜质量检查”指喷洒养护隔离剂后 0.5～1h，养护隔离剂在混凝土表面形成连续薄膜，开始产生养护隔离效果，4～6h 后用水泼洒在喷洒养护隔离剂基层表面，如果水呈油珠状滚落，说明已产生养护隔离效果。若水渗入混凝土中，则说明漏喷或喷量不足，需补喷。成膜 2～3d 后白色覆盖膜自然消失，路面呈水泥青灰色。面层与基层隔离效果可通过滑模混凝土施工完后取芯试验判断，如果取芯时试件与基层脱离，不黏结基层混凝土，且试件端部平整，表明隔离合格，合格率不低于 70%。取芯频率同面层混凝土。面层与基层隔离效果也可通过层间黏结应力与摩擦系数试验评价，其值应低于对比值的 40%。

附录B　固体含量的测定

B.1 试验器具

（1）培养皿：直径75～80mm，边高8～10mm。

（2）干燥器：内放变色硅胶或无水氯化钙。

（3）天平：感量0.01g。

（4）电热鼓风干燥箱：控温精度±2℃。

（5）坩埚钳。

（6）玻璃棒：长约100mm。

B.2 试验程序

（1）将洁净的培养皿放在干燥箱内于105℃±2℃下干燥30min，取出放入干燥器中，冷却至室温后称量。

（2）将样品搅拌均匀后称取约10g的试样（足以保证最后试样的干固量）置于已称量的培养皿中，使试样均匀地流布于培养皿的底部。然后放入干燥箱内，按105℃±2℃的温度干燥1h后取出，放入玻璃干燥器中冷却至室温后称量。再将培养皿放入干燥箱内，干燥30min后放入干燥器中冷却至室温后称量。重复上述操作，直至前后两次称量差不大于0.01g为止（全部称量精确至0.01g）。

B.3 试验结果计算

固体含量按式（12.B.1）计算。

$$X=\frac{m_2-m}{m_1-m}\times 100 \tag{12.B.1}$$

式中：X——固体含量（%）；

m——培养皿质量（g）；

m_1——干燥前试样和培养皿质量（g）；

m_2——干燥后试样和培养皿质量（g）。

附录 C　蜡制养护剂隔离层施工质量检测记录表

表 12.C.1

编号：　　第　页　共　页

<table>
<tr><td colspan="2">项目名称</td><td colspan="4"></td><td colspan="2">施工单位</td><td colspan="2"></td><td>合同段</td><td></td></tr>
<tr><td colspan="2">单项工程名称</td><td colspan="4"></td><td colspan="2">监理单位</td><td colspan="2"></td><td>公路等级</td><td></td></tr>
<tr><td colspan="2">施工部位</td><td colspan="4"></td><td colspan="2">含固量</td><td colspan="2"></td><td>聚蜡比</td><td></td></tr>
<tr><td colspan="3">施工时间</td><td>开始</td><td colspan="4"></td><td>结束</td><td colspan="3"></td></tr>
<tr><td colspan="3">施工气温</td><td>最高</td><td colspan="4"></td><td>最低</td><td colspan="3"></td></tr>
<tr><td colspan="3">应用类型</td><td colspan="9"></td></tr>
<tr><td colspan="3">喷洒用量（kg）</td><td colspan="4"></td><td colspan="2">洒布量（kg/m^2）</td><td colspan="3"></td></tr>
<tr><td colspan="3">补喷用量（kg）</td><td colspan="9"></td></tr>
<tr><td colspan="3">喷洒后表面状况</td><td colspan="9"></td></tr>
<tr><td colspan="3">成膜时间（h）</td><td colspan="9"></td></tr>
<tr><td colspan="3">成膜质量检查</td><td colspan="9"></td></tr>
<tr><td colspan="3">喷洒与面层摊铺间隔时间（h）</td><td colspan="9"></td></tr>
<tr><td colspan="3">留取试样</td><td>组数</td><td colspan="2"></td><td>编号</td><td colspan="4"></td><td></td></tr>
<tr><td>自检意见</td><td colspan="11"></td></tr>
<tr><td>监理意见</td><td colspan="11"></td></tr>
<tr><td>检测</td><td></td><td>施工员</td><td></td><td>记录</td><td></td><td>技术主办</td><td></td><td>项目主管</td><td></td><td>检测</td><td></td></tr>
</table>

注：1. 表中“应用类型”指隔离或养护隔离。

2.“喷洒后表面状况”指喷洒后养护隔离剂均匀或不均匀（填写均匀或不均匀）。

3.“成膜质量检查”指喷洒养护剂后 0.5～1h，养护剂在混凝土表面形成连续薄膜，开始产生养护隔离效果，4～6h 后用水泼洒在喷洒养护隔离剂基层表面，如果水呈油珠状滚落，说明已产生养护隔离效果；若水渗入混凝土中，则说明漏喷或喷量不足，需补喷；成膜 2～3d 后白色覆盖膜自然消失，路面呈水泥青灰色；成膜质量检查还包括有无起皮现象等记录（文字描述）。

附录 D　蜡制养护剂隔离层质量检验评定表

表 12.D.1

编号：

项目名称			监理单位				公路等级	
桩号及部位			施工单位				合同段	
基本要求								
项次	检测项目	规定值或允许偏差	检测结果				质量评定	
			检测数	合格数	合格率（%）	项目得分	权值	实得分
1	隔离效果	取芯试验						
2	宽度	不小于设计						
3	洒布量	0.4～0.5kg/m^2						
合计		实测项目得分：						
外观鉴定						减分		
质量保证资料						减分		
监理意见及签名								
工程质量等级评分		得分：			等级：			

统计：　　　　复核：　　　　技术主办：　　　　项目主管：　　　　日期：

注：面层与基层隔离效果检查通过滑模混凝土施工完成后取芯试验判断，如果取芯时试件与基层脱离，试件未黏结基层混凝土，且试件端部平整，表明隔离合格；合格率不低于 70%。

附录 E 蜡制养护剂隔离层质量检验报告单

表 12. E. 1

编号：　　第　　段 共　　段　　第　页 共　页

项目名称		起止桩号		合同段		施工日期	
施工单位		监理单位		公路等级		检测日期	

项次	检测项目	单位	规定值或允许偏差	检查频率	检测值														
1	隔离效果		取芯试验	每车道每 3km 钻取 1 个芯样															
2	宽度	mm	不小于设计值	1 次/200m															
3	洒布量	kg/m^2	$0.4 \sim 0.5kg/m^2$	1 次/500m															

外观检查			
自检意见	签名：　　日期：	监理意见	签名：　　日期：

检测：　　复核：　　施工员：　　质检负责人：　　技术主办：　　项目主管：　　日期：

第 13 篇　滑模摊铺水泥混凝土路面施工质量控制指南

主 编 单 位：广东清连公路发展有限公司
长沙理工大学

主要编制人员：吴　美　晁德志　吴雄飞　袁剑波
姚佳良　饶　中　徐梅生　丁明超
宋　磊　晋枫春　金　波　马晓力
池林海　王　楠　陶　弘　童　中
徐义斌　刘　辉　吴建龙　陈培聪

1 总　　则

1.1 广东省清（远）连（州）一级公路升级改造（高速）项目（简称“清连高速化改造项目”）位于广东省清远市境内，是国道 107 线的组成部分，也是广东省高速公路规划中“第六纵”和二广国家高速公路通道的重要组成部分，改造后全长约 214km。

1.2 本项指南资料依据中华人民共和国行业标准《公路水泥混凝土路面施工技术规范》（JTG F30—2003）和《公路工程质量检验评定标准》（JTG F80/1—2004）、设计文件及清连改造项目特点制定，未涉及的内容按部颁有关规范、标准执行。

1.3 混凝土路面的施工应根据合同及设计文件，施工现场所处的气候、水文、地形等环境条件，选择满足质量指标要求、性能稳定的原材料，确定配合比、设备种类和施工工艺，进行详细的施工组织设计，建立完备的施工质量保证体系。

1.4 路面面层施工，必须在基层完工，并验收合格的路段上进行。没有通过验收的路段，不允许进行路面面层施工。

1.5 路面面层施工，应加强安全生产管理，健全安全生产制度，落实安全生产措施，防止安全生产事故发生。

1.6 本项指南技术交底中主要术语说明如下。

（1）滑模铺筑。采用滑模摊铺机铺筑混凝土路面的施工工艺。其特征是不架设边缘固定模板，能够一次完成布料摊铺、振捣密实、挤压成型、抹面修饰等混凝土路面摊铺功能。

（2）工作性。混凝土拌和物在浇筑、振捣、成型、抹平等过程中的可操作性。它是拌和物流动性、可塑性、稳定性和易密性的综合体现。

（3）振动黏度系数。在特定振动能量作用下，混凝土拌和物内部阻碍水泥、粗细集料、气泡等质点相对运动的摩阻能力。它反映了振捣时混凝土拌和物中气体上升排除、集料下沉稳固的难易程度，用于测定混凝土拌和物的振捣易密性。

（4）构造深度。使用拉毛、塑性刻槽或硬性刻槽等工艺制作的沟槽或纹理的平均深度。

（5）填缝料形状系数。填缝料灌缝时的深度与宽度之比。

（6）前置钢筋支架法。混凝土路面铺筑过程中，布料前在基层上预先安置胀缝或缩缝传力杆钢筋支架的一种施工方法。

（7）传力杆插入装置（DBI）。滑模摊铺机配备的一种可自动插入缩缝传力杆的装置。

（8）亚甲蓝 MB 值。用于判定机制砂中粒径小于 75μm 的颗粒主要是泥土还是石粉的指标。

2　原材料技术要求

2.1　水　　泥

2.1.1　采用旋窑硅酸盐水泥或普通硅酸盐水泥。各级路面水泥抗弯拉强度、抗压强度应符合表 13.2.1 的规定。

水泥混凝土面层水泥各龄期的抗弯拉强度、抗压强度　　表 13.2.1

项　　目	技 术 要 求	
龄期（d）	3	28
抗压强度（MPa）　≥	20	47.5
抗弯拉强度（MPa）　≥	4.5（均值±0.3）	8

2.1.2　水泥进场时每批量应附有化学成分、物理、力学指标合格的检验证明。其路用品质要求应符合表 13.2.2 的规定。

水泥的化学成分和物理指标　　表 13.2.2

水 泥 性 能	技 术 要 求	水 泥 性 能	技 术 要 求
铝酸三钙	不宜>7.0%	标准稠度需水量	不宜>28%
铁铝酸四钙	不宜<15.0%	烧失量	不得>3.0%
游离氧化钙	不得>1.0%	比表面积	宜为 300～450m^2/kg
氧化镁	不得>5.0%	细度（80μm）	筛余量>10%
三氧化硫	不得>3.5%	初凝时间	不早于 1.5h
碱含量	$Na_2O+0.658K_2O$ 不得>0.6%	终凝时间	不迟于 10h
混合材种类	不得掺窑灰、煤矸石、火山灰和黏土	28d 干缩率	不得>0.1%
出磨时安定性	雷氏夹法检验必须合格	耐磨性	不得>3.0kg/m^2

注：28d 干缩率和耐磨性试验方法采用《道路硅酸盐水泥》（GB 13693—2005）的规定。

2.1.3　选用水泥时，除满足表 13.2.1、表 13.2.2 的各项规定外，还应通过混凝土配合比试验，根据其弯拉强度、耐久性和工作性优选适宜的水泥品种、强度等级。

2.1.4　本项指南采用滑模摊铺机铺筑水泥混凝土，宜选用散装水泥。散装水泥的夏季出厂温度不宜高于65℃；混凝土搅拌时的水泥温度不宜高于60℃，且不宜低于10℃。

2.2 粉煤灰及其他掺和料

2.2.1 混凝土路面在掺用粉煤灰时，应掺用质量指标符合表13.2.3规定的电收尘Ⅰ级干排或磨细粉煤灰。

粉煤灰分级和质量指标 表13.2.3

粉煤灰等级	细度（45μm气流筛，筛余量）（%）	烧失量（%）	需水量比（%）	含水率（%）	Cl^-（%）	SO_3（%）	混合砂浆活性指数	
							7d	28d
Ⅰ	≤12	≤5	≤95	≤1.0	＜0.02	≤3	≥75	≥85（75）

注：1. 45μm气流筛的筛余量换算为80μm水泥筛的筛余量时换算系数约为2.4。

2. 混合砂浆的活性指数为掺粉煤灰的砂浆与水泥砂浆的抗压强度比的百分数，适用于所配制混凝土强度等级大于等于C40的混凝土；当配制的混凝土强度等级小于C40时，混合砂浆的活性指数要求应满足28d括号中的数值。

2.2.2 粉煤灰宜采用散装灰，进货应有等级检验报告。应确切了解所用水泥中已经加入的掺和料种类和数量。

2.2.3 路面和桥面混凝土中可使用硅灰或磨细矿渣，使用前应经过试配检验，确保路面和桥面混凝土弯拉强度、工作性、抗磨性、抗冻性等技术指标合格。

2.3 粗 集 料

2.3.1 粗集料应使用质地坚硬、耐久、洁净的碎石，并应符合表13.2.4的规定。本项指南水泥混凝土面层使用的粗集料级别应不低于Ⅱ级，具体技术指标见表13.2.4。

水泥混凝土面层粗集料技术指标 表13.2.4

项 目	技术要求
碎石压碎指标（%）	＜15
卵石压碎指标（%）	＜14
坚固性（按质最损失计）（%）	＜8
针片状颗粒含量（按质量计）（%）	＜15
含泥量（按质量计）（%）	＜1.0

续上表

项　　目	技术要求
泥块含量（按质量计）（%）	<0.2
有机物含量（比色法）	合格
硫化物及硫酸盐（按 SO_3 质量计）（%）	<1.0
岩石抗压强度	火成岩不应小于 100Mpa，变质岩不应小于 80Mpa，水成岩不应小于 60Mpa
表观密度	>2 500kg/m^3
松散堆积密度	>1 350kg/m^3
空隙率	<47%
碱集料反应	经碱集料反应试验后，试件无裂缝、酥裂、胶体外溢等现象，在规定试验龄期的膨胀率应小于 0.10%

2.3.2　用做路面和桥面混凝土的粗集料不得使用不分级的统料，应按最大公称粒径的不同采用 2～4 个粒级的集料进行掺配，并应符合表 13.2.5 合成级配的要求。碎石最大公称粒径不宜大于 26.5mm；碎石中粒径小于 75μm 的石粉含量不宜大于 1%。

粗集料级配范围　　　　表 13.2.5

类型	粒径 级配	方孔筛尺寸（mm）							
		2.36	4.75	9.50	16.0	19.0	26.5	31.5	37.5
		累计筛余（以质量计）（%）							
合成级配	4.75～16	95～100	85～100	40～60	0～10	—	—	—	—
	4.75～19	95～100	85～95	60～75	30～45	0～5	0	—	—
	4.75～26.5	95～100	90～100	70～90	50～70	25～40	0～5	0	—
	4.75～31.5	95～100	90～100	75～90	60～75	40～60	20～35	0～5	0
粒级	4.75～9.5	95～100	80～100	0～15	0	—	—	—	—
	9.5～16	—	95～100	80～100	0～15	0	—	—	—
	9.5～19	—	95～100	85～100	40～60	0～15	0	—	—
	16～26.5	—	—	95～100	55～70	25～40	0～10	0	—
	16～31.5	—	—	95～100	85～100	55～70	25～40	0～10	—

2.4　细　集　料

2.4.1　细集料应采用质地坚硬、耐久、洁净的天然砂、机制砂或混合砂。本项指南水泥混凝土面层使用的砂应不低于Ⅱ级。本项指南属特重交通混凝土路面，宜使用河砂，砂的硅质含量应不低于 25%。细集料的技术指标见表 13.2.6。

水泥路面面层细集料技术指标　　表 13.2.6

项　目	技术要求
机制砂单粒级最大压碎指标（%）	<25
氯化物（氯离子质量计）（%）	<0.02
坚固性（按质量损失计）（%）	<8
云母（按质量计）（%）	<2.0
天然砂、机制砂含泥量（按质量计）（%）	<2.0
天然砂、机制砂泥块含量（按质量计）（%）	<1.0
机制砂 MB 值<1.4 或合格石粉含量（按质量计）（%）	<5.0
机制砂 MB 值≥1.4 或不合格石粉含量（按质量计）（%）	<3.0
有机物含量（比色法）	合格
硫化物及硫酸盐（按含 SO_3 质量计）（%）	<0.5
轻物质（按质量计）（%）	<1.0
机制砂母岩抗压强度	火成岩不应小于 100MPa，变质岩不应小于 80MPa，水成岩不应小于 60MPa
表观密度	>2 500kg/m^3
松散堆积密度	>1 350kg/m^3
空隙率	<47%
碱集料反应	经碱集料反应试验后，由砂配制的试件无裂缝、酥裂、胶体外溢等现象，在规定试验龄期的膨胀率应小于 0.10%

2.4.2　细集料的级配要求应符合表 13.2.7 的规定，路面用天然砂宜为中砂，也可使用细度模数在 2.0～3.5 之间的砂。同一配合比用砂的细度模数变化范围不应超过 0.3；否则，应分别堆放，并调整配合比中的砂率后使用。

细集料级配范围　　表 13.2.7

砂　分　级	方筛孔尺寸（mm）					
	0.15	0.30	0.60	1.18	2.36	4.75
	累计筛余（以质量计）（%）					
粗砂	90～100	80～95	71～85	35～65	5～35	0～10
中砂	90～100	70～92	41～70	10～50	0～25	0～10
细砂	90～100	55～85	16～40	0～25	0～15	0～10

2.5　水

饮用水可直接作为混凝土搅拌和养护用水。对水质有疑问时，应检验下列指标，合格者方可使用。

（1）硫酸盐含量（按 SO_4^{2-} 计）小于 0.002 7mg/mm²。

（2）含盐量不得超过 0.005mg/mm²。

（3）pH 值不得小于 4。

（4）不得含有油污、泥和其他有害杂质。

2.6　外　加　剂

2.6.1　外加剂的产品质量应符合表 13.2.8 的各项技术指标。供应商应提供有相应资质外加剂检测机构的品质检测报告，检验报告应说明外加剂的主要化学成分，认定对人员无毒副作用。

混凝土外加剂产品的技术性能指标　　表 13.2.8

<table>
<tr><td colspan="2">试验项目</td><td>普通减水剂</td><td>高效减水剂</td><td>早强减水剂</td><td>缓凝高效减水剂</td><td>缓凝减水剂</td><td>引气减水剂</td><td>早强剂</td><td>缓凝剂</td><td>引气剂</td></tr>
<tr><td colspan="2">减水率（%）≮</td><td>8</td><td>15</td><td>8</td><td>15</td><td>8</td><td>12</td><td>—</td><td>—</td><td>6</td></tr>
<tr><td colspan="2">泌水率比（%）≮</td><td>95</td><td>90</td><td>95</td><td>100</td><td>100</td><td>70</td><td>100</td><td>100</td><td>70</td></tr>
<tr><td colspan="2">含气量（%）</td><td>≤3.0</td><td>≤4.0</td><td>≤3.0</td><td><4.5</td><td><5.5</td><td>>3.0</td><td></td><td></td><td>>3.0</td></tr>
<tr><td rowspan="2">凝结时间（min）</td><td>初凝</td><td rowspan="2">−90～+120</td><td rowspan="2">−90～+120</td><td rowspan="2">−90～+90</td><td>>+90</td><td>>+90</td><td rowspan="2">−90～+120</td><td rowspan="2">−90～+90</td><td>>+90</td><td rowspan="2">−90～+120</td></tr>
<tr><td>终凝</td><td>—</td><td>—</td><td>—</td></tr>
<tr><td rowspan="4">抗压强度比（%）≮</td><td>1d</td><td>—</td><td>140</td><td>140</td><td>—</td><td>—</td><td>—</td><td>135</td><td>—</td><td>—</td></tr>
<tr><td>3d</td><td>115</td><td>130</td><td>130</td><td>125</td><td>100</td><td>115</td><td>130</td><td>100</td><td>95</td></tr>
<tr><td>7d</td><td>115</td><td>125</td><td>115</td><td>125</td><td>110</td><td>110</td><td>110</td><td>100</td><td>95</td></tr>
<tr><td>28d</td><td>110</td><td>120</td><td>105</td><td>120</td><td>110</td><td>100</td><td>100</td><td>100</td><td>90</td></tr>
<tr><td colspan="2">收缩率比（%）28d≯</td><td>120</td><td>120</td><td>120</td><td>120</td><td>120</td><td>120</td><td>120</td><td>120</td><td>120</td></tr>
<tr><td colspan="2">抗冻标号</td><td>50</td><td>50</td><td>50</td><td>50</td><td>50</td><td>200</td><td>50</td><td>50</td><td>200</td></tr>
<tr><td colspan="2">对钢筋锈蚀作用</td><td colspan="9">应说明对钢筋无锈蚀危害</td></tr>
</table>

注：1. 除含气量外，表中数据为掺外加剂混凝土与基准混凝土差值或比值。

2. 凝结时间指标“－”表示提前，“＋”表示延缓。

2.6.2　引气剂应选用表面张力降低值大、水泥稀浆中起泡容量多而细密、泡沫稳定时间长、不溶残渣少的产品。

2.6.3　宜选用减水率大、坍落度损失小、可调控凝结时间的复合型减水剂。高温施工宜使用引气缓凝（保塑）（高效）减水剂；低温施工宜使用引气早强（高效）减水剂。选定减水剂品种前，必须与所用的水泥进行适应性检验。

2.7 钢 筋

2.7.1 混凝土路面、桥面和搭板所用钢筋网、传力杆、拉杆等钢筋应符合国家有关标准的技术要求。

2.7.2 各交通等级混凝土路面、桥面和搭板所用钢筋应顺直，不得有裂纹、断伤、刻痕、表面油污和锈蚀。传力杆钢筋加工应锯断，不得挤压切断；断口应垂直、光圆，用砂轮打磨掉毛刺，并加工成2～3mm圆倒角。

2.8 接缝材料

2.8.1 应选用能适应混凝土面板膨胀和收缩、施工时不变形、弹性复原率高、耐久性好的胀缝板。本项指南宜采用塑胶、橡胶泡沫板或沥青纤维板，其技术要求应符合表13.2.9的规定。

胀缝板的技术要求 表13.2.9

试验项目	胀缝板种类	
	塑胶、橡胶泡沫类	纤维类
压缩应力（MPa）	0.2～0.6	2.0～10.0
弹性复原率（%）	≥90	≥65
挤出量（mm）	<5.0	<3.0
弯曲荷载（N）	0～50	5～40

注：各类胀缝板吸水后的压缩应力不应小于不吸水的90%。

2.8.2 填缝材料应具有与混凝土板壁黏结牢固、回弹性好、不溶于水、不渗水，高温时不挤出、不流淌、抗嵌入能力强、耐老化龟裂，负温拉伸量大，低温时不脆裂、耐久性好等性能。填缝料的技术指标应符合其对应的施工方式的技术要求，详见《公路水泥混凝土路面施工技术规范》（JTG F30—2003），本项指南使用聚氨酯道路嵌缝胶。

2.8.3 填缝时应使用背衬垫条控制填缝形状系数。背衬垫条应具有良好的弹性、柔韧性、不吸水、耐酸碱腐蚀和高温不软化等性能。背衬垫条材料设计图纸中规定使用聚氨酯类，其形状应为圆柱形，直径应比接缝宽度大2～5mm。

2.9 其他材料

2.9.1 当使用油毡、玻纤网和土工织物做防裂层及修补基层裂缝时，油毡的物理力学性能应符合《石油沥青玻璃纤维胎油毡》（GB/T 14686—2008）或《石油沥青玻璃布胎油毡》（JC/T 84—96）的规定；玻纤网和土工织物的技术性能应满足《公路土工合成材料应用技术规范》（JTJ/T 019－98）的规定。

2.9.2　传力杆套（管）帽、沥青及塑料薄膜应符合下列要求：

（1）用于滑模摊铺传力杆自动插入装置（DBI）缩缝传力杆塑料套管，其管壁厚度不应小于 0.5mm，套管与传力杆应密切贴合，套管长度应比传力杆一半长度长 30mm。

（2）用于胀缝传力杆端部的套帽宜采用镀锌管或塑料管，厚度不应小于 2.0mm；要求端部密封不透水，内径宜较传力杆直径大 1.0～1.5mm，塑料套帽长度宜为 100mm 左右，镀锌套帽长度宜为 50mm 左右，顶部空隙长度均不应小于 25mm。

（3）面层纵向施工缝使用的石油沥青及蜡制养护剂应符合《公路沥青路面施工技术规范》（JTG F40—2004）的规定及清连项目相应指南的规定。

2.9.3　用于混凝土路面养护的养生剂性能应符合表 13.2.10 的规定。

凝土路面施工用养生剂的技术指标　　表 13.2.10

检验项目			一级品	合格品
有效保水率[1]（%）		≥	90	75
抗压强度比[2]（%） ≥	7d		95	90
	28d		95	90
磨损量[3]（kg/m^2）		≤	3.0	3.5
含固量（%）		≥	20	
干燥时间（h）		≥	4	
成膜后浸水溶解性[4]			应注明不溶或可溶	
成膜耐热性			合格	

注：1. 有效保水率试验条件：温度 38℃±2℃，相对湿度 32%±3%，风速 0.5m/s±0.2m/s，失水时间 72h。
2. 抗压强度比也可为弯拉强度比，指标要求相同，可根据工程需要和用户要求选测。
3. 在对有耐磨性要求的表面上使用养生剂时为必检项目。
4. 露天养生的永久性表面必须为不溶；在要求继续浇筑的混凝土表面结构上使用（隔离层除外），应使用可溶，该指标由供需双方协商。

3 路面混凝土配合比设计

3.1 原　　则

路面混凝土的配合比设计在兼顾经济性的同时应满足下列三项技术要求。

（1）弯拉强度

① 混凝土路面板 28d 设计弯拉强度标准值 f_r应符合设计规范的规定。

② 混凝土配制 28d 弯拉强度的均值应按式（13.3.1）计算：

$$f_c = \frac{f_r}{1-1.04c_v} + ts \tag{13.3.1}$$

式中：f_c——配制 28d 混凝土弯拉强度的均值（MPa）；

f_r——混凝土设计弯拉强度标准值（MPa）；

s——弯拉强度试验样本的标准差（MPa）；

t——保证系数，应按表 13.3.1 确定，高速公路应选用 P=0.05 的判别概率；

c_v——弯拉强度变异系数，应按统计数据在表 13.3.2 的规范范围内取值；在无统计数据时，弯拉强度变异系数应按设计取值；如果施工配制弯拉强度超出设计给定的弯拉强度变异系数上限，则必须改进机械装备和提高施工控制水平。

保证率系数 t　　表 13.3.1

判别概率 P	样本数 n（组）				
	3	6	9	15	20
0.05	1.36	0.79	0.61	0.45	0.39

高速公路混凝土路面弯拉强度变异系数　　表 13.3.2

混凝土弯拉强度变异水平等级	低
弯拉强度变异系数 C_v 允许变化范围	0.05～0.10

（2）工作性

混凝土的坍落度见表 13.3.3。

混凝土路面滑模摊铺最佳工作性及允许范围　　表 13.3.3

指标＼界线	坍落度 S_L（mm）		振动黏度系数 η（N·s/m²）
	卵石混凝土	碎石混凝土	
最佳工作性	20～40	25～50	200～500
允许波动范围	5～55	10～65	100～600

注：1. 滑模摊铺机适宜的摊铺速度应控制在 0.5～2.0m/min 之间。
2. 本表适用于设超铺角的滑模摊铺机；对不设超铺角的滑模摊铺机，最佳振动黏度系数为 250～600N·s/m²；最佳坍落度卵石混凝土为 10～40mm，碎石混凝土为 10～30mm。
3. 滑模摊铺时的最大单位用水量卵石混凝土不宜大于 155kg/m³，碎石混凝土不宜大于 160kg/m³。

滑模摊铺机前拌和物最佳工作性及允许范围应符合表 13.3.3 的规定。

（3）耐久性

混凝土满足耐久性要求最大水灰（胶）比和最小单位水泥用量应符合表 13.3.4的规定。

混凝土满足耐久性要求最大水灰（胶）比和最小单位水泥用量　　表 13.3.4

项　目	技术要求	项　目	技术要求
最大水灰（胶）比	0.44	掺粉煤灰时最小单位水泥用量（kg/m³）	260（42.5 级）
最小单位水泥用量（kg/m³）	300（42.5 级）		

3.2　混凝土配合比设计步骤

3.2.1　配合比设计基本过程。

（1）计算混凝土配制弯拉强度 f_{cf}。

（2）水灰（胶）比的计算和确定。

① 根据粗集料的类型，水灰比可分别按下列统计公式计算。

碎石混凝土：

$$\frac{W}{C}=\frac{1.5684}{f_{cf}+1.0097-0.3595f_s} \tag{13.3.2}$$

卵石混凝土：

$$\frac{W}{C}=\frac{1.2618}{f_{cf}+1.5492-0.4709f_s} \tag{13.3.3}$$

式中：$\frac{W}{C}$——水灰比；

f_s——水泥实测 28d 抗折强度（MPa）。

② 掺用粉煤灰时，应计入超量取代法中代替水泥的那一部分粉煤灰用量

（代替砂的超量部分不计入），用水胶比$\frac{W}{C+F}$代替水灰比$\frac{W}{C}$。

③ 应在满足弯拉强度计算值和耐久性（表 13.3.4）两者要求的水灰（胶）比中取小值。

（3）根据规范公式计算单位用水量 W_{of}。

① 根据粗集料种类和表 13.3.3 中适宜的坍落度，分别按下列公式计算单位用水量（砂石料以自然风干状态计）。

碎石：

$$W_o = 104.97 + 0.309S_L + 11.27\frac{C}{W} + 0.61S_p \quad (13.3.4)$$

卵石：

$$W_o = 86.89 + 0.370S_L + 11.24\frac{C}{W} + 1.00S_p \quad (13.3.5)$$

式中：W_o——不掺外加剂与掺和料混凝土的单位用水量（kg/m³）；

S_L——坍落度（mm）；

S_p——砂率（%）。

② 掺外加剂混凝土单位用水量按式（13.3.6）计算：

$$W_{ow} = W_o\left(1 - \frac{\beta}{100}\right) \quad (13.3.6)$$

式中：W_{ow}——掺外加剂混凝土的单位用水量（kg/m³）；

β——所用外加剂剂量的实测减水率（%）。

（4）混凝土的单位水泥用量应按式（13.3.7）计算。

$$C_{of} = \frac{C}{W} \cdot W_{of} \quad (13.3.7)$$

式中：C_{of}——混凝土的单位水泥用量（kg/m³）；

W_{of}——混凝土的单位水用量（kg/m³）。

（5）砂率可按表 13.3.5 初选。

砂的细度模数与最优砂率关系 表 13.3.5

砂的细度模数		2.2～2.5	2.5～2.8	2.8～3.1	3.1～3.4	3.4～3.7
砂率 SP（%）	碎石	30～34	32～36	34～38	36～40	38～42
	卵石	28～32	30～34	32～36	34～38	36～40

注：碎卵石可以在碎石和卵石混凝土之间内插取值。

（6）砂石料用量可用密度法或体积法计算。

3.2.2　配合比确定与调整。

（1）由上述各经验公式推算得出的混凝土配合比，应在试验室内按下述步骤和《公路工程水泥及水泥混凝土试验规程》（JTG E30—2005）规定的方法进行试配检验和调整。

① 首先检验各种混凝土拌和物是否满足不同摊铺方式的最佳工作性要求。检验项目包括含气量、坍落度及其损失、振动黏度系数、外加剂品种及其最佳掺量。在工作性和含气量不满足相应摊铺方式要求时，可在保持水灰（胶）比不变的前提下，调整单位用水量、外加剂掺量或砂率，不得减小满足计算弯拉强度及耐久性要求的单位水泥用量、钢纤维体积率。

② 对于采用密度法计算的配合比，应实测拌和物视密度，并应按视密度调整配合比，调整时水灰比不得增大单位水泥用量，调整后的拌和物视密度允许偏差为±20%。实测拌和物含气量 a（%）及其偏差应满足表 13.3.6 的规定；不满足要求时，应调整引气剂掺量直至达到规定含气量。

路面混凝土含气量及允许偏差（%）　表 13.3.6

最大公称粒径（mm）	含气量要求
19.0	4.0±1.0
26.5	3.5±1.0
31.5	3.5±1.0

③ 以初选水灰（胶）比为中心，按 0.02 增减幅度选定 2～4 个水灰（胶）比制作试件，检验各种混凝土 7d 和 28d 配制弯拉强度、抗压强度、耐久性等指标（有抗冻性要求的地区，抗冻性为必测项目，耐磨性及干缩为选测项目）；也可保持计算水灰（胶）比不变，以初选单位水泥用量为中心，按 15～20kg/d 减幅度选定 2～4 个单位水泥用量。

④ 施工单位通过上述各项指标检验提出的配合比，在经监理或管理处中心试验室验证合格后，方可确定为试验室基准配合比。

（2）试验室的基准配合比应通过搅拌楼实际拌和检验和不小于 200m 试验路段的验证，并应根据料场砂石料含水率、拌和物实测视密度、含气量、坍落度及其损失，调整单位用水量、砂率或外加剂掺量。调整时，考虑施工中原材料含泥量、泥块含量、含水率变化和施工变异性等因素，单位水泥用量应适当增加 5～10kg，满足试拌试铺的工作性、28d（至少 7d）配制弯拉强度、抗压强度和耐久性等要求的配合比，经监理或管理处批准后方可确定为施工配合比。

（3）施工期间配合比的微调与控制应符合下列要求。

① 根据施工季节、气温和运距等的变化，可微调缓凝（高效）减水剂、引气剂或保塑剂的掺量，保持摊铺现场的坍落度始终适宜于铺筑，且波动最小。

② 降雨后，应根据每天不同时间的气温及砂石料实际含水率变化，微调加水量，同时微调砂石料称量，其他配合比参数不得变更，维持施工配合比基本不变。雨天或砂石料变化时应加强控制，保持现场拌和物工作性始终适宜摊铺和稳定。

4 施工准备工作

4.1 施工机械选择

混凝土路面的施工应采用滑模摊铺机和计算机自动控制的强制搅拌楼（站）。

4.2 施 工 组 织

4.2.1 开工前，管理处应组织设计、监理以及施工等单位进行技术交底。

4.2.2 施工单位应根据设计图纸、合同文件、摊铺方式、机械设备、施工条件等确定混凝土路面施工工艺流程、施工方案，进行详细的施工组织设计。

4.2.3 开工前，施工单位应对施工、试验、机械、管理等岗位的技术人员和各工种技术工人进行培训。未经培训的人员不得上岗操作。

4.2.4 施工单位应根据设计文件，测量校核平面和高程控制桩，复测和恢复路面中心、边缘全部基本标桩，测量精确度应满足相应规范的规定。

4.2.5 施工工地应建立具备相应资质的现场试验室，能够对原材料、配合比和路面质量进行检测和控制，提供符合交工检验、竣工验收和计量支付要求的自检结果。

4.2.6 各种桥涵、通道等构造物应提前建成，确有困难不能通行时，应有施工便道。施工时应确保运送混凝土的道路基本平整、畅通，不得延误运输时间或碾坏基层或桥面。施工中的交通运输应配备专人进行管制，保证施工有序、安全进行。

4.2.7 摊铺现场和搅拌场之间应建立快速有效的通信联络，及时进行生产调度和指挥。

4.3 搅拌场设置

4.3.1 搅拌场宜设置在摊铺路段的中间位置。搅拌场内部布置应满足原材料储运、混凝土运输、供水、供电、钢筋加工等使用要求，并尽量紧凑，减少占地。

4.3.2　搅拌场应保障搅拌、清洗、养生用水的供应，并保证水质。供水量不足时，搅拌场应设置与日搅拌量相适应的蓄水池。

4.3.3　搅拌场应保证充足的电力供应。电力总容量应满足全部施工用电设备、夜间施工照明及生活用电的需要。

4.3.4　应确保摊铺机械、运输车辆及发电机等动力设备的燃料供应。离加油站较远的工地宜设置油料储备库。

4.3.5　水泥、粉煤灰储存和供应要求：

(1) 每台搅拌楼应至少配备 2 个水泥罐仓，如掺粉煤灰还应至少配备 1 个粉煤灰罐仓。当水泥的日用量很大，需要两家以上的水泥厂供应水泥时，不同厂家的水泥应清仓再灌，并分罐存放。严禁粉煤灰与水泥混罐。

(2) 应确保施工期间的水泥和粉煤灰供应。供应不足或运距较远时，应储备和使用吨包装水泥或袋装粉煤灰，并准备水泥仓库、拆包及输送入灌设备。水泥仓库应覆盖或设置顶棚防雨，并应设置在地势较高处，严禁水泥、粉煤灰受潮或浸水。

4.3.6　砂石料储备：

(1) 施工前，宜储备正常施工 10～15d 的砂石料。

(2) 砂石料场应建在排水通畅的位置，其底部应作硬化处理（本项指南要求浇筑水泥混凝土进行场地硬化）。不同规格的砂石料之间应有隔离设施，并设标识牌，严禁混杂。

(3) 在低温天、雨天、大风天及日照强烈的条件下，应在砂石料堆上部架设顶篷或覆盖，覆盖砂石料数量不宜少于正常施工　周的用量。

4.3.7　原材料与混凝土运输车辆不应相互干扰。搅拌楼下宜采用厚度不薄于 200mm 的混凝土铺装层，并应设置污水排放管沟、积水坑或清洗搅拌楼的废水处理回收设备。

4.4　摊铺前材料与设备检查

4.4.1　在施工准备阶段，应依据混凝土路面设计要求、工程规模，对当地及周边的水泥、钢材、粉煤灰、外加剂、砂石料、水资源、电力、运输等状况进行实地调研，确认符合铺筑混凝土路面的原材料质量、品种、规格、原材料的供应量、供应强度和供给方式、运距等。通过调研优选，初步选择原材料供应商。

4.4.2　开工前，工地试验室应对计划使用的原材料进行质量检验和混凝土配合比优选，监理应对原材料抽检和配合比试验验证，报请管理处正式审批。

4.4.3 应根据路面施工进度安排，保证及时地供给符合第2章原材料技术指标规定的各种原材料，不合格原材料不得进场。所有原材料进出场应进行称量、登记、保管或签发。

4.4.4 应将相同料源、规格、品种的原材料作为一批，分批量检验和储存。原材料的检验项目和批量应符合表13.4.1的规定。

混凝土原材料的检测项目和频率 表13.4.1

材料	检查项目	检查频度
水泥	抗弯拉强度、抗压强度，安定性	1 500t一批
	凝结时间，标稠需水量，细度	2 000t一批
	f—CaO、MgO、SO_3含量，铝酸三钙、铁铝酸四钙，干缩率、耐磨性、碱度，混合材料种类及数量	每标段不少于3次，进场前必测
	温度、水化热	冬、夏季施工随时检测
粉煤灰	活性指数、细度、烧失量	1 500t一批
	需水量比、SO_3含量	每标段不少于3次，进场前必测
粗集料	针片状、超径颗粒含量，级配，表现密度，堆积密度，空隙率	2 500m^3一批
	含泥量、泥块含量	1 000m^3一批
	坚固性、岩石抗压强度、压碎指标	每种粗集料每标段不少于2次
	碱集料反应	怀疑有碱活性集料进场前测
	含水率	降雨或湿度变化随时测
砂	细度模数，表观密度，堆积密度，空隙率，级配	2 000m^3一批
	含泥量、泥块、石粉含量	1 000m^3一批
	坚固性	每种砂每标段不少于3次
	云母含量轻物质与有机物含量	目测有云母或杂质时测
	含盐量（硫酸盐、氯盐）	必要时测，淡化海砂每标段3次
	含水率	降雨或湿度变化随时测
外加剂	减水剂减水率，液体外加剂含固量和相对密度，粉状外加剂的不溶物含量	5t一批
	引气剂引气量、气泡细密程度和稳定度	2t一批
钢纤维	抗拉强度、抗弯拉性能、长度、长径比、形状	开工前或有变化时，每标段3次
	杂质、质量及其偏差	50t一批
养生剂	有效保水率、抗压强度比、耐磨性，耐热性、膜水溶性	开工前或有变化时，每标段3次
	含固量、成膜时间	试验路段测，施工每5t测1次
水	pH值、含盐量、硫酸根及杂质含量	开工前或有变化时

注：1. 开工前，所有原材料项目均应检验；当原材料规格、品种、生产厂、来源变化时，必检。
2. 数量不足一批时，按一批检验。

4.4.5　施工前必须对机械设备、测量仪器、基准线或模板、机具工具及各种试验仪器进行全面地检查、调试、校核、标定、维修和保养。主要施工机械的易损零部件应有适量储备。

4.5　基层和隔离层的检测与修整

4.5.1　底基层、基层除应符合《公路水泥混凝土路面设计规范》(JTG D40—2002）和《公路路面基层施工技术规范》(JTJ 034—2000）的规定外，尚应符合下列技术要求：

(1)（上）基层纵、横坡一般可与面层一致，但横坡可略大 0.15%～0.20%，并不得小于路面横坡。

(2) 硬路肩厚度薄于面板时，应设排水基层或排水盲沟。缘石底部应有渗透排水措施。

(3) 面层铺筑前，宜至少提供足够机械连续施工 10d 以上的合格基层。

4.5.2　面板铺筑前，应对基层进行全面的破损检查，当基层产生纵横向断裂、隆起或碾坏时，应采取下述有效措施进行彻底修复：

(1) 所有挤碎、隆起、空鼓的基层应清除，并使用相同的基层料重铺，同时设胀缝板横向隔开，胀缝板应与路面胀缝或缩缝上下对齐。

(2) 当基层产生非扩展性温缩、干缩裂缝时，应灌沥青密封防水，还应在裂缝上粘贴油毡、土工布或土工织物，其覆盖宽度不应小于 1 000mm；距裂缝最窄处不得小于 300mm。

(3) 当基层产生纵向扩展裂缝时，应分析原因，且宜在纵向裂缝所在的整个面板内，距板底 1/3 高度增设补强钢筋网，补强钢筋网到裂缝端部不宜短于 5m。

(4) 基层被碾坏成坑或破损面积较小的部位，应挖除并采用贫混凝土局部修复。

4.5.3　在贫混凝土基层表面，应喷洒蜡制养护剂隔离层，或采用设计规定的其他隔离层。

4.5.4　在有可能被水淹没浸泡路面的路段，可采用较厚的坚韧塑料薄膜或密闭土工膜覆盖底基层防水。

4.5.5　当隔离层出现局部损坏时，摊铺前应采用相同的封层材料进行修补，经质量检验合格，并由监理签认后，方可铺筑水泥混凝土面层。

5 混凝土拌和物搅拌与运输

5.1 搅拌设备

5.1.1 搅拌场的拌和能力配置应符合下列规定：

(1) 采用滑模、三辊轴机组摊铺时，搅拌场配置的混凝土总拌和生产能力可按式（13.5.1）计算，并按总拌和能力确定所要求的搅拌楼数量和型号。

$$M = 60\mu bhv_t \tag{13.5.1}$$

式中：M——搅拌楼总拌和能力（m^3/h）；

b——摊铺宽度（m）；

v_t——摊铺速度（m/min）（≥1m/min）；

h——面板厚度（m）；

μ——搅拌楼可靠性系数，可为1.2～1.5，根据下述具体情况确定：搅拌楼可靠性高，μ可取较小值；反之，μ取较大值；拌和钢纤维混凝土时，μ应取较大值；坍落度要求较低者，μ应取较大值。

(2) 不同摊铺方式所要求的搅拌楼最小生产容量应大于200m^3/h。一般可配备2～3台搅拌站。搅拌站的规格和品牌尽可能统一。

5.1.2 本项指南应选配间歇式搅拌楼，以保证供料计量稳定。

5.2 拌和技术要求

5.2.1 每台搅拌楼在投入生产前，必须进行标定和试拌。在标定有效期满或搅拌楼搬迁安装后，均应重新标定。施工中应每15d校验一次搅拌楼计量精确度。搅拌楼配料计量偏差不得超过表13.5.1的规定。不满足时，应分析原因，排除故障，确保拌和计量精确度。采用计算机自动控制系统的搅拌楼时，应使用自动配料生产，并按需要打印每天（周、旬、月）对应路面摊铺桩号的混凝土配料统计数据及偏差。

搅拌楼的混凝土拌和计量允许偏差（%）　　表 13.5.1

材料名称	水泥	掺和物	钢纤维	砂	粗集料	水	外加剂
每盘允许偏差	±1	±1	±2	±2	±2	±1	±1
累计每车允许偏差	±1	±1	±1	±2	±2	±1	±1

5.2.2　应根据拌和物的黏聚性、均质性及强度稳定性试拌确定最佳拌和时间。一般情况下，单立轴式搅拌机总拌和时间宜为 80～120s，全部原材料到齐后的最短纯拌和时间不宜短于 40s；行星立轴和双卧轴式搅拌机总拌和时间为 60～90s，最短纯拌和时间不宜短于 35s；连续双卧轴搅拌楼的最短拌和时间不宜短于 40s，最长总拌和时间不应超过高限值的 2 倍。

5.2.3　混凝土拌和过程中，不得使用沥水、夹冰雪、表面沾染尘土和局部暴晒过热的砂石料。

5.2.4　外加剂应以稀释溶液加入，其稀释用水和原液中的水量，应从拌和加水量中扣除。使用间歇搅拌楼时，外加剂溶液浓度应根据外加剂掺量、每盘外加剂溶液筒的容量和水泥用量计算得出。连续式搅拌楼应按流量比例控制加入外加剂。

加入搅拌锅的外加剂溶液应充分溶解，并搅拌均匀。有沉淀的外加剂溶液，应每天清除一次稀释池中的沉淀物。

5.2.5　拌和引气混凝土时，搅拌楼一次拌和量不应大于其额定搅拌量的 90%。纯拌和时间应控制在含气量最大或较大时。

5.2.6　粉煤灰或其他掺和料应采用与水泥相同的输送、计量方式加入。粉煤灰混凝土的纯拌和时间应比不掺的延长 10～15s。当同时掺用引气剂时，宜通过试验适当增大引气剂掺量，以达到规定含气量。

5.2.7　拌和物质量检验与控制应符合下列要求：

（1）搅拌过程中，拌和物质量检验与控制应符合表 13.5.2 的规定。低温或高温天气施工时，拌和物出料温度宜控制在 10～35℃，并应测定原材料温度、拌和物的温度、坍落度损失率和凝结时间等。

混凝土拌和物的质量检验项目和频率　　表 13.5.2

检查项目	检查频率	检查项目	检查频率
水灰比及稳定性	每 5 000m^3 抽检 1 次，有变化随时测	含气量	每工班测 2 次，有抗冻要求不少于 3 次
坍落度及其均匀性	每工班测 3 次，有变化随时测	泌水率	必要时测
坍落度损失率	开工、气温较高和有变化随时测	视密度	每工班测 1 次
振动黏度系数	试拌、原材料和配合比有变化时测	温度、凝结时间、水化发热量	冬、夏季施工，气温最高、最低时，每工班至少测 1～2 次
钢纤维体积率	每工班测 2 次，有变化随时测	离析	随时观察

（2）拌和物应均匀一致，有生料、干料、离析或外加剂、粉煤灰成团现象的非均质拌和物严禁用于路面摊铺。一台搅拌楼的每盘之间，各搅拌楼之间，拌和物的坍落度最大允许偏差为±10mm。拌和坍落度应为最适宜摊铺的坍落度值与当时气温下运输坍落度损失值两者之和。

5.3 运输车辆

机械摊铺系统配套的运输车数量，可按式（13.5.2）计算。

$$N = 2n\left[\frac{1+S\gamma_c m}{v_q g_q}\right] \tag{13.5.2}$$

式中：N——汽车辆数（辆）；

n——相同产量搅拌楼台数；

S——单程运输距离（km）；

γ_c——混凝土密度（t/m^3）；

m——一台搅拌楼每小时生产能力（m^3/h）；

v_q——车辆的平均运输速度（km/h）；

g_q——汽车载重能力（t/辆）。

5.4 运输技术要求

5.4.1 应根据施工进度、运量、运距及路况，选配车型和车辆总数。总运力应比总拌和能力略有富余，确保新拌混凝土在规定时间内运到摊铺现场。

5.4.2 运输到现场的拌和物必须具有适宜摊铺的工作性。不同摊铺工艺的混凝土拌和物从搅拌机出料到运输、铺筑完毕的允许最长时间应符合表13.5.3的规定。不满足时应通过试验加大缓凝剂或保塑剂的剂量。

混凝土拌和物出料到运输、铺筑完毕允许最长时间 表13.5.3

施工气温*（℃）	到运输完毕允许最长时间（h）	到铺筑完毕允许最长时间（h）	施工气温*（℃）	到运输完毕允许最长时间（h）	到铺筑完毕允许最长时间（h）
5～9	2.0	2.5	20～29	1.0	1.5
10～19	1.5	2.0	30～35	0.75	1.25

注：*指施工时间的日间平均气温，使用缓凝剂延长凝结时间后，本表数值可增加0.25～0.5h。

5.4.3 混凝土拌和物的运输除应满足上述规定外，尚应符合下列技术要求：

(1) 运送混凝土的车辆装料前，应清净厢罐，洒水润壁，排干积水。装料时，自卸车应挪动车位，防止离析。搅拌楼卸料落差不应大于 2m。

(2) 混凝土运输过程中应防止漏浆、漏料和污染路面，途中不得随意耽搁。车辆起步和停车应平稳。

(3) 超过表 13.5.3 规定摊铺允许最长时间的混凝土不得用于路面摊铺。混凝土一旦在车内停留超过初凝时间，应采取紧急措施处置，严禁混凝土硬化在车厢（罐）内。

(4) 烈日、大风、雨天和低温天远距离运输时，罐车宜加保温隔热套。

(5) 运输车辆在模板或导线区掉头或错车时，严禁碰撞模板或基准线，一旦碰撞，应告知测工重新测量纠偏。

(6) 车辆倒车及卸料时，应有专人指挥。卸料应到位，严禁碰撞摊铺机和前场施工设备及测量仪器。卸料完毕，车辆应迅速离开。

6 混凝土面层铺筑

6.1 滑模机械铺筑

6.1.1 机械配备。

(1) 本项指南宜选配能一次摊铺 2 个车道宽度 (7.5～9m) 的滑模摊铺机。硬路肩的摊铺宜选配中、小型多功能滑模摊铺机，并宜连体一次摊铺路缘石。滑模摊铺机可按表 13.6.1 的基本技术参数选择。

滑模摊铺机的基本技术参数表　　表 13.6.1

项目	发动机功率 (kW)	摊铺宽度 (m)	摊铺宽度 (mm)	摊铺速度 (m/min)	空驶速度 (m/min)	行走速度 (m/min)	履带数 (个)	整机质量 (t)
三车道滑模摊铺机	200～300	12.5～16	0～500	0～3	0～5	0～15	4	57～135
双车道滑模摊铺机	150～200	3.6～9.7	0～500	0～3	0～5	0～18	2～4	22～50

(2) 滑模摊铺路面时，可配备 1 台挖掘机或装载机辅助布料。采用前置钢筋支架法设置缩缝传力杆的路面、钢筋混凝土路面、桥面和桥头搭板时，应选配下列适宜的布料机械：

① 侧向上料的布料机。

② 侧向上料的供料机。

③ 带侧向上料机构的滑模摊铺机。

④ 挖掘机加料斗侧向供料。

⑤ 吊车加短便桥钢凳，车辆直接卸料。

⑥ 吊车加料斗起吊布料。

(3) 可采用拉毛养生机或人工软拉槽制作抗滑沟槽。工程规模大、日摊铺进度快时，宜采用拉毛养生机。本项指南必须采用刻槽机进行硬刻槽，其刻槽作业宽度不宜小于 500mm，所配备的硬刻槽机数量及刻槽能力应与滑模摊铺进度相匹配。

(4) 滑模摊铺混凝土路面的切缝，可使用软锯缝机、支架式硬锯缝机和普通锯缝机。配备的锯缝机数量及切缝能力应与滑模摊铺进度相适应。

（5）滑模摊铺系统机械配套宜符合表 13.6.2 的要求。

滑模摊铺机施工主要机械和机具配套表　　表 13.6.2

工作内容	主要施工机械设备	
	名称	机型及规格
钢筋加工	钢筋锯断机、折弯机、电焊机	根据需要定规格和数量
测量基准线	水准仪、经纬仪、全站仪*	根据需要定规格和数量
	基准线、线桩及紧线器	300 个桩、5 个紧线器、3 000m 基准线
搅拌	强制式搅拌楼	≥50（m^3/h），数量由计算确定
	装载机	2～$3m^3$
	发电机	≥120kW
	供水泵和蓄水池	≥$250m^3$
运输	运输车*	4～$6m^3$数量由匹配计算确定
	自卸车	4～$24m^3$数量由匹配计算确定
摊铺	布料机*，挖掘机，吊车等布料设备	根据需要定规格和数量
	滑模摊铺机 1 台	技术参数见表 13.6.1
	手持振捣棒、整平梁、模板	根据人工施工接头需要定
抗滑	拉毛养生机*1 台	与滑模摊铺机同宽
	人工拉毛齿耙、工作桥	根据需要定规格和数量
	硬刻槽机*刻槽宽度≥500mm，功率≥7.5kW	数量与摊铺进度匹配
切缝	软锯缝机	根据需要定规格和数量
	常规锯缝机或支架锯缝机	根据需要定规格和数量
	移动发电机	12～60kW，数量由施工需要定
磨平	水磨石磨机	需要处理欠平整部位时
灌缝	灌缝机或插胶条工具	根据需要定规格和数量
养生	压力式喷洒机或喷雾器	根据需要定规格和数量
	工地运输车	4～6t 按需要定数量
	洒水车	4.5～8t 按需要定数量

注：*可按装备、投资、施工方式等不同要求选配。

6.1.2　基准线设置。

（1）滑模摊铺混凝土路面的施工应设置基准线。基准线设置形式有单向坡双线式、单向坡单线式和双向坡双线式三种。

（2）基准线宽度除应保证摊铺宽度外，尚应满足两侧 650～1 000mm 横向支距的要求。

（3）基准线桩纵向间距：直线段不应大于 10m，竖、平曲线路段视曲线半径大小应加密布置，最小 2.5m。

（4）线桩固定时，基层顶面到夹线臂的高度宜为 450～750mm。基准线桩夹线臂夹口到桩的水平距离宜为 300mm。基准线桩应钉牢固。

（5）单根基准线的最大长度不宜大于 450m。

（6）基准线拉力不应小于 1 000N。

（7）基准线的设置精确度应符合表 13.6.3 的规定。

基准线设置精确度要求　　表 13.6.3

项目	中线平偏位（mm）	路面宽度偏差（mm）	面板宽度（mm）		纵断高程偏差（mm）	横坡偏差（%）	连接纵缝高差（mm）
			代表值	极值			
规定值	≤10	≤+15	≥−3	≥−8	±5	±0.10	±1.5

注：在基准线上测定板厚，单车道一个横断面测 3 点，双车道测 5 点其平均值为该断面平均板厚。断面平均板厚不应小于其代表值；极小值不应小于极值。每 200m 测 10 个断面，其均值为该路段平均板厚，路段平均板厚小应小于设计板厚。不满足上述要求，不得摊铺面板。

（8）基准线设置后，严禁扰动、碰撞和振动。一旦碰撞变位，应立即重新测量纠正。多风季节施工，应缩小基准线桩间距。

6.1.3　摊铺准备。

（1）所有施工设备和机具均应处于良好状态，并全部就位。

（2）基层、封层表面及履带行走部位应清扫干净。摊铺面板位置应洒水湿润，但不得积水。

（3）横向连接摊铺时，前次摊铺路面纵缝的溜肩胀宽部位应切割顺直。侧边拉杆应校正扳直，缺少的拉杆应钻孔锚固植入。纵向施工缝的上半部缝壁应满涂沥青。

6.1.4　布料。

（1）滑模摊铺机前的正常料位高度应在螺旋布料器叶片最高点以下，亦不得缺料。卸料、布料应与摊铺速度相协调。

（2）当坍落度在 10～50mm 时，布料松铺系数宜控制在 1.08～1.15 之间。布料机与滑模摊铺机之间施工距离宜控制在 5～10m。

（3）摊铺钢筋混凝土路面、桥面或搭板时，严禁任何机械开上钢筋网。

6.1.5　滑模摊铺机的施工参数设定及校准。

（1）振捣棒下缘位置应在挤压板最低点以上，振捣棒的横向间距不宜大于 450mm，均匀排列；两侧最边缘振捣棒与摊铺边沿距离不宜大于 250mm。

（2）挤压底板前倾角宜设置为 3°左右。提浆夯板位置宜在挤压底板前缘以下 5～10mm 之间。

（3）两边缘超铺高程根据拌和物稠度宜在 3～8mm 间调整。搓平梁前沿宜调整到与挤压板后沿高程相同，搓平梁的后沿比挤压底板后沿低 1～2mm，并与路面高程相同。

（4）滑模摊铺机首次摊铺路面，应挂线对其铺筑位置、几何参数和机架水平度进行调整和校准，正确无误后，方可开始摊铺。

（5）在开始摊铺的 5m 内，应在铺筑行进中对摊铺出的路面高程、边缘厚度、中线、横坡度等参数进行复核测量。所摊铺的路面精确度应控制在表 13.6.3 的规定值范围内。

6.1.6　铺筑作业技术要领。

（1）操作滑模摊铺机应缓慢、匀速、连续不间断地作业。严禁料多追赶，然后随意停机等待，间歇摊铺。摊铺速度应根据拌和物稠度、供料多少和设备性能控制在 0.5～2.0m/min 之间，一般宜控制在 1m/min 左右。拌和物稠度发生变化时，应先调振捣频率，后改变摊铺速度。

（2）应随时调整松方高度板控制进料位置，开始时宜略设高些，以保证进料。正常摊铺时应保持振捣仓内料位高于振捣棒 100mm 左右，料位高低上下波动宜控制在±30mm 之内。

（3）正常摊铺时，振捣频率可在 6 000～11 000r/min 之间调整，宜采用 9 000r/min 左右。应防止混凝土过振、欠振或漏振。应根据混凝土的稠度大小，随时调整摊铺的振捣频率或速度。摊铺机起步时，应先开启振捣棒振捣 2～3min，再缓慢平稳推进。摊铺机脱离混凝土后，应立即关闭振捣棒组。

（4）滑模摊铺机满负荷时可铺筑的路面最大纵坡为：上坡 5%，下坡 6%。上坡时，挤压底板前仰角宜适当调小，并适当调轻抹平板压力；下坡时，前仰角宜适当调大，并适当调大抹平板压力。板底不小于 3/4 长度接触路表面时抹平板压力适宜。

（5）滑模摊铺机施工的最小弯道半径不应小于 50m，最大超高横坡不宜大于 7%。

（6）本项指南摊铺机应有侧向打拉杆的装置和在假纵缝位置配置拉杆自动插入装置。

（7）硬刻槽路面的砂浆表层厚度宜控制在 2～3mm。

（8）养护 5～7d 后，方允许摊铺相邻车道。

（9）摊铺第二幅时，如果需要将履带机械从第一幅水泥路面上通过，应采用保护措施（垫橡胶皮带等）避免履带对新铺路面产生影响。

6.1.7　问题处置。

（1）摊铺中应经常检查振捣棒的工作情况和位置。路面出现麻面或拉裂现象时，必须停机检查或更换振捣棒。摊铺后，路面上出现发亮的砂浆条带时，必须调高振捣棒位置，使其底缘在挤压底板的后缘高度以上。

（2）摊铺宽度大于 7.5m 时，若左右两侧拌和物稠度不一致，摊铺速度应按偏干一侧设置，并应将偏稀一侧的振捣棒频率迅速调小。

（3）应通过调整拌和物稠度、停机待料时间、挤压底板前仰角、起步及摊铺速度等措施控制和消除横向拉裂现象。

（4）摊铺中的滑模摊铺机停机等料最长时间超过当时气温下混凝土初凝时间的 4/5 时，应将滑模摊铺机迅速开出摊铺工作面，并做施工缝。

6.1.8　混凝土面板的抹平。

滑模摊铺过程中应采用自动抹平板装置进行抹面。对少量局部麻面和明显缺料部位，应在挤压板后或搓平梁前补充适量拌和物，由搓平梁或抹平板机械修整。滑模摊铺的混凝土面板在下列情况下，可用人工进行局部修整：

（1）用人工操作抹面抄平器，精整摊铺后表面的小缺陷，但不得在整个表面加薄层修补路面高程。

（2）对纵缝边缘出现的倒边、塌边、溜肩现象，应顶侧模或在上部支方铝管进行边缘补料修整。

（3）对起步和纵向施工接头处，应用水准仪抄平并用大于 3m 的靠尺边测边修整。

6.1.9　摊铺结束后的维护、清理。

滑模摊铺结束后，必须及时清洗滑模摊铺机，进行当日保养等，并宜在第二天硬切横向施工缝，也可当天软做施工横缝。应丢弃端部的混凝土和摊铺机振动仓内遗留下的纯砂浆，两侧模板应向内各收进 20～40mm，收口长度宜比滑模摊铺机侧模板略长。施工缝部位应设置传力杆，并应满足路面平整度、高程、横坡和板长要求。

7　面层接缝、抗滑与养生

7.1　接缝施工

7.1.1　纵缝施工：

（1）纵向接缝分纵向缩缝和纵向施工缝，纵向缩缝采用设拉杆的假缝形式，纵向施工缝采用设拉杆的平缝形式。纵向缩缝锯切形成、纵缝位置应按车道宽度设置，并在摊铺过程中用专用的拉杆插入装置插入拉杆。

（2）混凝土路面、桥面和搭板的纵缝拉杆可由横向钢筋延伸穿过接缝代替。拉杆采用 ϕ16 螺纹钢筋，长度不大于 0.8m，间距为 60cm。

（3）插入的侧向拉杆应牢固，不得松动、碰撞或拔出。若发现拉杆松脱或漏插应在横向相邻路面摊铺前，钻孔重新植入。当发现拉杆可能被拔出时，宜进行拉杆拔出力（握裹力）检验。

7.1.2　每天摊铺结束或摊铺中断时间超过 30min 时，应设置横向施工缝，其位置宜与胀缝或缩缝重合，确有困难不能重合时，施工缝应采用设螺纹传力杆的企口缝形式。横向施工缝应与路中心线垂直。横向施工缝在缩缝处采用平缝加传力杆型。在胀缝处其构造与胀缝相同。

7.1.3　横向缩缝施工：

（1）普通混凝土路面横向缩缝宜等间距布置，不宜采用斜缝。不得不调整板长时，最大板长不宜大于 6.0m；最小板长不宜小于板宽。

（2）缩缝应采用假缝加传力杆型，设置间距为 5m。缩缝传力杆的施工方法可采用前置钢筋支架法或传力杆插入装置（DBI）法，传力杆采用 ϕ30mm 光圆钢筋，长 0.5m，间距为 30cm。钢筋支架应具有足够的刚度，传力杆应准确定位，摊铺之前应在基层表面放样，并用钢钎锚固，宜使用手持振捣棒振实传力杆高度以下的混凝土，然后机械摊铺。传力杆无防粘涂层一侧应焊接，有涂料一侧应绑扎。用 DBI 法置入传力杆时，应在路侧缩缝切割位置做标记，保证切缝位于传力杆中部。

7.1.4　胀缝设置与施工：

（1）混凝土路面胀缝间距视集料的温度膨胀性大小、当地年温差和施工季节综合确定。高温施工，可不设胀缝；常温施工，集料温缩系数和年温差较小时，可不设胀缝；集料温缩系数或年温差较大，路面两端构造物间距大于等于500m时，宜设一道中间胀缝；低温施工，路面两端构造物间距大于等于350m时，宜设一道胀缝。邻近构造物、平曲线或与其他道路相交处的胀缝应按《公路水泥混凝土路面设计规范》（JTG D40—2002）的规定设置。

（2）混凝土路面的胀缝应设置胀缝补强钢筋支架、胀缝板和传力杆。胀缝宽20～25mm，使用沥青或塑料薄膜滑动封闭层时，胀缝板及填缝宽度宜加宽到25～30mm。传力杆一半以上长度的表面应涂防黏涂层，端部应戴活动套帽，套帽材料与尺寸应符合要求。胀缝板应与路中心线垂直，缝壁垂直；缝隙宽度一致；缝中完全不连浆。

（3）胀缝应采用前置钢筋支架法施工，也可采用预留一块面板，高温时再铺封。前置法施工，应预先加工、安装和固定胀缝钢筋支架，并在使用手持振捣棒振实胀缝板两侧的混凝土后再摊铺。胀缝板应连续贯通整个路面板宽度。

7.1.5　拉杆、胀缝板、传力杆及套帽、滑移端设置精确度应符合表13.7.1的要求。

拉杆、胀缝板、传力杆及其套帽、滑移端设置精确度　　表13.7.1

项　　目	允许偏差（mm）	测量位置
传力杆端上下左右偏斜偏差	10	在传力杆两端测量
传力杆在板中心上下左右偏差	20	以板面为基准测量
传力杆沿路面纵向前后偏位	30	以缝中心线为准
拉杆深度偏差及上下左右偏斜偏差	10	以板厚和杆端为基准测量
拉杆端及在板中上下左右偏差	20	杆两端和板面测量
拉杆沿路面纵向前后偏位	30	纵向测量
胀缝传力杆套帽长度不小于100mm	10	以封堵帽端起测
缩缝传力杆滑移端长度大于1/2杆长	20	以传力杆长度中间起测
胀缝板倾斜偏差	20	以板底为准
胀缝板的弯曲和位移偏差	10	以缝中心线为准

注：胀缝板不允许混凝土连浆，必须完全隔断。

7.1.6　混凝土面层、桥面和搭板的纵、横向缩缝均应采用切缝法施工。切缝作业应符合下列规定。

（1）横向缩缝。

① 横向缩缝的切缝方式有全部硬切缝、软硬结合切缝和全部软切缝三种，切缝方式的选用，应由施工期间该地区路面摊铺完毕到切缝时的昼夜温差确定，宜参照表13.7.2选用。

根据施工气温推荐的切缝方式　　表13.7.2

昼夜温差（℃）	切缝方式	缩缝切深
<10	最长时间不得超过24h	硬切缝1/3～2/5板厚
10～15	软硬结合切缝，每隔1～2条提前软切缝，其余用硬切缝补切	软切深度不应小于90mm；不足者应硬切补深到2/5板厚，已断开的缝不补切
>15	宜全部软切缝，抗压强度为1～1.5MPa，人可行走；软切缝不宜超过6h	软切缝深大于等于80mm，未断开的接缝，应硬切补深到不小于1/3板厚

注：降雨后刮风引起路面温度骤降，面板温差在表中规定范围内，应按表中方法提早切缝。

② 本项指南面层横向缩缝的切缝深度不得小于100mm；纵向缩缝的切缝深度不得小于120mm。本项指南基层横向与纵向缩缝的切缝深度均不得小于100mm。

（2）高度大于等于10m的高边坡、软基及填挖交界路段、桥头搭板、桥面板的纵向施工缝，应在上半部涂满沥青，然后硬切缝，并填缝。

（3）纵、横缩缝宜同时切缝。

（4）缩缝切缝宽度宜控制在4～6mm，切缝时锯片晃动不应大于2mm。可先用薄锯片切到要求深度，再使用6～8mm厚锯片或叠合锯片扩展填缝槽，填缝槽深度宜为25～30mm，宽度宜为7～10mm。

（5）在变宽路面上，宜先切缝划分板宽。匝道上的纵缝宜避开轮迹位置。横缝应垂直于每块面板的中心线。变宽度路面缩缝，允许切割成小转角的折线，相邻板的横向缩缝切口必须对齐，允许偏差不得大于5mm。

7.1.7　灌缝。

（1）混凝土板养生期满后，应及时灌缝。

（2）灌缝技术要求：

① 应先采用切缝机清除接缝中夹杂的砂石、凝结的泥浆等，再使用压力大于等于0.5MPa的压力水和压缩空气彻底清除接缝中的尘土及其他污染物，确保缝壁及内部清洁、干燥。缝壁检验以擦不出灰尘为灌缝标准。

② 使用常温聚氨酯道路嵌缝胶等填缝料，应按规定比例将两组分材料按1h灌缝量混拌均匀后使用。

③ 使用加热填缝料时应将填缝料加热至规定温度。加热过程中应将填缝料融化，搅拌均匀，并保温使用。

④ 灌缝的形状系数宜控制在2左右，灌缝深度宜为15～20mm，最浅不得小于15mm。先挤压嵌入直径9～12mm多孔泡沫塑料背衬条，再灌缝。灌缝顶面热天应与板面齐平；冷天应填为凹液面，中心低于板面1～2mm。填缝必须饱满、均匀，厚度一致并连续贯通，填缝料不得缺失、开裂和渗水。

⑤ 常温施工式填缝料的养生期，低温天宜为24h，高温天宜为12h。加热

施工式填缝料的养生期，低温天宜为 2h，高温天宜为 6h。在灌缝料养生期间应封闭交通。

(3) 路面胀缝和桥台隔离缝等应在填缝前，凿去接缝板顶部嵌入的木条，涂黏结剂后，嵌入胀缝专用多孔橡胶条或灌进适宜的填缝料，当胀缝的宽度不一致或有啃边、掉角等现象时，必须灌缝。

7.2 抗滑构造施工

7.2.1 抗滑构造技术要求：

(1) 混凝土面层竣工时的表面抗滑技术要求应符合表 13.9.2 的规定。

(2) 构造深度应均匀，不损坏构造边棱，耐磨抗冻，不影响路面和桥面的平整度。

7.2.2 抗滑构造施工：

(1) 摊铺完毕或精整平表面后，宜使用钢支架拖挂 1～3 层叠合麻布、帆布或棉布，洒水湿润后作拉毛处理。布片接触路面的长度以 0.7～1.5m 为宜，细度模数偏大的粗砂，拖行长度取小值；砂较细，取大值。人工修整表面时，宜使用木抹。用钢抹修整过的光面，必须再拉毛处理，以恢复细观抗滑构造。

(2) 混凝土路面应采用硬刻槽。可采用等间距刻槽，其几何尺寸与上款相同；为降低噪声宜采用非等间距刻槽，尺寸宜为：槽深 3～5mm，槽宽 3mm，槽间距在 12～24mm 之间随机调整。路面结冰地区，硬刻槽的形状宜使用上宽(6mm) 下窄 (3mm) 的梯形槽；硬刻槽机重量宜重不宜轻，一次刻槽最小宽度不应小于 500mm，硬刻槽时不应掉边角，亦不得中途抬起或改变方向，并保证硬刻槽到面板边缘。抗压强度达到 40%后可开始硬刻槽，并宜在两周内完成。硬刻槽后应随即将路面冲洗干净，并恢复路面的养生。

(3) 一般路段可采用横向槽或纵向槽，在弯道或要求减噪的路段宜使用纵向槽。

7.2.3 新建路面或旧路面抗滑构造不满足要求时，可采用硬刻槽或喷砂打毛等方法加以恢复。

7.3 混凝土路面养生

7.3.1 混凝土路面铺筑完成或软作抗滑构造完毕后应立即开始养生。养生方式应符合招标文件有关补充技术规范以及《公路水泥混凝土路面施工技术规范》（JTG F30—2003）的有关要求。无论采用何种养生方式，承包人必须确保水泥混凝土路面结构层的质量。

7.3.2　机械摊铺的各种混凝土路面、桥面及搭板宜采用喷洒养护剂同时保湿覆盖的方式养生。混凝土路面采用喷洒养护剂养生时，喷洒应均匀，成膜厚度应足以形成完全密闭水分的薄膜，喷洒后的表面不得有颜色差异。喷洒的时间宜在表面混凝土泌水完毕后进行。喷洒高度宜控制在0.5～1m。使用一级品养生剂时，最小喷洒剂量不得少于0.30kg/m²；合格品的最小喷洒剂量不得少于0.35kg/m²。不得使用易被雨水冲刷掉的和对混凝土强度、表面耐磨性有影响的养生剂。

7.3.3　覆盖养生：

（1）宜采用保湿膜、土工毡、土工布、麻袋、草袋、草帘等覆盖物保湿养生并及时洒水，保持混凝土表面始终处于潮湿状态，并由此确定每天的洒水遍数。

（2）昼夜温差大于10℃以上的地区或日平均温度小于等于5℃施工的混凝土路面，应采取保温保湿养生措施。

7.3.4　养生时间应根据混凝土弯拉强度增长情况而定，不宜小于设计弯拉强度的80%，应特别注重前7d的保湿（温）养生。一般养生天数宜为14～21d，高温天气不宜少于14d，低温天气不宜少于21d。掺粉煤灰的混凝土路面，最短养生时间不宜少于28d，低温天应适当延长。

7.3.5　混凝土板养生初期，严禁人、畜、车辆通行，在达到设计强度40%后，行人方可通行。在路面养生期间，平交道口应搭建临时便桥。面板达到设计弯拉强度后，方可开放交通。

8 特殊气候条件下的施工

8.1 一般规定

8.1.1 混凝土路面铺筑期间，应收集月、旬、日天气预报资料，遇有影响混凝土路面施工质量的天气时，应暂停施工或采取必要的防范措施，制订特殊气候的施工方案。

8.1.2 混凝土路面施工如遇下述条件之一者，必须停工：

（1）现场降雨。

（2）风力大于6级，风速在10.8m/s以上的强风天气。

（3）现场气温高于40％或拌和物摊铺温度高于35℃。

（4）摊铺现场连续5昼夜平均气温低于5℃，夜间最低气温低于－3℃。

8.2 雨季施工

8.2.1 防雨准备：

（1）地势低洼的搅拌场、水泥仓、备件库及砂石料堆场，应按汇水面积修建排水沟或预备抽排水设施。搅拌楼的水泥和粉煤灰罐仓顶部通气口、料斗及不得遇水部位应有防潮、防水覆盖措施，砂石料堆应防雨覆盖。

（2）雨天施工时，在新铺路面上，应备足防雨篷、帆布和塑料布或薄膜。

（3）防雨篷支架宜采用可推行的焊接钢结构，并具有人工饰面拉槽的足够高度。

8.2.2 防雨水冲刷：

（1）摊铺中遭遇阵雨时，应立即停止铺筑混凝土路面，并紧急使用防雨篷、塑料布或塑料薄膜等覆盖尚未硬化的混凝土路面。

（2）被阵雨轻微冲刷过的路面，视平整度和抗滑构造破损情况，采用硬刻槽或先磨平再刻槽的方式处理。对被暴雨冲刷后，路面平整度严重劣化或损坏的部位，应尽早铲除重铺。

（3）降雨后开工前，应及时排除车辆内、搅拌场及砂石料堆场内的积水或淤泥。运输便道应排除积水，并进行必要的修整。摊铺前应扫除基层上的积水。

8.3 风天施工

风天应采用风速计在现场定量测风速或观测自然现象，确定风级，并按表 13.8.1 的规定采取防止塑性收缩开裂的措施。

刮风天混凝土路面防止塑性收缩开裂的措施　　表 13.8.1

风力	相应自然现象	风速（m/s）	防止路面塑性收缩开裂措施
1 级轻风	烟能表示风向，水面有鱼鳞波	≤1.5	正常施工，喷洒一遍养生剂，原液剂量 0.30kg/m^2
2 级轻风	人面有感，树叶沙沙响，风标转动，水波显著	1.6～3.3	应加厚喷洒一遍养生剂，剂量 0.45kg/m^2
3 级微风	树叶和细枝摇晃，旗帜飘动，水面波峰破碎，产生飞沫	3.4～5.6	路面摊铺完成后，立即喷洒第一遍养生剂，拉毛后，再喷洒第二遍养生剂，两遍剂量共 0.60kg/m^2
4 级和风	吹起尘土和纸片，小树枝摇动，水波出白浪	5.7～7.9	除拉毛前后喷两遍养生剂外（两遍剂量共 0.60kg/m^2），还需覆盖塑料薄膜
5 级劲风	有叶小树开始摇动，大浪明显，波峰起白沫	8.0～10.7	使用抹面机械抹面，加厚喷一遍剂量 0.45kg/m^2 的养生剂并覆盖塑料薄膜或麻袋草袋，使用钢刷做细观抗滑构造，使用硬刻槽机刻出抗滑沟槽，无机械抹面措施时，应停止施工
6 级强风	大树枝摇动，电线呼呼响，出现长浪，波峰吹成条纹	10.8～13.8	必须停止施工

8.4 高温季节施工

8.4.1　施工现场的气温高于 30℃，拌和物摊铺温度在 30～35℃，同时，空气相对湿度小于 80％时，混凝土路面和桥面的施工应按高温季节施工的规定进行。

8.4.2　高温天铺筑混凝土路面和桥面应采取下列措施：

（1）当现场气温大于等于 30℃时，应避开中午高温时段施工，可选择在早晨、傍晚或夜间施工，夜间施工应有良好的操作照明，并确保施工安全。

（2）砂石料堆应设遮阳篷；抽用地下冷水或采用冰屑水拌和；拌和物中宜加允许最大掺量的粉煤灰或磨细矿渣，但不宜掺硅灰。拌和物中应掺足够剂量的缓凝剂、高温缓凝剂、保塑剂或缓凝（高效）减水剂等。

（3）应加快施工各环节的衔接，尽量压缩搅拌、运输、摊铺、饰面等各工艺环节所耗费的时间。

（4）可使用防雨篷作防晒遮荫篷。在每日气温最高和日照最强烈时段遮荫。

（5）高温天气施工时，混凝土拌和物的出料温度不宜超过 35℃，并应随时监测气温、水泥、拌和水、拌和物及路面混凝土温度，必要时加测混凝土水化热。

（6）在采用覆盖保湿养生时，应加强洒水，并保持足够的湿度。

（7）切缝应视混凝土强度的增长情况或按 250 温度小时计，宜比常温施工适当提早切缝，以防止断板；特别是在夜间降温幅度较大或降雨时，应提早切缝。

9　施工质量检查与验收

9.1　一般规定

9.1.1　施工质量的控制、管理与检查应贯穿整个施工过程，应对每个施工环节严格控制把关，对出现的问题，立即进行纠正直至停工整顿。

9.1.2　施工过程中的质量管理要求：

(1) 管理处、承包人都应建立健全质量检测、管理和保证体系，应按铺筑进度做出质检仪器和人员数量动态计划。施工中应按计划落实质检仪器和人员，对施工各阶段的各项质量指标应做到及时检查、控制和评定，以达到所规定的质量标准，确保施工质量及其稳定性。

(2) 施工全过程的质量动态检测、控制和管理内容应包括施工准备、铺筑试验路段和施工过程中的各项技术指标的检验，出现施工技术问题的报告、论证和解决等。

9.2　铺筑试验路段

9.2.1　在正式摊铺混凝土路面前，必须铺筑试验路段。试验路段（单幅）长度不应短于 200m。路面厚度、摊铺宽度、接缝设置、钢筋设置等均应与实际工程相同。

9.2.2　试验路段分为试拌及试铺两个阶段，通过试验路段应达到下述目的：

(1) 通过试拌检验搅拌楼性能及确定合理搅拌工艺，检验适宜摊铺的搅拌楼拌和参数，即上料速度、拌和容量、搅拌均匀所需时间、新拌混凝土坍落度、振动黏度系数、含气量、泌水性和生产使用的混凝土配合比等。

(2) 通过试铺检验主要机械的性能和生产能力，检验辅助施工机械组配合理性，检验路面摊铺工艺和质量；模板架设固定方式或基准线设置方式，摊铺机械（具）的适宜工作参数，包括：松铺高度、摊铺速度、振捣时间与频率、滚压遍数、中间和侧向拉杆置入情况等，检验整套施工工艺流程。

（3）使工程技术及工作人员熟悉并掌握各自的操作要领。

（4）按施工工艺要求检验施工组织形式和人员编制。

（5）建立混凝土原材料、拌和物、路面铺筑全套技术性能检验手段，熟悉检验方法。

（6）检验通信联络和生产调度指挥系统。

9.2.3 试铺中，施工人员应认真做好记录，标段管理组应监督检查试验段的施工质量，及时与施工单位商定并解决问题。试验段铺筑后，施工单位应提出试验路段总结报告，上报监理和业主批复，取得正式开工认可。

9.3 施工质量管理与检查

9.3.1 施工中的质量管理。

（1）混凝土路面铺筑必须得到正式开工令后方可开工。

（2）施工单位应随时对施工质量进行自检。自检项目和频率：原材料应按表13.4.1规定进行；拌和物应按表13.5.2规定进行；混凝土路面应按表13.9.1规定进行。当施工、监理、监督人员发现异常情况，应加大检测频率，找出原因，及时处理，应利用计算机实行动态质量管理。

（3）每台搅拌楼所生产的拌和物，除应满足所用施工机械的可摊铺性外，还应着重控制拌和物的匀质性和各质量参数的稳定性。现场混凝土路面铺筑的关键设备，如摊铺机、布料机、刻槽机、切缝机等的操作应规范稳定。

9.3.2 混凝土路面除应按表13.9.1规定的检查项目和频率检测外，其中，平整度、弯拉强度和板厚三大关键质量指标的自检要求尚应符合下列规定：

（1）用3m直尺检测平整度作为施工过程中质量控制检测项目；用平整度仪检测动态平整度作为交工验收时工程质量的评定依据。平整度合格标准应符合表13.9.2的规定。

（2）应从搅拌楼生产的拌和物中随机取样，并按《公路工程水泥及水泥混凝土试验规程》（JTG E30—2005）规定的标准方法检测混凝土路面弯拉强度，检测频率宜符合表13.9.1的规定。弯拉强度应采用三参数评价：平均弯拉强度合格值、最小值和统计变异系数。检测小梁弯拉强度后的断块宜测抗压强度，作为混凝土强度等级的参考。

（3）应在面层摊铺前通过基准线或模板严格控制板厚，检验标准为：行车道横坡低侧面板厚度和厚度平均值两项指标均应满足设计厚度允许偏差。同时，板厚统计变异系数应符合设计规定。

混凝土路面的检验项目、方法和频率　　表 13.9.1

项次	检 查 项 目	检查方法和频率
1	弯拉强度	每班留 2～4 组试件，日进度<500m 取 2 组；≥500m 取 3 组；≥1 000m 取 4 组，测 f_{cs}、f_{min}、C_v
	钻芯劈裂强度	每车道每 3km 钻取 1 个芯样，硬路肩为 1 个车道，测平均 f_{cs}、C_v、板厚 h
2	板厚度	路面摊铺宽度内每 100m 左右各 2 处，连接摊铺每 100m 单边 1 处，参考芯样
3	3m 直尺平整度	每半幅车道 100m^{2}处 10 尺
	动态平整度	所有车道连续检测
4	抗滑构造深度	铺砂法：每幅 200m^{2}处
5	相邻板高差	尺测：每 200m 纵横缝 2 条，每条 3 处
6	连接摊铺纵缝高差	尺测：每 200m 纵向工作缝，每条 3 处，每处间隔 2m 测 3 尺，共 9 尺
7	接缝顺直度	20m 拉线测：每 200m 测 6 条
8	中线平面偏位	经纬仪：每 200m 测 6 点
9	路面宽度	尺测：每 200m 测 6 处
10	纵断高程	水准仪：每 200m 测 6 点
11	横坡度	水准仪：每 200m 测 6 个断面
12	断板率	断板面板块占总块数比例
13	脱皮裂纹露石缺边掉角	量实际面积，并计算与总面积比
14	路缘石顺直度和高度	20m 拉线测：每 200m 测 4 条
15	灌缝饱满度	尺测：每 200m 接缝测 6 处
16	切缝深度	尺测：每 20m 测 6 处
17	胀缝表面缺陷	每条观察填缝及啃边断角
18	胀缝板连浆	每条胀缝板安装时测量
	胀缝板倾斜	尺测：每块胀缝板每条两侧
	胀缝板弯曲和位移	尺测：每块胀缝板每条 3 处
19	传力杆偏斜	钢筋保护层仪：每车道 4 根

注：路面钻芯劈裂强度应换算为实际面板弯拉强度进行质量评定。

9.3.3　在混凝土路面铺筑过程中，路面各技术指标的质量检验评定标准应符合表 13.9.2 的规定。

各级公路混凝土路面铺筑质量要求　　表 13.9.2

项次	检查项目		检查方法和频率
1	弯拉强度[1]（MPa）		100%符合补充的规定
2	板厚度（mm）		代表值−5，极值−10，C_v值符合设计规定
3	平整度	σ（mm）	≤1.2
		IRI（mm）	≤2.0
		3m 直尺最大间隙 Δh（mm）	≤3（合格率应≥90%）
4	抗滑构造深度（mm）	一般路段	0.70～1.10
		特殊路段[2]	0.80～1.20
5	相邻板高差（mm）		≤2
6	连接摊铺纵缝高差（mm）		平均值：≤3；极值：≤5
7	接缝顺直度（mm）		≤10
8	中线平面偏位（mm）		≤20
9	路面宽度（mm）		≤±20
10	纵断高程（mm）		±10
11	横坡度（%）		±0.15
12	断板率（‰）		≤2
13	脱皮裂纹露石缺边掉角（‰）		≤2
14	路缘石顺直度和高度（mm）		≤20
15	灌缝饱满度（mm）		≤2
16	切缝深度（mm）		≥50
17	胀缝表面缺陷		不应有
18	胀缝板连浆（mm）		≤20
	胀缝板倾斜（mm）		≤20
	胀缝板弯曲和位移（mm）		≤10
19	传力杆偏斜（mm）		≤10

注：1. 路面钻芯劈裂强度应换算为实际面板弯拉强度进行质量评定。
2. 特殊路段指立交、平变、变速车道处等。

9.3.4　施工单位的质检结果应按表 13.9.2 的规定，以 1km 为单位进行整理。关键工序的施工宜拍摄照片或进行录像，作为现场记录保存。

9.4　交工质量检查验收

9.4.1　混凝土路面完工后，施工单位应提交全线检测结果、施工总结报告及全部原始记录等齐全资料，申请交工验收。

9.4.2　质量问题处理：

（1）路面混凝土弯拉强度应采用小梁标准试件和路面钻芯取样圆柱体劈裂强度折算的弯拉强度综合评定。当弯拉强度不足时，每公里每车道应取 3 个以上芯样。

弯拉强度与芯样劈裂强度的关系应通过试验得到，试验组数不宜小于 15 组。

（2）平整度不合格的部位应进行处理，并硬刻槽恢复抗滑构造。

（3）板厚不足时，应判明区段，返工重铺。

9.5　工程施工总结

9.5.1　施工单位应根据国家竣工文件编制规定，提出施工总结报告、质量测试报告或采用新材料新技术研究报告，连同竣工图表，形成完整的施工资料档案。

9.5.2　施工总结报告应包括工程概况、设计图纸及变更、基层、原材料、施工组织、机械及人员配备、施工工艺、进度、工程质量评价、工程预决算等。

9.5.3　施工质量管理与测试报告应包括施工组织设计、质量保证体系、试验段铺筑报告、施工质量达到或超过现行规范规定情况、原材料和混凝土检测结果、施工中路面质量自检结果、交工复测结果、工程质量评价、原始记录相册和录像资料等。

10 安全生产及施工环保

10.1 一般规定

10.1.1 应根据机械化施工特点，做好安全生产工作。施工前，施工单位应对员工进行安全生产教育，树立安全第一的思想，落实安全生产责任制度。

10.1.2 路面施工期间应加强施工环保教育，增强环保意识，并加强施工场地环境卫生管理、监督和检查。

10.2 安全生产

10.2.1 施工安全。

施工过程中，应制订搅拌楼、发电（机）站、运输车、滑模摊铺机等大型机械设备及其辅助机械（具）的安全操作规程，并在施工中严格执行。

（1）在搅拌楼的拌和锅内清理黏结混凝土时，无电视监控的搅拌楼必须有两人以上方可进行，一人清理，一人值守操作台。有电视监控的搅拌楼，必须打开电视监控系统，关闭主电机电源，并在主开关上挂警示红牌。搅拌楼机械上料时，在铲斗及拉铲活动范围内，人员不得逗留和通过。

（2）运输车辆应鸣笛倒退，并有人指挥和查看车后。

（3）施工中，布料机、滑模摊铺机、拉毛养生机等机械设备严禁非操作人员登机。夜间施工，在布料机、摊铺机、拉毛养生机上均应有照明设备和明显的示警标志。

（4）施工中严禁所有机械设备的机手擅离操作台，严禁用手或工具触碰正在运转的机件。

10.2.2 交通安全。

（1）施工现场必须做好交通安全工作。交通繁忙的路口应设立标志，并有专人指挥。夜间施工，路口、模板及基准线桩附近应设置警示灯或反光标志，专人管理灯光照明。

（2）摊铺机械停放在通车道路上，周围必须设置明显的安全标志，正对行车方向应提前 200m 引导车辆转向，夜间应以红灯示警。

10.2.3　施工机电设备应有专人负责保养、维修和看管，施工现场的电机、电线、电缆应尽量放置在无车辆、人、畜通行部位，确保用电安全。

10.2.4　现场操作人员必须按规定佩戴防护用具。使用有毒、易燃的燃料、填缝料、外加剂、水泥或粉煤灰时，其防毒、防火、防尘等应按有关规定严格执行。

10.2.5　所有施工机械、电力、燃料、动力等的操作部位，严禁吸烟和有任何明火。摊铺机、搅拌楼、储油站、发电站、配电站等重要施工设备上应配备消防设施，确保防火安全。

10.2.6　停工期间或夜间必须有专人值班保卫，严防原材料、机械、机具及零件等失窃。

10.3　施工环境保护

10.3.1　在搅拌场、生活区、路面施工段应经常清理环境卫生，排除积水，并及时整治运输道路和停车场地，做到文明施工。

10.3.2　污染物处理排放应符合下列规定：

(1) 搅拌楼、运输车辆和摊铺机的清洗污水不得随处排放；每台搅拌楼宜设置清洗污水的沉淀池或净化设备，车辆应在有污水沉淀或净化设备的清洗场进行清洗。

(2) 废弃的水泥混凝土、基层残渣和所有机械设备的修理残渣和油污等废弃物应分类集中堆放或掩埋。

10.3.3　搅拌场原材料和施工现场临时堆放的材料均应分类、有序堆放。施工现场的钢筋、工具、机械设备等应摆放整齐。